本书为北京交通发展研究基地2016年年度报告。本研究受北京市社会科学基金项目"时空经济视角的中国城市交通服务质量评价研究"资助。

北京市哲学社会科学规划办公室
北京市教育委员会 资助出版

CHINA CITY
TRANSPORTATION
SERVICE QUALITY
INDEX REPORT (2016)

中国城市交通服务质量指数报告（2016）

李红昌　林晓言　著

社会科学文献出版社
SOCIAL SCIENCES ACADEMIC PRESS (CHINA)

课题组成员

顾 问 徐寿波

主 任 张秋生 张明玉

副主任 荣朝和 叶 龙 施行亮 赵 坚

成 员 （按姓氏拼音顺序）
焦敬娟 李红昌 林晓言 欧国立 荣朝和
施先亮 武剑红 叶 龙 赵 坚

执 笔 李红昌 林晓言

前　言

　　运输经济学是应用经济学的一个重要分支，是以经济学的一般理论和方法研究探讨与运输有关的各类问题的一门学科。人类从事交通运输以克服空间距离的阻隔，这是一项无时不在、无地不在的任务，其联系和影响远远超出运输业本身而深入到社会经济生活的各个方面，因此运输是人类的基本活动之一。和其他行业，甚至包括一些网络型行业相比，运输业更具网络经济、自然垄断和公益性特点，这使得其在供求关系、投资建设、运营组织以及政府作用等方面的重要性和复杂性更加明显，需要对其进行更有针对性的经济学分析和解释。运输问题的重要性和复杂性使得运输业成为一个能够应用几乎所有经济学基本理论与方法的极好领域，也是严格检验与完善这些基本理论与方法的极好场所。

　　北京交通大学产业经济学是国家级重点学科，长期研究运输中的经济问题（如运输价格或运输工程经济评价等）、经济中的运输问题（如交通运输体系与国民经济的相互关系及工业化和运输化的匹配问题等）、运输中的经济学问题（如运输契约理论和运输管制理论等）、经济中的运输经济问题（如运输时空理论、运输资源—完整运输产品—网络经济理论、运输网络形态理论等）。随着我国城市化进程的不断加快，城市已经成为资本、劳动力、技术、土地等稀缺资源高度集聚区域，城市已经成为决定我国经济增长质量和发展方向的重要指向标。其中，城市交通服务质量能否有效满足与匹配城市经济社会发展，在很大程度上决定了城市运转的生产成本和交易成本，也在客观上决定了城市集聚经济和拥挤成本的权衡。

　　城市交通服务质量指数是指城市交通系统服务于城市经济社会发展的过程评价与效果评价的统称。一般地，城市交通服务质量反映了城市交通系统与城市非交通系统，也就是城市经济社会系统的耦合协调程度，或者说，是在特定时空条件下城市交通系统对城市非交通系统的适度性和满足水平，包括数量、质量、结构、差异化水平等相关指标。课题通过两种方式反映城市交通服务质量：一是通过评价城市交通发展指数、城市交通系统与城市非交通系统之间的耦合协调指数，来反映城市交通系统服务质量，结果表明，北、上、广、深城市交通服务质量相对较好；二是通过构建中国城市交通服务质量各项评价指标（包括安全性、舒适性、便利性、合意性、环保性、效率性和创新性以及其细化评价指标），采集大数据进行评价分析得到城市交通服务质量指标，结果表明，包括上海在内的大多城市交通服务质量指数得分均在荣枯分水岭（50分）之下。这说明在不考虑局部TOD等模式下，我国城市交通服务质量总体上远未能满足城市经济社会发展的总体需要，全局上处于被动适应状态，尚不能实现有效适应城市经济社会发展，更不用说引导和塑造城市形态作用的发挥。

时间（time）是人类对物质运动过程的一种描述和记录，是物质运动过程在时间序列上的反映。空间（space）应为包容一切事物及其现象的场所，是人类对宇宙物质世界存在的一种认识。时间和空间是一个相互联系、相互依存且具有相对独立性的共同体系，是对宇宙物质世界所有事物及其运动（包括生命体的运动）过程的描述。我们把时空概念引入人类经济活动特别是城市交通和非城市交通活动过程中时，城市交通的专属交通资源与非城市交通的非专属资源的时空匹配就成为影响城市运作效率的重要维度。交通运输产品或服务的价值在于其时空转换能力，也就是说，不同交通资源共同运作所形成的运输产品或服务，是否能够提供出符合特定时空和空间条件下的社会需求，并实现时间价值的最大化。具体到城市时空经济维度，就是由公共交通（地铁和公交系统等）、准公共交通（具有共享经济特点的网约车、出租车等）、私人交通（私家车、自行车或步行等）以及构成这些交通的动态和静态交通系统能否供给出特定时空条件下的城市交通产品。客观地讲，我国城市交通系统服务质量处于荣枯分水岭（50分）之下，城市交通系统的发展理念、组织体系、运输结构、技术质量、服务水平等均有较大的改善和提升空间。

课题组在长期的研究过程中，荣朝和提出了交通决定城市形态的观点（2014），欧国立提出了城市需要按照功能维、结构维、运作维进行优化的观点（2014），林晓言提出了高速铁路塑造城市空间经济形态的观点（2016），李红昌提出了城市交通需要发展快速交通走廊的观点（2016），以及解决城市交通问题的长期有效的唯一手段就是经济手段的观点（2017）。这些研究对改善城市交通服务质量有着积极的理论和实践意义。

  本书由北京交通大学经济管理学院产业经济学科点的教师和学生完成。其中，李红昌副教授负责总体编撰工作，林晓言教授负责理论体系构建工作，焦敬娟讲师负责GIS图形处理工作，郝璐璐、于克美、王树槐、付尧、蔡亚琦、刘璐、王新宇、孔靖等同学参与了相关章节的资料整理工作。感谢北京交通大学经济管理学院和交通发展研究基地为本专著出版所提供的良好学术环境，特别是在本书出版过程中所给予的大力支持。

李红昌

于北京交通大学

目 录

第一部分 城市交通发展指数

第一章 绪 论 ·· 001
  第一节 研究背景 ·· 001
  第二节 研究问题 ·· 014
  第三节 研究意义 ·· 021
  第四节 研究思路 ·· 022

第二章 我国城市发展现状 ·· 023
  第一节 经济发展现状 ·· 023
  第二节 社会发展现状 ·· 027
  第三节 城市规划现状 ·· 029

第三章 我国城市交通发展现状 ··· 032
  第一节 城市交通年度概况 ··· 032
  第二节 城市交通运行分析 ··· 035
  第三节 交通信息化与智能交通系统建设情况 ··································· 050
  第四节 城市交通政策解读 ··· 056
  第五节 城市交通热点研究 ··· 070

第四章　城市与交通发展相关理论 ·· 076
- 第一节　城市化理论 ··· 076
- 第二节　城市交通发展理论 ·· 082
- 第三节　城市交通发展政策相关理论 ··· 084

第五章　城市交通发展水平评价理论与方法 ···································· 092
- 第一节　城市交通发展水平评价相关理论 ······································· 092
- 第二节　城市交通发展水平评价相关方法 ······································· 096
- 第三节　城市交通发展水平现有评价理论与方法 ······························ 110

第六章　城市交通发展指数构建 ·· 113
- 第一节　城市交通发展指数构建思路 ··· 113
- 第二节　城市发展指数指标构成 ··· 114
- 第三节　城市交通发展指数指标构成 ··· 122
- 第四节　城市轨道交通发展指标构成 ··· 123
- 第五节　城市交通发展评价指标体系构建 ······································· 125

第七章　城市交通发展指数评价 ·· 130
- 第一节　城市发展指数 ·· 130
- 第二节　城市交通发展指数 ·· 133
- 第三节　耦合协调指数 ·· 136
- 第四节　综合分析 ·· 138
- 第五节　城市交通耦合协调指数空间刻画 ······································· 147

第二部分　城市交通服务质量评价指数

第八章　基于大数据的城市交通服务质量评价指数 ··························· 154
- 第一节　城市交通服务质量评价指数的内涵与评价指标体系 ··············· 154
- 第二节　城市交通服务质量评价指数的大数据分析 ··························· 161

第九章 城市交通服务质量评价指数分析结果 ………………… 179
 第一节 城市交通服务质量总体得分情况 ………………… 179
 第二节 中国城市交通服务质量分项得分情况 …………… 180
 第三节 主要结论与研究展望 ……………………………… 186

附录 2003~2013年中国城市交通基础数据 ………………… 188

参考文献 …………………………………………………………… 297

后　记 …………………………………………………………… 302

第一部分　城市交通发展指数

第一章　绪　论

第一节　研究背景

一　中国城市发展进程不断加快

我国正在经历世界历史上规模最大、速度最快的城镇化和机动化进程。城市化是人类生产和生活方式由乡村型向城市型转化的历史过程，表现为乡村人口向城市人口的转化，以及城市不断发展的过程。改革开放以来，我国城市化率由1978年的17.9%增加到2015年的56.1%（见图1-1）。①

在我国快速城市化的进程中，大城市人口不断聚集，机动车数量快速增长，由图1-2可看出我国私人汽车拥有量的增速显著领先于GDP增速与城市道路面积增速。

大量人员出行和物资交流频繁，使城市交通面临着沉重的压力。主要表现为以下几个方面。

---

① 资料来源：国家统计局网站。

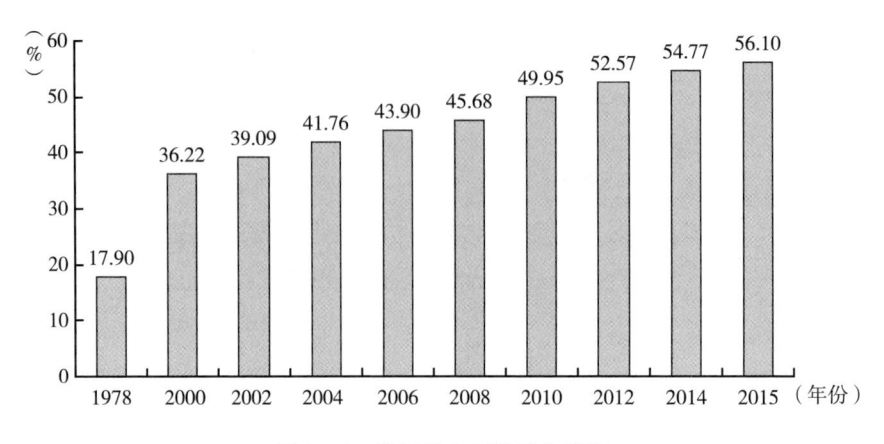

图 1-1 我国的人口城镇化进程

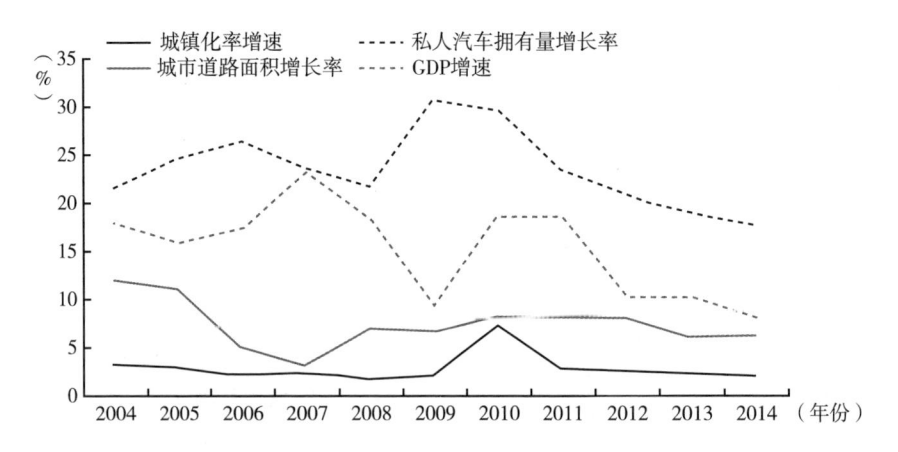

图 1-2 我国私人汽车拥有量与 GDP、城镇化率、城市道路面积的增速对比

1. 出行总量持续增长，出行特征发生变化

随着城市化进程的推进，城市人口不断增加，城市居民的出行需求总量也在持续增加。与此同时，伴随着城市房价逐步上升而导致的"职住分离"现象的出现，城市居民的平均出行距离也被拉长了。

以上海为例，2014 年出行总量较 2009 年增加 12%，居民平均出行距离也由 2009 年的 6.5 公里/次增加至 2014 年的 6.9 公里/次。①

---

① 资料来源：《上海市第五次综合交通调查主要成果》。

2. 私家车数量增长过快，道路容量不足

近年来城市机动车数量增长迅速，2000 年以来，我国机动车数量从 6000 万辆增加至 2.8 亿辆，其中汽车数量从 1600 万辆增加到 1.7 亿辆，而私人汽车数量更是从区区 625 万辆增加到 2014 年的 1.2 亿辆，完全呈现典型的以私人汽车数量爆发式增长为特征的机动化发展模式。而与之对应的人均道路面积却一直处于低水平状态，虽然随着城市道路的扩建等已经有了较快发展，但仍赶不上城市交通量年均 20% 的增长速度。

以北京为例，机动车从 300 万辆增加到 400 万辆所用时间仅为 2 年又 7 个月，为东京相同进程所需时间的 1/5。在机动车使用强度方面，北京的私人汽车年均行驶里程为 1.5 万公里，1.5 倍于伦敦，超过东京 2 倍以上。在分布方面，北京近 80% 的机动车集中于六环以内的区域。高增速、高强度、高集中度的"三高"特性，使得交通拥堵的现象越来越严重。2004~2014 年我国私人汽车数量与城市道路增长趋势如表 1-1 所示。

表 1-1　2004~2014 年我国私人汽车数量与城市道路增长趋势

指标＼年份	2004	2005	2006	2007	2008	2009	2010	2011	2012	2013	2014
私人汽车拥有量（万辆）	1481	1848	2333	2876	3501	4574	5938	7326	8838	10501	12339
城市道路长度（万公里）	22.3	24.7	24.1	24.6	25.9	26.9	29.4	30.8	32.7	34.4	35.2
城市道路总面积（亿平方米）	35.3	39.2	41.1	42.3	45.2	48.1	52.1	56.2	60.7	64.4	68.3

我国私人汽车拥有量以 23.7% 的增速（近年来已逐步放缓）远超城市道路长度年均 5.17% 的增速，私人汽车数量与城市道路长度增速的不匹配带来的一系列城市交通问题已不可忽视（见图 1-3）。

与此同时，我国现有城市路网存在密度低，干道间距过大，支路短缺，瓶颈路、断头路、畸形路较多等问题，导致交通微循环不畅、功能混乱、平均出行时间长、出行效率下降，难以适应现代汽车交通的需要。截至 2014 年，我国城市道路密度只有 7.08 公里/平方公里（见表 1-2），而在 20 世纪 80 年代，世界发达国家这一数据就已达到 20 公里/平方公里。

图 1-3　2004~2014 年我国私人汽车与城市道路增长趋势

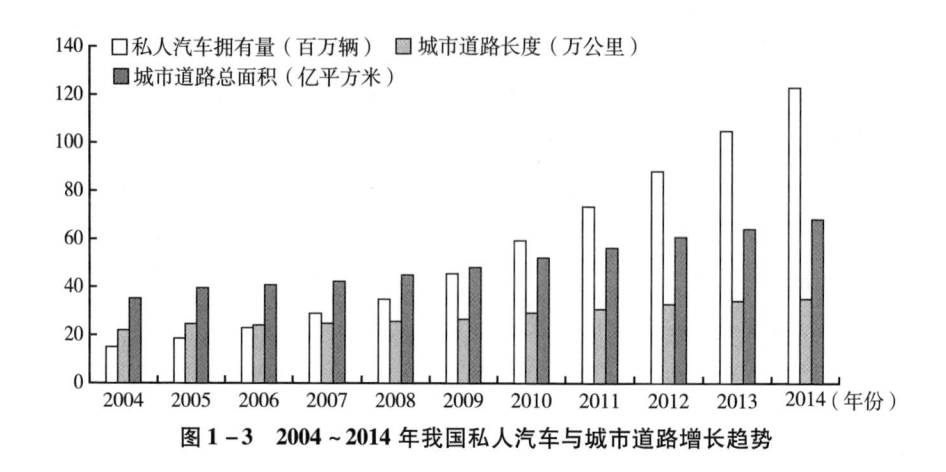

表 1-2　2003~2014 年我国道路密度变化情况

单位：公里/平方公里

年份	2003	2004	2005	2006	2007	2008	2009	2010	2011	2012	2013	2014
道路密度	7.35	7.33	7.60	7.17	6.94	7.16	7.06	7.35	7.08	7.18	7.19	7.08

二　中国城市交通拥堵日益严峻

根据我国 36 个大城市（直辖市、省会市、自治区首府、计划单列市）的相关数据，我们可以看出，我国的"城市交通病"仍处于愈演愈烈的阶段。在汽车保有存量方面，2/3 的城市已达百万辆级，"病体"日益臃肿。截至 2014 年底，36 个大城市中有 25 个城市汽车保有量超过了 100 万辆，10 个城市汽车保有量超过 200 万辆，北京、成都、深圳 3 个城市汽车保有量超过了 300 万辆。在汽车增量方面，3/4 的城市年均增量在 10 万辆以上，"病状"日渐严重。在 7 个城市已经实施"限购"措施的情况下，每年仍有 24 个城市汽车年增加量超过 10 万辆，11 个城市超过 20 万辆。

高德《2015 年度中国主要城市交通分析报告》中指出，在其交通大数据监测的 45 个城市中，同比 2014 年，2015 年有 44 个不同规模的城市和地区，拥堵都在进一步恶化；同时，各城市每个月的拥堵情况均有加重倾向（见表 1-3）。

城市交通拥堵带来的危害主要有以下三个方面。

首先，交通拥堵影响人们的正常生活和工作。出行交通延误增大，行车速度降低，造成了城市居民的时间损失和燃料费用的增加。

其次，交通拥堵使车辆尾气的排放量增加，加重了城市的环境污染。北京市环境保护科学研究院的研究结果显示，小汽车的车速由50公里/小时降低至20公里/小时，排放的一氧化碳和碳氢化合物将增加50%左右。

最后，城市交通拥堵增加社会经济成本。据中国社会科学院数量经济与技术经济研究所估计，单北京一市每天由城市交通拥堵所造成的社会损失就高约4000万元，在全国范围层面，每年的相应损失高达1700亿元，降低了我国社会的整体经济福利水平。

表1-3 2015年中国主要城市拥堵榜单

拥堵排名	城市	高峰拥堵延时指数	全天拥堵延时指数	高峰平均车速（公里/小时）	全天平均车速（公里/小时）	自由流速度（公里/小时）
1	北京	2.056	1.678	22.81	27.98	46.89
2	济南	2.039	1.689	21.23	25.63	43.29
3	哈尔滨	1.989	1.709	22.91	26.67	45.58
4	杭州	1.984	1.717	21.19	24.56	42.05
5	大连	1.907	1.593	21.61	25.92	41.21
6	广州	1.885	1.678	23.49	26.30	44.29
7	上海	1.867	1.568	24.69	29.40	46.10
8	深圳	1.863	1.591	25.44	29.73	47.40
9	青岛	1.851	1.573	24.80	29.18	45.90
10	重庆	1.845	1.567	24.89	29.30	45.92

资料来源：高德《2015年度中国主要城市交通分析报告》。

如表1-3所示，北京于2015年再次成为我国"年度十大堵城"第一名。尽管北京在2015年3次实行单双号限行的缓解政策（全国最多），但是仍未能有效缓解拥堵。2015年，北京的城市高峰拥堵延时指数高达2.056，这意味着，在北京驾车出行的上班族通常要花费畅通情况下2倍的时间才能到达目的地。

由中国主要城市拥堵热力图（见图1-4）可知，一线、二线及省会城市是拥堵的重灾区，这说明经济越发达、人口越密集的地区拥堵现象越严重。

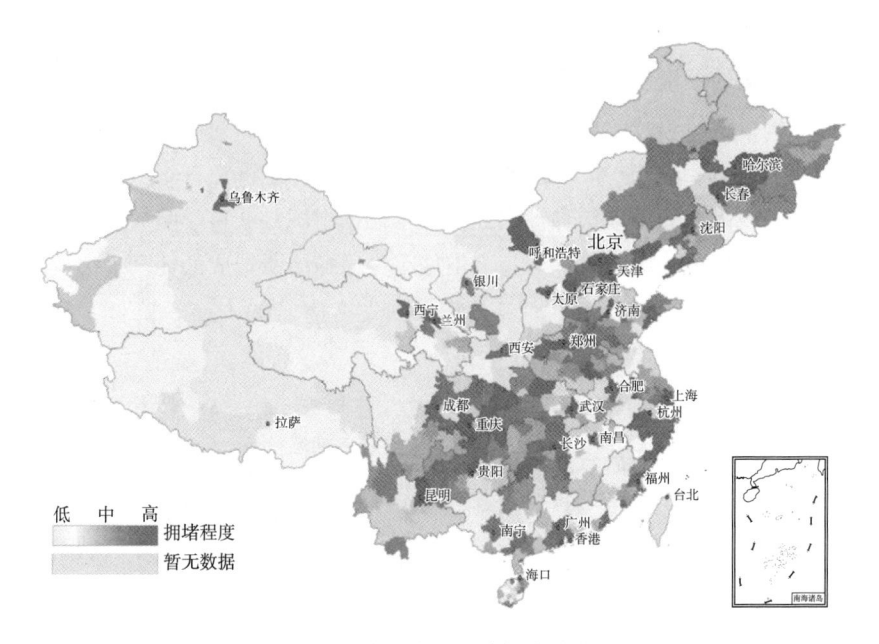

图 1-4 中国主要城市拥堵热力图

资料来源：高德《2015年度中国主要城市交通分析报告》。

"先天抵抗力"严重不足是造成这种"城市病"的重要原因之一。首先，在道路资源供给方面，1/4的城市全面不达标，无法抵御来势汹汹的"病情"。36个大城市中，有10个城市路网密度指标和22个城市人均道路面积指标都低于国家标准规范值下限，其中8个城市双双不达标。其次，在车路供需矛盾方面，3/4的城市即将进入"非常拥堵"状态，拥堵"病情"正全面扩散和迅速加深。36个大城市主高峰干道平均流量均超过每小时3500辆标准车，其中超大和部分特大城市已超过每小时6000辆标准车，接近或达到饱和状态。根据城市道路网承载力测算结果，截至2015年，已有7个城市汽车保有量处于"非常拥堵"的承载量范围内，这7个城市包括北京、成都、深圳、天津、广州、杭州和郑州。如不采取有效措施，预测到2018年以前，36个大城市中还将有近20个城市汽车保有量进入"非常拥堵"状态。

三 中国城市公共交通快速发展

2015年，中国城市交通基础设施规模进一步扩大，坚持稳中求进的工作

第一章 绪 论

总基调,继续保持交通固定资产投资稳定增长态势,综合交通网络更趋完善;进一步提升运输服务水平,客货运输量平稳增长,不断创新运输服务模式;并且推动城乡区域协调发展作用进一步增强,各项改革和规划工作进一步深化。

根据城市交通"十二五"发展规划纲要,各地区相关部门都以科学发展观为指导,全面落实公交优先发展战略,遵循"以人为本、施惠于民"的发展理念,以提高服务水平、满足出行需求为出发点和落脚点,以"社会能承受、财政可支撑、百姓得实惠"为基本要求,转变发展方式,优化系统结构,加强统筹协调,完善政策措施,加快推进城市公共交通在投资安排、设施用地、路权分配、财税扶持、换乘衔接等方面实现优先发展,充分适应经济社会发展需求,为广大人民群众提供快捷、安全、方便、舒适的公交服务,让人民群众愿意乘公交、更多乘公交。

1. 城市轨道交通

截至2015年底,中国大陆地区共26个城市(新增南昌、兰州、青岛、淮安4个城市)开通城轨交通运营,共计116条线路,运营线路总长度达3618公里。其中地下线2093公里,占比57.8%;地面线406公里,占比11.2%;高架线1119公里,占比31.0%。运营车站2236座,其中换乘站384座,占比17.2%;车辆场段125座。20个城市拥有两条以上城轨交通线路,逐步形成网络化运营格局。① 北京市各种交通方式相关数据如表1-4所示。

表1-4 北京市各种交通方式相关数据

特性 交通方式	站间距 (公里)	最小曲线 半径(米)	路权形式	运行速度 (公里/小时)	单向能力 (万人/小时)	造价 (亿元/公里)
市内普通公交	0.5~0.8	12	开放	10~15	0.5~0.7	—
BRT、有轨电车	0.8~1.2	15~30	半开放	12~25	0.6~1.2	0.5~1.0
轻 轨	0.8~1.8	200	封闭专用	25~30	1~3.0	3~4.0
地铁B型车	0.8~1.8	250~300	封闭专用	25~40	2.5~5.0	5~8.0
地铁A型车		350~400			4.5~7.0	
市郊铁路 或区域铁路	市区1.5~2.5 郊区3.0~7.0	400 500	封闭专用	30~45 50~60	3~7.0	0.6~1.2

---

① 资料来源:中国城市轨道交通协会,《城市轨道交通2015年度统计和分析报告》。

在3618公里的运营线路中，地铁为2658公里，占比73.4%；其他制式（包括轻轨、单轨、市域快轨、现代有轨电车、磁浮交通、APM共6种）为960公里，占比26.6%。

在2015年新增的445公里运营线路中，地铁297公里，占比67%，其他制式为148公里，占比33%。新增线路中其他制式占比持续增高，单轨、市域快轨、有轨电车等制式快速发展，中低速磁浮实现了零的突破。城轨交通系统制式呈现多元化的发展趋势，网络层次更加丰富，网络结构逐步形成与完善。2015年中国城市轨道交通运营线路长度如图1-5所示。

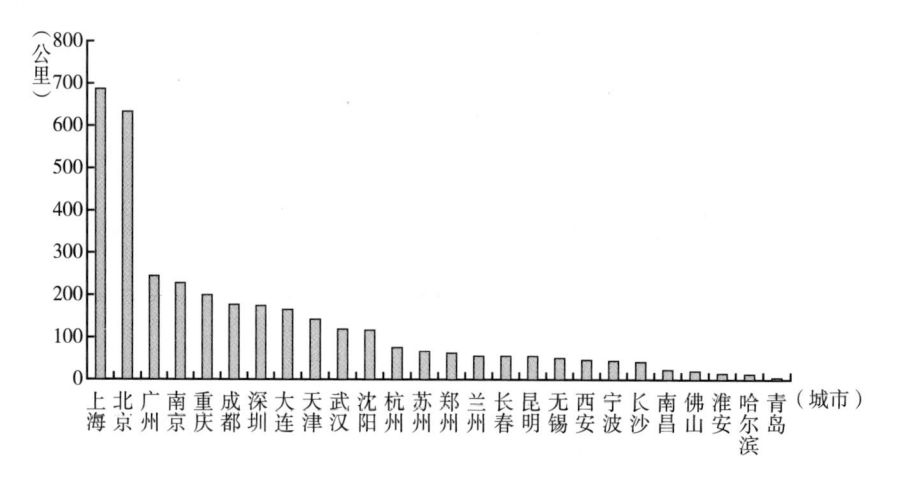

图1-5 2015年中国城市轨道交通运营线路长度

截至2015年，我国在建线路共计车站2075座，其中换乘站609座，占车站数的29.3%，该比例与当前运营线路换乘站占比17.2%相比大幅提高，表明城轨交通网络化结构正在逐步形成。

据不完全统计，截至2015年底，全国城轨交通累计配属车辆3538列，当年完成运营里程20.2亿车公里。超过1亿车公里的有6个城市，包括北京、上海、广州、重庆、深圳、南京。这6个城市城轨交通运营里程合计占全国运营总里程的七成以上。

据不完全统计，截至2015年底，全国在建线路可研批复投资累计26337亿元。2015年全国全年完成投资3683亿元（引用国家统计局2016

年2月5日发布的数据），同比增长27%，占可研批复投资的14%。"十二五"期间，全国累计完成投资12289亿元（2011年1628亿元、2012年1914亿元、2013年2165亿元、2014年2899亿元、2015年3683亿元）。

2. 城市地面公共交通

2014年，我国出租汽车运营车辆137.01万辆，增长2.2%；城市客运轮渡329艘，减少22.0%。①

目前，我国城市公共交通系统建设相对滞后，对公共交通投入不足。在城市人口和居民出行需求总量持续增加的条件下，我国城市公共汽车保有量增速严重落后于公共交通客运总量增速，导致公共交通出行体验下降。而出租汽车数量的增长则处于几乎停滞的状态。尽管近年来我国城市轨道交通工程也进入了高速度、跨越式大发展时期，然而拥有城市轨道交通的城市仍是少数。2004~2014年我国公共交通发展情况如表1-5所示。

表1-5 2004~2014年我国公共交通发展情况

年份指标 指标	2004	2010	2011	2012	2013	2014
公共交通车辆运营数（万辆）	28.15	38.32	41.26	43.20	46.10	47.63
增长率（%）	—	3	8	5	7	3
公共交通客运总量（亿人次）	427.29	686.75	743.92	788.79	825.45	849.50
增长率（%）	—	1	8	6	5	3
出租汽车（万辆）	90.37	98.60	100.23	102.67	105.36	107.44
增长率（%）	—	1.48	1.65	2.43	2.62	1.97

近年来，我国对城市交通枢纽的建设也愈加重视，并且我国一些大城市已经建立了具有多种功能的复合型交通枢纽，如北京、上海、广州等。同时，各有关部门也在加大信息技术在城市交通中的推广和应用，主要包括高速公路联网不停车收费、城市交通综合信息平台、车载导航、打车软件、公交实时信息

---

① 资料来源：国家统计局网站，《2014年交通运输行业发展统计公报》。

软件等。这些措施都在一定程度上缓解了城市交通压力，提高了居民出行的便利程度，引导更多居民使用公共交通出行。

四 中国城市交通"互联网＋"创新

1. "互联网＋交通"概念的提出

2015年3月5日上午，在第十二届全国人大三次会议上，李克强总理在《政府工作报告》中首次提出"互联网＋"行动计划。互联网与传统行业的融合发展将从全流程上改造传统行业，从而产生新的业态。互联网与交通的碰撞也形成了"线上资源合理分配、线下高效优质运行"的新格局。

"互联网＋"实际上是创新2.0下的互联网与传统行业融合发展新形态、新业态，是知识社会创新2.0推动下催生的经济社会发展新形态。"互联网＋便捷交通"是指借助移动互联网、云计算、大数据、物联网等先进技术和理念，将互联网产业与传统交通出行服务业进行有效融合，形成具有"线上资源合理分配，线下高效优质运行"特点的新业态和新模式，以满足公众便捷出行的现实需求（见图1－6）。

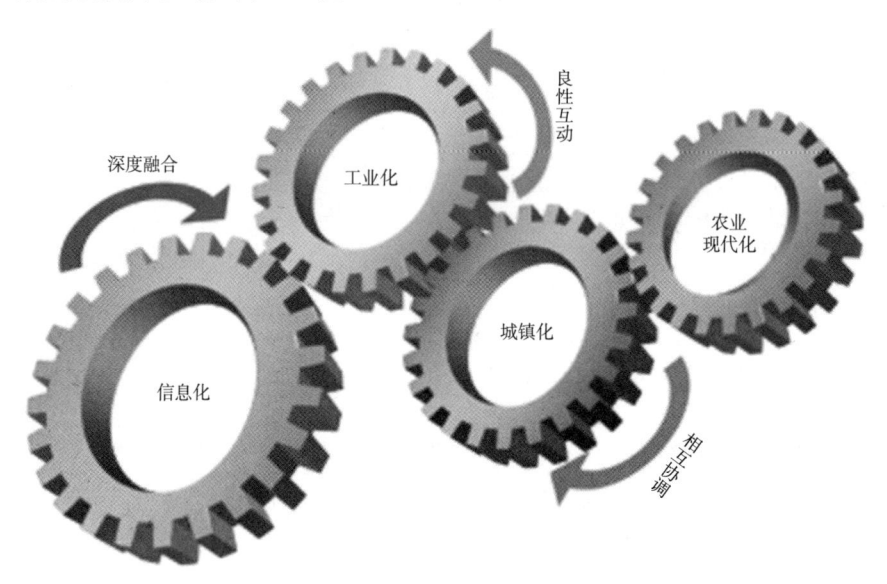

图1－6 "互联网＋交通"概念图

早在2011年底,"互联网+交通"的概念已出现。铁道部建设了12306网站,让百姓可以足不出户,利用电脑、手机在网络上订购火车票;民航方面的行动更快,很早就实现了网络订票,现在通过大数据分析,人们可以通过手机APP进行手机购票值机、查询航班实时动态等操作;而大力推进高速公路ETC联网发展,则是在公路方面推进网络化的措施。与此同时,老百姓的日常出行与驾驶也越来越依赖打车软件和导航系统。

互联网技术的出现解决了由于信息不对称导致的供需不匹配问题。一方面,"互联网+交通"为政府实现智能化交通管控提供了信息平台,提高了政府在规划交通基础设施建设和制定规章制度上的科学性;另一方面,创新的交通软件为居民提供了多样化的出行方式,提高了居民出行效率,优化了社会资源配置,有利于城市交通问题的缓解和解决,从而形成行业的外部经济。手机移动端的"互联网+交通"如图1-7所示。

图1-7 手机移动端的"互联网+交通"

2."互联网+交通"的发展现状

(1)个人用户层面

随着优步、滴滴出行等打车软件的普及和智能交通、智慧交通等新理念在交通领域的应用,互联网与城市交通之间的结合也越来越紧密。

滴滴出行和第一财经商业数据中心、无界智库联合发布的《中国智能出行2015大数据报告》显示，截至2015年底，包括滴滴出行在内的智能出行平台上活跃着3亿名乘客和1000万名司机（车主），注册用户数以月均13%的速度增长。智能出行已覆盖全国所有省、市、区，其中发达地区总量和渗透率较高。与此相辅相成的是，作为全球最大出行平台的滴滴出行，上年完成14.3亿个订单，累计行驶时间4.9亿个小时，累计行程128亿公里（见图1-8）。①

14.3亿个订单
订单量
相当于中国每个人用滴滴打了一次车

4.9亿个小时
累计行驶时间
相当于昼夜不歇的行驶56000年

128亿 公里
累计行驶里程
相当于环绕中国行驶29万圈

图1-8　2015年滴滴出行数据

（2）城市交通层面

当前城市智能交通管理系统、城市智能公交系统、交通信息服务系统、交通安全系统等，伴随着"互联网+"概念技术日益完善。城市"互联网+交通"表现形式和功能如表1-6所示。

表1-6　城市"互联网+交通"表现形式和功能

表现形式	系统功能
城市智能交通管理系统	信息采集、违章管理、事故管理、车辆管理、警务监督、交通诱导、智能卡查控、重点车辆查控等
城市智能公交系统	办公自动化建设、智能公交调度、场站视频监控、服务反馈及便民查询、车辆定位、轨迹回放等
交通信息服务系统	提供当前时刻及未来相应时段内的主要道路路况信息、拥挤评价、旅行时间服务、路况异常状态分析等
交通安全系统	交通安全基础信息的集成、应用，公路网交通安全监控、安全评估与应急指挥

---

① 资料来源：滴滴出行、第一财经商业数据中心、无界智库，《中国智能出行2015大数据报告》。

3. 当前"互联网+交通"存在的问题和争议

"滴滴出行"在获得商业上成功的同时，遇到的各种麻烦一直不断。传统出租车行业的利益受到侵犯是产生一系列矛盾的直接原因。作为新兴概念产业，相关法律的缺失也带来了一系列问题。

"滴滴出行"的专车、快车运营模式绕过了传统出租车行业在资质、数量和价格方面的管制。各软件平台为了拓展自己的市场份额，采取以巨额亏损补贴的方式来吸引更多的打车用户和私家车加入。这种抢夺市场份额的方式打破了传统出租车行业的利益分配格局，必然会引起冲突的发生。从2014年底开始，国内多个地区陆续叫停了专车运营并对部分司机进行了处罚。2015年，郑州、天津、武汉、成都、杭州等地陆续有相关冲突事件发生。

2015年6月，北京市交通委运输管理局、北京市交通执法总队和北京市公安局公交保卫总队共同约谈滴滴出行的"滴滴专车"平台负责人，指出该公司推出的"滴滴专车"及"滴滴快车"业务，使用私家车和租赁车配备驾驶员，从事按照乘客意愿提供运输服务并按里程和时间收费的客运服务，违反了现行法律法规的相关规定。

当前打车软件存在的法律问题主要表现为以下几个方面。

其一，就专车而言，司机的从业资格、车辆运输许可成为专车实现合法运营的现实障碍，各地行政机关对此态度不一致，一些地区的专车市场呈现"二元"状态。

其二，就拼车而言，高位阶法律规范空白，低位阶法规细则匮乏，禁止性规定内容较多。

其三，行业准入门槛较低，安全事故风险尚存。

其四，信息泄露隐患较大，在用户信息安全方面存在漏洞。

其五，审核义务有待细化，责任承担尚需明确，协助配合仍需跟进，平台责任问题尚待解决。

2014年，打车软件模式与旧有制度形态的竞争呈愈演愈烈之势，但新模式作为先进生产方式的代表，满足了用户多元化的需求，逐渐受到社会乃至政府层面的认可。2014年11月27日，交通运输部明确表态："按照'以人为本、鼓励创新、趋利避害、规范管理'的原则，鼓励移动互联网和运输行业融合创新,鼓励在创新的平台上打造'大众创业、万众创新'的新平台,在市场上能够开拓细分市场,建立多层次、个性化的服务体系,实行错位服务。"

在地方政府方面,2015年5月15日,浙江义乌出台《出租汽车行业改革工作方案》,明确从2018年开始,有序放开出租汽车市场准入和出租汽车数量管控,实现出租汽车市场化资源配置。同时,建立和引进网络约车平台,鼓励移动互联网与出租车行业融合创新。交通运输部对此也表态予以支持。现实生活中居民的需求也对既有规范形成"倒逼"之势,相应的法律政策也将不断完善。

第二节 研究问题

一 理论问题

1. 理论总体架构

本研究重点是要解决中国城市交通发展指数的衡量及评价问题,特别是2010~2013年我国主要城市(290个)的交通发展指数排名情况。通过分析比较城市排名和交通排名,本研究发现城市交通发展具有超前型、适应型、滞后型等发展水平特征,并为城市交通优化和发展提供政策建议。但是,任何关于城市交通发展的方法或指数分析,均须立足于运输经济理论的基本思想,以支撑城市交通发展指数的运输经济理论来贯穿中国城市交通发展指数指标体系的构建、评价模型和方法选取、参数取值与赋权、计算结果解读以及政策建议提出等全过程(见图1-9)。可以说,没有运输经济理论的"思想性",[①] 中国城市交通发展指数研究就会产生问题针对性、逻辑清晰性、结论可用性等重大问题。

从图1-9可以看出,城市拥堵、环境污染、出行效率、城市交通"蔓延"是现代城市交通发展的突出问题。首先,为了解释和适度解决该问题,我们就需要立足于运输经济理论与方法、城市交通发展理论与方法,提出理论解释、理论逻辑和解决方法。其次,在此基础上,我们需要进行中国城市交通发展指数的构建工作,

---

① 荣朝和:《对运输化阶段划分进行必要调整的思考》,《北京交通大学学报》(自然科学版)2016年第4期,第122~129页。

第一章 绪 论

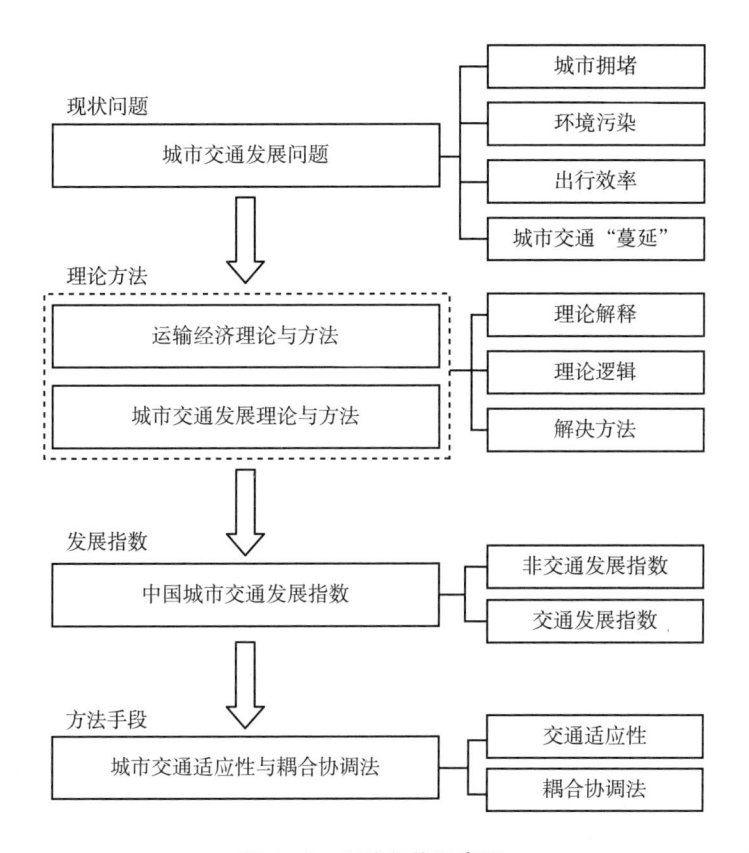

图 1-9 理论架构示意图

形成非交通发展指数和交通发展指数。最后，我们采用了能够体现中国城市交通发展理论相应思想性的方法手段，也就是城市交通适应性和耦合协调法。

2. 时空理论解析

时间（time）是人类对物质运动过程的一种描述和记录，是物质运动过程在时间序列上的反映。按照张雷教授的定义，空间（space）应为包容一切事物及其现象的场所，是人类对宇宙物质世界存在的一种认识[1]。时间和空间是一个相互联系、相互依存且具有相对独立性的共同体系，是对宇宙物质世界所有事物及其运动（包括生命体的运动）过程的描述。一些学者甚至认为，时空是唯一的存在。[2] 当我们把时空

---

[1] 张雷：《关于时空概念的认识》，北京交通大学工作论文，2011。
[2] Jonathan Schaffer, "Spacetime the one substance," *Philos Stud*, 2009, 145, pp. 131-148.

概念引入人类经济活动特别是城市交通和非城市交通活动过程中时，城市交通的专属交通资源与非城市交通的非专属资源的时空匹配就成为影响城市运作效率的重要维度。

交通运输产品或服务的价值在于其时空转换能力。也就是说，不同交通资源共同运作所形成的运输产品或服务，是否能够提供符合特定时空和空间条件下的社会需求，并实现时间价值的最大化，如图1-10和图1-11所示。

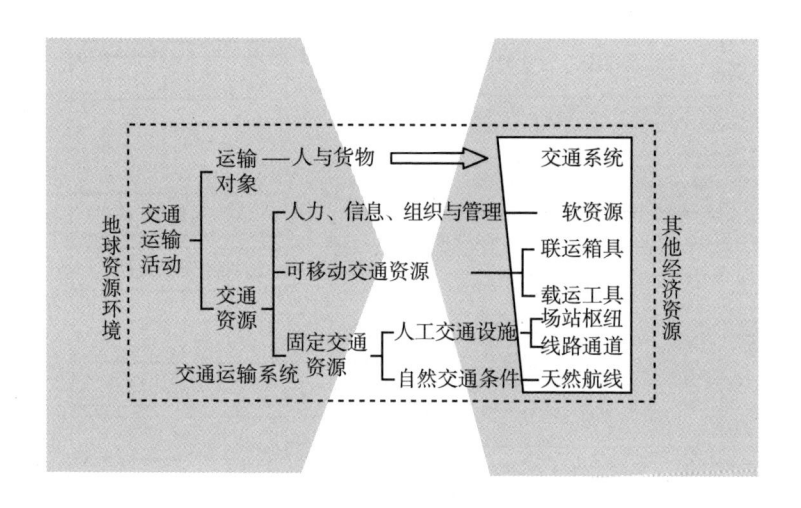

图1-10 交通运输资源示意图

注：参见荣朝和《重视基于交通运输资源的运输经济分析》，《北京交通大学学报》（社会科学版）2006年第12期。

由于时间价值具有非均值性、非连续性和非线性，特别是现代社会市场需求的多样性和个体性，导致人们对于同样或不同运输资源提供的完整运输产品价值的截然不同的认定或支付（见图1-12）。

从中国城市交通发展指数来看，我们构建的时空理论分析框架是，城市交通发展水平决定城市交通的水平，包括城市交通基础设施与交通运行指标，而非城市交通发展水平（即其他经济、社会等）决定城市的非交通发展水平，包括经济、社会、居民生活、基础设施、科教文卫等。

从本书构建的耦合协调模型来看，城市交通指标体系与非城市交通指标体系均包括了数量维度、质量维度、结构维度的指标，两者相互之间的耦合协调

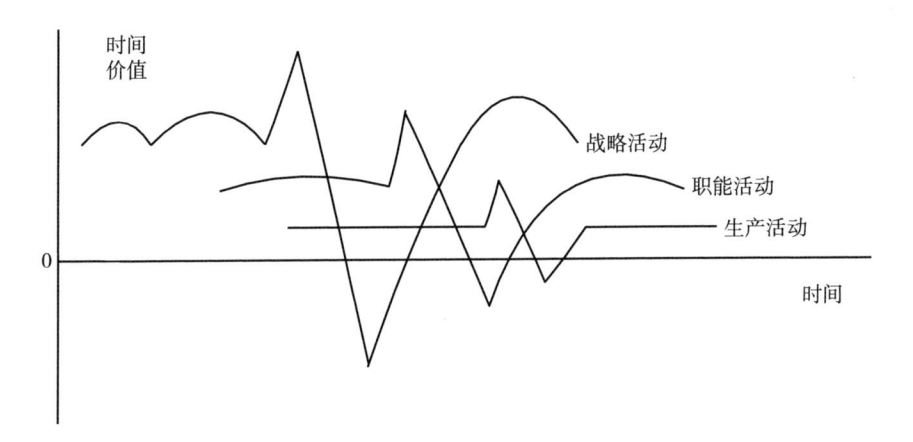

图 1-11 不同活动类别时间价值示意图

注：参见王波、荣朝和《论企业价值的时空意义》，《北京交通大学学报》（社会科学版）2016 年第 1 期。

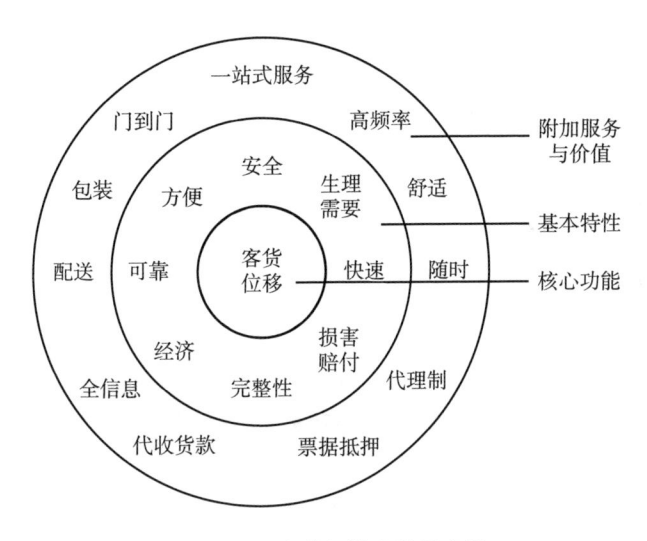

图 1-12 完整运输产品示意图

注：参见李忠奎《基于提供完整运输产品的中心城市交通管理体制改革研究》，《北京交通大学学报》（社会科学版）2005 年第 4 期。

在本质上反映了在特定时空背景下城市交通与非城市交通的时空耦合协调，如图 1-13 所示。

从图 1-13 可以看出，城市交通与非城市交通的耦合协调是在特定时空尺

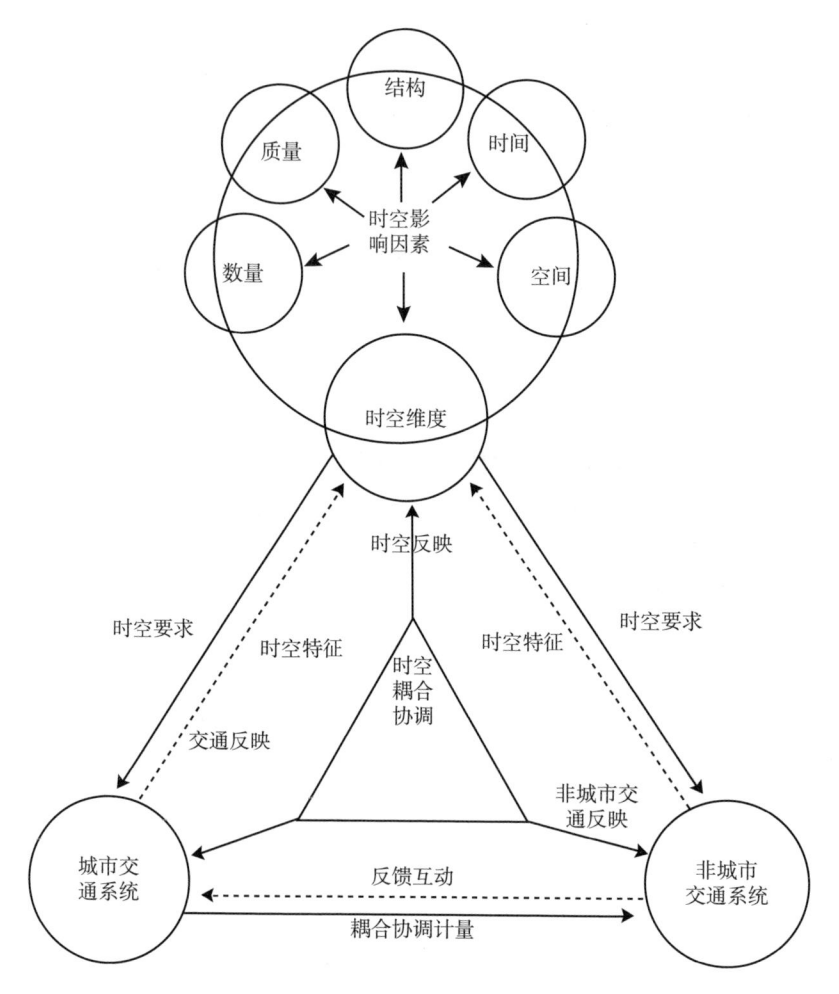

图 1-13　城市交通与非城市交通时空耦合协商示意图

度下展开的。其中，城市交通与非城市交通系统进行反馈互动，城市交通要能够有效应对和解决非城市交通对出行和物流的方便、快速、高效、安全等方面的质量要求，避免形成城市蔓延和交通蔓延的不良"城市病"（如交通拥堵的发生），使城市交通与非城市交通有机匹配起来，形成比较适应或适度超前的城市交通发展格局。

3. 时空理论延展

北京交通大学运输经济理论与政策领域专家发展出了三维层面（FSO）综

合交通运输理论阐释①，它包括功能维度（functional dimension）、结构维度（structural dimension）和运作维度（operational dimension）等不同层面的意义。其中，功能维度是指各种运输方式由于其技术经济特征及其与需求侧的吻合程度而形成的基本功能，针对城市交通而言，这一维度是指公共交通主导以及轨道交通占骨干地位的运输方式的发展过程；结构维度是指由各种运输方式组成的交通系统，针对城市交通而言，这一维度是指由私人交通、准公共交通和公共交通构成的交通系统；运作维度是指运输方式提供的完整、无缝隙、一体化的运输服务，包括时间、成本、速度、安全、服务、质量等方面的综合指标，针对城市交通而言，这一维度是指城市交通系统能够适应低碳城市、循环城市和公交导向发展城市的发展战略，形成运作效率高的城市交通发展格局。

二 实践问题

从实践角度来看，中国城市交通发展指数构建及评价的目标有两个，一是促进城市功能、结构、运输维度的优化，二是补充和完善城市发展指标，特别是补充和完善非交通发展指标、交通发展指标、耦合协调指标。

城市交通发展指标是一个综合性的指标体系，其可以包括环境发展指标、社会发展指标、经济发展指标、基础设施发展指标、宜居指标、交通发展指标等，我们把这些可能的指标分为交通发展指标和非交通发展指标，交通发展指标和非交通发展指标的耦合协调就形成了城市交通发展指数，如图 1-14 所示。

从图 1-15 可以看出，城市发展指标体系由城市交通系统发展指数和非城市交通系统发展指数构成。其中，城市交通系统发展指数包括公交发展指标、地铁发展指标、城市拥堵指标、私人出行指标、交通服务指标及其他交通指标；非城市交通系统发展指数包括经济发展指标、社会发展指标、科技发展指标、环境发展指标、服务发展指标及其他发展指标等。城市交通系统发展指数与非城市交通系统发展指数经过耦合协调，就会形成中国城市交通发展指数，

---

① 欧国立：《基于三维视角的交通运输经济探析：理论与政策》，经济科学出版社，2013，第 1~10 页。

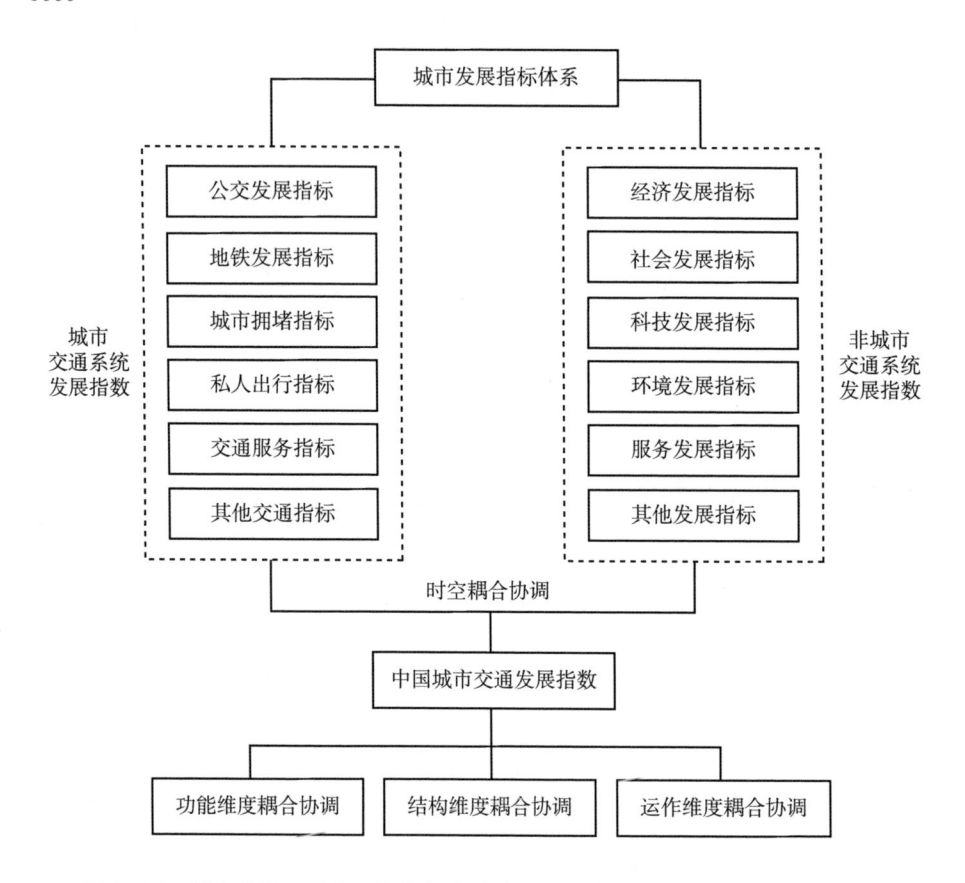

```
                    ┌─────────────────┐
                    │  城市发展指标体系  │
                    └─────────────────┘
           ┌─────────────┴─────────────┐
    ┌──────┴──────┐             ┌──────┴──────┐
    │ 公交发展指标 │             │ 经济发展指标 │
    ├─────────────┤             ├─────────────┤
城市│ 地铁发展指标 │             │ 社会发展指标 │非城市
交通├─────────────┤             ├─────────────┤交通
系统│ 城市拥堵指标 │             │ 科技发展指标 │系统
发展├─────────────┤             ├─────────────┤发展
指数│ 私人出行指标 │             │ 环境发展指标 │指数
    ├─────────────┤             ├─────────────┤
    │ 交通服务指标 │             │ 服务发展指标 │
    ├─────────────┤             ├─────────────┤
    │ 其他交通指标 │             │ 其他发展指标 │
    └─────────────┘             └─────────────┘
                    时空耦合协调
              ┌─────────────────┐
              │ 中国城市交通发展指数 │
              └─────────────────┘
     ┌──────────────┼──────────────┐
┌────┴─────┐  ┌────┴─────┐  ┌────┴─────┐
│功能维度耦合协调│ │结构维度耦合协调│ │运作维度耦合协调│
└──────────┘  └──────────┘  └──────────┘
```

图 1-14 城市交通系统发展指数与非城市交通系统发展指数的耦合协调示意图

这也是本研究力图达到的重要实践目标。

在国内外相关研究当中，很多学者强调的是城市交通系统与土地综合开发的相互关系，也就是说，相关研究非常重视城市交通系统与非城市交通系统中有关土地要素的时空互动关系的构建问题。例如，赵坚、陈和（2013）分析了城市交通时空形态与城市时空形态的相互塑造功能，认为城市交通发展会对城市居民出行方式的选择及城市交通的供给状况产生短期影响，而长期内将会对城市不同区位吸引程度的变化产生影响，如图1-15所示。

研究城市交通发展指数对于更好地实现城市交通与城市规划、人口、土地、产业等要素的有机结合，形成科学合理的城市交通发展政策，有着重要的实践意义和政策含义。

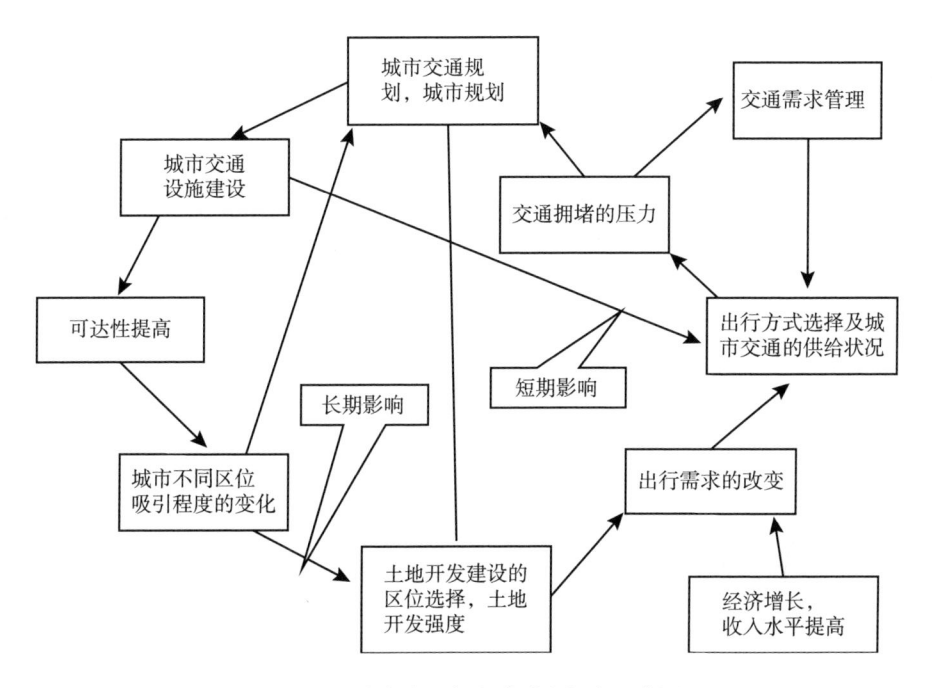

图 1-15　城市交通与土地时空耦合示意图

第三节　研究意义

在我国城市交通快速发展的背景下，研究中国城市交通服务质量，对于识别我国城市交通发展过程中存在的问题，明确我国各大城市交通体系服务于城市经济社会的水平，把握在工业化、运输化、城市化的不同发展阶段中我国城市交通体系与城市非交通体系的耦合协调水平，甄别不同城市的交通发展水平并通过城市交通发展指数进行评价，促进我国城市优化城市交通管理和服务质量具有重要理论和现实意义。

交通大数据为我们进行现代城市交通服务质量评价提供了良好的技术手段和实施路径。本书通过构建包括安全性、舒适性、便利性、合意性、环保性、效率性和创新性以及其细化评价指标在内的城市交通服务质量评价指标体系，基于大数据挖掘得到 10 个典型样本城市（上海市、石家庄市、沈阳市、合肥市、烟台市、淄博市、泉州市、盘锦市、营口市和开封市）的数据，从而认识并了解我国城市交通服务质量的总体水平以及制约城市交通服务质量改善的关键因素，为国家和城市各级政府机关制定合理的城市交通发展政策和需要关注并改善的重要交通服务质量指标提供了借鉴。

第四节 研究思路

本课题研究思路如图 1–16 所示。

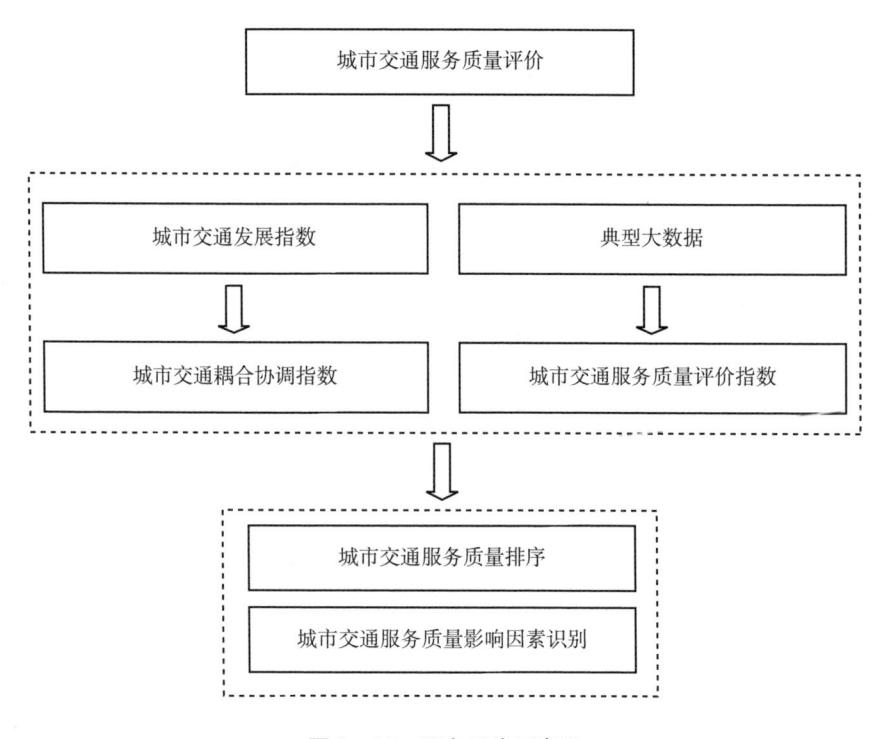

```
            ┌──────────────────────┐
            │   城市交通服务质量评价   │
            └──────────┬───────────┘
                       ↓
  ┌────────────────────┼────────────────────┐
  │ ┌──────────────┐       ┌──────────────┐ │
  │ │ 城市交通发展指数 │       │   典型大数据   │ │
  │ └──────┬───────┘       └──────┬───────┘ │
  │        ↓                      ↓         │
  │ ┌──────────────┐       ┌──────────────────┐ │
  │ │城市交通耦合协调指数│     │城市交通服务质量评价指数│ │
  │ └──────────────┘       └──────────────────┘ │
  └─────────────────────┬────────────────────┘
                        ↓
        ┌─────────────────────────────┐
        │   ┌──────────────────────┐  │
        │   │  城市交通服务质量排序   │  │
        │   └──────────────────────┘  │
        │   ┌──────────────────────────┐ │
        │   │城市交通服务质量影响因素识别│ │
        │   └──────────────────────────┘ │
        └─────────────────────────────┘
```

图 1–16　研究思路示意图

首先，以城市交通服务质量评价为目标，把该目标分解为两部分。其次，围绕中国城市交通发展指数以及城市交通耦合协调指标，分析我国各个城市的城市交通服务质量的协调水平。再次，通过大数据手段，分析评价 10 个典型样本城市的交通服务质量评价指数。最后，形成我国城市交通服务质量的城市排序和基于大数据的城市交通服务质量影响因素的识别。

第二章
我国城市发展现状

第一节 经济发展现状

一 基本情况

我国当前经济发展整体状况以及发展趋势良好，已进入经济发展"新常态"。不论是中国自己还是世界上其他国家，对于中国经济发展的现状及未来都充满信心。2016年上半年，中国经济运行稳中有进、稳中向好。在国内外多重发展困难的挑战下，政府一方面采取宏观政策，稳定经济发展的速度，另一方面推进结构性改革，着力优化经济发展结构，使得整体经济增速保持在6.7%左右。这基本符合中国经济发展预期，发展的"新常态"特征也更加明显。

对于中国6.7%的经济增速，不论是从我国经济自身出发做纵向比较，还是从世界范围出发做横向比较，中国都保持着领先的水平，属于中高速增长。并且从发展质量上来说，中国6.7%的增速背后，是社会民生的稳定发展和经济的质量保证。例如，我国服务业不仅保持着高速发展，并且在中、西部地区的发展也不断深入，稳居国民经济第一大产业。作为稳定增长的主动力，服务业所提供的就业吸纳力也是不容忽视的，同时，服务业的发展，也促进了消费水平的提高，拉动了内需，促进了我国的供给侧结构性改革。

虽然目前中国经济发展尚好，但经济稳定发展的基础尚不牢固，经济走势分化的问题仍然突出。所以对于中国未来的经济发展，我们不仅要有忧患意识和战略眼光，更要关注于当下并超越当下的局限性和短期性。从经济发展的趋势来进行分析，经济的整体长期向好趋势并没有发生变化；经济发展的特征，即经济发展潜力较足、经济发展韧性较好，没有发生变化；经济发展的后盾，也就是支撑基础和物质条件没有变化。这三个不变意味着短期内中国的经济发展可能会有压力，但是长期来看中国经济的前进态势是不会变化的,更多的可能只是波浪式前进和螺旋式上升。例如,2016年上半年,中国经济发展分化、行业运行分化问题的显现也给了我们提示,即经济调整势必带来经济分化,但是经济分化同样会促进经济调整。

虽然经济发展有困难,但是我们相信只要我们正确认识经济发展的基本情况、坚定经济发展的信心、保持经济发展的定力、加强经济发展政策的连续性和针对性,必将促进经济继续稳中向好、结构转型实质性进步,从而完成既定的发展目标。

二 经济发展的困难和挑战

当前整个世界经济发展的不确定性和流动性都在上升,中国经济发展面临的第一个挑战和困难就是较为严峻的外部发展环境。2016年,距离2008年的金融危机爆发已经8年之久,虽然世界经济一直在复苏,但是复苏之路并不顺利,其在国际贸易方面一直表现十分萎靡,2016年上半年净出口对中国经济贡献率仅为-10.4%。伴随着之前英国脱欧进程的推进和地缘政治的继续发酵,未来一段时间内世界经济发展的波动性也是很大的。因此中国经济的发展不仅需要自身内部的推动,而且也要经受外部环境的重大压力和挑战,同时防范国际金融市场对中国市场可能出现的冲击。

当然除了经济发展的外部环境存在着风险和挑战,国内经济也承受着转型带来的挑战和风险。主要体现在:一方面,经济发展带来的下行压力,导致市场预期不稳定,因此民间投资意愿不足,2016年上半年民间投资的增速降至2.8%;另一方面,在经济结构调整的同时,不可避免地对企业经营和财政收入造成了影响,使得经济结构优化中涉及的待改善行业面临着较大的发展困难。

面对内外部环境带来的挑战和风险,我们要认识到其正常性,同时坚定发展的信心,改革突破、创新发展。首先,要坚定对国民经济的信心,稳定宏观经济政策;其次,要坚定不移地继续进行结构性改革;最后,还要重点发展和重点突破发展难题,如促进民间投融资的积极性等。

三 经济发展的新动力

中国当前经济发展的结构已经长足转变,与之相伴随的是经济动力的改变。从需求结构来看,消费已经成为经济增长的第一动力。2015年最终消费对经济发展的贡献率达到66.4%，而2016年上半年最终消费对经济发展的贡献率是73.4%，在占比较大的同时还保持着高速增长态势，尤其是信息消费和绿色消费持续扩张，而旅游产业、文化产业、健康养老以及体育产业等更是具有良好的发展态势。

从产业结构来看，服务业已成为第一大产业，2016年上半年服务业在国民经济生产总值中占比54.1%，较上年同期提高了1.8个百分点。在服务业中，技术服务业、文化产业成为发展重点，并且发展势头良好，对经济整体的稳定发展发挥着重要的作用。

但是经济发展的动力短板依然存在。供给不足以及供给结构不适应需求的变化，导致供需错配仍然制约着有效需求的释放。新行业的发展虽然发挥着有效的作用，但是鉴于行业的不成熟性，在规模上与传统行业不能等量齐观，仍然需要进行体制和机制的更新和学习。

因此培育经济发展的新动力，首先，必须推动供给侧结构性改革，减少无效供给、扩大有效供给，提高供给结构的灵活性和适应性；其次，要坚持培育产业优势，在提升传统产业的同时，壮大新行业的发展，推动服务业的优质高效发展；再次，还要加强政府职能的转变，使政府在经济发展中可以做到简政放权、放管结合、优化服务，为经济发展营造公平的市场环境和竞争机制；最后，新动力的创造从根本上来说要靠创新驱动，因此，还要大力推动科技创新，在关键事项保证保密性的前提下推进创新成果转化为应用。

四 经济的转型升级

2016年上半年，我国GDP同比增长6.7%，国民经济总体运行平稳、稳中有进。从某种程度上来说，经济增速放缓是转型升级的必经过程，而供给侧结构性改革和"去产能、去库存、去杠杆、降成本、补短板"等改革政策的出台和实施成为中国经济转型升级的"新征程"。

近年来随着市场供求关系的变化和要素成本的上升，制约经济发展的主要障碍已经从经济发展的总量问题转化为结构问题。数据显示，2016年上半年我国第三产业占GDP总量的54.1%，不仅比同期提高1.8个百分点，而且高于第二产业14.7个百分点，这说明结构改善已初见成效。

当前是转型发展的关键阶段，中国经济仍然面临着重重困难，这一点是无须多言的。因此，我们必须要坚定信心，打好转型升级这一仗。首先，要以供给侧结构性改革作为重点和中心，通过有效的市场竞争，提高资源配置效率与"有效供给"，提升产能过剩行业的集中度。其次，要加大创新力度，鼓励万众一心，持续加大对于新兴产业与小微企业的扶持力度，为转型创造良好的生态环境。最后，还要加强政府职能的转变，使政府在经济发展过程中可以做到简政放权、放管结合、优化服务，为经济发展营造公平的市场环境和竞争机制。

中国经济的转型发展的实质就是适应发展变化、顺应发展规律、总结发展经验，形成自己新的发展方式，更新发展驱动力，推动整个经济形势向着更好方向发展。只要中国有坚定的信心，运用科学合理的方法，顺应发展的规律，就一定可以打好转型升级这场攻坚战。

五 经济分化走势的升级发展

当前中国经济运行的"新常态"特征明显，在错综复杂的国内外形势之下，2016年上半年经济发展的区域、行业、企业的分化趋势明显。

从区域来看，部分区域经济结构比较完善，并且发展势头良好，而部分地区经济发展的结构则出现了比较单一、欠缺活力的现象。据2016年上半年各省的经济增速显示，重庆和西藏的经济增速为10.6%，位列第一；江苏、广东、山东三省的GDP总量均已超过3万亿元，且增速分别达到了8.2%、7.4%和7.3%；而河北、山西、云南三省的经济增速低于全国的平均水平，其中河北和云南为6.6%，山西仅为3.4%。

从行业来看，2016年上半年服务业占GDP比重为54.1%，高新技术产业进一步发展，占GDP的比重有所上升。另外一些传统产能过剩的行业陷入低迷，如资源类行业和煤炭钢铁行业等，这也导致一些企业受到波及，面临较大压力。但是一些发展方向正确的企业发展势头良好，创新活力不断增加。

应对分化发展的经济走势，中国不仅要加快转型发展，而且要珍惜分化的宝贵机遇期进行转型升级，加快协调发展，拓展发展空间；同时，也要稳定发展的预期，加快经济转型和改革。

第二节　社会发展现状

在经济快速发展的同时，中国社会民生也发展良好。主要体现在以下五个方面。

1. 区域发展战略进一步完善

目前，"四大板块"发展良好，西部大开发发展良好，东北老工业基地全面振兴，中部地区崛起力度不减，东部地区发展不断深化。在此基础上，形成了全国统一的大市场，促进了各类生产要素的流通和区域合作的深化，促进了不同地区公共服务的均等化，从而缩小了区域发展差异。主体功能区"三大战略"顺利实施，京津冀协同发展战略率先在交通、生态、产业升级等方面取得实质性突破；长江经济带建设战略帮助产业转移、水道治理、产业转移示范区的建立，引导产业向西部转移；在"一带一路"战略的引导下，区域合作加强、新亚欧大陆桥和陆海口岸支点建设正有计划地落实并完成。

2. 新型城镇化取得突破，城乡一体化加强

截至2015年底，我国城镇化率提高至56.1%，比2010年提高了6.15个百分点，城镇总人口平均每年增加近2000万人。不论与中国同期做比较还是与世界范围内做纵深比较，这都是超大规模的城市化。与此相伴随的是农村人口的大幅减少，仅在印度之后，中国成为第二大农村人口国家。农村人口的减少，给我国农村工作带来很大的压力，不仅需要我们加大力度建设城镇基本保障房、改造好棚户区和城乡危房，而且也要求国家加强户籍制度的改革和落实、放宽户籍迁移制度。

3. 民生得到改善，发展成果惠及人民

截至2015年初，城乡居民人均可支配收入增长率达到10.1%，首次高于8.0%的经济增长率。城乡居民人均收入差距也明显缩小，由2010年的3.23倍缩小至2014年的2.92倍，与此同时，2015年，全国居民人均收入基尼系数由2010年的0.481下降至0.469、城乡居民家庭恩格尔系数分别持续下降至2013年的35.0%和37.7%，各项数据显示，中国人民生活水平在国际上已属于富裕类型。因此，中国居民消费水平不断提高，2014年城镇居民和农村居民的人均消费分别达到6.3%和10.4%的增长率，有效地拉动了内需。生活水

平的提高带来的是人民的安居乐业,城乡居民人均住房面积不断提高,至2014年已分别达到2.9平方米和37.1平方米,并且住房自有率达到85%,正在逐渐接近发达国家的水平。除此之外,就业方面也在稳步发展和增加,政府高度重视就业工作,在大众创业、万众创新的大背景下,就业总量稳步增加。2014年新增就业累计达到5119万人,登记失业率有效控制在4.1%。并且社会保障体系作为必不可少的一部分,也在不断健全,社会保障水平稳步提升。截至2014年底,城乡居民社会保障体系覆盖率已超过95%。农村贫困人口(按照人均年收入低于2300元的标准)2014年底已低至7000万人,累计减少了9500万人。并且新型农村合作医疗覆盖面积不断扩大,惠及更多民众。养老保险制度在不断改善,企业退休人员基本的养老金水平在不断提高。

4. 社会事业全面发展、科教文卫体全面发展

我国教育事业成绩显著,截至2014年底,学龄儿童净入学率达到99.8%,中等职业教育在校生1803万人、全国普通本专科在校生2548万人,分别比2010年增加316万人、84万人;高等教育毛入学率达到37.5%。科技事业发展迅速,2014年我国在研究与发展方面的支出达13312亿元,高出2010年88.5%,占国内GDP的2.09%。与此同时,专利申请量和授权量也大幅增加,不论是基础研究还是前沿技术研究都获得了大力发展,科技事业的发展为产业转型和升级提供了有力的技术支持。卫生事业发展显著,截至2014年底,全国共有医疗卫生机构相比2010年增加4.4万个,达98.1万个;共有医疗卫生机构床位相比2010年增加181.4万张,达660.1万张;卫生技术人员相比2010年增加171万人,达759万人。对重大疾病的防控不断加强,国民健康行动计划实施效果也显著,居民健康状况不断改善。文化、体育事业发展劲头足。截至2014年底,全国共有公共图书馆3117个、博物馆3660个、广播节目综合人口覆盖率达97.79%、电视节目综合人口覆盖率达89.42%,有线广播电视用户达2.29亿户。国内旅游人数从2010年的21.03亿人次增长至2014年的36.1亿人次,出境游客从5000万以上人次上升至1亿人次,增长了1倍以上,中国成为世界上名副其实的最大国内旅游和出境旅游国家。

5. 生态文明建设效果显著

节能技术的大力推广和节能设备的推广运用,促进了我国能源利用率的不断提高,使单位GDP能耗累计降低15%、单位GFP碳排放累计降低

17%。我国环境治理步伐加快，实施了重点区域重点治理的政策。七大水系国控断面水质好于Ⅲ类的比例达到71.2%。空气治理方面，截至2014年底，全国74个首批实施大气污染防治行动的城市，相比2013年，总体上PM2.5平均浓度降低11.1%，特别是京津冀地区降低了12.3%。城市污水处理率和城市生活垃圾无害化处理率分别达90%和90.3%。此外，森林覆盖率提高了1.27个百分点，达到21.63%，森林蓄积量增加14.16亿立方米，全国森林植被总碳储量84.27亿吨，可度量的生态服务功能年价值超过13万亿元。

第三节　城市规划现状

一　我国总体城市规划

目前中国城市分区的大体情况如下：东部地区包括北京、天津、河北、辽宁、上海、江苏、浙江、福建、山东、广东、海南11个省（市）；中部地区包括山西、吉林、黑龙江、安徽、江西、河南、湖北、湖南8个省；西部地区包括内蒙古、广西、重庆、四川、贵州、云南、西藏、陕西、甘肃、青海、宁夏、新疆12个省（市、自治区）。

如果按经济带来划分，中国目前有五大经济带，分别是珠江三角洲经济带、长江三角洲经济带、长江经济带、长株潭经济带和京津冀经济带。其中珠江三角洲经济带包括小珠三角、大珠三角、泛珠三角经济带。其中小珠三角包括广州、深圳、佛山、珠海、东莞、中山、惠州、江门、肇庆；大珠三角包括广州、深圳、佛山、珠海、东莞、中山、惠州、江门、肇庆、香港、澳门；泛珠三角包括福建、江西、广西、海南、湖南、四川、云南、贵州、广东、香港、澳门。长江三角洲经济带包括上海、苏州、无锡、常州、镇江、南京、扬州、泰州、南通、徐州、连云港、淮安、盐城、宿迁、嘉兴、湖州、杭州、绍兴、台州、宁波、舟山、温州。长江经济带东起上海、西至云南，涉及重庆、江苏、湖北、浙江、四川、湖南、江西、安徽、贵州等11个省市。沿线城市包括上海、南京、镇江、扬州、苏州、无锡、常州、南通、杭州、嘉兴、湖州、宁波、绍兴、舟山、合肥、芜湖、铜陵、安庆、巢湖、池州、马鞍山、九江、黄石、鄂州、武汉、荆州、宜昌、黄冈、咸宁、恩施、岳阳、重庆、万州、涪陵、泸州、攀枝花、成都、宜宾。长株潭经济带包括长沙、株洲、湘潭。京津冀经济带包括北京、天津、石家庄、唐山、保定、秦皇岛、廊坊、沧州、承德、张家口、邢台、邯郸。

根据交通运输部发布的以公路主枢纽所在城市为重点，培育发展区域性道路运输市场的政策来进行划分，公路主枢纽城市主要有北京、天津、石家庄、唐山、太原、呼和浩特、沈阳、大连、长春、哈尔滨、上海、南京、徐州、连云港、杭州、宁波、温州、合肥、福州、厦门、南昌、济南、青岛、烟台、郑州、武汉、长沙、衡阳、广州、深圳、汕头、湛江、南宁、柳州、海口、成都、重庆、贵阳、昆明、拉萨、西安、兰州、西宁、银川、乌鲁木齐。

目前全国近300个地级市中，有近20个中心城市。中心城市是指在一定区域内和全国社会经济活动中处于重要地位、具有综合功能或多种主导功能、起着枢纽作用的大城市和特大城市。考核的指标主要有综合经济能力、科技创新能力、国际竞争能力、辐射带动能力、交通通达能力、信息交流能力、可持续发展能力等七大指标。根据中心城市的定义和考核指标，筛选出了国家中心城市和区域中心城市。其中，国家中心城市包括北京（华北）、天津（华北）、上海（华东）、广州（华南）、重庆主城区（西南），区域中心城市包括沈阳（东北）、南京（华东）、武汉（华中）、深圳（华南）、成都（西南）、西安（西北）。

二　我国城市群规划

我国在"十二五"规划中提到的"主体功能区"将国土空间划分为优化开发、重点开发、限制开发与禁止开发四个主体功能区。其中，国家级重点开发区包括冀中南地区、呼包鄂榆地区、太原城市群、中原经济区、海峡西岸经济区，优化开发区包括环渤海、长三角和珠三角，重点开发区包括冀中南地区、太原城市群、呼包鄂榆地区、哈长地区、东陇海地区、江淮地区、海峡西岸经济区、中原经济区、长江中游地区、北部湾地区、成渝地区、黔中地区、滇中地区、藏中南地区、关中—天水地区、兰州—西宁地区、宁夏沿黄经济区和天山北坡地区，限制开发区包括农产品主产区与重点生态功能区。

方创琳（2011）提出城市群形成发育的现状格局是由15个达到发育标准

的城市群和 8 个未达到发育标准的城市群组成的"15＋8"的空间格局。本书将这些城市群列示如下：京津冀城市群、环鄱阳湖城市群、山东半岛城市群、辽东半岛城市群、哈大长城市群、中原城市群、银川平原城市群、晋中城市群、天山北坡城市群、呼包鄂城市群、关中城市群、兰白西城市群、酒嘉玉城市群、江淮城市群、武汉城市群、长株潭城市群、成渝城市群、黔中城市群、南北钦防城市群、滇中城市群、长江三角洲城市群、海峡西岸城市群、珠江三角洲城市群。

第三章
我国城市交通发展现状

第一节 城市交通年度概况

随着社会经济和科技的快速发展,中国城市化水平越来越高。2015年,我国城市交通基础设施投资规模进一步扩大,交通固定资产投资继续增长,综合交通运输网络更加完善,智能交通系统逐渐发展;运输工具及运输服务趋向多元化,运输量在平稳增长,运输水平在也进一步提高;城市交通推动城乡区域协调发展的作用进一步增强,各项改革和规划工作进一步深化。

2015年,我国轨道交通取得进一步发展,全国已经有39个城市建设或规划建设轨道交通,每天投资超过7.8亿元。预计到2020年全国拥有轨道交通的城市将达到50个,到2020年我国轨道交通要达到6000公里的规模,我国在轨道交通方面的投资将达4万亿元。

近年来,我国对城市交通枢纽的建设越来越重视,比如北京、上海等大城市已经发展成为复合型的交通枢纽城市,并且把交通基础设施、交通运载工具和交通参与者综合起来系统考虑,充分利用信息技术、数据通信传输技术、电子传感技术、卫星导航与定位技术、控制技术、计算机技术及交通工程等多项高新技术进行集成及应用,使人、车、路之间的相互作用关系以新的方式呈现,包括高速公路联网不停车收费、城市交通综合信息平台、车载导航、各种打车软件及公交实时信息软件等。这些措施都在一定程度上缓解了城市交通压力,提高了居民出行的便利性,引导更多居民使用公共交通出行。

但是在交通快速发展的同时,我国城市交通业还存在比较多的问题,主要体现在交通拥挤、交通事故频发、公共交通萎缩、环境污染、能源短缺、停车困难等方面。

第三章 我国城市交通发展现状

1. 城市规模不断扩大，交通运输压力大，导致交通拥堵严重

在城镇化进程当中，人口不断向城市集聚，加上汽车拥有量不断增加，大量人员出行，物资交流频繁，人均道路面积处于低水平状态，城市交通面临着沉重的压力。从图3-1可以看出，我国道路容量不足，而私人汽车拥有量的快速增长，加剧了交通拥堵。根据国家发改委2015年公布的数据，目前我国城市小汽车与停车位的比值平均约为1:0.8，一些一线、二线城市的这一比值更高，保守估计，中国停车位缺口超过5000万个。

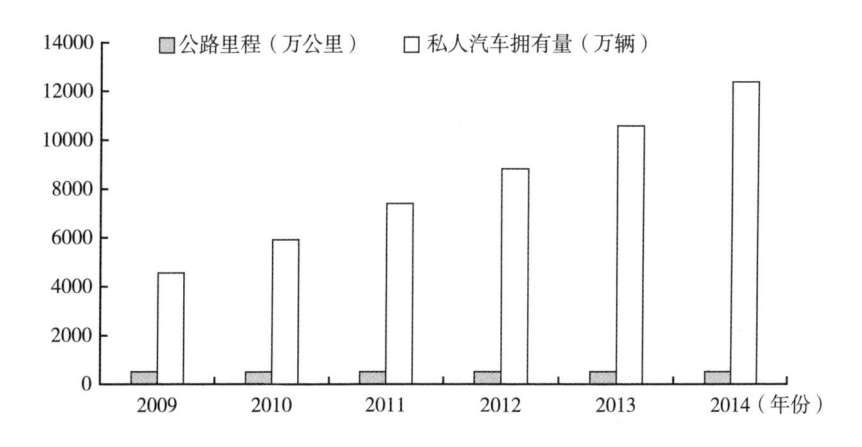

图3-1 2009~2014年交通运输压力发展趋势

2. 交通事故频发

交通拥堵问题造成时间资源浪费、大量能源消耗、空气污染，甚至引起交通事故，造成大量人员伤亡和财产损失，这些都阻碍了城市社会经济与环境的健康发展。根据公安部交通管理局官方数据，虽然我国2015年交通事故死亡人数下降到7.24万人，但以占全世界不到2%的汽车保有量而言，交通事故死亡人数占全球交通事故死亡人数的比例却高达20%。

3. 公共交通萎缩

目前我国出行结构不合理，公共交通系统的建设总量严重滞后，公共交通的投入不足，公共交通优先发展落实不到位，从而导致城市公共交通的发展比较缓慢。虽然我国公共交通的运行线路及长度有所增加，但是其运行效率低下，人们出行时不得不寻求其他方式。

4. 城市交通问题引起环境恶化

一方面，交通的快速发展促进了城市的集聚以及新城市的孕育，另一方面，交通的发展带来了严重的环境问题，制约着城市的进一步发展。随着我国机动车保有量的迅速增加和出行状况的不断恶化，机动车的废气排放及噪声问题日趋严重。我国汽车工业技术水平的滞后，以及城市人口、车辆和建筑的过于密集，加剧了污染的危害性。另外，交通水体污染、地面下沉、日照危害、电波辐射等交通公害也严重影响着人类的身心健康。根据行业研究，我国机动车尾气排放已经成为城市大气污染的首要来源。从国家统计局的数据来看，尽管大气污染的排放量已稍微下降，但是每年的总排放量仍然很高。我国水体污染物总量呈逐年上升的趋势，截至2014年，水体污染物总量较2010年增加了16%（见图3-2）。

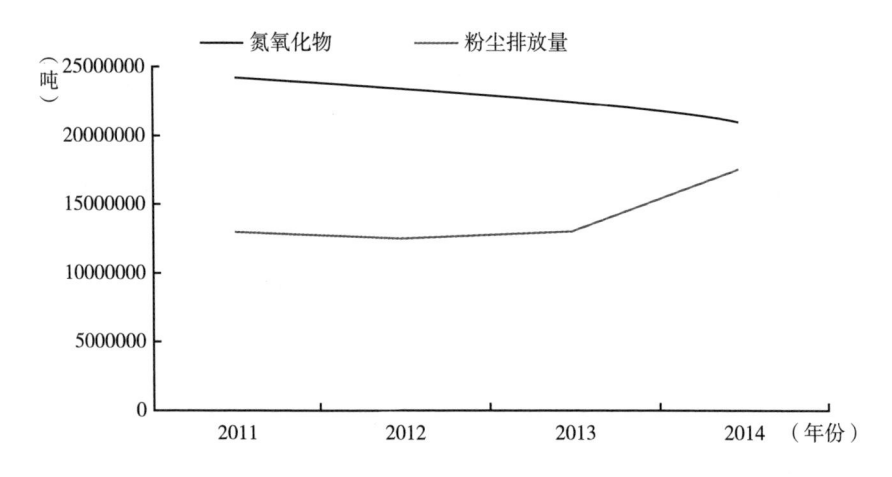

图3-2　2011~2014年环境污染物排放情况

资料来源：国家统计局。

5. 能源短缺

交通运输消耗大量的能源，因此我国迫切需要发展新型交通，减少能源的消耗量，促进交通与城市的可持续发展。

6. 停车困难的问题突出

随着城市私家车保有量的持续增加，城市"停车难、乱停车"等问题日益突出，"停车难"的影响不仅仅局限于停车本身，还引发了一系列城市管理问题。我国城市停车难问题集中表现在停车场的建设和管理上。例如，公共停车场用地匮乏，城市公共停车设施建设欠账太多，以及公共停车场规划布局不合理等。"停车难"问题不仅加重了交通拥堵，也容易引发公共纠纷。近年来，由私占草坪、私安地锁、堵占道路等问题引发的邻里纠纷、车辆刮擦等矛盾日益增多，由停车问题引发的治安事件和暴力冲突事件也时有发生。"停车难"还带来了安全隐患，小区内通道停车常常导致救护车、消防车无法快速通过，小区外占道停车则导致人流、自行车流进入机动车道，从而引起交通事故的发生。

第二节 城市交通运行分析

一 城市交通投融资

城市交通投资主要用于城市道路桥梁、公共交通的建设与维护，资金主要源于城市建设固定资产投资和城市维护建设资金支出。

1. 投资水平

（1）投资总额

截至 2015 年，全国城市规划交通总投资达 24000 亿元，比上年增加 2269.8 亿元。其中，2015 年全国轨道交通投资 3364.2 亿元，与上年相比，增加了 143 亿元；道路桥梁投资为 8635.8 亿元，与上年相比，增加了 991.9 亿元（见表 3 - 1、图 3 - 3）。

表 3 - 1　2003~2015 年全国城市交通投资

单位：亿元

年份	城市交通投资	轨道交通投资	道路桥梁投资
2003	2323.3	281.9	2041.4
2004	2457.2	328.5	2128.7
2005	3019.9	476.7	2543.2
2006	3603.9	604.0	2999.9
2007	3841.4	852.4	2989.0
2008	4621.3	1037.2	3584.1
2009	6688.2	1737.6	4950.6
2010	8508.3	1812.6	6695.7

续表

年份	城市交通投资	轨道交通投资	道路桥梁投资
2011	9016.2	1937.1	7079.1
2012	9467.0	2064.5	7402.5
2013	10790.7	2455.1	8355.6
2014	10865.1	3221.2	7643.9
2015	12000.0	3364.2	8635.8

注：2010年后的公共交通投资只包括轨道交通投资的投资额。
资料来源：根据相关年份《中国城市建设统计年鉴》数据整理所得。

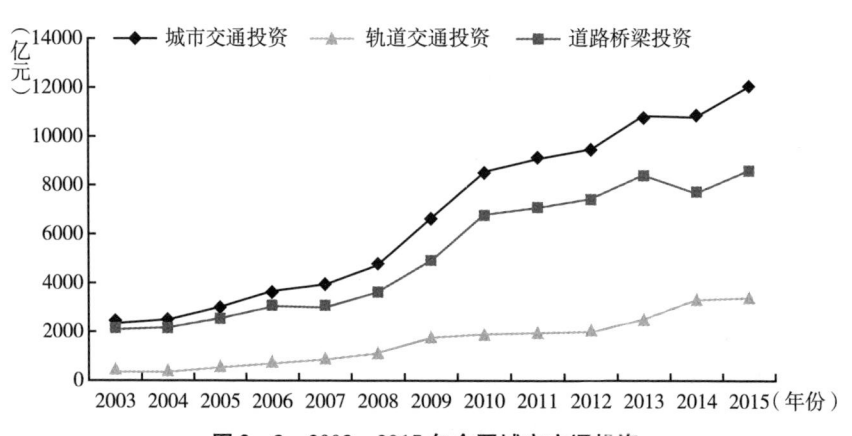

图3-3 2003~2015年全国城市交通投资

（2）人均投资

2003~2015年，中国城镇人口由5.24亿人增长到7.88亿人，城市化率的提升对交通投资提出了新需求，但我国城镇人均交通投资不仅增幅有限，而且绝对值也不高（见表3-2、表3-3）。

表3-2 2003~2015年全国城镇人口

单位：万人

年份	2003	2004	2005	2006	2007	2008	2009
城镇人口	52376	54283	56212	58288	60633	62403	64512
年份	2010	2011	2012	2013	2014	2015	
城镇人口	66978	69079	71182	73111	74916	78819	

资料来源：国家统计局。

第三章 我国城市交通发展现状

表 3-3 2003~2015 年全国人均城市交通投资额及增长率

单位：元/人，%

年份	2003	2004	2005	2006	2007	2008	2009
人均投资额	443.6	452.7	537.2	618.3	633.5	740.6	1036.7
比上年增长	—	2.1	18.7	15.1	2.5	16.9	40.0
年份	2010	2011	2012	2013	2014	2015	
人均投资额	1270.3	1305.2	1330.0	1475.9	1450.2	1522.5	
比上年增长	22.5	2.7	1.9	11.0	-1.7	5.0	

注：2010 年后的公共交通投资只包括轨道交通投资的投资额。
资料来源：根据相关年份《中国城市建设统计年鉴》相关数据计算。

2. 投资方向

（1）城市道路桥梁

2015 年，我国城市道路桥梁投资总额达到了 8635.8 亿元。与 2003 年相比，城市道路桥梁投资年均增长 12.48%，投资增长最快的是 2009 年，比 2008 年增长了 38.13%（见图 3-4）。

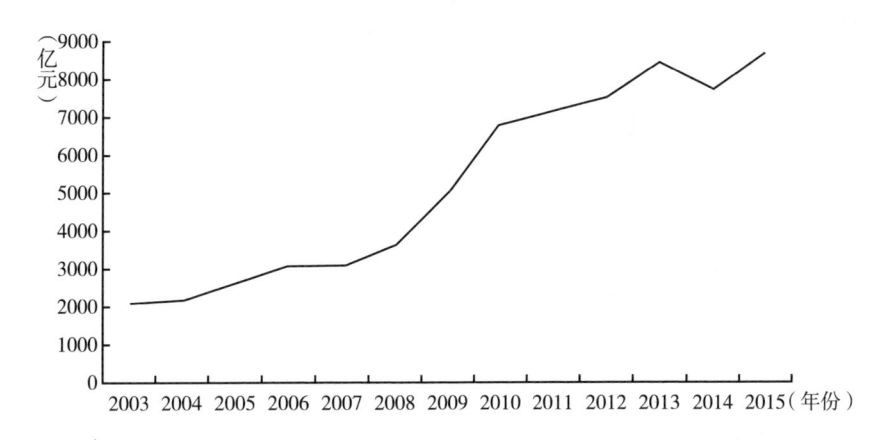

图 3-4 2003~2015 年全国城市桥梁道路投资

（2）城市轨道交通

2015 年，我国城市轨道交通投资总额达到了 3364.2 亿元。与 2003 年相比，城市轨道交通投资年均增长 24.39%，投资增长最快的年份是 2009 年，比 2008 年增长了 67.53%（见表 3-4）。

表 3-4 2003~2015 年全国城市轨道交通投资额及增长率

单位：亿元，%

年份	2003	2004	2005	2006	2007	2008	2009
投资额	281.9	328.5	476.7	604	852.4	1037.2	1737.6
比上年增长	—	16.53	45.11	26.70	41.13	21.68	67.53
年份	2010	2011	2012	2013	2014	2015	
投资额	1812.6	1937.1	2064.5	2455.1	3221.2	3364.2	
比上年增长	4.32	6.87	6.58	18.92	31.20	4.44	

资料来源：根据相关年份《中国城市建设统计年鉴》数据计算。

二 城市交通基础设施情况

1. 城市道路建设

中国城市化进程发展迅速，截至 2015 年，城镇常住人口占总人口比重高达 54.77%。城市交通需求不断增加，而经济增长和收入增加进一步加剧了交通需求，从而导致环境污染严重、土地消耗增加及城市交通拥堵等问题。因此，我国的道路建设十分重要，既要满足现有的交通需求，又要追赶日益增长的机动车的数量。

（1）城市道路长度

①总长度。截至 2014 年底，全国城市道路总长度为 35.23 万公里，与 2003 年相比，增加了 14.42 万公里，年均增长 5.17%。2006~2014 年，东部地区年均增长 4.2%，中部地区年均增长 5.1%，西部地区年均增长 6.9%（见图 3-5、图 3-6）。由此可见，我国近几年来更加注重西部地区的开发与建设，西部和中部地区的道路建设增长率明显高于东部地区。

②道路密度。我国城市普遍存在道路密度（道路总长度/城区建成总面积）偏低的问题，加上机动车数量的快速增加，造成我国城市尤其是大城市拥堵。截至 2014 年底，我国城市道路密度只有 7.08 公里/平方公里，远远落后于 20 世纪 80 年代世界发达国家的 20 公里/平方公里。2003~2014 年城市道路密度如表 3-5 所示，2003~2014 年城市道路密度趋势如图 3-7 所示。

第三章 我国城市交通发展现状

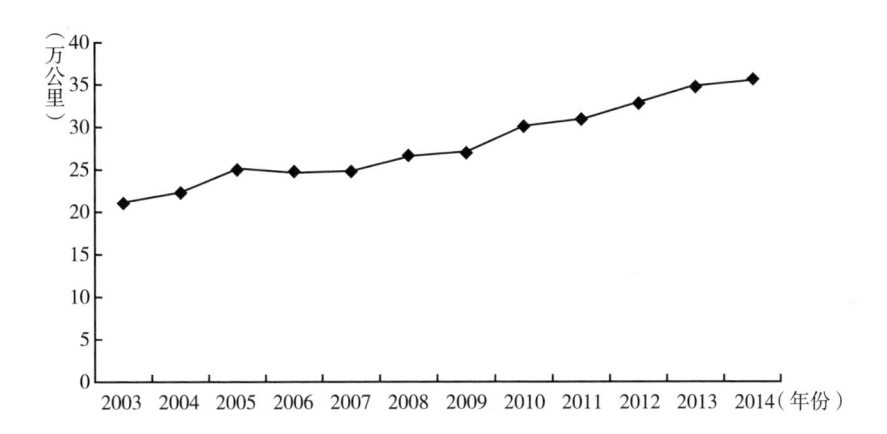

图 3-5　2003~2014 年全国城市道路总长度

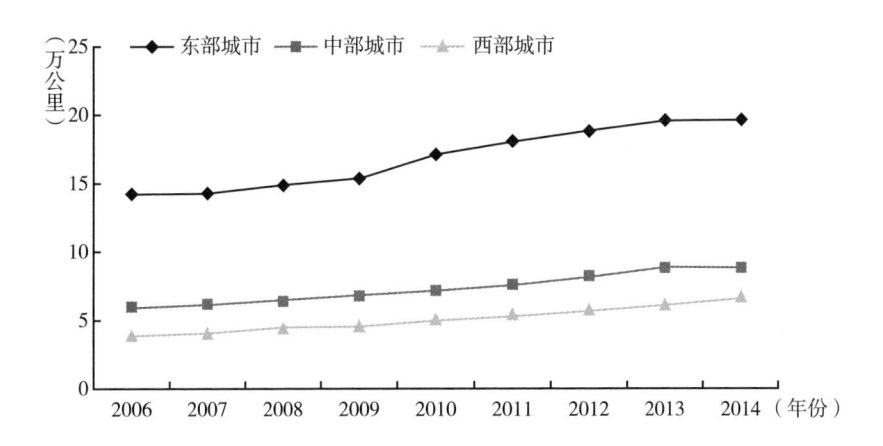

图 3-6　2006~2014 年按区位分类全国城市道路长度增长曲线

资料来源：根据相关年份《中国城市建设统计年鉴》数据计算所得。

表 3-5　2003~2014 年全国城市道路密度

单位：公里/平方公里

年份	2003	2004	2005	2006	2007	2008
道路密度	7.35	7.33	7.60	7.17	6.94	7.16
年份	2009	2010	2011	2012	2013	2014
道路密度	7.06	7.35	7.08	7.18	7.19	7.08

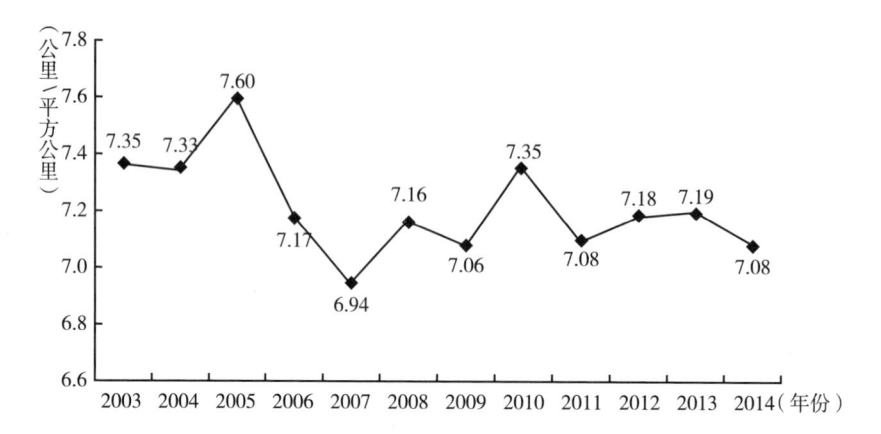

图 3-7　2003~2014 年全国城市道路密度趋势

资料来源：根据相关年份《中国城市建设统计年鉴》数据计算所得。

从上述图表可以看出，我国城市道路密度总体呈现下降的趋势，但是道路面积率是增加的（见表3-6），虽然我国的城市道路网还不完善，但近年来我国道路建设更强调宽度，而不是长度，这也是缓解我国大中型城市交通拥堵的重要措施。

表 3-6　2003~2014 年全国城市道路面积率

单位：%

年份	2003	2004	2005	2006	2007	2008	2009	2010	2011	2012	2013	2014
道路面积率	11.2	11.6	12.1	12.2	11.9	12.5	12.6	13.0	12.9	13.3	13.5	13.7

（2）城市道路面积

①总面积。2014 年，我国城市道路总面积为 68.30 亿平方米，相比 2003 年，年均增长 7.3%（见图 3-8）。

从图 3-9 可以看出，东、中、西部的城市道路面积都是增加的，而且东部地区较中、西部地区而言比较发达，西部城市道路建设面积的年均增长率为 9.2%，中部城市道路建设面积的年均增长率为 7.5%，东部城市道路建设面积的年均增长率为 5.3%，因此，西部城市和中部城市的城市道路建设面积在近几年比东部城市稍快。

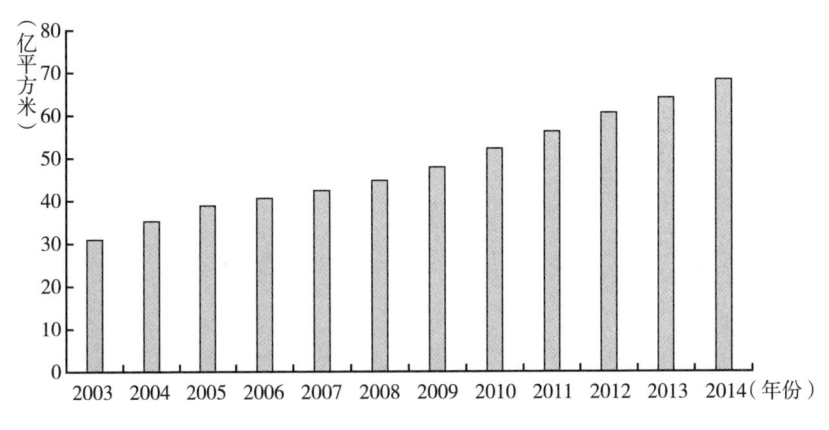

图 3-8　2003~2014 年全国城市道路面积

②道路面积率（道路面积/城区面积）。2014 年，我国城市道路面积率为 13.7%，与 2003 年相比，增长了 2.5 个百分点。我国城市普遍存在道路面积率偏低的问题。截至 2014 年，我国城市的道路面积率依然落后于 20 世纪 90 年代中期的几个国家，东京为 13.8%，伦敦为 16.6%，巴黎为 25%，纽约为 35%。近年来，我国城市道路建设力度仍赶不上车辆的增加速度，且与世界其他国家相比，差距比较大。

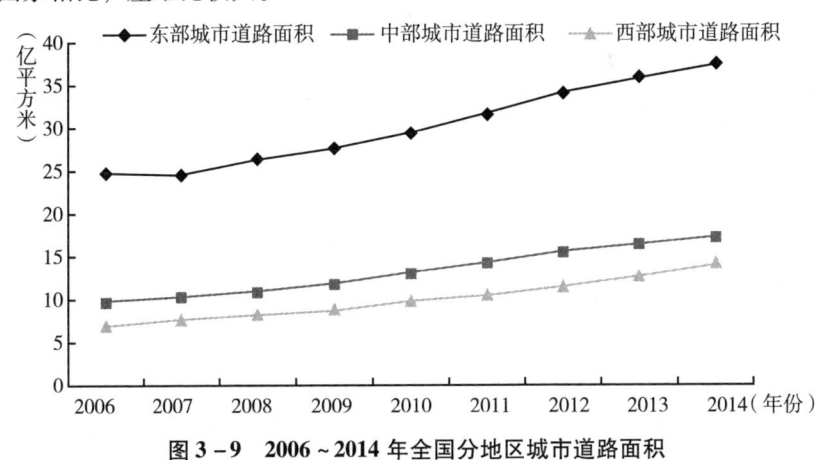

图 3-9　2006~2014 年全国分地区城市道路面积

2. 轨道交通建设

（1）城市数量及运营里程

截至 2015 年底，中国大陆地区共 26 个城市（新增南昌、兰州、青岛、淮安4个城市）开通城轨交通运营，共计116条线路，运营线路总长度达3618公里。其中，地下线2093公里，占比57.8%；地面线406公里，占比11.2%；高架线1119公里，占比31.0%。运营车站2236座，其中换乘站384座，占比17.2%；车辆场段125座。20个城市拥有两条以上城轨交通线路，逐步形成网络化运营格局。在3618公里的运营线路中，地铁为2658公里，占比73.5%；其他制式（包括轻轨、单轨、市域快轨、现代有轨电车、磁浮交通、APM共6种）为960公里，占比26.5%（见图3-10）。

在2015年新增的445公里运营线路中，地铁297公里，占比66.7%，其他制式148公里，占比33.3%。新增线路中其他制式占比持续增高，单轨、市域快轨、现代有轨电车等制式快速发展，中低速磁浮实现了零的突破。城轨交通系统制式呈现多元化的发展趋势，网络层次更加丰富，网络结构逐步形成与完善。

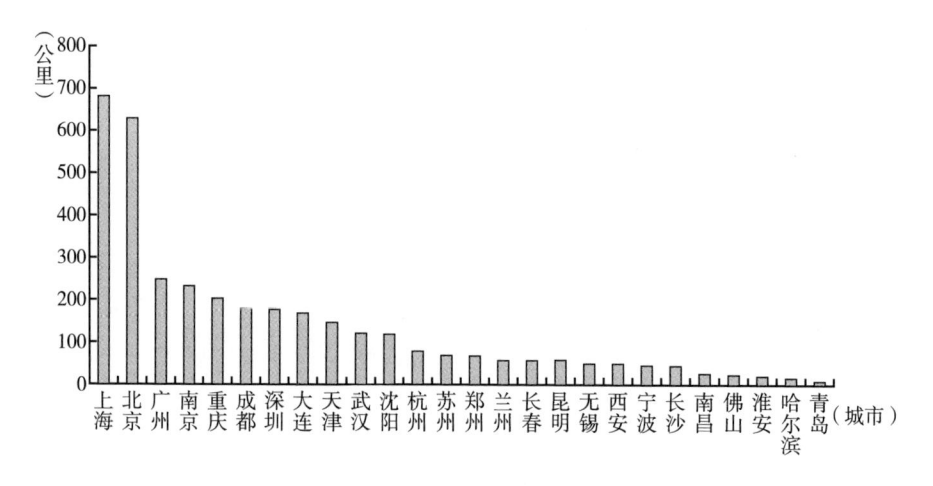

图3-10　2015年全国城市轨道交通运营里程

资料来源：中国城市轨道交通协会信息。

（2）轨道交通客运量

2014年中国城市轨道交通全年客运总量近131亿人次，比上年110亿人次增加21亿人次，增长19%（见图3-11）。

从图3-11中可看出，北京、上海、广州的客运量相对比较多，其他城市的客运量比较少。

在22个运营城市中，全年客运量超过20亿人次的有3个城市：北京

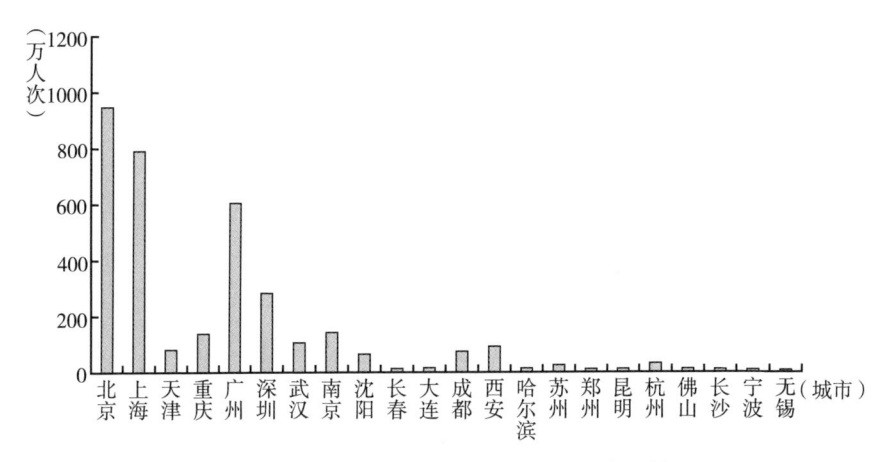

图 3－11　2014 年全国城市轨道交通日客运情况

33.9 亿人次，占总量之比为 25.9%；上海 28.3 亿人次，占比为 21.6%；广州 22.2 亿人次，占比为 16.9%，这 3 个城市客运量占全国客运总量的 64.4%，继续位居世界前列。深圳全年客运量 10.4 亿人次，也迈上 10 亿人次大台阶，进入世界先进行列。

根据 2006～2014 年的轨道交通相关数据，我们绘制了 2006～2014 年全国轨道交通运营线路总长度，具体情况如图 3－12 所示。

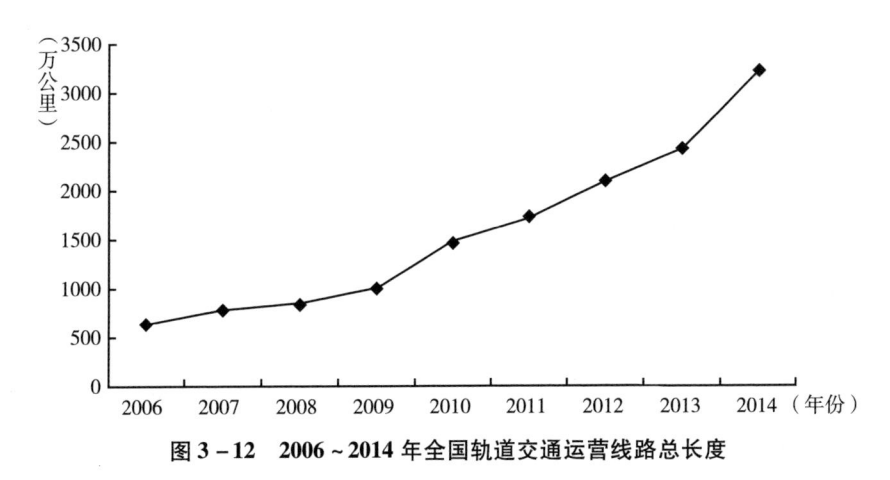

图 3－12　2006～2014 年全国轨道交通运营线路总长度

由图 3－12 可以观察到我国轨道交通建设一直保持着较快的增长，尤其是从 2011 年开始。然而，相对于急速膨胀的城市交通需求，城市轨道交通发展仍然滞后,刚开始进入快速发展阶段。2005~214年全国客运总量增长率、线路总长度增长率和运营车辆增长率的对比情况如图3-13所示。

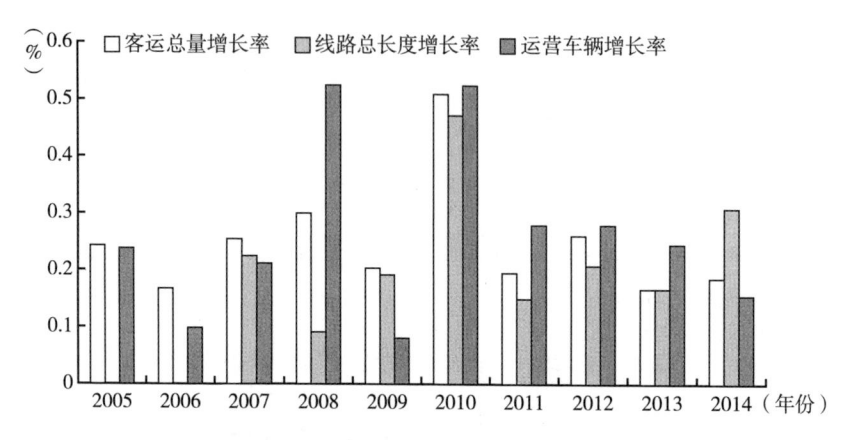

图3-13 2005~2014年全国客运总量增长率、线路总长度增长率和运营车辆增长率的对比情况

3. 交通枢纽建设

影响综合交通体系运行效率的主要因素是综合交通枢纽,"十二五"规划期间,交通运输部加大综合客运枢纽建设力度,5年来,上海虹桥枢纽、北京南站等枢纽陆续建成,极大地提高了运输的效率,方便了公众出行。"十三五"期间,交通运输部将进一步加大投入,重点支持汇集多种运输方式、客运转换量大、辐射和服务范围广、一体化衔接水平高的枢纽线路,力争形成布局合理、衔接顺畅、功能完备、服务优质的综合客运枢纽节点。

(1)北京东直门交通枢纽

作为连接市区与顺义、怀柔、密云、平谷等几个东北部郊区往来的交通要道,东直门轨道枢纽是北京市一级综合交通枢纽站,既是市区与东北远近郊连接的公路客运的起点,也是市区与空港之间快速客运走廊的起点,经过车辆种类多,线路也比较复杂,包括轨道交通的2号环线地铁、13号线城铁、机场快轨和公共交通的城区、近郊、远郊汽车等若干条线路。

东直门枢纽的换乘方式是北京最复杂的,其排列组合为四种方式:"轨道交通—轨道交通"模块、"轨道交通—换乘厅"模块、"常规公交—常规公交"模块、"常规公交—换乘厅"模块,这有效地解决了各种难题,方便了市民出行。

东直门枢纽商业布局的空间特点如下：最南端为商业南区，其首层空间除入口外全部敞开；商业南区与北区相连，并且地上和地下相连，将各个商业区连为一个整体；地下商业街还与地铁、机场快轨相连通，人们在下地铁和机场快轨之后，可直接进入地下商业街，到达该枢纽的各个功能区，有效分流了人流；地下商业街的终点为位于北区商业中心位置的中庭空间，该中庭空间贯穿北区商业部地下一层至地上三层；围绕中庭空间设置上下行自动扶梯，将地下商业街的人流又引向地上。

（2）上海虹桥枢纽

上海虹桥综合交通枢纽是集高速铁路、城际和城市轨道交通、公共汽车、出租车及航空等方式于一体的现代化大型综合交通枢纽。此枢纽位于上海中心城区西部，距离中心人民广场大约 12 公里。虹桥枢纽在交通建设的数量上是非常多的，2015 年已开通地铁 2 条，规划的 30 条公交线也已经开通 10 条。

①机场。上海市已经建成浦东国际机场、虹桥国际机场交通站，并且规划在虹桥机场跑道的西侧建设第二跑道及辅助航站楼，用地约占 7.47 平方公里，规划日旅客吞吐量为 8000 人次。估计到 2020 年，机场的旅客年吞吐量规模约为 4000 万人次。

②铁路客站。上海市铁路站包括上海铁路站、上海铁路南站及浦东客运站。该站场占地约 43 公顷，铁路设施用地约 90 公顷。上海市铁路站完全建成后预计高速铁路客运规模为年发送量达到 6000 万人次旅客。

③长途巴士客站。该客站占地约 9 公顷，布局于铁路客站与机场之间，日发车能力达 800 班，年旅客发送量达 500 万人次，高峰日大约为 3.6 万人次/日。

④磁悬浮客站。站台长度为 280 米，而站台范围内车站宽度约为 135 米。客站布局于铁路客站东侧。

⑤轨道交通。上海市规划引入 4 条轨道交通线及低速磁浮线和机场快速线，形成"4+2"的 6 线汇聚布局。

2015 年上海各交通方式客流分担率如图 3-14 所示。

（3）广州南站交通枢纽

广州南站综合交通枢纽是集高速铁路、城际轨道、城市轨道、出租车、长途客车、公交等一系列城市对内、对外交通服务形式于一体的综合性客运交通枢纽。其总面积为 36 平方公里，划分为 5 大功能区。

广州铁路现状格局为"三主一辅"，其中广州南站、广州东站和广州站为三

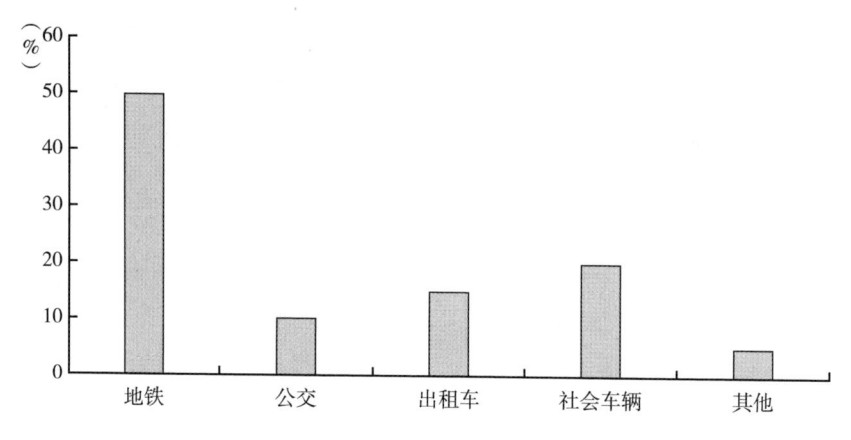

图 3-14　2015 年上海各交通方式客流分担率

个主要客运站，而广州北站是辅助客运站。广州南站占地 25.8 平方千米，是我国最大的客运枢纽站之一。除此之外，广州大型客运枢纽站点还包括滘口汽车站、海珠客运站、芳村客运站、南沙黄阁汽车客运站、夏茅汽车站、永泰客运站、广东省汽车客运站、广州市汽车客运站、天河汽车站、黄埔客运站、番禺汽车客运站、从化汽车站、花都区长途汽车客运站、广州东站汽车客运站等。

根据 2015 年广州南站规划修订版，广东省内交通实现"20/30/60/"的目标，极大地方便了城市间人流的转移。截至 2015 年，广州交通一体化建设如表 3-7 所示。

表 3-7　广州交通一体化建设

项目	已建	规划中	条数与里程
高铁	武广高铁	广深港高铁	4 条
	贵广高铁	南广高铁	
新型有轨电车	—	T1、T2、T3、T4	34.4 公里
城际轨道	广珠	广佛环线	3 条
		佛莞	
地铁	10 条	7、18、20	22 公里
		佛山 2 号	

（4）天津站交通枢纽

天津站交通枢纽占地面积约为 94 万平方米，是集铁路、地铁、轻轨、公交、出租车等于一体的大型交通枢纽，京津城际铁路、津山铁路、津蓟铁路、津秦客运专线、天津地下直径线等交会于此,而在建的津滨城际铁路也将在此交会。

4. 停车设施建设

1999 年,中国 36 个大、中城市停车位的满足率不足 20%,大量机动车占道停放,南京市占道停放率达 67%,上海市中心占道停放率达 64%,广州市占道停放率达 40%,严重妨碍了动态交通。

2006 年,中国 15 个主要城市中心区的停车泊位调查显示,除厦门外,没有一个城市的停车位满足率达到 80%,武汉、南京等二线城市的停车位满足率不足 25%。

从图 3-15 可以看出,2009~2014 年北京市机动车保有量比较多,而停车位增加速度缓慢,停车位数量与机动车数量相差很大。北京市的停车位需求满足率在 2014 年达到 50%,这说明还有一半的机动车没有停车位停车。

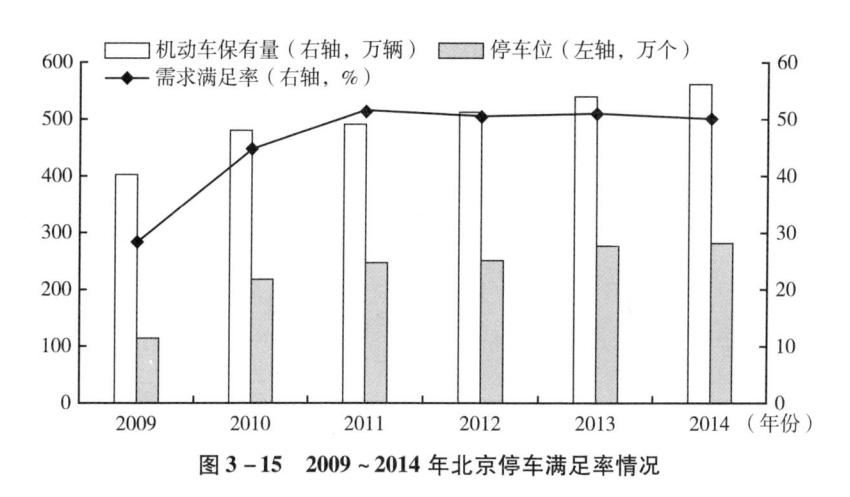

图 3-15 2009~2014 年北京停车满足率情况

三 城市交通运营现状

1. 公共汽(电)车

随着城市化的不断发展,我国机动车保有量不断增加,使得交通拥堵现象严重,因而公众转变交通出行方式,以公共交通出行为主。为了保证公共交通的服务水平,增加公共交通的吸引力,政府通常需要采取公共交通优先措施。近几年来,随着城市公共交通线网的调整和场站设施的建设,公共汽(电)车的建设运营得以推进。

由图 3-16 可以发现，2003~2014 年我国公共交通总体上处于增长状态。其中，从 2009 年开始运营线路总长度快速增加，而公共交通运营数量的增长速度比较平稳，客运量水平也有较大幅度的提高。

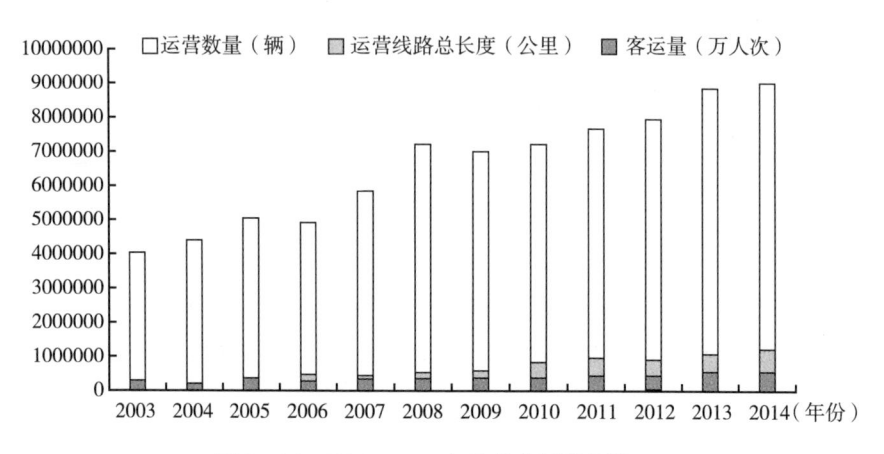

图 3-16　2003~2014 年公共交通发展情况

资料来源：中国轨道交通运输协会。

2. 轨道交通

我国大城市的人口因素、资源条件等不能够满足以充足的土地等资源为支持的低密度扩张模式，市区人口和城市功能高密度集聚，以及道路和停车设施规模有限，也决定了不可能发展以小汽车私人交通为主导的交通模式。而轨道交通发展严重不足、私人交通快速增长、地面公交吸引力下降、整体交通状况不断恶化的我国大城市现状交通模式是不可持续的、亟待改变的发展模式。

由图 3-17 可以看出，从 2010 年到 2014 年，轨道交通运营数量逐级激增，随着营运里程的大幅增加，其客运总量也得以大幅提高，这在一定程度上大大缓解了交通拥堵状况。

另外，在继续加大轨道交通基础设施建设的同时，需要政府引导和鼓励社会资本的积极参与，倡导绿色出行，采取网络化、适度竞争的运营模式，增强服务和成本控制动力，加强与地面公交的资源整合，提高资源效率，加强轨道站点的停车换乘设施布局建设，提高轨道交通分担率，构建综合交通一体化体系。

第三章　我国城市交通发展现状

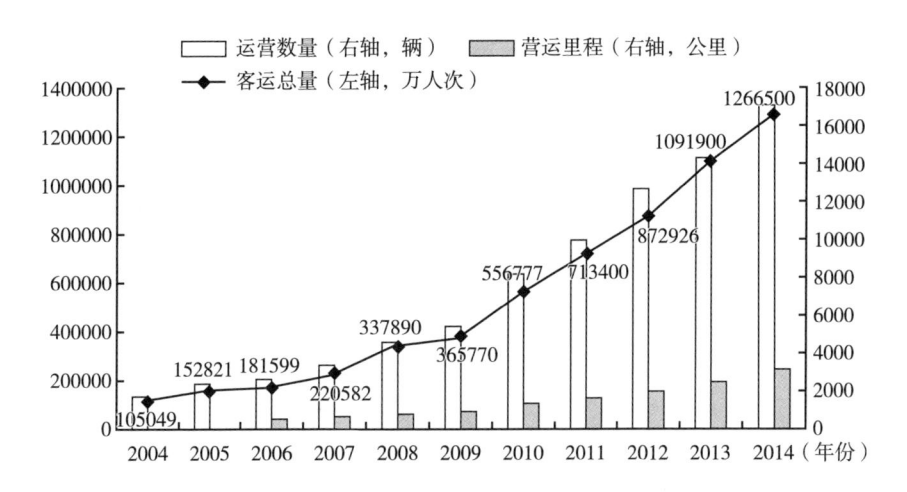

图 3-17　2004~2014 年我国轨道交通发展情况

3. 出租车

2014 年，我国城市出租车总量达到 137 万辆，比 1998 年增加了 62 万辆，年均增长 3.9%。2009 年我国城市出租车数量增长幅度不大，但 2010 年我国出租车数量大幅增长，增幅达到了 26.2%，2010 年之后我国城市出租车数量没有大幅增长，城市出租车规模趋于饱和（见图 3-18）。

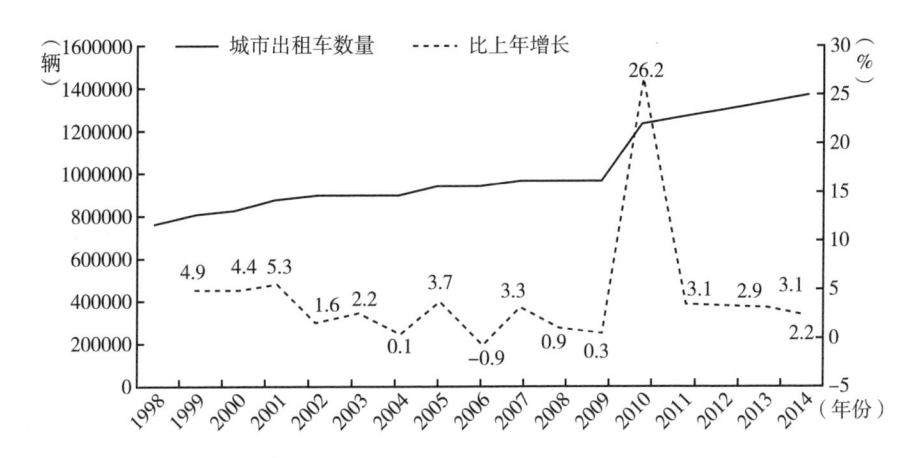

图 3-18　1998~2014 年城市出租车数量及变化

资料来源：中国交通运输协会统计公报。

4. 乘用车

从图3-19可以看出，我国汽车保有量是持续增加的，并且增速保持在13%以上。2014年我国汽车保有量全年已达1.4亿辆，增长13.32%。

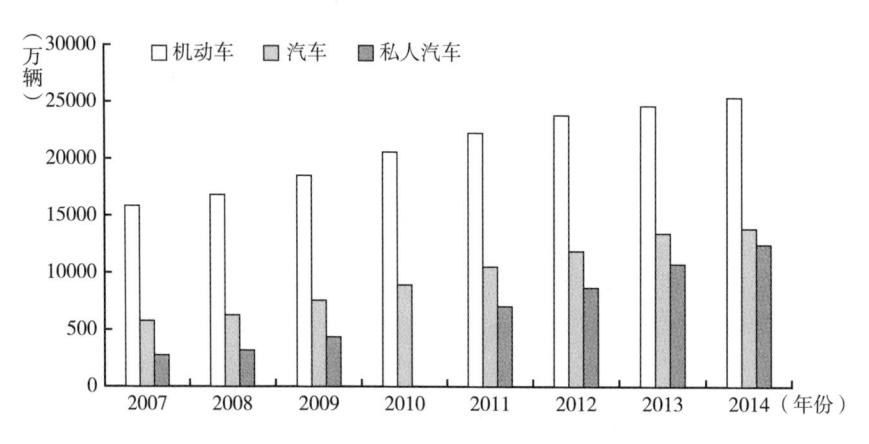

图3-19　2007~2014年全国汽车保有量变化

资料来源：国家统计局及财经网等。

第三节　交通信息化与智能交通系统建设情况

"十三五"规划提出，将大力推进智慧交通建设，以行业信息化重点工程和示范试点工程为依托，着力落实国家信息化战略任务，努力实现交通运输信息化的上下贯通、左右连通和内外融通，促进现代综合交通运输体系发展。

"智能交通"是智慧城市建设的重要组成部分，通过改进地面公交调度和信息服务、出租车综合信息服务、轨道交通换乘信息服务和交通枢纽综合信息服务等，能够帮助出行者选择更好的出行方式，由"盲目"出行转变为"有序"和"可靠"出行。

1. 北京市智能交通快速发展

十几年来，北京智能交通经历了三个重要的阶段。第一阶段是2003~2005年，是智能交通的基础建设阶段。在此期间，北京市主要从整合资源入手建设了交通行业的"一网、一图、一库"，也就是统一的交通信息化网络、统一的交通地理信息系统和交通运输行业的综合数据库。第二阶段是

2006~2009年，是智能交通的快速发展阶段，该时期我国主要建设了一个综合信息平台和七大应用系统。其中，综合信息平台指的是信息共享平台，七大应用系统主要涵盖了交通管理、公共交通、物流管理、电子收费、公众服务、电子政务和应急指挥七个领域。而第三阶段是2010年至今，这一阶段是北京市智能交通的一个重点提升阶段，主要围绕着人文交通、科技交通和绿色交通的构建，建设了智能交通调度、轨道交通指挥中心等十大智能交通系统，为交通的精细化管理和精准化服务提供了强有力的支撑。

北京市在"十二五"期间规划投资56亿元，用于提升智能交通。按照规划，北京建成交通运行协调指挥中心（TOCC）和路网运行、运输监管、公交安保三个分中心，形成一体化、智能化的综合交通指挥支撑体系，成为数据共享交换中枢、综合运输协调运转中枢、信息发布中心，紧急情况下可作为交通安全应急指挥中心。这意味着，市民将可以通过网站、热线、手机、车载导航等多种形式，实时掌握路况信息，提前安排出行。另外，自行车租赁也有望实现网络化服务。

2013年北京市完成中心城区及部分高速路的智能交通系统，将五环路以内现有道路的综合覆盖率由30%提高到70%。2011年4月，中关村一些企业倡导成立了中关村智能交通产业联盟，旨在利用3~5年的时间，推动实施若干批北京市智能交通应用示范工程，推进交通信息化的建设以及交通技术的创新与产业化发展。

《北京市"十二五"时期交通发展建设规划》中提到，要加大智能交通系统建设力度，实行精细化管理等综合措施，努力缓解交通拥堵；坚持体制机制管理创新，理顺市区两级交通体制，创新和完善交通基础设施建设和投融资体制，特别要注重公交场站、公共停车场和道路的微循环建设，进一步完善停车管理体制机制。

截至2015年上半年，北京市公交一卡通发行超过5000万张，相当于市民人手一张，上车刷卡已成为人们生活中一种自觉的出行行为。同时还有ETC高速公路收费系统，使市民使用高速公路服务时缴费更加方便。通过网络信息服务这样一些智能交通技术，有效地提高了现有交通设施的效率，缓解了交通拥堵，减少了交通环境污染，保证了交通安全和提高了运输效率。自出租车电子信息平台推广后，日常每天电话叫车约4000单，总体的成功率是70%左右，4小时以上的预约成功率能够达到95%以上。在公交智能优化方面，2015年上半年2万多辆公交车中只有1.2万辆有卫星定位的数据，在2015年底卫星定位已达全覆盖。

2. 上海智能交通跨越发展

在过去十几年里，上海的智能交通得到快速发展，交通信息服务日趋完善。高速公路自动收费系统、实时自动采集路流量和发布系统全面实施，公共交通智能管理系统、公交一卡通管理系统、停车诱导系统等均得到广泛推广和应用，为市民出行提供了更为完善的信息服务，提高了出行效率。

上海市城市交通管理局通过数字化"信息管理系统"，合理配置公交资源，极大地提高了营运能力。截至2015年，上海市拥有公交线路974条、公交站点27760多个，日均客流量大约为750万人次，所有信息可以实时了解。由于此系统信息覆盖全面，如全市公交线网、轨道交通网、内河航运网、长途客运网、出租车服务网、枢纽站、加气站分布等，使得查询、统计和分析更加快捷方便，从而为上海建设现代交通化城市提供了科学准确的依据。智能化交通体系使上海的交通运营能力提高了20%~30%。

《上海市综合交通发展"十二五"规划》提出关于上海交通信息化发展的目标：上海在"十二五"期间将深化发展智能交通系统，实现交通可持续发展。上海将以"十一五"期间的交通信息化发展为基础，以交通智能化为核心，使智能交通系统的各个应用领域得到充分发展，形成智能交通产业化基本格局。

截至2015年，上海市公交信息服务取得巨大进步。巴士集团、浦东公交两大集团的智能集群调度开始进入常态化管理模式，手机APP、二维码、电子站牌、LCD显示屏等公交信息服务的载体及内容更为丰富。通过信息化手段，公交行业的管理效率和服务水平都得到了显著提高。

3. 广州智能交通

目前广州市的交通运输信息化已达全国领先水平，得到国家交通运输部、工业与信息化部、科技部等有关领导的充分肯定，为广州下一步打造先进的智能交通系统奠定了坚实基础。2015年是广州智能交通系统"十二五"发展的最后一年，广州市贯彻落实了市委市政府关于推动传统交通向现代服务业转型的工作要求。广州市被科技部确定为全国十个ITS的示范城市之一，截至2015

年，广州市对ITS的建设与应用已初见成效，尤其是在交通管理、交通控制及信息化程度方面，均处于全国领先地位。

为了实现广州的交通现代化目标，广州市交通委员会完成了"一个规划、三个平台"的建设内容。例如，广州在城市公交、出租、客轮、地铁、公路客运、货运、站场、汽车维修、汽车检测站、机动车驾驶培训、停车场、公路和市政道路维修维护、路政和运政管理执法等交通各相关专业领域都不同程度地实现了信息化改造、管理流程再造及信息化的推广应用。又比如，广州市公安交警加快建设应用智能交通管理指挥系统，全面建设和应用SCATS交通信号控制系统，提升了信息化应用和交通民警执法装备水平，使得城市主干道交通监控及电子警察覆盖率达80%。

4. 深圳智能交通网

深圳市智能交通历经了近30年的发展，取得了丰硕成果。深圳市智能交通发展经历了从无到有、从粗放到集约的发展过程。

深圳市关于智能交通发展出炉了《深圳市智能交通"十二五"规划》，成立了深圳市交通运输委员会智能交通处和深圳市智能交通标准化技术委员会，评审通过了智能交通"1+6"系统项目建议书，开通运行了E行网，推进了办公自动化、移动执法、大运交通智能调度等系统建设。深圳智能交通致力于打造"一个综合应用平台、四个专业应用平台"，积极构建国际化现代交通化城市。

截至2014年，深圳已拥有约50万个车载GPS的运行数据和12575路视频监控信号。深圳智能交通系统涵盖信息全面，包括民航、铁路、公路、水运、公交、轨道、出租车、深圳通等14类75项交通运输行业静态信息和动态运营信息数据，建立了全市综合交通运行数据资源中心。其中，通过实时动态GPS设备，可以准确快速地掌握各个交通的动态。深圳智能交通系统已经实现智慧交通、GPS实时监测、视频联网监测、公交出租监测、设施养护管理、交通模式支持等功能，并对全市重要场站枢纽、通道等分场进行全面可视化监控，实时掌控运行状况。市民可以通过网络、手机，以及电台互动等方式，准确掌握深圳的整个交通动态，选择最优的出行方式。

5. 黑龙江智能交通发展规划

"十三五"时期，黑龙江为发展智能交通提出相关举措：一是，全力打造业务应用基础支撑平台；二是，着力建设公共信息服务平台；三是，着力建设行业监督管理平台；四是，着力建设行业电子政务平台。

黑龙江省结合电子政务云建设，重点推进"一中心、一平台、一体系"工程的建设。其中，交通信息中心中含有交通运输行业的全面信息，可以准确地进行综合分析；充分运用云计算、大数据、移动互联等信息技术，基于互联网平台加快推进"公路水路交通出行信息服务系统""物流公共信息平台""道路客运联网售票系统""交通'一卡通'互联互通工程"等工程建设，使老百姓出行更加方便快捷。

2013～2015年，黑龙江哈尔滨市启动了为期两年的以道路交通信息采集及交通秩序管理为主体的智能交通管控系统建设。该工程标志着哈尔滨市智能交通已正式步入"大建设"轨道。

6. 江西智能交通

江西省推出智能交通APP，通过互联网技术的应用，可以随时提供路况信息。南昌市地图上的许多路段分别显示着红、黄、绿三种不同颜色，其中绿色代表畅通，黄色代表缓慢，红色则代表拥堵。通过颜色标记，我们可以用手机看到整个南昌市主要路段的路况，从而选择最优的出行线路。

目前，江西"智能交通"应用实现了实时路况、路况视频、办事处、停车场、道路施工、单行道、违章查询7项功能。实时路况，通过地图方式实时显示街道拥堵状况；路况视频，提供该城市主要道路口的视频查看能力（截至2015年已有30个视频点）；办事处，包括交警办事机构地址和电话查询功能；停车场，提供城市停车场的地址和泊位查询；道路施工，发布城市各主要道路的施工封路信息；单行道，以地图方式展示所有单行线路和方向；违章查询，提供违章、年检和体检等各类交通信息查询。

7. 四川智能交通发展

四川省为大力发展公交先行，出台了各种政策予以保障。另外，四川省还对GPS调度系统、电子站牌系统、出行信息服务系统等智能化交通技术的投入给予专项资金补助。四川省加快常规公交发展，确保了至2015年底公交日均载客率不低于600万人次，分担率达到30%，全面建成了"全国领先、西部一流、群众满意"的常规公交体系。同时加快绕城高速公路扩站建设和新增全互通立交建设，四川省在2015年底前开通了市域高速公路的不停车收费

(ETC)通道，大幅度提高了车辆通行效率。

根据《四川省加快大数据发展的实施意见》，2015年，成都已经形成以轨道交通和快速公交为骨干、常规公交为主体、支线公交为支撑、出租汽车为补充，匹配合理、高效快捷并与城市规模、人口和经济发展相适应的公交系统。

为了实现城市系统全覆盖，成都市提升信息化应用水平，实现交通精细化管理。成都市在2012年6月底之前就已完成了三环路智能交通管控系统、干线路网交通流量视频采集系统、交通事件检测系统、中心城区重要路口交通流量采集系统等的建设。

成都市交通委员会已加快高速公路、快速通道等交通设施的建设，提高供给能力；协调推进成都市铁路建设，加强轨道交通的营运监管；加快停车设施建设，缓解停车难问题。

8. 福建城市综合交通发展

为了推进福建省交通运输现代化，建设交通综合枢纽，"十三五"规划提出了相应的要求。

（1）在智慧交通方面

重点推进"互联网+"与交通运输的深度融合。构建省市县三级交通运输行业大数据中心，大力推动数据资源开放共享，推进交通"一卡式"支付，提供"一站式"出行服务，初步实现"一单制"货运，推进行业"一体化"监管。

（2）在绿色交通方面

推进普通国省道"美丽交通生态公路"建设，支持厦门等城市建设"公交都市"，推广使用清洁能源和新能源运输装备及靠港船舶使用岸电，加快配建充电桩、城市充换电站、城际快充站等电动汽车充电基础设施，强化行业节能环保监管。

（3）在平安交通方面

建立跨区域、跨部门、跨层级的安全监管和应急协调联动机制，全面推进危险品运输电子运单平台建设，加快形成海陆空三位一体的交通运输应急抢险体系，提高交通运输应急保障能力。

（4）在建设机制方面

加强前瞻性研究，以及对热点、难点问题进行研究，使制度设计能够深刻把握和反映经济社会发展规律。推进科学立法、民主立法，使专家咨询论证、公众参与交通运输立法常态化、制度化。继续深入探索开展立法后的评估工作，为交通运输法规的立、改、废提供充分的参考和依据。

党的十八大把"法治政府基本建成"作为全面建成小康社会的重要目标之一，为适应新时期、新形势的要求，解决依法行政中存在的问题，由交通运输部发布的《关于全面深化交通运输改革的意见》，为今后一段时期全面建设交通运输法治政府部门提供了决策上的支持。

第四节 城市交通政策解读

一 国家主要政策解读

1.《关于加强城市停车设施建设的指导意见》解读

2015年8月3日，各省、自治区、直辖市及计划单列市、新疆生产建设兵团发展改革委、财政厅、国土资源厅、住房城乡建设厅（委）、规划委（局）、交通运输厅（委）、公安厅（局）指出，随着城镇化的快速发展，居民生活水平不断提升，城市小汽车保有量大幅增加，停车设施供给不足问题日益凸显，挤占非机动车道等公共资源，影响交通通行，制约了城市进一步提升品质和管理服务水平。吸引社会资本、推进停车产业化是解决城市停车难问题的重要途径，也是当前改革创新、稳定经济增长的重要举措。为此，特制定本指导意见。该文件以下简称《意见》。

《意见》立足城市交通发展战略，统筹动态交通与静态交通，着眼当前、惠及长远，将停车管理作为交通需求管理的重要手段，适度满足居住区基本停车和从严控制出行停车，以停车产业化为导向，在城市规划、土地供应、金融服务、收费价格、运营管理等方面加大改革力度和政策创新，营造良好的市场化环境，充分调动社会资本积极性，加快推进停车设施建设，有效缓解停车供给不足，加强运营管理，实现停车规范有序，改善城市环境。

《意见》鼓励建设停车楼、地下停车场、机械式立体停车库等集约化的停车设施，并按照一定比例配建电动汽车充电设施，与主体工程同步建设。另外，通过各种形式广泛吸引社会资本投资建设城市停车设施，大力推广政府和社会资本合作（PPP）模式；鼓励企事业单位、居民小区及个人利用自有土地、地上地下空间建设停车场，允许对外开放并取得相应收益。各地相关部门完善市场准入制度，降低停车设施建设运营主体和投资规模的准入标准。充分发挥价格杠杆的作用，逐步缩小政府定价范围，全面放开社会资本全额投资新建停车设施收费。各地加快对城市停车资源状况的摸底调查，建立停车基础数据库，实时更新数据，并对外开放共享；促进咪表停车系统、智能停车诱导系统、自动识别车牌系统等高新技术的开发与应用。

2.《关于加强交通运输行业信用体系建设的若干意见》解读

2015年5月28日，交通运输部印发《关于加强交通运输行业信用体系建设的若干意见》（以下简称《意见》），旨在提升行业信用体系建设科学化水平，推进交通运输治理体系和治理能力现代化。

《意见》主要包括以下四部分。第一，总体要求部分，提出了行业信用体系建设的指导思想、主要原则和建设目标。第二，重点领域部分，主要是围绕《社会信用体系建设规划纲要（2014~2020年）》部署，结合行业实际，明确了交通运输行业政务诚信、工程建设、运输服务、安全生产、信息统计、价格、企业管理、关键岗位从业人员八个领域。第三，主要任务部分，主要是围绕信用信息的采集、评价、应用、管理等环节，明确了统一信用制度标准、建设信用信息系统、完善信用评价监管、推进信用信息应用和加强信用信息安全管理的任务。第四，工作要求部分，强调要加强组织领导、强化督查考核，并做好行业诚信文化建设。

《意见》提出，行业信用体系建设的主要原则是："政府推动、社会共建，加强衔接、协作共享，统筹规划、分步实施，重点突破、强化应用。"到2020年行业信用体系建设的目标是："形成交通运输行业信用建设的规章制度和标准体系，行业信用信息系统基本建成，信用考核标准基本健全，形成交通运输管理机构与社会信用评价机构、信息化、智能化等相结合，具有监督、申诉和复核机制的综合考核评价体系，信用信息评价结果在交通运输各领域各环节得到有效应用，守信激励和失信惩戒机制切实发挥作用，逐步建立跨部门、跨行业的信用奖惩联动机制。"

3.《综合交通运输"十三五"发展规划》编制情况解读

2014年10月28日，综合交通运输"十三五"发展规划编制工作启动。

交通运输部党组书记、部长杨传堂指出，"十三五"期间交通运输发展需要认真研究和思考一些重大问题。这些问题具体包括以下几方面。一是，全面深化交通运输改革开放，激发行业发展新动力。二是，以综合交通运输体系建设为着力点，实现交通运输协调发展。三是，以多式联运为突破口，提升现代物流发展水平。四是，以发展公共交通为导向，推进区域交通一体化。五是，以信息化智能化为引领，推进交通运输现代化进程。六是，以节能减排为抓手，推动交通运输可持续发展。七是，以安全发展为基础，把安全理念贯穿于交通运输建设、运行、管理的全过程。因此，做好规划编制工作，是总结"十二五"、谋划"十三五"、推动交通运输持续健康发展的客观要求，是落实国家重大战略部署、开启交通运输科学发展新征程的现实需要，是完善综合交通运输体系、实现全面建成小康社会目标的重要抓手，是依法履行政府管理职能、提升交通运输行业治理能力的重要举措。

2015年4月2日，交通运输部召开"十三五"规划编制情况汇报会，听取关于《综合交通运输"十三五"发展规划》和部分子规划编制工作有关情况的汇报。部长杨传堂指出，"十三五"时期是全面建成小康社会最后冲刺的五年，也是全面深化改革要取得决定性成果的五年，交通运输将进入全面提高综合交通运输运行效率和质量、切实提升综合运输服务水平的新阶段。通过"十三五"规划统筹好各种运输方式发展，切实推进综合交通运输体系建设，是国务院赋予交通运输部的重要职责，是发展综合交通运输体系的客观要求，也是应对新挑战、抓住新机遇，推动交通当好发展先行官、再上新台阶的基础保障。杨传堂强调，下一阶段，"十三五"规划编制工作将进入研究制订规划方案、落实规划保障措施的关键阶段，要切实落实"四个全面"的战略布局，全面把握发展先行官的新定位，全力贯彻好国家发展战略的新要求，突出构建综合交通运输体系的总任务，求真务实、科学论证，做好"十三五"综合交通运输发展的顶层设计。

4.《关于加快推进新能源汽车在交通运输行业推广应用的实施意见》解读

2015年3月18日，交通运输部发布《关于加快推进新能源汽车在交通运输行业推广应用的实施意见》（以下简称《实施意见》），明确提出在公共交通领域优先推广新能源汽车，并积极拓展到出租汽车、汽车租赁、城市物流和邮政快递等领域。

第三章 我国城市交通发展现状

交通运输部提出，城市公交、出租汽车运营权优先授予新能源汽车，相关优惠政策向新能源汽车推广应用程度高的交通运输企业倾斜或成立专门的新能源汽车运输企业。争取当地政府支持，对新能源汽车不限行、不限购，对新能源出租汽车的运营权指标适当放宽。

《实施意见》提出了新能源汽车在交通运输行业的具体推广目标：公交都市创建试点城市新增或更新城市公交车、出租汽车和城市物流配送车辆中，新能源汽车比例不低于30%；京津冀地区新增或更新城市公交车、出租汽车和城市物流配送车辆中，新能源汽车比例不低于35%。到2020年，新能源城市公交车达到20万辆，新能源出租汽车和城市物流配送车辆共达到10万辆。同时，2015年是"十二五"规划的收官之年，各地完成"十二五"规划目标以及公交车新增计划的同时，在新能源公交车更新方面有较大突破。这些都表明，以公交车为主的新能源客车市场在2015年迎来了快速增长。从市场表现来看，前两年新能源客车销售并未出现井喷，因此，2015年就显得尤为重要。统计数据显示，2014年，50家主流客车企业公交车合计销量84291辆，其中新能源公交客车16412辆，占比仅为19.5%。对于37个公交都市创建试点城市而言，从这一比值水平跃升至《实施意见》提出的30%（京津冀地区35%），将需要大幅采购新能源公交车。

在国家政策扶持力度持续加码、市场认可度不断提升的背景下，业内专家曾分析，2015年新能源客车总销量将超过2.5万辆。中国公路学会客车分会副秘书长佘振清曾预计，2015年新能源客车的增幅将接近100%，其中新能源公交客车3万辆，新能源公路客车0.5万辆。

5.《关于全面深化交通运输改革的意见》解读

2014年12月31日，交通运输部印发了《关于全面深化交通运输改革的意见》以下（简称《改革意见》），并把它作为到2020年指导交通运输行业全面深化改革的纲领性文件。《改革意见》破解交通难题，直面群众的呼声，突破重点领域，有助于在大交通、投融资体制机制、收费公路等领域的改革中实现重大突破。

《改革意见》的亮点包括以下五部分。第一，完善综合交通运输机制是交通发展的首要任务。在国家层面推动出台加快综合交通运输发展的指导意见，在地方层面推动实现交通运输主管部门负责本区域内综合交通运输规划、建设、管理与服务，加快形成"大交通"管理体制和工作机制。第二，注重完善综合交通运输市场体系。交通运输市场上存在监管不到位、政府干预比较多的问题，影响了行业的发展。因此，《改革意见》提出，完善市场规则，加快建立公平开放、统一透明的交通运输市场；注重发挥市场形成价格的作用，放开竞争性环节价格；完善交通运输市场信用体系，落实各领域守信激励和失信惩戒各项措施。同时积极推进公路养护、道路运输等重点领域市场化改革。第三，深化交通投融资改革应当受到重视。交通的发展需要大量资金的投入，资金的筹措面临巨大的挑战。《改革意见》提出，合理确定中央和地方交通运输事权范围，解决基层反映强烈的事权、财权不匹配的问题；完善社会资本参与交通建设机制，推广 PPP 等模式，推动地方建立支持交通运输发展的举债融资机制。其中，收费公路政策改革是解决公路发展融资问题的关键所在。第四，完善现代运输服务体系是一件重大而紧迫的任务。目前，很多大城市面临着城市拥堵的通病，因此改革与民众息息相关的交通体制是化解难题的关键。探索公共交通引导城市发展的模式，推动公共交通的规划、建设、运营一体化管理，完善城市公共交通的资源配置机制，使公共交通成为公众出行优选。第五，在完善交通运输转型升级体制机制方面，《改革意见》提出，完善智慧交通体制机制，推动交通运输行业数据的开放共享和安全应用，实现 ETC、公共交通一卡通等全国联网。

6.《关于请组织申报城市轨道交通创新能力建设专项的通知》解读

2014 年 10 月 30 日，国家发展改革委办公厅发布了《关于请组织申报城市轨道交通创新能力建设专项的通知》（以下简称《通知》）。为着力提高城市轨道交通自主创新能力，促进城市轨道交通快速发展，国家发改委决定组织实施城市轨道交通创新能力建设专项，构建城市轨道交通创新网络。

为满足城市轨道交通快速发展的需要，提高城市轨道交通系统测试、车辆系统集成、列车通信与运行控制、系统安全保障、工程建设等重点环节的技术支撑能力，拟组织实施城市轨道交通创新能力建设专项，布局建设相关创新平台，为突破城市轨道交通核心关键技术创造条件。在此基础上，构建城市轨道交通创新网络，建立合理分工、信息和知识产权共享、联合制定行业标准规范、共同推动技术转移转化的合作机制，探索解决"创新孤岛"问题，推动我国城市轨道交通技术水平进入国际先进行列。

《通知》明确我国城市轨道建设的目标是在未来 2~3 年，建成城市轨道交通系统测试、车辆系统集成、列车通信与运行控制、系统安全保障、工程建设工艺与技术等创新平台，为城市轨道交通相关技术创新提供支撑和服务。在此基础上，逐步突破我国城市轨道交通试验或验证等技术瓶颈，提升车辆系统集成水平，填补国内基于无线通信的列控系统（CBTC）的技术空白，提高列车制动的可靠性和精准度，提升城市轨道交通系统的安全性，降低运营维修养护成本，推进我国城市轨道交通向安全、高效、便捷、环保的方向发展。

7.《出租汽车经营服务管理规定》解读

2014 年 9 月 26 日，交通运输部第 9 次部务会议审议通过了《出租汽车经营服务管理规定》（以下简称《规定》）。出租汽车是关系民生、服务百姓的"窗口"行业，是人民群众出行的重要方式之一。出租汽车涉及社会公众的出行安全，经营服务是否规范关系到人民群众的切身利益。当前，出租汽车行业长期积累的一些深层次矛盾和问题尚未有效解决，需要通过加强制度建设，建立科学完善的基本管理制度，依法依规予以解决。

《规定》分为总则、经营许可、运营服务、运营保障、监督管理、法律责任和附则，共 7 章 54 条。第一章总则，明确了适用范围、行业发展定位及发展方向、职责分工。第二章经营许可，明确了出租汽车经营许可条件和程序、车辆经营权配置、期限、变更及到期延续管理、经营协议签订、预约出租汽车许可等。第三章运营服务，对出租汽车经营者的经营行为、设施设备的配备要求、服务标准以及行为准则做出要求。第四章运营保障，明确了交通运输主管部门在出租汽车服务设施建设、运价制定及调整等方面的职责，经营者规范经营管理、保障驾驶员合法权益等要求。第五章监督管理，明确了主管部门等对出租汽车经营服务的监督检查职责和义务等。第六章法律责任，主要明确违法行为的罚则。第七章附则，明确相关概念的定义等。

《规定》有 5 个重点问题。第一，《规定》明确提出出租汽车是城市交通的组成部分，应当与城市经济社会发展相适应，与公共交通等客运服务方式协调发展。第二，针对各地出租汽车经营许可缺乏统一条件规定的问题，《规定》在总结地方立法和管理实践基础上，对出租汽车经营许可条件、程序和实施主体做出了概括性规定。第三，出租汽车车辆经营权管理是出租汽车行业管理的重要内容，因此《规定》对规范出租汽车经营权管理进行了制度设计。

第四，《规定》把强化运营服务放在重要突出位置，抓住影响服务质量和服务水平的关键环节，系统规范出租汽车运营服务。第五，《规定》对出租汽车电召服务流程、平台建设、服务保障等做出了明确要求，促进各类电召服务的规范发展。

8. 《关于加强和改进交通运输标准化工作的意见》解读

为贯彻落实党的十八大、十八届三中全会精神，深化改革，进一步提高交通运输标准化工作水平，推进行业治理体系和治理能力现代化，交通运输部于2014年8月13日发布了《关于加强和改进交通运输标准化工作的意见》（以下简称《意见》）。

《意见》从"四个交通"发展、深化改革和转变政府职能的要求入手，紧紧围绕健全标准化管理体系与技术体系这一方向，明确提出了行业标准化的指导思想和总体目标；针对综合交通运输标准管理体系不健全、重点领域标准化技术体系不完善、标准质量和实施效果有待加强等突出问题，从深化体制改革、健全管理体系入手，围绕完善技术体系、优化运行机制、提高质量水平三个方面，提出了若干意见，并明确了相应的保障措施。

加强交通运输标准化工作的总体目标，就是经过三年努力，基本建成政府、企业、社会组织各司其职的标准化管理体系，各种交通运输方式标准有效衔接的机制健全顺畅；综合运输、安全应急、节能环保、管理服务等领域的标准化技术体系系统完善，标准质量和实施效果显著增强，标准与科技研发的结合更加紧密；国际标准化活动的参与度与话语权明显提升，标准化对交通运输科学发展的支撑和保障作用充分发挥。

《意见》在深化体制改革、健全管理体系部分的核心内容主要突出3个方面。

一是，要健全交通运输标准化组织机构。促进综合交通运输发展、标准化工作是重要抓手，是规范和引领综合交通运输体系建设的重要技术支撑。二是，要明确政府、社会组织、企业三方在标准化工作中的定位与作用。《中共中央关于全面深化改革若干重大问题的决定》中指出，要处理好政府和市场的关系，使市场在资源配置中起决定性作用和更好发挥政府作用。三是，加强对专业标准化技术委员会的管理。针对目前存在的专业标准化技术委员会同时存在职能上的交叉和缺位，以及考核评价机制不完善的情况，要优化专业布局、减少职能交叉、完善考核评价机制；要成立综合交通运输标准化技术委员会，广泛吸纳铁路、公路、水路、民航、邮政以及城市交通等领域的管理专家和技术专家参与，协调各种运输方式间需要统一的技术、管理和服务要求，拟订相关标准。

9.《关于加强城市轨道交通规划建设管理的通知》解读

2013年5月，按照国务院要求，单条线路的规划报告已经下放并由省级投资主管部门按照国家批准的规划核准。2014年，地方政府共批复轨道交通建设项目16个，线路总长约340公里，总投资超过2600亿元，截至2014年底，已有38个城市经国家批准建设轨道交通，规划总里程超过6880公里。按这个速度，到2020年，具备建设轨道交通条件的城市可能达到50个。

面对众多城市纷纷兴建轨道交通的情况，国家发改委于2015年1月12日在《关于加强城市轨道交通规划建设管理的通知》（以下简称《通知》）中提出，要"坚持'量力而行、有序发展'"的方针，这意味着，国家发改委在给各地对轨道交通的冲动踩刹车。

《通知》要求，拟建地铁初期负荷强度不低于每日每公里0.7万人次，拟建轻轨初期负荷强度不低于每日每公里0.4万人次。项目资本金比例不低于40%，政府资本金占当年城市公共财政预算收入的比例一般不超过5%。

必须看到，在当前欧美经济复苏依然脆弱、国内实体经济调整下行的形势下，地铁建设扩围对于稳增长、调结构有着重要意义，但同时也必须防止把地铁建设做成脱离城市经济实力及发展需要的形象工程。《通知》指出，要按照统筹衔接、经济适用、便捷高效和安全可靠的原则，科学编制规划，有序发展地铁，鼓励发展轻轨、有轨电车等高架或地面敷设的轨道交通制式；要把握好建设节奏，确保建设规模和速度与城市交通需求、政府财力和建设管理能力相适应。

《通知》还指出，要切实加强规划管理、建设管理和安全管理。《城市轨道交通线网规划编制标准》是指导城市轨道交通长远可持续发展的总体性方案，要根据城市总体规划，超前编制线网规划；《城市轨道交通建设规划》是近期建设项目安排的实施性方案，要结合自身经济、人口、客流需求等情况，科学编制建设规划；国家发改委专门制订了《城市轨道交通规划编制和评审要点》，明确了规划审核的要求。

10.《公路水路交通运输信息化"十二五"发展规划》解读

2011年4月27日，交通运输部正式印发了《公路水路交通运输信息化"十二五"发展规划》（以下简称《规划》），该《规划》是《交通运输"十二五"发展规划》的重要组成部分，提出了公路水路交通安全应急、出行服务、市场监管、决策支持等方面的信息化建设任务和重点，充分体现了发展现代交通运输业的要求，描绘了交通运输信息化发展的蓝图，提出了信息化建设的行动纲领，对"十二五"时期公路水路的信息化发展具有重要的指导意义。

《规划》中提出由交通运输部统一组织开展"公路水路安全畅通与应急处置系统""公路水路交通出行信息服务系统""公路水路建设与运输市场信用信息服务系统""交通运输经济运行监测预警与决策分析系统"四个重大工程的建设，并在综合运输、区域物流、城市客运3个领域开展信息化示范试点工程，探索发展路径，由此带动公路水路管理与服务领域业务应用的深化与完善。

相比"十一五"，在"十二五"行业信息化建设中，我们突出强调更加重视应用效能，围绕"十二五"行业发展战略目标，以服务公众为出发点，以解决行业和社会关注的重大问题为落脚点，深入开展需求分析，合理规划信息资源，梳理核心业务流程，制定统一标准，科学量化效能目标，强化部门间、部省间分工合作，推动跨部门、跨区域的业务协同和资源共享。为此，保障措施部分特别强调，必须统一思想、转变观念、统筹协调、形成合力，加大执行力度，注重新技术应用，有序推进重大工程建设，并通过建立后评估制度，进一步强化建设效能，将全行业的信息化发展水平提升到新的高度。

为切实保障《规划》的顺利实施，本次《规划》充分借鉴其他部委组织开展"金字工程"的建设经验，结合行业的实际特点，提出按照"三统、三分、一加强"的原则全面推进"十二五"信息化建设。

为做好"十二五"部省信息化规划与建设的对接工作，交通运输部将组织开展"十二五"信息化发展规划及其建设方案的培训和宣贯工作，以便于各省统筹安排"十二五"信息化建设项目。

同时，交通运输部规划司协同各有关司局，组织力量抓紧开展相关建设指南和技术要求的编制工作，以指导工程的建设实施，并在2011年下半年启动了第一批重大工程建设项目的前期工作，用3年左右的时间完成了所有工程项目的启动工作。

11.《道路运输车辆动态监督管理办法》解读

2014年3月4日，交通运输部发布了《道路运输车辆动态监督管理办法》（以下简称《办法》）。《办法》分总则、系统建设、车辆监控、监督检查、法律责任、附则，共6章42条，自2014年7月1日起施行。

《办法》强调，各级交通运输部门要督促道路旅客运输企业、道路危险货物运输企业和拥有50辆及以上重型载货汽车或半挂牵引车的道路货物运输企业建设或使用社会化的监控平台，"两客一危"重点营运车辆必须全部纳入企业监控和政府监管平台。

《办法》要求，各地道路运输管理机构、公安机关交通管理等部门要建立健全信息共享机制，加强部门协作，联合开展督导检查；要积极申请将政府监管平台建设、运营与维护费用纳入财政预算，不得向运输经营者收取服务费用；不得为道路运输经营者指定卫星定位装置厂家及产品，不得要求重复安装卫星定位装置，不得通过行政手段指定提供社会化卫星定位系统监控平台的服务商，不得要求服务商层层备案。

《办法》规定，实施前已经进入运输市场的重型载货汽车和半挂牵引车，各地应合理制订安装计划，采取有效措施，确保于2015年12月31日前全部安装、使用卫星定位装置，并接入道路货运车辆公共平台。旅游客车、包车客车、三类及以上班线客车和危险货物运输车辆、重型载货汽车和半挂牵引车要在出厂前安装符合标准的卫星定位装置。自2015年1月1日起，没有在出厂前安装的，道路运输管理机构不予发放《道路运输证》。

《办法》明确提出，自2014年7月1日起，新进入道路运输市场的重型载货汽车或半挂牵引车要接入道路货运车辆公共平台。拥有50辆及以上重型载货汽车或者半挂牵引车的道路货物运输企业于2015年12月31日前，要具备通过符合性审查的监控平台，并有效接入道路货运车辆公共平台。2015年12月31日前，对违反《办法》的重型载货汽车或半挂牵引车运输经营者，由县级以上道路运输管理机构责令整改，暂不实施处罚。

二 目前国内各大主要城市交通发展的政策动向

1. 北京

国务院发布的《大气污染防治行动计划》和北京市环境保护局制订的《2013~2017年清洁空气行动计划》等文件,明确了北京交通发展要走可持续发展的道路,构建绿色城市交通体系,鼓励步行和自行车方式出行。

《北京交通发展纲要（2004~2020）》着重提出公共交通优先政策,要求各阶段城市土地使用规划均须为公交首末站、地铁车站、换乘枢纽和公交运营及车辆维修保养设施留足建设用地。交通投资的分配要向公共客运倾斜。

对于小汽车则采取交通引导政策,把小汽车在通勤交通中的比例控制在30%以下,即针对不同区域的资源条件、不同出行时段的交通特性和不同目的的出行需求,以差别化供给方式提供多样化的交通服务,以有效的需求管理政策和手段,对小汽车使用实行分时、分区、有弹性的限制管理,必要时在交通特别拥挤区域有选择地实施通行收费制度;为不同区域制定不同的停车设施配建标准和停车服务价格,同时推行分时段停车费率制度,调节道路交通负荷的时空分布。

交通部公布的《网络预约出租汽车经营服务管理暂行办法（征求意见稿）》和《关于深化改革进一步推进出租汽车行业健康发展的指导意见（征求意见稿）》更将创新模式与传统行业的博弈推上了高潮。与此同时,互联网专车正显现出持久的需求和发展能力。不可否认,"专车"服务对满足运输市场高品质、多样化、差异性需求具有积极作用。未来"互联网+专车"会成为主流趋势。

2. 上海

根据《上海市公共交通"十二五"规划》,到2015年,上海市初步建立与国际大都市地位相匹配,与经济社会发展相适应,市郊协调发展,内外有机衔接的一体化公共交通系统,全面提升公共交通吸引力和竞争力,形成轨道交通、地面公交、出租汽车、水上客渡等多种客运交通方式高效衔接、运行可靠的服务网络,基本确立以轨道交通为骨干、以交通枢纽为支点的设施体系,努力为广大市民提供快捷、安全、方便、舒适的公共交通服务,整体服务水平基本达到亚洲先进水平。

按照"十三五"规划，上海未来5年将有9条地铁线同时建设，其中5条是现有轨道交线的延伸段，另外还有4条是全新的地铁线路建设。到2020年底，上海新增9条新线约260公里里程，届时将形成总规模18条线路（其中12条穿越黄浦江）、总里程约800公里、500余座车站的庞大轨道交通路网。

2015年10月13日，上海市交通委员会就《关于深化改革进一步推进出租汽车行业健康发展的指导意见（征求意见稿）》和《网络预约出租汽车经营服务管理暂行办法（征求意见稿）》召开专题座谈会，听取出租车企业和司机、网约车平台及司机和行业协会等代表的反馈意见。上海市交通委负责人表示，总体来说，上海市对于出租汽车的发展思路是"鼓励创新、依法合规、错位竞争、优势互补、和谐发展"。首先，上海市一方面积极推进行业的创新创造，另一方面也将引导"互联网+交通"在依法合规的道路上走得更稳、更远。同时，约租车和巡游出租车可以满足不同的消费群体，要实现错位竞争，促进两者的和谐发展。其次，上海市交通部门还要不断创新政府职能，在实施行业准入管理后，从"管车管人"转变到"管平台"，逐步实现事中事后监管。再次，上海市交通部门要充分保障乘客安全，通过购买保险、加强平台监管等多种措施，紧抓安全风险可控、服务质量可控。最后，专车是城市交通的补充，上海将不断提升枢纽、功能、网络能力，持续落实公共交通优先发展战略，最终全面提升上海交通的服务水平。

另外，上海市交通委员会于2015年建设停车信息服务平台，整合停车资源，推广停车预约服务和电子缴费技术，提高泊位利用率，将平台逐步接入公共停车场（库）、道路停车场、P+R停车场停车动态信息。据了解，截至2015年10月底，上海市已经完成了"上海停车"手机APP试用版，可提供周边场库搜索、路线引导、信息查询（空余泊位数、价格、地址、服务时间、出入口照片）、用户评价等功能，已于2015年底前上线试运行。

3. 广州

为积极响应国家、省、市节能减排的号召，2015年初，广州地铁集团决定先选取地铁4号线30列车的照明系统进行节能与智能化控制改造，并计划在2016年全部完成。通过该项目实施与验证，达到车辆照明系统节能降耗、降低维护成本、提升车辆照明品质的目的，为未来新线车辆照明系统选型及旧车照明系统改造确定技术标准，积累技术经验。

广州公共自行车项目于2010年6月投入运营，截至2015年，广州公共自行车运营管理有限公司共投入8850辆自行车，3243个锁桩，建设完成116个公共自行车服务点。服务点分布在天河区和黄浦区BRT华景新城—夏园站沿线并延伸到附近社区，主要设置于地铁站、公交站、客运站、大型社区、公园、医院、学校等人流集聚的区域，从而形成了BRT沿线较为完善的公共自行车运行网络，充分解决了市民公交接驳及中短途出行问题。据统计，2015年1~9月份，广州公共自行车日均租车量达14053人次，日最高租车量突破26000人次。

为更好地保障公共自行车服务系统有效运行，方便广大群众使用公共自行车出行，2015年，广州公共自行车运营管理有限公司多措并举，积极提升管理服务水平。一是，提升公共自行车项目智能化管理、服务硬件水平，新购锁桩主板、羊城通模块、锁桩机械锁等智能化管理设备配件，及时更新硬件设备，保持系统正常运营。二是，对广州公共自行车羊城通CPU卡迁移项目系统进行开发升级服务，提升软件服务水平。三是，高峰时段对部分租还量较大、潮汐现象严重的公共服务点派现场服务员值守，以协助客人租还车，有效提高换车效率和现场服务水平。

4. 天津

"十二五"规划期间，天津市公路网规模进一步扩大，路网结构进一步完善，路网技术水平明显提升。至"十二五"期末，全市公路通车里程达到16350公里，密度达到137.17公里/百平方公里，二级及以上公路里程占全路网比例达到37.8%。

"十二五"规划期间，天津市建设京秦高速、海滨高速等高速公路，实施长深高速公路等改造工程。至"十二五"期末，天津市高速公路总里程达到1350公里。

"十二五"规划期间，天津市对国道104线、205线等普通国道实施提级改造，启动普通省道网扩容改造工程。至"十二五"期末，普通国、省道公路里程达到2600公里，基本建成与城镇布局相匹配的、路网结构等级合理的普通干线网络体系。

天津市农村公路三级及以上比例由"十一五"期末的27%提高到"十二

五"期末的35%，农村公路里程达到12400公里。

2015年6月3日，天津市交通运输委员会与阿里云计算有限公司正式签约合作。未来，双方将在云计算、大数据等领域广泛合作，以"互联网+交通"的思路及方式，从"公众出行服务""交通行业服务""业务支撑服务""交通数据运营"等方面，共同推进天津市智能交通建设。据悉，依托智能交通信息平台，天津市交通运输委员会将建成五大应用系统，即建设交通运行分析与辅助决策系统和智能交通仿真平台；开展城市交通拥堵指数、城市客运客流量、路网交通流量、港口吞吐量等运行分析和预测；为路网规划建设、交通影响评价、城市客运线网规划、综合客运枢纽客流组织等提供仿真模拟与辅助支持；完善协调调度与应急指挥系统，实现公铁水航等各种运输方式之间的协调调度及突发事件情况下二级以上重大突发事件应急处置、会商和调度指挥；建设物流信息服务平台和交通出行信息服务系统，为运输企业、社会公众提供种类丰富、及时准确的综合交通信息服务。

2015年天津市着手建设和完善公共自行车运行管理系统，在地铁站周边共布设446个公共自行车租赁点，购置公共自行车12370辆、停车桩17270个和私人停车架，以及后台管理、监控系统等。租赁点分三级建设，一级和二级共54个，设置于地铁站处，承担公共自行车与地铁的"零距离换乘"功能。

5. 深圳

为了应对小汽车数量的快速增加和不断加剧的交通拥堵，近年来深圳市政府先后出台了《深圳市城市交通白皮书》《深圳市治理交通拥堵24策（2012~2020年)》，推出了"优先公交发展、再造慢行系统、持续交通基建、挖掘节点潜力、调控交通需求、绿色智慧出行、严格交通执法、提升交通文明"等交通综合治理八大策略，不断加强交通基础设施建设，不断加大交通拥堵治理力度。

深圳巴士集团在其所属5300多辆公交车厢内加贴二维码标签，乘客只需用手机扫描二维码，即可对司乘人员进行评价。另外，关注"巴士之友"微信公众号的乘客，还可以参与随手拍活动，将日常乘车过程中抓拍的巴士服务瞬间，以图片、微视频等形式上传至随手拍活动专区。深圳巴士集团工作人员将每月统计点赞数据，对得票数靠前的服务车组和司乘人员予以通报表彰，统计结果将作为年底评选服务明星的重要依据，这在国内公交系统尚属首次。

第五节 城市交通热点研究

一 城市居民出行选择与特征

1. 城市居民的出行特点和趋势

（1）私人汽车保有量持续增加

近年来，我国私人汽车保有量出现快速增加趋势。即使一些城市实施了车牌摇号、车牌拍卖、尾号限行等举措，仍然不能阻止总体上城市和乡村私人汽车保有量大量增加的事实。据公安部交管局统计，截至2016年底，全国机动车保有量达2.9亿辆，其中，汽车1.94亿辆，私人汽车1.46亿辆；机动车驾驶人3.6亿人，其中汽车驾驶人超过3.1亿人。与2015年的1.26亿辆相比，我国私人汽车保有量增加了17.74%。私人汽车保有量的快速增加对城市交通构成了巨大压力。

（2）大力推广公共自行车

从2007年起，公共自行车系统开始进入中国，并首先在北京、杭州、武汉等大城市展开了试点，时机成熟后，又逐渐被引入其他中小城市进行尝试。

在中国，北京是第一个使用公共自行车系统的城市，其在2007年8月开始运行公共自行车系统。在2008年奥运会期间，公共自行车数量达到5万辆，为广大市民和游客提供了便利的服务。但是该系统在奥运会结束后，就停止营运了。此后，北京市公共自行车系统建设模式经过多次整顿，慢慢地恢复建设运营。该系统由北京市政委负责，以区为单位进行建设营运。

杭州是最早进行公共自行车系统试点的城市之一。2008年3月，杭州市为了解决公交出行"最后一公里"的问题，积极向法国巴黎学习，采用政府与企业合作的模式，将公共自行车系统引入城市公共交通体系中，从而提高了公交出行的分担率，缓解了城市交通拥堵的情况。

2009年，武汉市随之开始试点引入公共自行车系统。在一开始，武汉市公共自行车系统由民营企业投资建设，政府给予一定数量的财政及资源补贴。2014年4月，武汉市公共自行车系统改由国有企业建设运营。

第三章 我国城市交通发展现状

随后,全国百余个大、中、小城市开始开展公共自行车系统试点。公共自行车系统为缓解拥堵、绿色出行做出了一定的贡献。

二 改善居民出行的相关动态

(1) 优化公交网络

伴随着城市化的发展,对交通的需求日益增加。因此,各个城市加大对交通建设的资金投入力度,加快地铁和公交的建设速度,以及在原有的交通路网中优化布局,使得各个交通网络联系更加密切,努力构建综合交通运输体系,方便公众出行。以天津市为例,天津市交通运输委员会做了三方面的改变。一是开通了721路、722路等12条公交线路,提高了乡镇的交通网络效率,加快了城乡交通一体化建设,基本实现乡村公交线路全覆盖。二是开通了311路公共汽车线路,从天津师范大学公交站运行至大学城地铁站,有效地解决了西青大学城及周边地区群众乘坐地铁"最后一公里"的问题;另外,为了完善公交与地铁的对接,天津市将620路延伸至天津理工大学主校区。三是开通了575路公交线路,从英利新能源公司运行至永定塔陵,解决了英利新能源公司公交出行问题。

(2) 利用"公交神器"解决公共交通准点率问题

在2013年,杭州市出现了一款被市民称作"公交神器"的软件。该软件的功能经过不断的升级,到2015年初,乘客通过该软件可以了解公交车进站情况,还可通过公交实时路况功能,掌握公交车行驶路途中的拥堵状况。公交实时路况功能不仅是简单地提供道路信息,更是提供解决方案,乘客通过实时路况了解更多的道路状况,从而更主动地掌握和分配时间,根据实时路况调整出行方案。例如,如果遇到公交车堵在路上的情况,乘客就可以放弃公交车,改乘地铁,从而使乘客从众多信息中直接受益。

(3) "公交车WiFi"将提升乘车服务水平

从北京市公交车无线上网运营商的数据来看,截至2014年12月,北京市约有12000辆公交车完成了公交WiFi网卡升级服务。乘客通过连接公交车上的"16WiFi",就可畅游网络。网络升级后,单车无线网的带宽可以达到50M/s,一辆公交车上的WiFi最少可以满足40人同时使用,即使在早晚高峰时间也能同时满足车厢内乘客浏览网页的需求。随着公交系统的不断规划建设,北京市公交公司会根据乘客的数量继续对公交车上的WiFi进行相应的升级。

(4) 一卡通网上充值

随着互联网的发展,市民不需要找营业网点充值一卡通了,足不出户就可以解决一卡通充值问题。北京市政一卡通公司推出官方微信服务平台,关注此公众号后可随时随地查询消费与充值情况、卡内余额以及地铁累计金额等信息。另外,创建网络账户后,如果遇到一卡通丢失的情况,可以在后台进行"挂失"。同时,市民注册后台账户后使用读卡设备可以给多人充值,对家庭和公司用户来说非常方便。据报道,一卡通账户开通后,账户内资金最多可存入4000元,账户资金可在一卡通公司指定网上商城在线消费,乘坐公交、地铁、出租车;小额消费需要将一卡通账户内余额圈存至一卡通卡内,一卡通卡内余额最高为1000元。

(5) 定制公交解决"上班族"密集乘车难题

每天早上与晚上都会有大量的"上班族"面临着交通拥堵、乘车时间长等问题,使"上班族"饱受出行困难的折磨。过长的乘车时间以及高密度的人流,大大地降低了上班一族生活在城市中的"幸福感"。他们急需一种舒适的交通工具,既能够按时到达公司上班,又不遭受挤公交、挤地铁的痛苦,而定制公交解决了这一难题。定制公交,也叫商务班车,是一种介于公交车和出租车之间的交通模式。定制公交,一般停靠的站比较少,根据乘客的集中需求,往返于居住地与公司两地之间。

2013年,北京开通首批定制公交线路。截至2014年,定制班车已经开通了约50条线路,发车近80个班次/日,运送旅客2000人次/日,累计运送乘客15万人次。

相对于出租车、自驾车等交通工具,北京定制公交的优势之一是价格优惠,优势之二是舒适。在北京市的定制公交车上,每名乘客配有一个座位,没有站立区域,不会出现拥挤的情况,而且车上配有空调和无线网络。

三 公交和地铁票价调整

1. 北京票价调整

(1) 北京公交、地铁新票价方案

从2014年12月28日起,北京公共交通将不再使用原有收费方式,新票价为公交2元起,地面公交10公里(含)内2元,超出后每加1元可乘5公里;轨道交通3元起,6公里(含)内3元,6~12公里(含)4元,12~22公里

（含）5元，22~32公里（含）6元，32公里以上每加1元可乘20公里。

使用市政交通一卡通可获得一定的优惠，每张卡每月支出累计满100元后，超出部分打8折；满150元后，超出部分打5折；支出累计达400元后，将不进行打折。

至此，北京地铁票价彻底告别"2元时代"。

(2) 新方案价格水平

北京市地面公交和地铁都按里程来计算票价，并按"递远递减"原则加价。乘客均担4.3元，同时对"上班族"实行优惠。北京市地面公交新价仍处于全国同类城市最低水平。以公交车为例，第一个方案是起步5公里内1元/人，以后每增加10公里加价1元，一卡通普通卡刷卡将没有优惠，而学生卡刷卡5折优惠；第二种方案为10公里内2元/人，以后每增加5公里将加收1元，同时一卡通普通卡刷卡实行5折优惠，学生卡刷卡2.5折；里程加价均采用"递远递减"原则。

经测算，新公交优惠政策实施后，平均票价水平为4.3元/人，比现行票价提高了2.3元。据统计，2013年乘客月平均乘坐轨道次数为11次，因而乘客平均支出为47.3元/月，支出增加了25.3元。

而"上班族"平均每天乘坐两次轨道交通，按照每月22个工作日测算，在新价水平下，将花费189元，但是在原价水平下，乘客每月平均支出为88元，前者比后者多出了至少百元。

2. 北京票价调整原因

北京市此次价格调整考虑的综合因素有很多。一是要考虑到轨道交通的公益性特点；二是为缓解轨道交通拥堵状况，使公交承担一部分人流，提升效率及服务质量；三是考虑到需要按照政府与市民所需要承担的比重来调整票价；四是从市民方面出发，考虑到通勤成本在市民收入中所占比率；五是考虑到包括地铁、地面公交等整个公共交通架构的调整。

(1) 财政负担重：公共交通补贴超过医疗卫生领域

乘客选择"公交先行"主要是因为其低票价带来的低出行成本。但是公交网络是一个复杂而庞大的系统工程，基础设施建设花费巨大。道路修建，轨道交通、综合换乘枢纽、场站建设等都是这一系统工程的组成部分。因此公交系统的负担逐年增加，不利于公交的可持续发展。

同样，地铁的修建投资巨大，但是地铁以往的低票价，使得人们出行偏好于地铁，造成了地铁运量和拥挤程度大幅上升。因此，地铁的亏损是导致此次票价提高的主要原因。

从2007年起，北京地铁开始大幅亏损。经计算，北京地铁每年亏损10亿元以上。因此，为了使地铁系统能够继续发展，北京市每年都有巨额财政补贴专项投给公共交通。在2012年，北京市级公共财政共支出2849.9亿元，民生领域约占78%，其中公共交通补贴占民生支出总额的7.9%左右，比医疗卫生的比例都要高。

（2）结构不合理：高峰期通勤乘客仅六成

2007年，地铁实行低票价的主要原因之一是希望利用轨道交通方便、准时、快捷、出行成本低等优势，引导人们放弃小汽车出行，来缓解城市交通拥堵难题。然而，由于高峰时段客流构成不合理，吸引了大量短距离、生活类人群出行，从而使轨道交通与地面公交车分流严重。

通过对乘客出行目的的调查发现，高峰时段的通勤出行比例为61.7%。另据测算，北京地铁乘客一次出行乘坐距离6~14公里的比例约为35.9%，由此可知，北京市公共交通使用结构不合理。

通过价格杠杆，让出行距离在10公里以下的乘客转乘地面公交。尽快把地面公交的秩序，包括公交线路、线网、公交专用道进一步完善。使乘客乐意选择地面公交而达到合理分流。

（3）安全风险大：高峰期车厢满载率超半

据交通部门统计，北京市地铁工作日日均客流突破1000万人次，最大客流达1106万人次，个别线路高峰时间满载率144%，相当于每平方米"挤着10个人"，而2013年8月7日，北京市质监局公布了地方标准《城市轨道交通工程设计规范》，其中规定北京地铁车厢内每平方米最多站5个人。此次调价就是希望能用价格杠杆降低北京地铁的满载率和高峰运营的安全风险。而根据北京市政府下发的《进一步加强轨道交通运营安全的工作方案》，北京市在调整地铁票价的同时，也考虑到高峰时段的客流压力，以降低大客流风险。

3. 调价影响

（1）地铁调价后日客流量减少80万人次

地铁调价后，6公里以内短途和52公里以上长途客流量下降最明显；客流减少大多在平峰时段,公交、地铁实施新票制票价以后,轨道交通日客流量下降约80万人次。10号线和八通线乘客量降幅最多。虽然票制调整后客流量出现明显下降,但乘客出行特征短期内未发生较大变化。

交通部门分析,短途和长途客流量下降最明显。比如6公里以内的出行,客流量下降8.8%;4公里以内的出行客流量下降11.5%。这基本达到了"引导短途客流乘坐地面公交出行"的设想。乘距超过52公里的地铁客流也明显减少,其中52~72公里的客流量下降15.2%,72公里以上的客流量下降13%。

(2)早高峰客流仅降3.9%

票价改革后,轨道交通分时段进站量变化呈现不均衡的特征。工作日日间平峰客流向其他交通方式转移人数最多,平均降幅达11.8%。早高峰客流量同比下降仅3.9%,晚高峰也只下降了8.7%。尤其是晚20时之后,受到部分公交线路收车较早等因素影响,客流量只减少了3.3%。

票制票价的调整虽然短期内影响轨道客运量,使其呈下降趋势,但平均运距、换乘次数、出行时间等主要客流指标特征并未出现较大波动,出行距离构成在一定程度上较调价前更加优化,高峰期间拥挤程度也得到了缓解。总体来说轨道票制票价改革过渡平稳,对客流影响程度有限。

4. 未来调整方向

根据前期意见征集和听证会意见,为了适度分流高峰客流,平衡路网的作用和功能,北京于2015年底前适时推出轨道交通低峰票价优惠政策,并在轨道交通试点实施。针对其他的多样化票种,北京市根据公共交通整体运营发展状况和乘客需求变化等适时推出,如日票、特定线路通勤票、地上地下联乘及换乘等优惠政策。

第四章
城市与交通发展相关理论

第一节　城市化理论

　　城市化现象是区域经济学与发展经济学的重要研究内容。伴随着国内外对于城市化理论的研究与认识不断深入，城市化理论从最开始的一般规律认识向着城市化进程中的人口转移、城市化与国家或地区工业化水平与经济结构的关系、逆城市化等研究方向进行扩展。本书中将从以下几个方面来进行描述，分别是城市化动因、城市化发展阶段、基础理论以及发展规律等。

　　从城市化概念界定方面，绝大多数城市化理论研究都会首先对于城市化概念进行界定，因此对于城市化概念的界定是不可或缺的第一步。我国古代认为"城"即用来防卫、用城墙围起来的地域，而"市"则是指进行交易的场所，二者是构成城市的基本要素，缺一不可。这样的城市化概念界定更多地体现出在生产力水平低下的时代，城市功能集中体现在对外防御与对内交易两个层面，城市内部要素相对固化，流动性弱。而伴随着人类文明的发展与进步，伴随着政治扩张、商业贸易、文化交流的兴盛，城市内各要素流动性急剧上升，城市也具备了更多的属性。从经济属性来看，Hirsh（1946）认为城市是具有一定属性的连片地理面积，其属性包括具有相当的地理面积、一定程度的经济活动和一定数目的住户集中，从这个属性上来看，城市是私人企业和公共部门产生规模经济的连片地理区域。从人口属性来看，"城"是人口高度密集的地区，因此，人口规模和密度成为判断城市的标准（陈光庭，1987）。从政治属性来看，格里·斯托克在其《城市政治学》一书中指出城市是工业时代民主政治发育与成长的场所。城市作为公民集聚地造就了政治的诞生，而政治活动也不断作用于城市规模、形态与位置。综合以上，雨果夫给出了总结城市属性的综合城市定义，雨果夫认为"城市是社会分工体系中的一个特定环节，是社会经济体系的

第四章 城市与交通发展相关理论

组成部分，也是人的居住和生活方式的特殊形式和他们的特殊社会共同性。城市是完整的社会政治经济综合体"。也正是这样一个具备极强流动性的综合体，在发展中不断拓展自身的功能，包容各类分工下的人口，吞并非城市区域的土地。这样的过程也被称为城市化进程。

对于城市化进程，何念如（2006）认为城市化这一概念最早出现在马克思1858年出版的《政治经济学批判》中，在谈及城乡分离和城市发展时，马克思指出当今乡村城市化已经成为世界历史趋势。本书将以列表的形式，对于城市化概念的发展变化进行展示。

通过中外学者对于城市化研究的界定（见表4-1、表4-2），可以看出，从不同学科的视角出发，城市化具有不同层面上的定义，因此，城市化是涉及经济、政治、文化、科技、教育等社会各个方面的人类社会发展的历史过程。

表4-1 外国学者对城市化概念的理解比较

序号	内涵	持观点的学者或著作
1	城市化是乡村地区转变为城市地区的过程，这种转变引起人口数量的变化	〔加〕歌德伯戈
2	城市化是指从以人口稀疏并相对均匀遍布空间，劳动强度很大且人口分散为特征的农村经济转变为具有基本对立特征的城市经济的变化过程	〔美〕沃纳
3	城市化是人口、社会生产力逐渐向城市转移和集中的过程	〔英〕巴顿
4	城市化是随着工业革命的发展、大机器工业的出现、劳动分工的深化、交换范围的扩大，社会从一种形态转向另一种形态的历史性过程	〔苏联〕库采夫
5	城市化是一个社会城市人口与农村人口相比数量绝对增大的过程	《日本百科全书》
6	城市化是人口集中于城市或城市地区的过程，这一过程有两种方式：一是，通过城市数量的增加；二是，通过每个城市地区人口的增加	《不列颠百科全书》
7	城市化是指城市在社会发展中作用日益增大的历史过程。城市化影响人口的社会结构、就业结构、统计结构、人们的文化和生活方式、生产力的分配及居住模式	《苏联百科全书》
8	城市化作为国家或区域空间系统中的一种复杂社会过程，它包括人口和非农业活动在规模不同的城市环境中的地域集中过程，非城市型景观逐步转化为城市景观的地域推进过程，还包括城市文化、城市生活方式和价值观念的农村的地域扩张过程。前者被称为城市化过程，后者被称为城市化进程	〔美〕弗里德曼
9	城市和乡村之间的人口分布方式的变化，即城市化的进程	〔美〕库兹涅茨

资料来源：参见何念如《中国当代城市化理论研究》，复旦大学博士论文集。

表4-2 国内城市化概念不同观点的比较

序号	内涵	持观点的学者或著作
1	城市化是社会生产力变革所引起的人类生产方式、生活方式和居住方式改变的过程	谢文惠
2	城市化是指居住在城镇地区的人口占总人口比例增长的过程,即农业人口向非农业人口转变并在城市集中的过程	吴楚材
3	城市化是一个综合的、系统的社会变迁过程,它包括人口在城乡之间的流动和变迁、生活方式的改变、经济布局和生产经营方式的变化,以及整个社会结构、组织、文化的变迁	王春光
4	城市化是一个以人为中心的系统转化过程,它包括硬结构和软结构两大系统的建设,是一种从传统社会向现代社会的全面转型或变迁过程	崔援民
5	城市化是指人口向城市或城市地带集中的现象或过程,它既表现为非农产业和人口向原城市集聚,城市规模扩大,又表现为在非农产业和人口集聚的基础上形成新的城市,城市数量增加	陈颐
6	城市化是指农村人口向城市人口转移和聚集的现象,包括城市人口和城市数量的增加及城市经济社会化、现代化和集约化程度的提高	胡欣
7	城市化是由工业化发展引起的,伴随着现代化过程而产生的在空间社区上人口、社会、经济、文化、政治、思想等领域变迁演化的一段承前启后的历史分化过程	王振亮
8	城市化是一种产业结构由以第一产业为主逐步转变为以第二产业和第三产业为主的过程,是一个以农业为主的就业人口逐步转向非农业人口为主的过程,是由一种自然、原始、封闭、落后的农业文明,转变为一种以现代工业和服务经济为主的,并以先进的现代化的城市基础设施和公共服务设施为标志的现代城市文明过程,是对居民从思维方式、生活方式、行为方式、价值观念、文化素养全面改善和提高的过程	秦润新
9	城市化是指一定地域居民点的人口规模、产业结构、经济成分、营运机制、管理手段、服务设施、环境条件以及人们的生活水平和生活方式等要素由小到大,由单一到复合的一种转换或重新组合的复杂的动态过程	王茂林
10	城市化是指由于社会生产力的发展而引起的城镇数量增加及其规模扩大,人口向城镇集中,城镇物质文明和文化不断扩散,区域产业结构不断转换的过程	陈顺清
11	城市化,系指人类进入工业社会时代,社会经济发展开始了农业活动比重逐渐下降而非农业活动的比重逐渐上升的过程	《城市经济学》(中国社会科学院研究生院、城乡建设经济系编)

涉及城市化动因的研究,学者主要将其解读为城市化的原因与推动因素。本书通过整理文献得出了几类城市化动因研究的主要派别(见表4-3)。

第四章 城市与交通发展相关理论

表4-3 城市化动因研究的主要派别

序号	学术派别	主要观点
1	工业化派或称产业革命派	认为产业革命是大规模工厂化生产的前提,工业技术的进步促进了规模经济的发展,生产聚集引致城市化发生
2	农业剩余产品派	认为一国城市化所能达到的最大限度,是由其自身获得剩余粮食的能力决定的。而这种剩余粮食的生产是由第一产业生产力所决定的
3	劳动分工派	针对农业剩余产品派的观点,提出剩余粮食的生产并不一定必然导致城市的产生和发展。城市的本质是第二、三产业的集聚
4	个人意识发展中心论	探讨了人本身精神方面的作用,认为城市民主制度重视个人精神意识是吸引农村人口涌入城市的重要原因
5	综合论	在具体研究过程中,着重点应根据情况的不同而有所变化。该派学者还特别注重各国城市化动因的比较研究

资料来源:参见高珮义《中外城市化比较》(增订版),南开大学出版社,2004。

在21世纪初我国城市化动因的研究中,钦北愚(2002)认为,我国学者研究城市化问题主要借鉴H.钱纳里的城市化率与工业化率相比较的世界发展模型。该模型认为工业化与城市化的关系是一个由紧密到松弛的发展过程。该模型基于西方资本主义国家的发展脉络,认为最初城市化的动因来自资本主义社会生产力的提高与社会化大生产条件下带来的供给结构变化,城市化的条件是由工业化成果提供的。在研究城市化动因时,多数学者应用横向比较的方法将中国当前发展状况与世界标准模型中工业化与城市化的相关关系做类比,认为我国目前大力发展城市化的动因来自城市化水平滞后于工业化发展水平的现实。

在后来的研究者的讨论中,这类认识被不断深入并创新。汪冬梅(2003)建立了城市化动力分析框架,指出经济增长、产业的转换发展、要素流动与集聚经济共同驱动了城市化的发展。李明(2006)尝试用产业结构转换与制度变迁说明我国城市化的动因。郑菊芬(2009)在文章中指出,城市化是一个必然结果,是一定地域中各种市场力量交织和大规模集中的结果,也就是说,城市化是市场经济作用下的产物。这些研究表明,对于我国而言,城市化水平的动因不仅仅是像西方历史与学派所述的理论,来自工业化、第三产业等因素的驱动,我国城市化动因研究中更应该根据国情,具体问题具体分析,把握我国经济发展脉络,根据社会主义市场经济的完善过程,将我国城市化发展动因归结为综合因素的作用。

从城市化发展阶段来看,随着时间的推进和经济水平的发展,城市的产业结构、空间布局、发展路径是会产生变化的,处于不同发展阶段的城市,具有不同的特点,学者也因此可以对城市化发展阶段进行人为的划分。最早的关于城市化发展阶段的研究出现在20世纪初期,随后一直发展至今。早期城市化研究将生物进化论作为理论基础,提出了城市的"生态进程"。在1950年之后,城市化发展阶段的理论走向多元化,詹姆斯·特拉菲尔提出了基于生命周期的城市生命体周期波动理论。霍尔提出了目前最为成熟的城市化发展四阶段理论,这四个阶段包括集中城市化、郊区化、逆城市化以及在再城市化。范登堡提出了以经济结构变化(农业社会、工业社会和第三产业经济)为基础的三阶段理论,这三个阶段包括城市化、市郊化、反城市化与内域的分散。而乔尔科特金则从城市兴衰过程中的关键因素,即神圣、安全、繁忙,来确定城市化的发展阶段。当然也有通过生产力来划分城市发展阶段的,即新石器时代(农业革命时期)和工业时代还有信息时代。综上所述,城市化发展阶段的分期研究实际上是对城市化的一种多元研究,不同学科不同领域有不同的阶段划分法。总的来说,城市化发展阶段研究经历了由邻里发展阶段研究、单一职能城市发展阶段研究到综合性城市发展阶段研究的变化和进步。

就城市化的基础理论发展而言,城市化的研究过程中的重点和核心在于区位理论研究和空间理论研究。该类研究也产生了许多具有重大影响的理论。这些理论对于城市经济学、运输经济学、区域经济学的发展都有深远意义。本书将这些基础理论进行了具体总结,分别如表4-4、表4-5所示。

表4-4 区位理论示意表

理论流派		代表人物	主要理论观念
区位理论	农业区位论	〔德〕冯·杜能	相关地租、农产品特征和运输成本差异,建立了农业生产的空间圈层布局模式
	工业区位论	〔德〕韦伯	引入运输、劳动力和聚集三个区位因子,根据对三个区位因子相互作用的分析与计算,确定工业生产的最佳区位及相应的工业布局
	城市区位论	〔德〕克里斯塔勒	中心地是为居住在它周围地域的居民提供商品和服务的地方,其基本地位是区域商品和服务中心。依据中心商品和服务的层次而将中心地划为若干等级,从而使城市之间构成一个有规则的等级体系
	均衡空间理论	〔瑞典〕俄林	区际贸易、国际贸易与要素自由流动会带来区域之间生产要素价格与商品价格的平均化。随着分工和贸易的发展,区域差异将归于消失

表 4-5 空间理论示意表

理论流派			代表人物	主要理论观念
空间理论	非均衡增长理论	增长极理论	〔法〕佩鲁	"增长极"的产生,使人口、资本、生产、技术、贸易等高度聚集,产生"城市化趋向"或形成"经济区域"
		中心—边缘理论	〔美〕弗里德曼	经济活动的空间组织中,通常具有强烈的极化效应与扩散效应,中心区和边缘区相互依存机制的形成,是通过中心区自身经济的不断强化,而形成对边缘区的支配态势
		循环累积论	〔瑞典〕缪尔达尔	地理上的二元经济产生的原因在于各地区经济发展的差距性,其存在的原因是"扩散效应"和"极化效应",机遇的差异会导致循环累积因果发展,最终加大地区间的差异,形成地区间的二元经济结构
		非均衡增长理论	〔德〕赫希曼	强调经济发展的初期如何把有限的资源分配于最有生产潜力,即联系效应最大的产业中,通过这些产业的优先发展来带动其他产业的发展。待经济发展进入高级阶段时,再实施国民经济部门协调发展政策
	结构理论	经济发展的二元结构模型:刘易斯—拉尼斯—费景汉模式	〔美〕刘易斯、拉尼斯、费景汉	把发展中国家的经济结构概括为现代工业部门(城市)与传统农业部门(乡村),指出传统农业部门存在着大量低收入的劳动力,劳动力供给具有完全弹性,工业部门可以获得无限供给的劳动力而只支付与传统农业维持生存相应的工资
		乔根森模型	〔美〕乔根森	农业剩余是劳动力从农业部门转移到工业部门的充分与必要条件。这种转移的根本原因在于消费结构的变化,是消费需求拉动的结果
		托达罗模型	〔美〕托达罗	农村向城市的人口迁移,不仅取决于城市与农村实际收入的差别,同时还决定于城市就业率的高低和由此而做出的城市预期收入差异。只要城镇里还存在较高预期收入,农业人口向城市迁移的过程就不会终止

对于城市化规律的认识,最为经典的理论即城市化规律的"S形曲线"。该理论认为世界城市化发展的趋势呈现三个阶段,即初期、加速期及发展后期阶段(见图4-1)。Ray M. Northam(1979)在其《城市地理》一书中把世界城市化发展过程中经历的运动轨迹形象地概括为一条稍微被拉平的"S形曲线"。在发展初期,农业仍占据主导位置,城市人口数量增加缓慢,直到城市

人口达到30%时，这一过程得到加速，经济得到相当程度的发展，农村剩余劳动力迅速向城市转移。当城市人口占据总人口的70%时，城市化就进入了第三阶段，这一阶段农村的劳动生产率得到很大提高，农村与城市之间的差距慢慢缩小，人口转移动力不足，直至动态平衡。而这一阶段由于城市中心产生的各类生活问题，城市人口会出现搬离城市中心，定居在郊区以及农村地区的逆城市化现象。"S形曲线"总结了全球城市化发展的规律，具有很强的指导意义。而我国当前正处于城市人口快速上升的第二阶段。

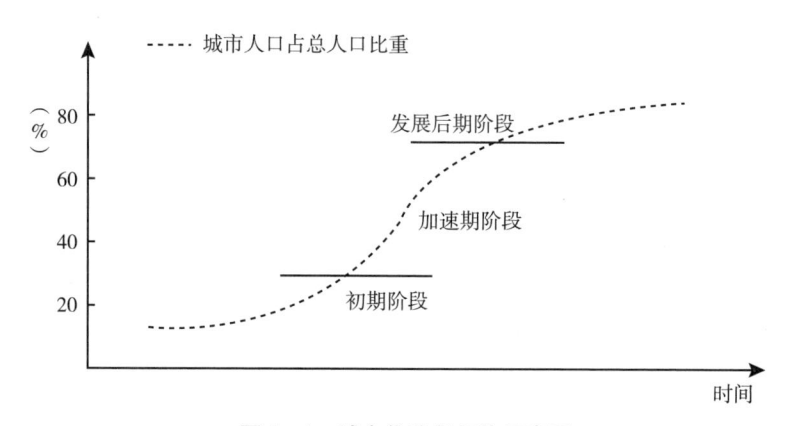

图 4-1 城市化阶段规律示意图

资料来源：参见荣朝和《重视大都市区在城市化过程中人的地位与作用》，《北京交通大学学报》（社会科学版）2014年第3期，第1~9页。

第二节 城市交通发展理论

城市交通是指城市（包括市区和郊区）道路（地面、地下、高架、水道、索道等）系统间的公众出行和客货输送。在古代城市，公众出行以步行为主，或以骑牲畜、乘轿等代步，货物转移只能依靠肩背手提或利用简单的斜坡、圆木等运送工具运输。轮轴车辆是人类最近使用的交通工具，二轮一轴的车辆出现后，马车很快成为城市交通工具的主体，而人类也不断利用科技进步创新驱动交通工具的动力源。根据荣朝和（2007）归纳的城市客运交通枢纽的发展历程，1662年，巴黎出现世界上第一辆马拉公共班车；世界上第一条铁路由英国在1825年建立；1832年，第一条马拉有轨车路线出现在美国纽约。铁路

第四章 城市与交通发展相关理论

出现后掀起了城市运输革命,成为人们与外界进行交流的最重要的交通工具。而欧洲工业化过程的开始也催生了大量货物运输需求。铁路车站逐渐成为城市对外客货运的门户,并为人们提供了在不同铁路线路之间进行换乘的场所。伴随着交通方式与交通工具的发展,在许多大都市,如伦敦、巴黎、东京、纽约等也形成了层级结构完整的枢纽系统。因此我们可以看到,交通工具的出现、交通运输的发展和道路的建设帮助人类克服了空间距离的阻碍。也是因此,交通运输对于社会经济发展的影响渗入至各个方面,成为其他人类活动发展的基础,因此运输是人类的基本活动之一,而城市交通作为运输的主要部分与沟通主体,其发展规律、发展形态成为当前研究的热点与重点。

要对城市交通发展进行研究,首先要建立城市交通发展体系的基础性分析框架。荣朝和(2009)在其《关于运输经济研究基础性分析框架的思考》一文中提出,对于运输问题的分析可以从产品—资源—网络经济分析框架(Product-Resource-Network economy Analysis Framework,简称 PRN 框架)和运输业网络形态的分层分析框架(Transport Network Form Stratifying Analysis Framework,简称 TNFS 框架)两个角度进行思考。在 PRN 分析框架指导下,他认为认识城市交通要首先从了解与把握产品、资源和网络经济这三个方面的技术经济特性入手,对城市运输产品的需求、拥有的软硬资源与网络经济进行分析。该框架提供了解决城市运输问题的基础坐标系,而 TNFS 框架通过对城市交通的研究对象进行描述,解决了城市交通的网络形态的层级以及不同层级之间的关系。与此同时,以运输网络形态分层系统作为外部环境和交通系统的中介,可能导致不同的外部环境影响着运输网络的形态结构,因此,城市交通网络形态也可能反过来对外部环境产生重要作用。

从这两个理论框架的建立来看,它们确定了城市交通发展的研究对象、研究内容、研究层级与研究框架,并将城市交通的需求、供给与网络特性全面地进行了阐释。因此,这两个理论框架对于城市交通发展理论的贡献非常巨大。

关于城市交通发展规律的研究,赵坚(2006)提出了城市交通方式的变化是向更加快捷、方便、经济、舒适的方向在变化的内在规律。在城市运输中,不同交通方式有其存在的客观原因并且会随着外界条件的变化而演变,交通方式之间的相互转化会对城市交通系统的未来发展产生深远的影响。目前,普通居民使用的交通方式种类有步行、自行车、公共交通,以及私家车。而关于居民的出行可以从三个维度展开描述,分别是出行距离、出行频次和出行目的。根据出行距离可以将居民出行分为短、中、长途出行;根据出行频率可以将出行分为低、中、高频出行;而根据出行目的可以归为私人日常出行、固定性及公务出行和私人紧急目的出行。居民出行方式的选择是由这三个维度和交通方式的特性共同决定的。城市交通方式之间的转换也相应受到多种因素的影响,如出行维度、居民经济状况、城市交通设施水平、交通运行状况、交通基础设施水平和政府政策等,但就其发展趋势来看,城市交通方式的变化是向更加快捷、方便、经济、舒适的方向在变化的,这也是与经济发展水平、产业活动、企业分工成熟度与居民生活水平紧密相关的。

在分析我国目前城市交通发展阶段时,欧国立(2012)从宏观层面上分析了我国交通运输业与经济活动的相关关系与当前发展的脉络。欧国立认为在某种程度上我国交通运输业是经济发展的基础条件,因此交通的发展和经济的发展必须相适应,资源配置的特征也必须为各个经济发展阶段服务。所以交通运输业的阶段划分在一定程度上是和工业化程度划分相适应的,因此,根据运输对象、运输量和运输网规模可以划分出我国交通运输业的发展阶段。欧国立从城市交通存在的问题等微观层面指出,城市交通问题的产生主要源于:①一国以及辖内城市经济、社会的快速发展;②产业政策的导向;③城市交通政策的主旨。这其中,城市交通政策是解决城市交通问题,决定城市交通走向的关键因素。

我国当前城市化进程不断加快加深,交通拥挤的问题在一些大城市尤为突出,不仅影响人们的工作和生活,也严重影响着经济的正常发展。欧国立认为中国城市出现交通拥堵现象有其客观原因,但是不完善的城市交通政策、脱节的政策规划、体制性缺陷等,是导致城市交通问题滞后与低效的主要原因。

第三节 城市交通发展政策相关理论

本书主要是从交通补贴、价格管制和运输业促进政策,以及公交优先政策与TOD理论方面对城市交通发展政策进行分析。

一 交通补贴理论

由于城市交通具有准公共用品性、外部性、规模经济性,因此无论是从理论方面还是实践方面来看，都认为城市交通补贴是不可或缺的。目前，城市交通补贴的方法主要有政策性亏损和经营性亏损，此外，对于完全国有投资建设和运营的城市轨道交通在补贴方面采用定额补贴方法，额度根据以往的历史经验来决定。除此之外，近些年一些城市开始在城市交通建设中引入社会资本，由于社会资本的逐利性，补贴问题实际上就演变成了资本的定价问题。对于政府和交通运营主体来说究竟哪种补贴方式更为合适要通过不同的运营阶段来决定。欧国立在《城市轨道交通不同运营阶段的补贴模式选择》中指出，在初始运营阶段采用按照成本进行补偿的模式，在运营成长阶段按照成本进行专项补贴，而在稳定运营阶段可以首先按照运营绩效补贴、其次按照成本进行专项补贴、最后按照成本进行补贴。国外交通补贴根据国别也不同，如美国的交通补贴有两种形式：财政拨款和依法为公交设立的资金；而法国的补贴则来源于民众缴纳的交通费和国家的财政补贴。总的来说，城市交通补贴一方面有利于城市交通的发展，但是另一方面也会使得交通部门效率低下，发展缓慢。①

二 价格管制理论

价格管制也是交通发展中的一大政策，在《城市轨道交通特性和价格管制模式研究》中，李红昌和荣朝和认为，目前价格管制主要有三种类型：成本补偿模式管制、价格上限管制和标准成本比较模式管制。这三种规制各有侧重点，而实际上任何一种价格管制模式都无法很好地满足城市综合交通的发展需要。需要认识到，规制只是促进行业健康发展的手段而并非必须，因此融合各个模式并依据当地国情进行合理的运用是价格管制在实践中应该呈现的形式。②

三 运输业促进政策理论

荣朝和、程楠在《从相关法律看美国政府的运输促进政策》一文中认为，目前美国运输业的促进政策主要是在法律的推动下进行的，这一系列法律包括

---

① 欧国立、张静怡：《政府主导的城市轨道交通财政补贴机制研究》，《学理论》2013年第3期，第98~99页。
② 李红昌、荣朝和：《城市轨道交通特性和价格管制模式研究》，《铁道运输与经济》2009年第1期，第29~33页。

联邦土地法、联邦援助公路法、联邦航空法和多式联运与运输效率法律法规等。首先,联邦政府在铁路时期大规模出让土地,并允许运营商开发利用周边土地,从而吸引了社会资金;其次,在公路和航空发展时期,联邦政府又为运输业的发展提供了配套资金,实现了公路的网络化和航空机场的迅速发展;再次,联邦政府设立的公路信托基金和机场信托基金,帮助交通发展实现了资金渠道的规范化;最后,政府更加注重多种交通方式中的资金运用,提升了整个运输系统的运营效率。[①] 这一整套政府促进政策运行环环相扣,将运输发展的资金、土地建设、运营涵盖其中,较为良好地促进了各种交通方式的发展。

现行日本的交通运输政策也能为中国提供很好的借鉴作用。首先,在铁路企业之间的竞争性契约关系和垄断环节中的契约关系中,后者的契约要严于前者的契约;其次,对于市场进出的规则来说,客运宽松于货运;最后,对于运价的规制,日本用以上限制代替固定制。

四 公交优先政策理论

从公交优先政策角度分析,公交优先源于20世纪60年代初的法国,后被欧洲国家迅速推广使用。第二次世界大战后,在欧洲与美国,私家车成为居民出行的主要交通工具,人们出行方式与出行意愿从乘坐公共交通出行向私人交通出行转变。伴随着私家车生产制造业的急剧扩大,巨大的交通量对于已有的城市规划与道路布局形成了巨大的压力。出于对历史文化的保护,在城市建设中道路面积不便于进一步扩张,到20世纪70年代初,多国的城市交通已经处于几近瘫痪的状态,"公交优先政策"也被提出用以缓解恶劣的交通状况,提高城市通勤效率。以巴黎为例,在巴黎城市建设中,设置了480多条公共交通专用通道,不仅满足了城市市民出行的需要,而且缓解了巴黎的城市交通运输压力,更出乎意料的结果是保护了巴黎市区的古建筑群和城市建筑风格。[②] 在城市化发展实践的不断演变中,也催生了关于城市形态与城市布局的相关理论。

公交优先理论研究在我国始于1985年,有学者从国外城市交通结构、公

---

① 荣朝和、程楠:《从相关法律看美国政府的运输促进政策》,《铁道经济研究》2008年第5期,第18~22页。
② 高翠琳:《国内外城市交通建设模式研究》,《城市》2012年第9期,第55~59页。

交优先政策对中国的借鉴意义、大运量公共交通对于城市的意义方面着手进行探索。国务院在研究部署"在城市优先发展公共交通"的会议中,对于我国公共交通优先政策的背景、现状、主要内容进行了阐释。

> (一) 会议背景
>
> 2012年10月10日,国务院总理温家宝主持召开国务院常务会议,研究部署在城市优先发展公共交通。
>
> (二) 我国公共交通出行现状
>
> 目前,我国城市公共交通发展远远不能适应经济社会发展和人民群众出行需要,多数城市公共交通出行比例偏低。为从根本上缓解交通拥堵、出行不便、环境污染等矛盾,必须树立公共交通优先发展理念,将公共交通放在城市交通发展的首要位置。要按照方便群众、综合衔接、绿色发展、因地制宜的原则,加快构建以公共交通为主,由轨道交通网络、公共汽车、有轨电车等组成的城市机动化出行系统,同时改善步行、自行车出行条件。
>
> (三) 公共交通优先的重点任务
>
> (1) 强化规划调控
>
> 城市控制性详细规划要与城市综合交通体系规划和公共交通规划相互衔接。城市综合交通体系规划应明确公共交通优先发展原则。城市公共交通规划要科学布局线网,优化节点设置,促进城市内外交通便利衔接和城乡公共交通一体化发展。
>
> (2) 加快基础设施建设
>
> 提升公共交通设施、装备水平,提高公共交通舒适性。加快调度中心、停车场、保养场、首末站以及停靠站建设。推进换乘枢纽及步行道、自行车道、公共停车场等配套设施建设,将其纳入旧城改造和新城建设规划。
>
> (3) 加强公共交通用地综合开发
>
> 对新建公共交通设施用地的地上、地下空间,按照市场化原则实施土地综合开发,收益用于公共交通基础设施建设和弥补运营亏损。
>
> (4) 加大政府投入
>
> 城市政府要将公共交通发展资金纳入公共财政体系。"十二五"期间,对城市公共交通企业实行税收优惠政策,落实对城市公共交通行业的成品油

价格补贴政策，对城市轨道交通运营企业实行电价优惠。

（5）拓宽投资渠道

通过特许经营、战略投资、信托投资、股权融资等多种形式，吸引和鼓励社会资金参与公共交通基础设施建设和运营。

（6）保障公交路权优先

增加划设城市公共交通优先车道，扩大信号优先范围。允许机场巴士、校车、班车使用公共交通优先车道。加强公共交通优先车道的监控和管理。

（7）健全安全管理制度，落实监管责任，切实加强安全监管

规范技术和产品标准，构建服务质量评价指标体系。完善轨道交通工程验收和试运营审核及第三方安全评估制度。

（8）规范公共交通重大决策程序，实行线网规划编制公示制度和运营价格听证制度

建立城市公共交通运营成本和服务质量信息公开制度。

资料来源：新华网，2012年10月10日。

在城市交通问题日益突出的今天，公共交通出行带来的规模经济与避免拥堵带来的时间效益，无论在社会层面还是在个人层面都具有巨大的正效用。考虑到公共交通远比私人交通占地少、效率高，且有助于节约燃油、减少污染、节约土地，公交优先政策应该持续予以推行。具体而言，公交优先政策应具体体现在三个方面：一是，政府在政策上、经济上给予扶持；二是，政府应在城市规划和建设之初就确立公交优先发展的地位；三是，政府应在城市交通资源的利用和管理上确立公交系统的优先地位和权力。[1] 王亚飞在《关于优先发展我国城市公共交通的研究》中认为，在城市规划中，公交系统优先理念应该得到重视，并且应优先发展公共交通。

五 公共交通引导城市发展理论

公共交通引导城市发展（简称TOD）是近期城市交通发展策略研究背

---

[1] 高翠琳、宋宜璇：《城市交通理论研究综述》，《城市》2012年第8期，第55~58页。

景下的重点与热点。该概念最早出现于美国，与公交优先政策、"新城市主义""精明增长"的理念类似，TOD强调积极利用土地和城市交通系统的关系，提高城市密度，加强城市功能，以此举来遏制郊区化带来的低密度蔓延、高度社会隔离、严重依赖小汽车等种种问题。① 而在目前，中国面临着道路资源紧张、能源消耗剧烈、城市道路流量潮汐化明显的形势，据分析，目前我国15个最大城市每天因交通拥堵浪费约20亿元，在10年以前的二线城市，交通拥堵状况还很少见，但是近几年交通拥堵已经成为司空见惯的常态。② 因此，城市发展迫切需要科学规划与合理引导。

公交导向的开发模式主张发挥交通网络的先导性作用，以交通发展带动站点周围紧凑型开发、土地综合利用等。这成为当前交通布局与城市空间规划的新亮点。目前比较成功的国家和地区有日本、新加坡、中国香港等，它们采用了以轨道交通为主导的城市高密度发展模式，吸引了大量居民在铁路站点附近居住，即所谓的"人随线走"，同时，它们利用换乘枢纽地区形成大规模车站城（station city）。这些车站城不但为居民出行提供了交通方式，而且与一座小型社区无异，其对于物品采购、社区医疗、文娱活动等社会行为也一一解决。这样的综合利用，提高了土地利用效率，减少了不必要的通勤时间，实现了"出了地铁就是家，家中样样都齐全"的便捷生活。荣朝和在《轨道交通在新型城镇化及大都市时空形态优化中的作用》一文中认为，轨道加土地联合开发模式就是最有效的交通需求管理，也是最有效的综合开发模式，有助于优化大都市的时空形态。新干线的综合交通枢纽作用与投资乘数效果如图4-2所示。

为达到理论效果，在TOD模式的实践中，需要考虑公交导向与枢纽建设。具体而言，交通枢纽承担着运输生产组织、中转换乘、多式联运、信息流通、辅助服务和资源整合等多种功能，是交通系统内部各子系统之间以及交通系统与社会经济系统之间的过渡区与接合部。在此，大量交通界面汇聚的场所成为城市形态的重要组成部分。而运输发挥的基础作用关乎

---

① 陈莎等：《TOD内涵分析及实施框架》，《城市交通》2008年第6期，第57~63页。
② 荣朝和：《轨道交通新型城镇化及大都市时空形态优化中的作用》，《北京交通大学学报》（社会科学版）2014年第2期，第20~28页。

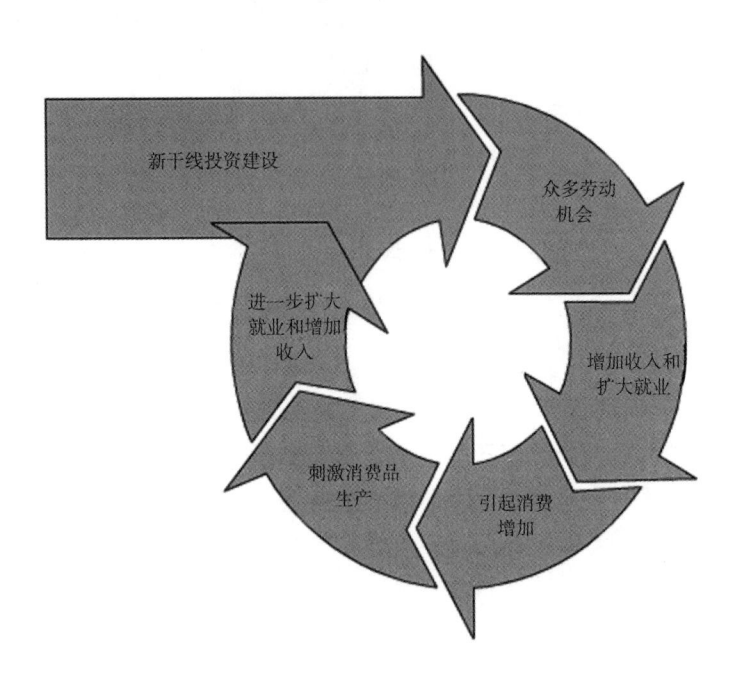

图4-2 新干线的综合交通枢纽作用与投资乘数效果

城市的人流和物流,其结构与效率也在很大程度上决定着城市和城市群的整体效率。但枢纽和枢纽体系一直是我国城市交通规划、设计、建设、管理研究中特别薄弱的领域,理论与方法都亟待创新。TOD是以公交站点周围土地紧凑型综合开发利用带动城市发展的模式。而TOD在中国不能只是解决城轨公交优先发展中的投资与回报关系问题,更应该成为站在战略层面解决城市化时空矛盾和构建合理城市时空关系的重要举措。铁路和轨道交通车站特别是市区车站具有不可替代的区位优势,有必要充分合理利用以形成综合交通枢纽体系,并在完整理解TOD模式的重要性和调整不适应的城市土地政策的基础上,转型发展车站周边的大型步行生活小区和综合性车站功能区域,让车站本身成为出行目的地,为城市长期发展的时空格局设定坐标。

面对上述问题,中国城市规划设计院在相关研究中建立了适用于我国的TOD模型框架(见图4-3)。这为我国TOD的发展提供了比较科学合理的指导,也成为我国城市交通发展政策的重要组成部分。

第四章 城市与交通发展相关理论

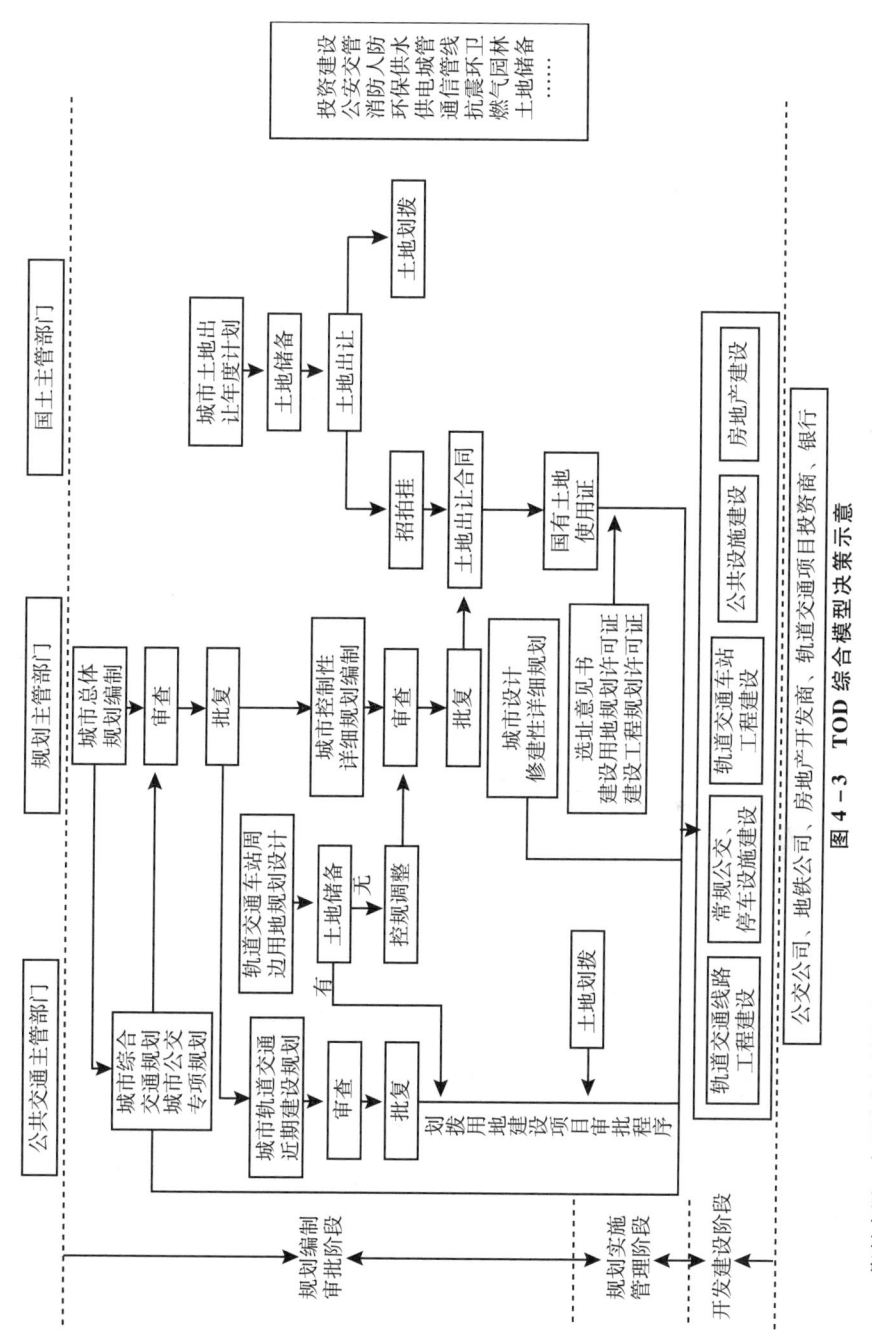

图 4-3 TOD 综合模型决策示意

资料来源：中国城市规划设计研究院研究，参见陈莎、殷广涛、叶敏《TOD 内涵分析及实施框架》，《城市交通》2008 年第 6 期。

第五章
城市交通发展水平评价理论与方法

第一节 城市交通发展水平评价相关理论

一 适应性理论

"适应"在词典中的解释为适合客观需要或条件。适应性是指某事物适合内外部各种需要和客观条件的能力，多指系统对于环境的适应性，即系统在面对外界环境因素时，与之保持协调发展的能力。

城市交通发展的适应性，一般是指在一定的城市发展水平下，城市交通的发展与其相适应的程度。其具体表现形式包括：①城市交通发展与城市总体发展相适应的程度；②城市交通是否能够引导城市布局的发展。

城市交通发展的适应性是将城市交通发展速度和城市经济发展等相比，对比后可将城市交通发展的适应性分为三种，分别是滞后发展型、适应发展型以及超前发展型。①滞后发展型，是指与城市发展及经济发展相比，城市交通的发展较为落后。这表现为日益严重的城市交通拥堵、超负荷的交通运输服务压力、有限的交通路网规模、供不应求的城市交通服务，甚至一般水平的服务质量都无法得到保证。在此种状态下，城市交通发展满足不了城市化发展的需要，甚至对城市化发展起到了制约作用。②适应发展型，是指城市交通的发展基本与城市化发展同步，城市交通路网规模和交通运输能力基本能够满足城市化发展的需要，交通服务的供需基本能够达到平衡。适应发展型又可分为基本适应型和平行型两类。平行型发展战略采用前馈式控制，作为一种刚性战术，它以城市轨道交通发展与城市化发展同步为核心。一般而言，适应发展型通常以预测的供需平衡作为出发点，据此规划并投资城市交通发展。基本适应型发展战略采用反馈式控制，作为一种塑性战术，它以城市交通发展不影响城市化发展为核心。一般而言，基本适应型发展战略以当下供需不平衡作为出发点，据此判断如何调整城市交通发展速度。若需求大于供给，则说明城市交通的发展对城市化的发展产生阻碍，那么应该调整并加快交通的发展速度；若需求小于供给，那么说明城市交通资源有富余，且利用率未达到最大化，那么应该调整并放缓交通的发展速度。③超前发展型，是指城市的发展将城市交通发展放在首位。根据对超前发展的度的把握，又可将其分为适度超前型与过度超前型。从名称中可以判断出，过度超前型容易造成资源浪费，使交通建设资金不能达到效益最大化。

城市交通发展的内涵主要可概括为以下几个方面。

首先，城市交通发展与城市化发展的水平和阶段相适应。合理使用城市交通的建设资金，可以有效支持城市经济的持续发展。

其次，城市交通与环境、资源相适应。在城市交通的建设过程中，应该遵循城市环境的特点，并且与城市的人口分布、生态环境以及经济发展的趋势相适应。

最后，城市交通系统内部相互协调。城市交通系统内部的路网密度、规模、换乘站点的设计必须合理，从而为良好的城市交通服务提供良好的保证。

二 耦合理论

《辞海》中对"耦合"（coupling）的解释是指两个（或两个以上的）体系或运动形式之间通过各种相互作用而彼此影响的现象。"耦合"这一概念源于物理学，其最初的意思是任意两个或者两个以上电路元件之间输入或者输出间的互相影响，在互相作用下，能量从一侧传向另一侧的现象。除物理学以外的其他各学科根据自己的学科特点及需要研究的对象，将"耦合"这一概念引入本学科，并发展了"耦合"在该学科的定义。

例如，在社会科学研究当中，耦合的应用十分广泛。社会科学研究给耦合下的定义为：存在两个或者两个以上的运动方式或者系统之间通过某种互相作用，彼此影响甚至互相联合的现象，即某系统包含的各子系统之间存在良性互动，并且互相协调、互相依赖、互相促进的一种动态关联关系。在地理学领域的研究当中，耦合也得到了广泛的应用。例如，在农业耦合系统的研究当中，学者何绍福定义了农业耦合系统，即两个或多个子系统之间强烈的互相吸引作用。学者张振杰等人在研究城乡耦合地域系统时,认为耦合是在城乡过渡地区的子系统间,存在的一种互相依赖、互相制约乃至互相促进的动态关联。另外,各行业及领域的学者还将耦合的研究深入到城市化与生态环境、水资源与经济社会、经济增长与环境,以及区域土地的利用与生态环境之间的研究中,并获得了大量的研究成果。

耦合度是用于描述各子系统或者要素之间互相影响程度的指标,系统不同的互相作用,决定了系统不同的表现状态。耦合度可以理解为相互作用力的大小,协调水平是在相互作用下的合成系统的发展水平。站在协同学的角度来讲,正是子系统间的耦合作用与协调程度,决定了该总系统在临界点处的走向与结构,即是否由无序走向有序。耦合度是协同作用的度量,它对于系统的特征与规律至关重要。系统耦合协调的实现,借鉴了物理学中的容量耦合系数模型。当系统的耦合度增大,说明各子系统或者系统要素之间的联系增强,宏观上来看,系统呈现一种由无序向有序的发展过程。将耦合度与综合发展水平进行加权计量,可以得到耦合协调水平。用耦合协调水平来度量系统耦合程度,更加准确、深刻。

耦合协调指数 D 具体算法如下:

$$C = \{F(x) \cdot \frac{G(y)}{[0.5F(x) + 0.5G(y)]^2}\}^2$$
$$T = \alpha F(x) + \beta G(y)$$
$$D = (C \cdot T)^{0.5} \quad\quad\quad (5-1)$$

在公式 5-1 中, $F(x)$ 和 $G(y)$ 分别代表城市发展评价体系与城市交通发展评价体系; α 和 β 代表的是 F 和 G 在计算 T 时的权重。

三 协同学理论

1971 年,斯图加特大学教授哈肯提出协同的概念,1976 年,哈肯教授与格雷厄姆一起合作撰稿系统地阐述了协同学理论,他们后来出版了《协同学导论》《高等协同学》等著作。协同学作为一门综合性学科,主要研究协同系统从无序到有序的演化规律。协同系统是一个开放系统,它由很多子系统组成,并能以自组织的模式在空间、时间或者功能上呈现有序结构。协同学主要包括两个方面的含义。一方面,协同学主要研究某系统内部各子系统的相互合作以及相互作用规律。并能够利用统一的观点处理该系统内部各子系统的关系，以实现在宏观水平上，该系统各部分结构和功能的协作统一。另一方面，协同学鼓励不同学科之间相互协作，多门学科相互协同，从而总结出自组织系统的一般性原理。

狭义的协同，与竞争相对立，主要是指协作、互助等；而广义的协同，不仅包含协作互助，同时也包含竞争。协同理论认为，每个系统都可视为各种各样的子系统组成的集体，系统表现出的整体行为取决于系统内部各子系统之间的互相作用。当各子系统之间独立性较小，互相作用较大时，宏观上系统表现出有序的结构特征。与此相反，当各子系统的独立性较大，而互相作用较小时，该系统内部处于杂乱无章的"热分子运动"状态，宏观上系统表现出无序的结构。但同时，由于系统的有序或者无序由内外部条件共同决定，因此系统的有序或者无序在特定条件下可以互相转化。而在临界状态处系统从无序到有序到混沌这一状态的转变，也成为协同理论等学科的重点研究范畴。

序参量是协同学为描述系统有序程度而提出的一个基本变量的概念。某协同系统内部的子系统进行协同合作会产生序参量，若某系统有若干个序参量，那么这些序参量之间的竞争与合作会形成系统的自组织结构。这种由序参量之间的相互作用决定系统从无序到有序的演化过程，是协同理论中协同的真正含义。当系统只存在一个序参量，此时系统的结构由该参量决定；若系统内同时存在几个序参量，那么最终系统会呈现哪种结构，要靠序参量之间的竞争与合作产生的结果决定。一般而言，竞争的力量大于合作的力量时，结果是只有少数序参量起主导作用，系统所呈现的状态主要由这几个序参量所决定；而当合作的力量大于竞争的力量时，合作的结果会形成一种各序参量共同作用的宏观结构。

四 木桶理论

木桶理论的核心内容为，判断一只木桶可以盛多少水，取决于桶壁上最短的那根木块，而非桶壁上最长的那根木块。根据这一核心内容，"木桶理论"还有两个推论。其一，若想将一只木桶装满水，那么就要求桶壁上的木块一样高。其二，只要有一根木块不够高，水桶里就不可能装满水。

木桶理论告诉我们若想使效用最大化，所有的系统应均衡发展。即使一部分发展比较高，也不能提高整体的水平。对城市交通而言，也可以用木桶原理进行分析，改善城市公共交通基础设施建设或服务质量的薄弱环节，如公交车辆、公交站点、运送速度等，使之与城市发展相协调，才是最有效的。

第二节　城市交通发展水平评价相关方法

对城市交通发展水平的评价涉及许多复杂的因素，因此，对其进行多指标、多因素的综合评价一直是人们所关注的热点问题。目前，评价城市交通发展水平的方法主要有主成分分析法、模糊综合评价法、人工神经网络法、层次分析法、灰色关联分析法、数据包络分析法等。各评价方法都有其自身特点和特定的应用环境。

我们可根据不同分类标准对上述评价方法做如下分类。①按单一学科分：主成分分析法可归类到统计分析方法中去；而层次分析法以及灰色关联分析法可归纳为系统工程方法；人工神经网络法以及模糊综合评价法皆为客观赋权法中的一类；数据包络分析法是运筹学方法中的分支。②按权重确定原理分：主观赋权法包括层次分析法以及人工神经网络法；客观赋权法包括余下四项，即主成分分析法、灰色关联分析法、模糊综合评价法以及数据包络分析法。在一定程度上，主观赋权法主观性较强，决策者对决策的把控及对指标的理解，能够在很大程度上对结果产生影响。而客观赋权法则不同，它是根据评价对象的属性及特点做出判断，在评判过程中，有着较强的客观性及理论依据。下面本节就上述诸评价方法，对具体的方法及其步骤进行介绍以及分析。

一　灰色关联分析法（GRA）

1. 方法介绍

20 世纪 80 年代，我国著名学者邓聚龙（华中理工大学教授）首次提出灰色系统理论。该理论的主要思想为，以不确定的系统作为研究对象，通过判断

第五章 城市交通发展水平评价理论与方法

不同因素之间的相似程度来衡量其相互之间的关联度,从而达到利用已知信息来确定未知信息这一目的。通过判断样本数据,比较两因素的整体变化(速度、方向)是否一致,若基本一致,则可说明二者关联度较高;若差别很大,则可说明二者关联度较低。

就灰色关联分析法自身特点来说,其优缺点较为明显。优点在于,在使用该方法时,不需要提供大量数据,就可以在一定程度上解决信息不对称的问题。由此可判断出该方法的主要缺点在于,在确定各指标的最优值的过程中,主观性过强,而且最终的结果无法反映被评价对象的真实水平。

2. 方法步骤

(1) 确定分析序列

在定性分析特定问题时,需要人为确定一个因素作为因变量以及若干个其他因素作为自变量。作为因变量的因素构成的数据列为参考序列,作为自变量的因素构成的数据列为比较序列($j=1, 2, 3, \cdots, n$),则有以下等式:

$$(X'_1, X'_2, \cdots, X'_n) = \begin{pmatrix} x'_{01} & x'_{02} & \cdots & x'_{0n} \\ x'_{11} & x'_{12} & \cdots & x'_{1n} \\ \vdots & \vdots & \vdots & \vdots \\ x'_{m1} & x'_{m2} & \cdots & x'_{mn} \end{pmatrix} \quad (5-2)$$

公式 5-2 中,$X'_j = (x'_{0j}, x'_{1j}, \cdots, x'_{mj})$,$j=1, 2, \cdots, n$;变量序列的长度为参数 m。其中,第一行数值作为参考样本值,第二行数值作为比较样本值,以此类推。

(2) 变量序列无量纲化

选取适当的无量纲化方法,对 $(X'_1, X'_2, \cdots, X'_n)$ 处理后得:

$$(X_1, X_2, \cdots, X_n) = \begin{pmatrix} x_{01} & x_{02} & \cdots & x_{0n} \\ x_{11} & x_{12} & \cdots & x_{1n} \\ \vdots & \vdots & \vdots & \vdots \\ x_{m1} & x_{m2} & \cdots & x_{mn} \end{pmatrix} \quad (5-3)$$

(3) 对比 (1) 和 (2) 中的两组数列,给出两组数列的差序列、最小差值及最大差值通过计算参考序列与比较序列对应期的绝对差值,可以得出绝对差值矩阵,如下所示。

$$\begin{pmatrix} \Delta_{11} & \Delta_{12} & \cdots & \Delta_{1n} \\ \Delta_{21} & \Delta_{22} & \cdots & \Delta_{2n} \\ \vdots & \vdots & \vdots & \vdots \\ \Delta_{m1} & \Delta_{m2} & \cdots & \Delta_{mn} \end{pmatrix} \quad (5-4)$$

公式 5-4 中,$\Delta_{ij} = |x_{0j} - x_{ij}|$,$i = 1, 2, \cdots, m$;$j = 1, 2, \cdots, n$。最小差值与最大差值分别为绝对差值矩阵当中的最小值和最大值:

$$\max_i \max_j (\Delta_{ij})$$
$$\min_i \min_j (\Delta_{ij})$$

(4)计算关联系数

按照如下变换公式 5-5,对绝对差值矩阵当中的数据序列进行变换:

$$\varepsilon_{ij} = \frac{\Delta(\min) + \rho \Delta(\max)}{\Delta_{ij} + \rho \Delta(\max)} \quad (5-5)$$

从而得到关联系数矩阵公式 5-6:

$$\begin{pmatrix} \varepsilon_{11} & \varepsilon_{12} & \cdots & \varepsilon_{1n} \\ \varepsilon_{21} & \varepsilon_{22} & \cdots & \varepsilon_{2n} \\ \vdots & \vdots & \vdots & \vdots \\ \varepsilon_{m1} & \varepsilon_{m2} & \cdots & \varepsilon_{mn} \end{pmatrix} \quad (5-6)$$

公式 5-5、公式 5-6 中,分辨系数 ρ 的取值范围是(0,1),其中取值在(0.1,0.5)范围内的情况更为多见,而且,ρ 值越小对于关联系数之间的差异性提高越有帮助。关联系数 $1 \geq \varepsilon_{ij} > 0$,一般来说,$\Delta ij$ 越大,ε_{ij} 越小,ε_{ij} 反映了第 i 个比较样本与参考样本针对第 j 个指标的关联程度。

(5)计算关联度

在对比较样本序列与参考样本序列的比较分析中可以得出如下结论:n 个关联系数即可反映二者的关联程度:

$$\gamma_i = \frac{1}{n} \sum_{j=1}^{n} \varepsilon_{ij} \quad (5-7)$$

(6) 依据关联度进行排序

对比较样本序列与参考样本序列的关联度按照一定排序方式进行排序（从大到小或者从小到大）。若关联度越小，说明二者的变化规律越一致；若关联度越大，说明二者的变化规律越不一致。

二 主成分分析法

1. 方法介绍

主成分分析法最早应用于非随机向量，后由霍特林（Hotelling）将之推广到随机向量。主成分分析法主要采用的是降维的思想，把多维指标提取为主成分——可反映原信息的几个综合指标，且各指标所包含信息互不重复。这种处理方法，能够将系统由高精度系统转变为低维系统，再通过对评价函数的构造，进一步将低微系统转变为一维系统，最后对该一维系统进行分析与评价。

主成分分析法是通过各综合指标所提供的信息，采用数学方法自动生成权重，适合对于多样本进行综合评价的情况。该方法虽然在一定程度上避免了人为因素所产生的偏差，但是对客观数据的依赖度过高，现实数据有时候可能无法达到要求。

2. 方法步骤

（1）将原始数据进行预处理

为使各指标之间具有同向可比性，第一，应该将所有逆指标转换为正指标，即所谓的指标"同趋势化"处理。第二，应该消除相对指标与绝对指标在数量级和量纲方面的差别，对指标进行"标准化"处理。在 x_{ij} 表示的样本中，第 i 个样本的第 j 个指标的原始值。同向化处理方法如下：数据中存在正向指标和负向指标，对二者进行处理以消除二者之间差异的影响。其中，正向指标代表向上发展的，该值越大代表对指标的评价越好；负向指标代表该值越小，评价越高的指标。如果在 n 个待评价指标中，选取正向指标的最大值和负向指标的最小值为该指标理想值，即选择正向指标的理想值为 $\max x_j$，且负向指标的理想值为 $\min x_j$。那么，该方法将该指标的接近度 X_{ij}^- 定义为各指标预期理想值的比值，那么：

$$\text{正向指标的接近度：} X_{ij}^- = \frac{x_{ij}}{\max x_j} \qquad (5-8)$$

负向指标的接近度：$X_{ij}^{-} = \dfrac{\min x_j}{x_{ij}}$ （5－9）

X_{ij} 表示样本中，第 i 个样本的第 j 项指标，$\max x_j$，$\min x_j$ 分别表示样本中第 j 项指标值的最大值和最小值。

为增加数据间的差异性以便对数据进行评价，用 Z-score 方法进行数据的标准化处理，其公式如下：

$$x_{ij}^{*} = \dfrac{x_{ij} - \bar{x_i}}{\sigma_i}$$ （5－10）

$$\bar{x_i} = \dfrac{\sum_{i=1}^{n} x_{ij}}{n}$$ （5－11）

$$\sigma_i = \sqrt{\dfrac{\sum_{i=1}^{n}(x_{ij} - \bar{x_i})^2}{n-1}}$$ （5－12）

$\bar{x_i}$ 与 σ_i 分别为样本中，第 j 个指标的样本均值和标准差。

（2）求特征值及特征向量

用处理后的样本数据阵 $X^{*} = (x_{ij}^{*})$ 计算其相关系数，先求出特征值，然后求出对应的特征向量。相应的计算步骤如公式 5－13 所示。

$$R = \dfrac{1}{n}(X^{*})'X^{*} = \begin{pmatrix} r_{11} & r_{12} & \cdots & r_{1m} \\ r_{21} & r_{22} & \cdots & r_{2n} \\ \vdots & \vdots & \vdots & \vdots \\ r_{m1} & r_{m2} & \cdots & r_{mm} \end{pmatrix}$$ （5－13）

根据方程 $|R - \lambda_j E| = 0$，可求得 R 的 m 个特征值 λ_j（$j = 1, 2, \cdots, m$），以及相应的特征向量 U_j，$U_j = (U_{1j}, U_{2j}, \cdots, U_{mj})$，$j = 1, 2, \cdots, m$。则提取的主成分记为 $Y_j = X_j^{*} U_j$，即 $y_j = x_{k1}^{*} u_{1j} + x_{k2}^{*} u_{2j} + \cdots + x_{km}^{*} u_{mj}$，（$k = 1, 2, \cdots, n$；$j = 1, 2, \cdots, m$）。并计算其方差贡献率 $v_k = \dfrac{\lambda_k}{m}$。

（3）确定主成分的个数

由一般经验可知，对累积方差的贡献中，贡献率占前 85% 的主成分中，包括了大部分的所需信息，其余主成分即可舍弃。

（4）确定各主成分的权重

以各主成分的方差贡献率作为其权重计算该主成分的综合得分,最后计算出各样本的最终得分。

三 层次分析法

1. 方法介绍

层次分析法(Analytic Hierarchy Process),是由匹兹堡大学教授萨迪(T. L. Saaty)于20世纪70年代初提出的一种层次权重决策分析方法。层次分析法能够比较简单地进行综合评价和方案决策,尤其对于既包含定量因素,又包含定性因素的系统问题。其一,在决策过程当中,可将系统按照从高到低的顺序划分为目标层、准则层、指标层、方案层以及措施层等;其二,对每一层因素相对于上一层某因素的单排序情况进行具体翔实地分析,并构造判断矩阵;其三,计算得出每一判断矩阵的最大特征根与其相应的特征向量,并据此计算出每层的因素相对上层各因素的相对重要性系数;其四,加权综合下一层各个因素的相对重要系数与上一层次因素本身的重要系数;其五,综合评价各方案相对于总体目标的优劣,将各方案按此排序。层次分析法运用领域非常广泛,如经济、资源、管理及交通等领域。

层次分析法在体现主观思想的基础上,针对包含定量、定性因素的指标进行分析。其优点是将非常复杂的各评价因素简化搭建成分层结构,并且将难以量化的各评价因素进行两两比较,进而量化并确定各因素的重要程度。层次分析法的缺点是主观性较强,人为偏好对结果的影响比较大。

2. 方法步骤

(1)建立递阶层次结构模型,并构造出各层次中的判断矩阵:根据各因素对目标的影响大小赋予其权重,建立判断矩阵(见表5-1)。

表5-1 评价指标相对重要性程度关联表

标度	含义
1	表示两个因素相比,具有同样的重要性
3	表示两个因素相比,一个因素比另一个因素稍微重要
5	表示两个因素相比,一个因素比另一个因素明显重要
7	表示两个因素相比,一个因素比另一个因素强烈重要
9	表示两个因素相比,一个因素比另一个因素极端重要
2,4,6,8	表示上述两相邻判断的中间值

(2)层次单排序及其一致性检验

根据上述处理,得到的每一个比较判断矩阵,通过求解其特征方程的解,向量即最大特征值并归后,此向量即可认为是同一层次各因素相互比较后的相对重要性标度,我们称之为层次单排序。

①计算一致性指标 CI,$CI = \dfrac{\lambda_{\max} - n}{n - 1}$。

②根据下表查找对应的平均随机一致性指标 RI。

表5-2 平均随机一致性指标

n	1	2	3	4	5	6	7	8	9
RI	0.00	0.00	0.58	1.90	1.12	1.24	1.32	1.41	1.45

③计算一致性比例 CR,$CR = CI/RI$。若判断矩阵的一致性不被接受,那么就对判断矩阵做出适当修正。

(3)层次总排序及一致性检验

不仅应该得到一组元素对上层某元素的权重向量,还应该得到最底层各方案对于目标的排序权重,然后再选择方案。单准则下权重自上而下合成总排序权重。层次总排序也应该由高层到低层逐层进行一致性检验。

在层次单排序时可求得:单排序一致性指标为 $CI\ (j)$,$(j = 1, \cdots, m)$,相对应的平均随机一致性指标为 $RI\ (j)$,那么总排序随机一致性比例为 $CR = \sum\limits_{j=1}^{m} CI\ (j)\ aj / \sum\limits_{j=1}^{m} RI\ (j)\ aj$,且当 $CR < 0.1$ 时,层次总排序结果的一致性比较令人满意。

四 模糊综合评价法

1. 方法介绍

模糊综合评价法是在模糊数学的基础上,对具有模糊特征的事物进行描述、研究并处理的一种数学评价方法。美国自动控制专家查德教授(Zadeh)首次使用隶属度描述模糊的概念,并且创立模糊集论以表达事物的不确定性,这为模糊数学的发展奠定了基础。不仅如此,查德教授还提出了著名的"不相容原理",该原理的主要内容是说,我们在对系统的特性进行描述的时候,描述的精确度和有意义的能力会随着系统复杂性的增加而降低,直至超过某个

第五章 城市交通发展水平评价理论与方法

阈值之后,精确和有意义这二者会互相排斥。这一原理阐释了模糊数学的产生和发展过程中的必要性,并且也在近几十年来模糊数学的发展中得到了印证。模糊综合评价法是在模糊理论的基础上,针对评价目标的相互关系,对目标以及因素进行评价。其基本原理如下所示:①对指标集和等级集进行确定;②对各指标权重和隶属度向量进行确定;③进行归一化处理,并取得评价结果。

模糊评价法可按照评价对象综合分值或者最大隶属度原则对待评价对象的等级进行评定。在单层评价以及多层评价的模糊评价模型当中,非常重要的两步是①确定单因素评价矩阵 R;②计算模糊评价子集 $B = A \times R$。但在模糊评价当中,由于在确定指标权重时存在着较多的主观依赖性,因此在确定隶属度函数和模糊指标参数时,掺杂的人为因素较多,且容易丢失较为有用的信息。

2. 方法步骤

(1) 建立因素集

因素集是将影响评价对象的各种因素集合起来形成的合集。创建一组因素:$V = (v_1, v_2 \cdots, v_m)$。

(2) 建立权重集

因为不同因素对评估目标的影响不同,所以应该赋予不同因素不同的权重。为区分不同因素对评估目标的影响程度,首先应该对各因素 V_i($i = 1, 2, 3, \cdots, m$)赋予相应的权重 a_i($i = 1, 2, 3, \cdots, m$),由各因素权重组成权重合集 $A = (a_1, a_2, a_3, \cdots, a_m)$。$\sum_{i=1}^{m} a_i = 1$($i = 1, 2, 3, \cdots, m$),$a_i \geq 0$($i = 1, 2, 3, \cdots, m$)。由模糊理论可知,由于权重集是模糊集,所以权重集也可用论域为因素集上的模糊集合来表示:

$$A = \frac{a_1}{v_1} + \frac{a_2}{v_2} + \cdots + \frac{a_m}{v_m} \qquad (5-14)$$

各因素的权重应该满足非负性和归一性这两个条件。

(3) 建立评价集

评价集是指评价结果的结合,该结果由评价者对评价对象进行评价。取评价集:$U = (u_1, u_2, u_3, \cdots, u_m)$。

(4) 单因素模糊评价

单因素模糊评价,是指根据某一个因素对评价对象进行评判,从而对各因素评估组的成员进行确定。普遍而言，评价对象的因素集当中，用第 i 个因子 v_i 来判断焦点上的第 j 个元素 u_j，记为 r_{ij}，对于其结果的评价可以表示为下面的模糊集合：

$$R_i = \frac{r_{i1}}{u_1} + \frac{r_{i2}}{u_2} + \frac{r_{i3}}{u_3} \cdots + \frac{r_{in}}{u_n} \quad (5-15)$$
$$(i = 1, 2, \cdots, m)$$

通常情况下，我们将 R_i 称为单因素评价集，而将因素集 V 中的各个因素的单因素评价集组成的模糊矩阵 R 称为单因素评价矩阵：

$$R = \begin{pmatrix} R_1 \\ R_2 \\ \vdots \\ R_m \end{pmatrix} = \begin{pmatrix} r_{11} & r_{12} & \cdots & r_{1m} \\ r_{21} & r_{22} & \cdots & r_{2n} \\ \vdots & \vdots & \vdots & \vdots \\ r_{m1} & r_{m2} & \cdots & r_{mm} \end{pmatrix} \quad (5-16)$$

（5）模糊综合评判

当（2）中所述权重集 A 和（4）中所述单因素评价矩阵 R 已知时，可以通过模糊矩阵运算对评价对象进行综合评判：

$$B = A \bigcirc R = (a_1, a_2, a_3, \cdots, a_m) \bigcirc \begin{pmatrix} r_{11} & r_{12} & \cdots & r_{11} \\ r_{21} & r_{22} & \cdots & r_{2n} \\ \vdots & \vdots & \vdots & \vdots \\ r_{m1} & r_{m1} & \cdots & r_{mn} \end{pmatrix} = (b_1, b_2, \cdots, b_m)$$
$$(5-17)$$

其中 B 为模糊综合评判集，其中元素 b_i（$i = 1, 2, 3, \cdots, n$）为模糊综合评判指标，即在综合考虑了评价较为集中的各个因素之后，评价对象对评价集中第 i 个元素 u_i 的隶属度。"○"表示某种模糊算子。在模糊综合评判集 B 已知之后，就可根据前述最大隶属度原则对评价结果进行最终确定。

五　数据包络方法

1. 方法介绍

在 1978 年的《欧洲运筹学杂志》上，著名的运筹学家 A. Charnes、W. W. Cooper 和 E. Rhodes 首先提出了数据包络分析（Data Envelopment Analysis，简称为 DEA）方法，他借此方法来评价各部门之间的相对有效性

(这一有效性评价称之为 DEA 有效)。在数据包络方法中,第一个模型被命名为 C^2R 模型。C^2R 模型在生产函数领域中,被用来研究同时具有"规模有效"与"技术有效"的有多个输出的"生产部门",并且对于该问题的研究,该模型是十分理想且卓有成效的方法。1985 年,另一研究生产部门之间"技术有效性"的模型——C^2GS^2 模型由 Charnes、Cooper 和 L. Seiford、J. Stutz 和 B. Golany 共同给出。根据 Charnes、Cooper 和 K. Kortanek 在 1962 年提出的半无限规划理论,Charnes、Cooper 和魏权龄给出了用于研究"有效生产前沿面"的具有无穷多个决策单元的 C^2W 模型。1987 年,对于有过多输入及输出的情况还未能得到良好的解决,被称为锥比率的 C^2WH 模型应运而生,它由 Charnes、Ccoper、魏权龄和黄志民共同研究得出。在该锥比率模型中,锥的选择在一定程度上体现着决策者的"偏好",并且可对 C^2R 模型中的有效决策单元进行梳理、分类及排序。如上所述的各种模型正在不断地被完善,数据包络方法也在源源不断地得到发展。

数据包络分析方法可被视为一种全新的统计分析方法,它根据每组不同的输入—输出观察值,来估计"有效生产前沿面"。

在估计"有效生产前沿面"时,经济学和计量经济学往往使用诸如统计回归等统计方法,但是这些方法在使用过程中,对于估计出的生产函数未能切实表现其实际前沿面,因此生产函数的有效性是十分有限的。相比而言,数据包络方法可以在准确判断"有效生产前沿面"的基础之上,获得很多有用的管理方面的信息。数据包络方法不仅能给出相对更为有效的解决方案,而且在处理多输入与多输出的问题方面,其具有绝对优势。因此,与其他方法相比,其性能更为优越,用处更为广泛。

近年来,随着数据包络方法的理论研究不断深入,应用领域日渐广泛,其研究成果层出不穷。目前,在处理管理科学和系统工程等领域的复杂问题方面,数据包络方法不失为一种行之有效的重要的分析工具,并且能够在企业评估、公共事业管理、区域经济发展分析等多领域发挥重要作用。一般认为,数据包络方法能够很好地解决两个问题:①利用具体的数字显示每个单元的性能是好还是坏,例如,对于服务机构来说,其评估模型是非定量的评估模型,定性的分析带来了模糊方面的困扰,而数据包络方法就能够很好地解决这一问题;②客观地反映研究单位的管理和服务特性。

2. 方法步骤

（1）评价 DEA 有效性的 C^2R 模型

假设该分析对象有 n 个部门或单位，我们将之称为"决策单元"（Decision Making Units，简称 DMU），并且每个 DMU 都有 m 种投入和 s 种产出，如表 5-3 所示。

表 5-3 DEA 方法的投入产出表

投入与产出	DMU	1	2	…	j	…	n
投入 1	$v1$	$x11$	$x12$	…	$x1j$	…	$x1n$
投入 2	$v2$	$x21$	$x22$	…	$x2j$	…	$x2n$
⋮	⋮	⋮	⋮	⋮	⋮	⋮	⋮
投入 m	vm	$xm1$	$xm2$	…	xmj	…	xmn
产出 1	$u1$	$y11$	$y12$	…	$y1j$	…	$y1n$
产出 2	$u2$	$y21$	$y22$	…	$y2j$	…	$y2n$
⋮	⋮	⋮	⋮	⋮	⋮	⋮	⋮
产出 s	us	$ys1$	$ys2$	…	ysj	…	ysn

其中第 j 个决策单元 DMU_j 的投入向量为：$X_j = (x_{1j}, x_{2j}, \cdots, x_{mj})^T$，产出向量为：$Y_j = (y_{1j}, y_{2j}, \cdots, y_{sj})^T$。$V = (v_1, v_2, \cdots, v_m)^T$ 和 $U = (u_1, u_2, \cdots, u_s)^T$ 分别为投入、产出的权值向量。

（2）定义第 j 个 DMU 的效率评价指数为公式 5-18 所示：

$$h_j = \frac{\sum_{r=1}^{s} u_r y_{rj}}{\sum_{i=1}^{m} v_i x_{ij}}, j = 1, 2, \cdots, n \tag{5-18}$$

（3）评价第 j_0 个 DMU 效率的数学模型如公式 5-19 所示：

$$\max \frac{\sum_{r=1}^{s} u_r y_{rj_0}}{\sum_{i=1}^{m} v_i x_{rj_0}} = h_{j_0}$$

$$s.t. \frac{\sum_{r=1}^{s} u_r y_{rj_0}}{\sum_{i=1}^{m} v_i x_{rj_0}} \leq 1 \tag{5-19}$$

$$V \geq 0, U \geq 0$$

则 DEA 模型的分式规划向量表达式为：

$$\text{Max} h = \frac{U^T Y_0}{V^T X_0}$$
$$s.t. \frac{U^T Y_j}{V^T X_j} \leq 1, j = 1,2,3,\cdots,n \quad (5-20)$$
$$V \geq 0, U \geq 0$$

这一数学规划模型即前述的 C^2R 模型。C^2R 模型是以权系数为非负变量，以 j_0 个 DMU 的效率指标为目标，以所有决策单元的效率评价指数 $h_j \leq 1$，$j = 1,2,\cdots,n$ 为约束的非线性规划模型。对 C^2R 模型进行 Chames—Cooper 线性变换和对偶变换，并且引入松弛变量 S^- 和 S^+，可将不等式约束变为等式约束（见公式 5-21）。

$$\text{Min} h = V_D$$
$$s.t. \sum_{j=1}^{n} x_j \cdot \lambda_j + S^- = h \cdot x_{j_0}$$
$$\sum_{j=1}^{n} y_j \cdot \lambda_j - S^+ = y_{j_0} \quad (5-21)$$
$$h \leq 1$$
$$\lambda_j \geq 0, S^- \geq 0, S^+ \geq 0, j = 1,2,\cdots,n$$

在公式 5-21 中，$S^- = (s_1^-, s_2^-, \cdots, s_m^-)$，$S^+ = (s_1^+, s_2^+, \cdots, s_s^+)$，上述三个模型统称为 C^2R 模型。

六 人工神经网络法

1. 方法介绍

人工神经网络（Artificial Neural Network），简称为 ANN，兴起于 20 世纪 80 年代，是近年来人工智能领域的研究热点。站在信息处理的角度上来说，人工神经网络方法是通过对人脑神经元构成的网络进行抽象，从而建立模型使各神经元节点按照不同的连接方式连接成不同网络。工程以及学术界中，也常将人工神经网络简化称为神经网络，或者类神经网络。神经网络由大量神经元节点相互连接构成，其中，每一个节点代表某种事先设定好的输出函数，我们称之为激励函数。每两个节点都有一个连接，该连接代表二者之间信号的权重。网络连接方式的不同、激励函数以及权重值的不同,使得网络的输出也呈现不同。网络往往是对某种函数或者自然算法的一种逼近,当然也有可能是对某种逻辑策略的表达。

人工神经网络的优点在于良好的自训练与自组织能力、非线性逼近功能、十分强大的模糊推理功能,以及并行处理和强大的容错性能。但是,人工神经在应用范围方面,能力十分有限,其不仅需要大量样本作为基础数据,而且其处理的精确度较差。

2. 方法步骤

使用者需向该模型提供一对学习样本,人工神经网络将按其自身学习方式进行学习。首先,神经网络内部的工作信号将对学习样本进行正向传播,输出网络值;其次,观察网络实际输出值与期望输出值之间的误差,按照反向误差信号调节网络;最后,随着学习过程的不断重复迭代,最终可以预判网络实际输出值将越来越接近期望输出值。

将样本学习中的第 k 个样本的第 n 次迭代中输出层的第 l 单元的网络实际输出定义为 $y_l^k(n)$,样本希望输出值定义为 $t_l^k(n)$,此单元的误差信号定义为:$e_l^k(n) = t_l^k(n) - y_l^k(n)$,经典的人工神经网络算法的目标函数如下:

$$E(n) = \frac{1}{2Q}\sum_{k=1}^{Q}\sum_{l=1}^{N}[e_l^k(n)]^2 \quad (5-22)$$

人工神经网络法通过梯度下降法调整权值及阈值,以达到其网络输出值越来越接近期望输出值的目标。下面以三层网络为例,在三层网络中,梯度下降法的每层权值经过修正的修正量如下:

$$\begin{cases} \Delta w_{jl}(n) = -\eta \dfrac{\partial E(n)}{\partial w_{jl}(n)} = -\eta \sum_{k=1}^{Q} \delta_l^k(n) h_j^k(n) \\ \Delta w_{ij}(n) = -\eta \dfrac{\partial E(n)}{\partial w_{ij}(n)} = -\eta \sum_{k=1}^{Q} \delta_j^k(n) x_i^k \end{cases} \quad (5-23)$$

在上述两式中,N 为输出层单元总数,Q 为训练集中样本总数。$E(n)$ 为学习的目标函数,学习的目的应使 $E(n)$ 小到某一规定量。$E(n)$ 是网络所有权值以及输入信号的函数。另外:

$$\begin{cases} \Delta\delta_l^k(n) = e_l^k y_l^k(n)[1-y_l^k(n)] \\ \Delta\delta_j^k(n) = \sum_{l=1}^{N}\delta_l^k(n)w_{jk}(n)h_j^k(n)[1-h_j^k(n)] \end{cases} \quad (5-24)$$

在公式 5-24 中：

η，表示学习步长，η 的取值越小说明收敛速度越慢，若 η 的取值过大则容易引起震荡，η 一般取值范围是 0.5~0.9；

x_i^k，表示第 k 个样本输入层当中的第 i 个单元值；

$h_j^k(n)$，表示第 k 个样本的第 n 次迭代中隐含层当中的第 j 个单元值；

$y_l^k(n)$，表示第 k 个样本的第 n 次迭代中输出端中的第 l 个单元实际输出值；

$t_l^k(n)$，表示第 k 个样本的第 n 次迭代中输出端中的第 l 个单元样本希望输出值；

$\delta_l^k(n)$，$\delta_j^k(n)$，表示第 k 个样本的第 n 次迭代中的权值局部梯度。

误差逆向传播，第 $n+1$ 次迭代权值为 $w(n+1) = w(n) + \Delta w(n)$，在第 $n+1$ 次迭代中重复以上所述各项步骤，同样可求得 $w(n+2)$。按如此规律反复计算，最终得到一组使得网络代价函数值小于规定值的权值，从而表示学习过程成功。

七 其他方法——加权平均法

在综合评价方法当中，加权平均法的使用十分普遍。该方法的实质就是将每个指标都赋予权重，针对不同备选方案，求出每个指标的加权和。常见的多指标、多因素综合评价数学模型为公式 5-25：

$$U_i = \sum_{j=1}^{n} w_j V_j(x_{ij}) \quad (5-25)$$

在公式 5-25 中：U_i 表示综合评价方案当中的加权综合评价值；x_{ij} 表示第 i 个评价方案的第 j 个指标值；$V_j(x_{ij})$ 表示 x_{ij} 的标准化评价值；w_j 表示第 j 个指标的权系数。

对于加权平均法来说，综合评价的选优准则为 $U^* = \max_i U_i$，其中 U^* 对应的方案为综合评价的最优方案。在加权平均法的实际应用过程当中，一般应该满足以下三个基本假设。

(1) 各指标之间互相独立，且各指标的评价函数都是线性单调增加的。

(2) 各指标之间互相补偿，且各指标的评价函数都是可加型的。

(3) 在指标体系当中，每个下级指标有且只有一个上级指标，形状为树形结构。

加权平均法的优点是计算过程十分简单，一目了然。但是，由于满足前提假设条件较难，所以在指标体系权重的确定过程中往往出现困难。

第三节 城市交通发展水平现有评价理论与方法

一 交通拥堵指数

交通拥堵指数（简称为交通指数），这一概念性数值由北京市首创，用于反映道路拥堵或畅通，又称交通运行指数（Traffic Performance Index，简称为 TPI）。这一指数可根据道路通行情况将拥堵情况数字化，将某些城市的拥堵或者畅通情况反映为概念性指数值。交通拥堵指数取值范围为 [0，1]，每隔 0.2 为一个等级，一共五个等级。以北京市为例，拥堵指数在 0～0.2 对应着"畅通"；0.2～0.4 对应着"基本畅通"；0.4～0.6 对应着"轻度拥堵"；0.6～0.8 对应着"中度拥堵"；0.8～1 对应着"严重拥堵"。具体分级的情况如7表5-4所示。

表5-4 交通拥堵程度分级

交通指数	对应路况	出行耗时
0～0.2	基本没有道路拥堵	车辆可以按道路限速标准行驶
0.2～0.4	有少量道路拥堵	行车比畅通时多耗时 0.2～0.5 倍
0.4～0.6	部分环路、主干路拥堵	行车比畅通时多耗时 0.5～0.8 倍
0.6～0.8	大量环路、主干路拥堵	行车比畅通时多耗时 0.8～1.1 倍
0.8～1	全市大部分道路拥堵	行车比畅通时多耗时 1.1 倍以上

交通拥堵指数通过定义不同统计时期（工作日早高峰、晚高峰、节假日高峰等），可得到反映一天交通特征的指数（工作日高峰平均交通指数、节假

日交通指数最大值等）。并且在动态反映全网运行状态时，该指数的最小统计单位是 1/4 小时。

在 t 时刻路段 $a_{i,j}$ 的交通指数的计算公式如下：

$$\omega(t,a_{i,j}) = 1 - \frac{\sum_{m=1}^{M}\beta_m\varphi_0(m,t,a_{i,j})y(m,t,a_{i,j})}{\sum_{m=1}^{M}\beta_m\varphi(m,t,a_{i,j})y(m,t,a_{i,j})} \quad (5-26)$$

其中：$\omega(t, a_{i,j})$ 表示在 t 时刻路段 $a_{i,j}$ 的交通指数；β_m 表示第 m 种出行模式的换算系数，相当于每单位第 m 种出行模式下平均出行人数；$\varphi(m, t, a_{i,j})$ 表示第 m 种出行模式在 t 时刻路段 $a_{i,j}$ 的"实际通行时间"；$\varphi_0(m, t, a_{i,j})$ 表示第 m 种出行模式在 t 时刻路段 $a_{i,j}$ 的"畅通时间"；$y(m, t, a_{i,j})$ 表示第 m 种出行模式在 t 时刻路段 $a_{i,j}$ 的"出行量"。

二 满意度评价

城市交通满意度评价是乘客在对城市交通服务的期望值与感知效果进行比对之后，所呈现的一种愉悦或者失望的心理感觉状态。在对交通满意度的调查过程中，可及时发现目前城市交通系统的弊端与不足，从而由此改善城市交通系统，进而提升乘客的客户体验，为乘客提供更加人性化的出行服务。

随着时代的进步、经济的发展、人们生活水平的日益提高，人们对城市交通服务的标准提出了更高的要求。在当前人们的认知水平下，对城市交通服务的满意度在一定程度上受到人们对交通的情感认知的影响。因此，在考虑城市交通服务满意度时，除了考虑整体环境、设施建设等对人们生活的影响外，还应该考虑到不同地点、不同时期、不同生活水平的人们对生活质量的要求所带来的影响。

在追求人性化交通时，应注意遵循以下几个原则。

1. 安全性原则

现如今，各行各业的联系与发展越来越紧密，交通给其他行业以及人们的日常生活等都带来了不可替代的作用与影响，因此交通安全也受到社会各行业的广泛关注。有资料统计，世界各国当中，交通事故每年带来的损失约占到一国国民生产总值的 1.5% ~2%，并且该数值有持续上涨的趋势。交通安全问题不仅是一座城市、一个国家的社会问题，而且是全世界都在关注的问题，因此，提高交通的安全性是非常重要的。

2. 环境友好原则

在人性化的城市交通发展内容中，十分重要的一项是关于如何减少交通污染，为当代及子孙后代的生活环境保护做出贡献。在可持续发展的目标下，解决交通问题不能仅以大量建设交通基础设施以满足交通出行需求为目标，而是应该调整交通供需关系，优化交通结构，合理利用有限的空间和环境资源，为交通系统的长远发展考虑。

3. 合理管理原则

随着国民经济的高速发展和城市化进程的加快，尤其是大城市，由于交通拥堵、交通事故增加，导致城市形象下降、城市辐射功能下降，从而出现了不适于人类居住的危险局面。面对不断增长的交通需求，我国各大型、中型城市逐步加快了交通基础设施的建设（如道路、轨道、站台等），不断完善交通管理设施，提高城市交通的现代化水平。本书认为，我们应该对此持积极的态度，在城市化不断发展的过程中，积极实施交通智能，最终逐步实现交通基础设施运行效率最大化、交通的管理现代化，以及交通决策的科学化。

通过以上三个原则，我们选择影响交通满意度的主要的三方面因素，可以对交通满意度水平进行量化处理。具体选择的指标如表 5-5 所示。

表 5-5 交通满意度评价指标选择

交通污染	噪声污染程度（NPD）
	空气污染程度（APD）
	机动车总数量（TQ，单位：万辆）
土地消耗	公路总里程（TR，单位：千米）
	公路密度（TR/HSK）
能源	油价（OP，单位：元）

因此，乘客的交通满意度（RDS）为公式 5-27：

$$RDS = \frac{r_1 \cdot (TR/HSK) + r_2 \cdot OP}{r_3 \cdot TQ + r_4 \cdot NPD + r_5 \cdot APD} \qquad (5-27)$$

其中，r_i 为对应的权重，可以通过问卷调查获得。

第六章
城市交通发展指数构建

第一节　城市交通发展指数构建思路

城市交通发展指数是指将各个城市复杂的综合交通运输体系运行情况由一个相对数来体现，通过这个指数，我们可以了解城市整体交通发展的情况以及未来发展态势。随着城市综合运输体系的形成，交通信息化建设不断加快，交通信息资源开发以及交通信息管理的现代化变得迫在眉睫。然而，目前我国针对城市交通发展情况的研究还未形成一个完整的体系，交通信息资源在获取、管理、分析、发布、共享和综合有效利用方面均存在不足，从而导致我国交通信息资源的极大浪费，无法为远期城市交通发展提供有力支撑。

本书针对城市交通发展指数的研究，将国家统计数据同现有交通信息资源进行整合，最终测算出全国290个城市的交通发展指数，并利用相对数进行各个省份、各城市及各个区域的对比。城市交通发展指数以一个综合的指数代表城市交通发展的优良度，从总体的角度衡量城市交通运行系统的发展态势，本书的研究结果不仅可以为城市交通的各个构成部分，如政府部门监管、车辆行驶以及公私企业运营，提供城市交通发展情况的参考，还可以通过城市交通发展指数的构建，为城市居民提供更加广泛的信息获取渠道，使得居民出行更加便利。此外，城市交通发展指数的构建还可以成为政府治理的辅助工具，对于社会关注的城市交通热点问题，政府为城市居民及时发布可靠信息，有助于提高城市居民对政府管理政策的接受度和对城市交通发展状态的知情度。通过城市交通发展指数的研究，基于政府和社会公众良好的信息互动，为社会公众提供更加可靠的信息，便捷城市居民的出行，从而造福社会，为城市交通发展带来新的变革。

第二节 城市发展指数指标构成

一 城市发展指标体系研究现状

纵观国内外研究，可见学者们对于城市发展的重视，同时，城市发展不是一个独立的过程，而是各种影响因素综合发展的过程。随着我国经济的快速发展，我国城镇化发展进入一个高潮期。在城镇化迅猛推进的大背景下，国内各相关基础产业也在积极实现转型和发展，由单一业态的产品向多种业态综合发展的方向转变。城市发展作为新型集约高效的城市组织形式逐渐成为城市中心开发的典型模式。

国外有关城市发展的研究，起源于20世纪初，霍尔在其出版的《世界城市》一书中具体说明了现今城市发展的各个基本要素。而作为与全球化、信息化相匹配的世界城市发展研究，直到20世纪末才达到其顶峰。其中，世界城市的内涵、特征、作用、网络联系和等级结构是大多数学者研究的重点方向。然而，世界城市发展的指标构建一直不是研究焦点，只有在涉及世界城市特征的说明时，学者才提出了一些识别性的线索。例如，弗里德曼著名的"世界城市假说"为世界城市的特征性指标提供了提示。但是即使在弗里德曼本人关于世界城市的列举中，也没有在数量层面上实际尝试应用自己提出的识别指标线索。萨森关于世界城市具有中高级商务服务业集聚共性的重要判断，为指标体系研究开辟了新的路径，并引导了以构建代表性识别指标的方法进行指标研究的探索。事实上，有关世界城市指标体系研究的进展并不顺利。从一定意义上来说，有关世界城市指标体系的研究已成为影响世界城市研究认识的一个重大障碍。

由于缺乏实证数据研究的支撑，人们关于世界城市发展规律的认识和发展前景的预测仍具有很大的经验判断色彩，离验证和揭示现实世界中城市的全球化交流与依存状态尚有很大距离。对此，国内外多位学者都提到这一缺憾，弗里德曼在1982年写道："没有专门的文献讨论世界城市的概念，没有里程碑式的研究，没有对学术研究者而言真正有用的关于世界城市正在发生的诸多动向的文献记录。"到20世纪90年代中期，尽管世界城市研究文献大量出现，但是数据性研究仍甚少展开。为此，弗里德曼在1995年再次写道："我需要再次强调，我们仍没有一个明确的共识标准来使得我们可以毫不含糊地识别世界城市等级体系中的所有城市，而不仅仅是个别顶级世界城市。"诺克斯也指出，几乎没有可用的数据去揭示世界城市之间的交流和相互依赖。因此，在世界城市研究的大繁荣中，数据指标研究的滞后成为一个"肮脏的小秘密"。

国内学者对城市发展内涵的认识大致可分为三类。①以提高居民生活水平和生活质量为标准，接近国外贝格和加德纳的观点，以姚士谋等的定义为代表。②强调对资源进行配置的能力，重视经济效益，以宁越敏等定义的城市竞争力三方面内涵中的第三点为代表。③以资源拥有和开发能力为标准，即获取各种流动资源（尤其是战略性资源）和占领市场的能力，以倪鹏飞关于城市竞争力的定义为代表。细究各学者对内涵的阐述可以发现，每个学者对城市竞争力的认识实际上都是多方面的对这三类标准的其中两类或三类都有所涉及，只是各自的侧重点不同。因为三个标准本身存在密不可分的联系，可以说，第一个标准是目标，第二个标准是方式与途径，第三个标准是基础。概括来讲就是"立足资源，通过配置达到目标"。

1. 世界城市指标体系

全球城市指标体系研究的早期主要是基于对单项指标的考察，这些指标包括跨国公司、经济控制能力、航空交通联系等。其中，基于跨国公司的研究影响最为深远，研究者认为拥有跨国公司总部层级越高、数量越多的城市，其管理与控制能力越强，从而在世界城市等级体系中具有较高的地位。在具体指标选取上科恩采用了"跨国指数"与"跨国银行指数"两项指标。英国拉夫堡大学世界城市研究小组（Globalization and World City，简称为GaWC）建立了联锁网络模型（Interlocking Network Model），定量分析了世界城市网络体系，开辟了世界城市网络定量研究的新领域。

进入21世纪以后，世界城市内涵越来越丰富，为了全面地反映世界城市的特征，大量学者与研究机构采用构建综合性的指标体系来判别世界城市，比较有代表性的指标体系有万事达卡全球商业中心指数（Worldwide Centers of Commerce Index，简称为WCoC指数）、日本森纪念财团（MMF）发布"全球城市实力指数"（Global Power City Index，简称为GPCI）、科尔尼的全球化城市指数（Kearney Global Cities Index，简称为GCI）等。

近年来随着中国城市的国际化程度不断深化，国内学者在借鉴国际经验的基础上也提出了多种综合评价体系，部分学者还对上海、北京的全球化程度做了实证研究。由于研究视角、指标遴选、数据来源等方面的差异，各项综合指标判别法的研究结论也存在一定差异。总体来看，综合指标判别法抓住了全球城市多元化和综合性的特征，其可以反映城市的综合发展水平。除此之外，综合指标还细分为若干分项指标，从这些指标也可以了解城市各方面的发展水平。但综合指标判别法也存在数据量庞大、收集难度大、评价主观性较大的缺陷。全球城市综合判别指标比较情况如表6-1所示。

表6-1 全球城市综合判别指标比较情况

单位：个

项目	研究维度	指标数量	研究城市数量
WCoC指数	法律与政治框架、经济稳定性、经营的容易程度、金融流动、商务中心、知识创造力与信息流动、宜居性7个维度	43	75
GCI指数	经济活动、人力资本、信息交流、政策参与、文化体验5个维度	20	84
GPCI指数	经济、研发、文化、宜居、环境、可达性6个维度	70	40

本研究发现，目前全球城市的指标研究呈现两大变化趋势。

一方面，从反映城市内部组织构造的个体判别指标向全球城市网络中的城际联系判别指标转变。前者如霍尔关于世界城市的6项识别性要素、弗里德曼概括的衡量世界城市的7项标准、萨森的全球顶级生产性服务业识别标准等；后者如GaWC研究小组从顶级生产性服务业跨国公司角度测度各城市在世界城市网络体系中的联系程度。

另一方面，从关注全球城市经济实力指标向城市创新指标转变。在霍尔和弗里德曼对世界城市的早期研究中尤为关注城市在全球中的经济能级，如霍尔认为世界城市是"国家的贸易中心、主要银行的所在地和国家金融中心"，弗里德曼提出世界城市是"世界主要的金融中心、跨国公司总部集聚地"等。但随着全球化的深化，创新型经济在全球兴起，创新与城市功能发展的耦合互动愈发紧密，世界城市竞争力与城市创新能力高度正相关。布鲁金斯学会甚至认为，在知识驱动全球发展的背景下，国家、城市和企业必须通过新思想、新方法、新产品和新技术的持续创新才能实现在全球经济中的成长。选取的评价指标比较情况如表6-2所示。

表6-2 选取评价指标比较情况

主要指标	发布单位	发布时间	具体层面	领衔专家
GPCI指数	日本森纪念财团	从2008年开始发布,每年发布1期	经济、研发、文化、宜居、环境、可达性	Heizo;Takenaka Peter;Hall Saskia;Sassen Hiroo;Ichikaw Richard;Bender等
GCI指数	全球管理咨询公司、科尔尼公司、芝加哥全球事务委员会以及《外交政策》杂志	从2007年开始发布,每年发布1期	经济活动、人力资本、信息交流、政策参与、文化体验	Mike Hales Erik;Peterson等
网络关联度指数	英国拉夫堡大学世界城市研究小组	2000年、2004年、2008年、2010年、2012年共发布5期	顶级生产性服务业	Peter;J. Taylor;R. G. Smith;H. L. Orimer等
WCoC指数	万事达卡	2007年、2008年共发布2期	法律与政治框架、经济稳定性经营的容易程度、金融流动、商务中心、宜居性、知识创造力与信息流动	樊纲;Manu Bhaskaran;Michael Goldberg;William Lever;Maurice D. Levi;Anthony Pellegrini;Peter J. Taylor;Saskia Sassen
GFCI指数	伦敦金融城	2007年3月开始发布,每年发布两期	人才、商业环境、市场发展程度、基础设施、总体竞争力	—
全球创新城市指数	Think Now	2007年开始发布,每年发布1期	文化资本、基础设施、网络市场	—

2. 智慧城市指标体系

近年来,智慧城市的概念成为一个热门名词,我国许多城市都着手进行智慧城市的规划和建设,如北京、上海、广东、南京等城市均已把智慧城市列入未来建设的重点,各大城市都希望借助智慧城市来建设新的城市名片并惠及经济社会发展。其中,相当多的城市已经完成智慧城市专项规划并部署了智慧城市建设的战略目标。然而在这一全新的领域中很多城市并未对自身实施的战略进行有效的评价,对于建设工程的投入也没有清晰的反馈。

综述以往的研究成果,本书在表6-3和表6-4中罗列出针对不同地区、不同研究机构的具有典型代表性的5个指标体系,包括欧盟中等规模城市智慧排名评价指标、IBM智慧城市评估标准和要素、浦东新区智慧城市指标体系1.0、南京市信息中心智慧城市评价指标体系、智慧台湾绩效指标。

表6-3 智慧城市指标体系样本说明

指标名称	颁布机构	应用部门	评价层面
IBM智慧城市评估标准和要素	IBM商业价值研究院	商业咨询	全球
欧盟中等规模城市智慧排名评价指标	维也纳工业大学区域科学中心	学术	欧盟
浦东新区智慧城市指标体系1.0	浦东新区政府	政府	区
南京市信息中心智慧城市评价指标体系	南京市信息中心	政府	市
智慧台湾绩效指标	"台湾行政院"科技顾问组	—	—

表6-4 智慧城市评价指标体系样本个体研究综述

所属体系	一级指标	二级指标	三级指标	指标特点
欧盟	6	31	74	2007年由各研究机构联合发布,涵盖范围广,旨在对多个城市进行比较
IBM	7	28	—	智慧城市概念提出者旨在将本城市实践水平与最佳实践水平或平均实践水平进行比较
浦东	5	19	64	2011年7月1日由浦东新区政府针对"十二五"规划发布国内首个公开发布的智慧城市指标体系
南京	4	23	—	2010年由南京市信息中心基于南京的现状设立了除了参考IBM智慧城市评价要素外,融合了若干城市信息化水平的评估方案
台湾	6	9+8	—	2009年由"台湾行政院"发布,拆分成工作与效益两部分进行评价,无三级指标,但在实施过程中单个指标都由各项计划构成

3. 城市发展指标体系

城市是以非农业产业和非农业人口集聚形成的较大居民点,发展是指系统或子系统从小到大、从简单到复杂、从低级到高级、从无序到有序的变化过程。作为从多个视角和层次反应特定评价客体数量规模与数量水平的信息系统,指标体系是一种描述评价城市发展的有效方法。按照不同的分类标准,城市发展评价指标体系可以分为多种类型。

(1) 按评价主体进行划分可以分为三类

一是由政府部门提出的城市发展评价指标体系。这类指标体系以定量计算为主，评价结果会成为决策依据，常常带有考核性质，因此，它要求紧扣国家发展战略且方法简单有效。二是由研究机构提出的城市发展评价指标体系。这类指标体系以学界城市发展理论为基础，具有完整的框架和丰富的数据支持，这类指标体系框架下获得的城市发展指数按年度发布。三是由咨询机构、社会团体提出的城市发展评价指标体系。这类指标体系往往关注某个具体城市或是城市发展的某个具体领域，其主要是通过有条件的调查问卷等形式获取主观数据，其针对性强、数据来源更为灵活。

(2) 按评价指标进行划分可以分为两类

第一类城市发展指标体系由多层次评价指标构成，将城市发展目标分解成若干方面，下设相关二级指标甚至三级指标，从而构成综合性城市发展评价指标体系。第二类城市发展指标体系下设的各项指标属于同一层级，此类指标体系多用于某一特定领域对城市发展的评估，其评估目标单一，指标体系构成简单。

(3) 按评价结果形式进行划分可以分为两类

第一类是形成城市发展指数。这类指标体系对若干城市的发展现状进行打分、排序，评价结果简洁、直观，需要数据具有客观性和可比性。第二类是形成城市发展评估报告。此类报告一般是针对某一个或某几个城市采取城市发展现状定性描述与指标体系定量测算相结合的方式，参与指标体系评价的城市个数不会太多，对研究对象的研究更为深入。表6-5及表6-6分别详细介绍了国际有关城市发展评价指标体系和国内有关城市发展评价指标体系。

表6-5 国际有关城市发展评价指标体系

名称	提出机构	核心要素	特点
人类发展指数 HDI（Human Development Index）	联合国开发计划署	健康要素；预期寿命；生活水平；人均GDP；教育程度：成人识字率及综合入学水平	计算简单，客观反映国别差距，世界银行和国际货币基金组织常以该指标为参照，确定对发展中国家的分配和援助标准
联合国可持续发展指标体系	联合国可持续发展委员会（UNCSD）	涵盖社会、环境、经济、制度四大类15个领域58项指标	反映了联合国对21世纪人类可持续发展的解读，指标体系系统全面；面向政策，服务决策需求

续表

名称	提出机构	核心要素	特点
可持续发展的美国	美国总统可持续发展委员会(简称为PCSD)	提出健康与环境、经济繁荣、平等、保护自然、管理、社会、公民参与、人口、教育、国际责任十大目标每个目标下设若干评价指标	指标体系紧扣国家战略
可持续发展的西雅图	市民自发成立的非营利研究机构	环境、人口与资源、经济、文化4个范畴的40项指标	建立以社区为基础的可持续发展体系,从而促进城市发展
亚洲绿色城市指数	经济学人智库	能源消耗与二氧化碳排放、建筑和土地使用、交通、垃圾、水资源、卫生、空气质量、环境治理	以城市为评估对象,评估22个城市环境绩效的同时,介绍各类示范项目以供借鉴;定量指标与定性指标相结合;指标来源广泛

资料来源:参见林晓言、卜伟《高速铁路服务质量与市场竞争》,社会科学文献出版社,2012。

表6-6 国内有关城市发展评价指标体系

名称	提出机构	核心要素	特点
全面建设小康社会监测指标体系	国家统计局统计科学研究所	经济发展、社会和谐、生活质量、民主法制、文化教育、资源环境等6个方面23项指标	紧密结合党的十六大、十七大、十八大报告;指标数据权威;各级政府关注度高
中国城市竞争力报告	社科院城市与竞争力研究中心	8个分项评价城市竞争力:宜居城市、宜商城市、和谐城市、生态城市、知识城市、全域城市(城乡一体)、信息城市、文化城市(开放多元)	具有完善的数据库,持续时间长,年度定期发布,覆盖所有地级城市
中国城镇化质量综合评价报告	社科院城市发展与环境研究中心	下设城市发展质量指数、城镇化效率指数、城乡协调度指数	不仅考虑了城市发展质量,还考虑了城乡协调程度;不仅考虑城镇化带来的文明成果,还考虑了为此付出社会、经济、环境等方面的代价
城市可持续性发展指数	哥伦比亚大学、清华大学、麦肯锡	指标分为以下五类:基本需求、资源充足性、环境健康、建筑环境、对可持续性的承诺	收集了2004~2008年数据,测算了112个城市的可持续发展指数,挑选指数量轴上得分最高的一些城市进行深入的研究,并总结出推动城市可持续发展的若干通用举措
中国居民生活质量调查	零点研究咨询集团	涵盖中国居民总体生活满意度、消费信心度、公众安全感、国际化意识、对通货膨胀的承受能力等涉及公众生活质量的多项指标	独立第三方调查机构,具有一套完整的零点生活指数指标体系,2000~2012年持续跟踪监测,数据丰富

资料来源:参见刘玉芳《国际城市评价指标体系研究与探讨》,《城市发展研究》2007年第4期,第88~92页。

二 指标体系综述

基于以上对城市发展指数研究的综述,本书对各个指标体系进行了分析,并汇总了有关城市评价各指标体系的指标维度和具体指标,如表6-7所示。

表6-7 有关城市评价各指标体系的指标维度和具体指标

指标维度	具体指标	指标维度	具体指标
经济	城市人口 城区面积 人均GDP 年末储蓄总余额 人均可支配收入 人均消费支出 恩格尔系数 批发零售贸易业商品销售总额 社会消费品零售额 进出口总额 限额以上批发零售企业数 固定资产投资水平 限额以上工业企业数 就业总人数 企业总资产规模	居民生活	年供水总量 人均生活用水量 年用电总量 人均生活用电量 煤气液化气供应水平 家庭用煤气液化气普及率 地区客运总量 地区货运总量
		基础设施	人均铺路面积 年末实有铺装道路面积 每万人拥有公共汽、电车数 每万人拥有出租汽车数 固定电话用户普及率 移动电话普及数 国际互联网普及率
医疗卫生	社会保障覆盖率 社会保障补助支出 平均预期寿命 婴儿死亡率 每十万人拥有医生数 每十万人拥有医院病床数	教育文化	环境污染治理投资额 三废综合利用产品产值 城市环境设施投资额 环保从业人数 环保从业者每万人拥有量 教育支出 大专以上人口比重 高校数 高校教师数 中小学师生比 每万人中小学校数 科技经费 专利总数 每百万人影剧院数 每百人公共图书数
环境质量	建成区绿化覆盖率 生活污水处理率 生活垃圾处理率 空气质量指数 工业废水处理率 工业二氧化硫去除率 工业烟尘去除率 工业固体废物综合利用率		

第三节　城市交通发展指数指标构成

一　城市发展指标体系研究现状

城市交通发展是城市发展的重要组成部分，其在城市发展中起着基础性支撑作用。针对城市交通发展进行研究，并探求其正确的发展道路和方向，对于城市健康快速的发展具有十分重要的意义。近年来，随着我国经济的快速发展，城市规模不断扩大，城市人口和车辆不断增加，使得道路拥挤、准点率下降、服务质量降低等城市交通发展问题日益突出。目前，城市交通问题已经成为与人们生活息息相关的社会问题。城市交通系统作为城市各种交通形式组合而成的综合系统是城市人流、物流和信息流的运输通道。城市交通系统发展水平的高低直接影响着居民生活质量的改善、城市功能的发挥及城市综合竞争力的提高。因此，如何科学地评价一个城市的交通运行体系发展状况，对于更好地处理城市交通病，疏解城市交通拥堵，构建便捷、快速、安全、可靠的城市综合运输系统，具有非常重要的实际应用价值和现实意义。

近年来，国内外众多学者对城市交通发展进行了极其广泛的研究。徐文雅等利用层次分析法及线性加权法对城市交通可持续发展进行了评价，张军等提出了城市交通可持续发展的 DEA 评价模型，俞礼军等运用模糊评判法计算了城市交通可持续发展的综合指数。关于城市交通系统的协同发展和综合评价的研究很少。对于可持续发展能力和系统协调程度方面的评价方法有专家评价法如评分法、优序法等；经济分析法，如指标评价法、一般费效分析法和可能满意度方法等；运筹学和其他数学方法，如多目标决策方法、AHP 方法、模糊总体评价法和数理统计方法等。虽然国内外关于城市交通发展的综合评价的研究已经取得丰硕的成果，但是目前关于城市交通发展的研究还没有统一标准，而且由上述研究可知，对城市交通可持续发展的研究主要是围绕经济、社会和环境的可持续展开。

二　指标体系综述

基于以上对城市发展指数研究的综述，本书对各个指标体系进行了分析，并汇总了有关城市发展各指标体系的指标维度和具体指标（见表6-8）。

表6-8 有关城市发展各指标体系的指标维度和具体指标

指标维度	具体指标	指标维度	具体指标
基础建设	道路网密度	通行	平均出行时间
	人均道路面积		主干道平均车速
	交通管理设施设置率		车均停车面积
	万人拥有公交车数量		交叉口阻塞率
	路口渠化率		道路平均饱和度
	小汽车拥有量		万车事故率
环境	汽车尾气达标率		万车死亡率
	能源消耗总量		公交分担率
	化石能源消耗总量		私家车分担率
	人均能源消耗量		出租车分担率
	噪声、尾气污染		非机动车分担率
发展	城市交通投资额		公交准点率
	城市交通客运量	发展	清洁能源使用比例
	城市道路货运量		节能性汽车拥有量

第四节 城市轨道交通发展指标构成

一 城市轨道交通发展指标体系研究现状

中国城市轨道交通正处于跨越式发展阶段。目前已经发展和规划发展城市轨道交通的城市总数已经接近50个,全部规划线路超过300条,总里程超过10000公里。城市轨道交通具有安全、便捷、准时、容量大、低能耗和低污染等优点,同时也存在投资大、较高运营费用、建设周期长和不易更改的缺点。可以看出,在城市发展过程中,城市轨道交通的发展可以有效地规避城市拥堵,极大地缓解城市交通压力,提高土地综合开发效率。因此,合理地进行城市轨道交通的规划和建设、避免不科学的城市轨道交通项目建设造成的巨大浪费对于城市轨道交通发展具有非常重要的现实意义。

目前，关于城市轨道交通发展评价的研究成果非常丰富，研究方向大都集中在站点设置、线路规划、乘客服务、基础设施建设以及列车运行领域。城市轨道交通运营绩效评估体系已经相对成熟，其在国际上具有代表性的有国际地铁协会的"关键绩效指数"系统。中国交通运输协会城市轨道交通专业委员会在借鉴 COMET 经验的基础上建立了更为适合中国国情的城市轨道交通运营绩效评估体系，为运营绩效考核指标体系提供了非常好的理论和实践基础，而城市轨道交通运营绩效考核则会面临一个更为复杂的社会环境，涉及众多利益相关者，因此需要进一步统筹考虑不同侧面指标和权重结构的平衡、正激励和负激励的结合以及乘客服务、运营统筹和维护保障的融合等多种因素。纪雪艳从分析换乘站设置影响因素入手，建立换乘站综合评价指标体系，采用层次分析法确定了各指标权重。张宝恒在分析国内研究成果的基础上，结合具体工程实例，提出城市轨道交通建设项目的评价内容及指标体系，并应用于北京城市轨道交通的评价中。尹聪聪、蒲琪等针对上海地铁客运服务质量进行了问卷调查，分析了其客运服务质量水平及各评价指标表现，给出了以乘客感受为中心的改进建议。

二　指标体系综述

基于以上对城市轨道交通发展指数研究的综述，本书对各个指标体系进行分析，并汇总有关城市轨道交通发展各指标体系的指标维度和具体指标（见表 6 - 9）。

表 6 - 9　有关城市轨道交通发展各指标体系的指标维度和具体指标

指标维度	具体指标	指标维度	具体指标
供应	地区人口	服务	站内拥挤度
	地区面积		发车间隔合理性
	客运量		购票便捷性
	运营线网长度		环境卫生整洁度
	路网密度		车站安全系数

续表

指标维度	具体指标	指标维度	具体指标
供应	路网线路总长 换乘站个数 轨道交通客运量占比 固定资产总额 轨道交通车辆拥有量 站点、线网合理性	服务	票价合理性 投诉率 平均换乘时间 平均换乘距离 列车准点率
发展	轨道交通噪声污染 与其他交通方式的协调性	发展	土地开发的合理性 固定资产投资

第五节 城市交通发展评价指标体系构建

一 指标构建原则

1. 相关性

指标设置过程中，相关性是其关键，它直接关系到指标体系的权威性。本书在筛选实际数据的基础上，以城市交通发展为指导，充分刻画城市发展的重要内容，使得数据更加科学、准确。

2. 简洁性

本书在综合分析相关文献资料指标体系的基础上，在指标的设置上对部分指标进行合并、简化，从不同角度反映城市交通发展，使得指标数据说服力更强、解释性更强。

3. 系统性

建立符合研究对象的城市交通发展评价指标体系，必须具备的一个要素就是系统性思维。因此思考维度必须完善，从全局出发，使指标体系具有系统性和整体性，易于理解。围绕建设城市交通发展的总体目标，指标之间要具有一定的内在联系，并且尽可能去除信息上的相关。

4. 可操作性

在统计数据的收集方面，从中国城市交通发展的实际情况出发，选取有代表性的指标，评价指标尽可能是定量指标，依据城市统计年鉴数据以及各地统计局数据，设置定量且具有代表性的指标，尽可能利用现有的统计数据和方便收集的数据使得数据来源真实、可靠。

5. 对比性

本书指标体系包括正向和反向两大类指标，并且本书在计算过程中进行了数据再处理，使各指标之间具有可比性，使指标体系具备较大的变化空间，便于评价结果真实地反映实际数据。

二 指标体系解释

依据前文所述城市发展、城市交通发展、城市轨道交通发展理论综述，研究现状及指标设计原则，在综合分析文献资料代表性指标的基础上，结合我国城市交通发展的实际情况及指标数据获取难易程度，本书从经济社会、居民生活、基础设施、科教文卫、环境质量5个一级指标，经济总体、经济产业、社会、科技、教育、文化和卫生等二级、三级指标，人均可支配收入、工业总产值、城区面积、教育支出等55个具体指标出发进行城市发展指标体系设计；从基础建设、交通运行两个指标维度，道路网密度、道路面积、客运总量、货运总量等12个具体指标出发进行城市交通发展指标体系设计；从轨道交通1个指标维度，线路总里程、线路总条数、换乘站数、交通制式4个具体指标出发进行城市轨道发展指标体系设计。确保指标的科学性和可用性，使其具备系统性与说服力强等特点。

本书构建的城市交通发展指数包括城市发展指标体系、城市交通发展指标体系以及城市轨道交通发展指标体系，具体内容如表6-10、表6-11、表6-12所示。

三 城市发展评价指标体系汇总

1. 城市发展指标

城市发展指标体系如表6-10所示。

表 6-10 城市发展指标体系

指标维度			具体指标
一级指标	二级指标	三级指标	
经济社会	经济	总体	人均 GDP
			年末储蓄总余额
			人均可支配收入
			人均消费支出
			限额以上批发零售贸易业商品销售总额
			社会消费品零售额
			固定资产投资
			外商直接投资
			公共财政收入
			公共财政支出
			进出口总额
		产业	限额以上批发零售企业数
			限额以上工业企业数
			就业总人数
			工业总产值
			工业用电量
			工业用水量
			企业总资产规模
	社会		城市人口
			城区面积
			医疗保险参保人数
			养老保险参保人数
			失业保险参保人数
居民生活			居民生活用水量
			城乡居民生活用电量
			恩格尔系数
			液化石油气供应总量
			家庭用煤气液化气普及率
基础设施			住宅面积
			城市维护建设资金支出
			固定电话年末用户数
			移动电话年末用户数
			互联网宽带用户接入数

续表

指标维度			具体指标
一级指标	二级指标	三级指标	
科教文卫		科技	科学技术支出
		教育	教育支出
			普通高等学校学校数
			普通高等学校专任教师数
			每万人在校大学生数
			中等职业学校学生数
			每万人中小学校数
		文化	每万人影剧院数
			每万人公共图书馆数
			每万人公共图书总藏量数
		卫生	每十万人医院卫生院数
			每十万人拥有医生数
			每十万人拥有医院床位数
	环境质量		建成区绿化覆盖率
			绿地面积
			污水处理厂集中处理率
			工业废水排放量
			工业二氧化硫排放率
			工业烟尘排放量
			一般工业固体废物综合利用率
			环境治理投资额
			水利、环境、公共设施管理从业人数

2. 城市交通发展（不含轨道）指标

城市交通发展指标体系如表6-11所示。

表6-11 城市交通发展指标体系

指标维度	具体指标	指标维度	具体指标
基础建设	道路面积 道路网密度 每万人拥有公交车数量 年末实有出租车数 每万人小汽车保有量 邮政局数	交通运行	客运总量 铁路客运总量 公路客运总量 货运总量 铁路货运总量 公路货运总量

3. 城市轨道交通发展指标

城市轨道交通发展指标体系如表6-12所示。

表6-12 城市轨道交通发展指标体系

指标维度	具体指标
轨道交通	线路总里程
	线路总条数
	换乘站数
	交通制式

第七章
城市交通发展指数评价

第一节 城市发展指数

本书测算了近20年城市发展指数和城市交通发展指数,由于数据量巨大,我们仅以2011~2013年的测算数据进行列示,以及以2013年的数据来进行分析。2011~2013年城市发展评价的最后排名(前20名),如表7-1所示;2013年城市发展评价的最后得分和排名(前50名),如表7-2所示。

表7-1 2011~2013年城市发展评价最后排名(前20名)

年份 排名	2011	2012	2013
1	上海市	上海市	北京市
2	北京市	北京市	上海市
3	重庆市	重庆市	广州市
4	广州市	天津市	重庆市
5	天津市	广州市	天津市
6	深圳市	深圳市	深圳市
7	武汉市	武汉市	武汉市
8	东莞市	杭州市	南京市
9	南京市	南京市	杭州市
10	杭州市	成都市	成都市
11	西安市	东莞市	西安市
12	沈阳市	沈阳市	沈阳市
13	成都市	苏州市	东莞市
14	佛山市	西安市	郑州市
15	大连市	佛山市	哈尔滨市
16	郑州市	大连市	苏州市
17	哈尔滨市	郑州市	济南市
18	济南市	青岛市	大连市
19	昆明市	哈尔滨市	佛山市
20	苏州市	宁波市	青岛市

资料来源:作者根据模型计算而得。

表 7-2　2013 年城市发展评价的最后得分和排名（前 50 名）

排名	城市	得分	排名	城市	得分
1	北京市	8.492	26	太原市	2.811
2	上海市	7.386	27	无锡市	2.760
3	重庆市	5.810	28	厦门市	2.674
4	广州市	5.179	29	福州市	2.638
5	深圳市	4.874	30	南宁市	2.638
6	天津市	4.810	31	石家庄市	2.636
7	武汉市	4.087	32	唐山市	2.582
8	南京市	4.007	33	淄博市	2.566
9	杭州市	3.894	34	乌鲁木齐市	2.560
10	成都市	3.810	35	常州市	2.531
11	沈阳市	3.666	36	南通市	2.446
12	西安市	3.633	37	南昌市	2.444
13	苏州市	3.349	38	徐州市	2.432
14	东莞市	3.342	39	烟台市	2.413
15	大连市	3.228	40	汕头市	2.408
16	佛山市	3.173	41	绍兴市	2.403
17	哈尔滨市	3.115	42	珠海市	2.393
18	济南市	3.101	43	潍坊市	2.384
19	郑州市	3.077	44	中山市	2.369
20	青岛市	3.075	45	拉萨市	2.364
21	长沙市	2.975	46	株洲市	2.345
22	宁波市	2.973	47	包头市	2.318
23	昆明市	2.954	48	临沂市	2.295
24	合肥市	2.849	49	温州市	2.286
25	长春市	2.819	50	大庆市	2.281

资料来源：作者根据模型计算而得。

其一，根据结果来看，公认的四大城市北、上、广、深都列于排序前列，因此主成分分析法的科学性还是比较高的。

其二，我们看到，北京和上海分别以 8.49 和 7.39 的得分远超其他城市，重庆、广州、深圳、天津、武汉和南京的得分也都在 4 分以上。得分在 2~4 分的城市共有 77 个，占比 26.6%；剩余城市得分均在 1~2 分，共有 205 个城市，占比 70.7%。以此分数作为分析基础，说明在利用主成分分析法得到的

2013年的9个主成分的影响下,有七成的城市发展仍然需要强劲的拉动和后力,而北京和上海作为最优发展的两大城市需要带领着其他的城市共同发展,而其他发展较好的城市,如重庆、广州、深圳、天津、武汉和南京,以及得分也并不低的杭州、成都、沈阳、西安、苏州、东莞、大连、佛山、哈尔滨、济南和郑州,应当作为发展的中坚力量,促进中国近300个地级市更好的发展。

其三,我们可以看到,除了上述提到的北京、上海、重庆、广州、深圳、天津、武汉和南京,以及得分也并不低的杭州、成都、沈阳、西安、苏州、东莞、大连、佛山、哈尔滨、济南和郑州,其他城市的发展差距并不大。因此我国目前近300个地级市的发展并未形成差距悬殊的局面,而是齐头并进地在共同发展。

其四,本书根据东、中、西部的城市划分对结果进行了分析。在城市发展评价前50名的城市中,东部的城市有北京、上海、广州、深圳、天津、南京、杭州、沈阳、苏州、东莞、大连、佛山、济南、青岛、宁波、无锡、厦门、福州、石家庄、唐山、淄博、常州、南通、徐州、烟台、汕头、绍兴、珠海、潍坊、中山、临沂、温州共32个,占比64%;中部的城市有武汉、哈尔滨、郑州、长沙、合肥、长春、太原、南昌、株洲、大庆,共10个,占比20%;西部的城市有重庆、成都、西安、昆明、南宁、乌鲁木齐、拉萨、包头,共8个,占比16%。由此可见,在城市发展评价体系之下,东部城市的发展要远远超越中部和西部,并且排名靠前的北京、上海、广州、深圳、天津都是东部地区的城市。可见,在整个中国经济发展的过程中,东部城市的发展起着至关重要的带头作用,但是中、西部城市发展相对滞后的问题也值得重视。作为促进整个中国城市快速发展、城市化水平提高的中坚力量,中、西部城市应该扩大自己对外开放的程度,找到适合自己城市发展的资源和优势,把握机会,因地制宜,实现快速发展。

其五,根据指标体系,对于如何促进城市发展可以从以下几个方向入手。首先,在经济方面,政府要提高整体经济的活力,创造更高的人均GDP,增加储蓄和社会消费品消费额,增加固定资产的投资,更多地引进外商投资,加大公共财政收支。其次,政府要提高产业的发展水平,促进创新和创业,增加限额以上的批发零售企业数和工业企业数,以此来增加就业总人数和工业总产值,促进企业资产规模的增加。再次,政府要提高社会发展水平,增加城市人口,扩大城区面积,以及提高医疗保险、失业保险、养老保险参保人数;除此之外,也要积极地提高居民生活水平,保证家庭生活用水用电的充足,提高液化石油气和液化煤气的使用普及率。最后,还要积极地促进科教文卫事业的发展,提高群众的文化水平和学习意识;此外要在加强基础设施建设的同时,保护好环境质量。

第二节 城市交通发展指数

由于数据量巨大,我们仅以2011~2013年的测算数据进行列示,以及2013年的数据来进行单独分析。2011~2013年城市交通发展评价的最后排名(前20名),如表7-3所示;2013年城市交通发展评价的最后得分和排名(前50名),如表7-4所示。

表7-3 2011~2013年城市交通发展评价最后排名(前20名)

排名\年份	2011	2012	2013
1	重庆市	北京市	佳木斯市
2	北京市	深圳市	重庆市
3	上海市	上海市	北京市
4	广州市	重庆市	广州市
5	深圳市	广州市	成都市
6	天津市	成都市	上海市
7	成都市	天津市	天津市
8	武汉市	武汉市	深圳市
9	鄂尔多斯市	武威市	鄂尔多斯市
10	西安市	济南市	武汉市
11	南京市	南京市	西安市
12	济南市	昆明市	昆明市
13	昆明市	鄂尔多斯市	青岛市
14	青岛市	青岛市	南京市
15	沈阳市	沈阳市	东莞市
16	杭州市	西安市	沈阳市
17	长沙市	哈尔滨市	六盘水市
18	郑州市	苏州市	郑州市
19	大连市	长春市	合肥市
20	合肥市	杭州市	杭州市

资料来源:作者根据模型计算而得。

表7-4　2013年城市交通发展评价最后得分和排名（前50名）

排名	城市	得分	排名	城市	得分
1	重庆市	4.957	26	哈尔滨市	1.809
2	佳木斯市	4.755	27	石家庄市	1.793
3	北京市	4.372	28	遵义市	1.758
4	广州市	4.195	29	济南市	1.731
5	上海市	4.191	30	邯郸市	1.703
6	自贡市	3.986	31	包头市	1.700
7	天津市	3.985	32	宁波市	1.675
8	深圳市	3.628	33	朔州市	1.665
9	武汉市	2.962	34	临沂市	1.662
10	鄂尔多斯市	2.875	35	南宁市	1.586
11	南京市	2.611	36	长沙市	1.560
12	铜川市	2.528	37	大同市	1.546
13	青岛市	2.393	38	淄博市	1.542
14	沈阳市	2.259	39	太原市	1.518
15	曲靖市	2.257	40	克拉玛依市	1.495
16	东莞市	2.249	41	无锡市	1.461
17	合肥市	2.036	42	保定市	1.432
18	西安市	2.033	43	烟台市	1.398
19	杭州市	2.008	44	潍坊市	1.373
20	苏州市	2.0	45	六盘水市	1.372
21	郑州市	1.948	46	沧州市	1.361
22	大连市	1.94	47	济宁市	1.357
23	徐州市	1.926	48	阜阳市	1.3
24	长春市	1.859	49	呼和浩特	1.272
25	唐山市	1.835	50	大庆市	1.27

资料来源：作者根据模型计算而得。

首先，根据结果来看，公认的四大城市北、上、广、深虽然都列于排序前列，但是佳木斯、鄂尔多斯等城市排名也非常靠前。这个结果说明，城市经济发展得越好，城市交通并不一定就发展得越好。不论是城市交通基础设施的建设还是城市交通运行的各个方面，每个城市都有个性化特征。

其次，我们看到，重庆、佳木斯、北京、广州和上海的得分都在4分以上，占比1.7%。得分在2~4分的城市有14个，分别是自贡、天津、深圳、武汉、鄂尔多斯、南京、铜川、青岛、沈阳、曲靖、东莞、合肥、西安和杭州市，占比4.8%；剩余城市得分在1~2分的共有71个，占比24.5%；得分在1分以下的有200个城市，占比69.0%。以此分数为分析基础，说明在利用主成分分析法得到的2013年的3个主成分的影响下，有七成的城市交通发展仍然需要强劲的拉动和后力，而重庆、佳木斯、北京、广州和上海作为最优发展的五大城市需要带领着其他的城市共同发展，而其他发展较好的城市，如自贡、天津、深圳、武汉、鄂尔多斯、南京、铜川、青岛、沈阳、曲靖、东莞、合肥、西安和杭州市，应当作为发展的中坚力量，促进中国近300个地级市更好的发展。

再次，我们可以看到，除了上述提到的重庆、佳木斯、北京、广州、上海、自贡、天津、深圳、武汉、鄂尔多斯、南京、铜川、青岛、沈阳、曲靖、东莞、合肥、西安和杭州市，其他城市的发展差距并不大。因此，我国目前近300个地级市的交通发展并未形成差距悬殊的局面，而是齐头并进地在共同发展。

除此之外，根据东、中、西部城市群来进行分析，我们可以看到，在交通发展评价前50名的城市中，东部城市有北京、广州、上海、天津、石家庄、济南、邯郸、宁波、深圳、沈阳、南京、青岛、东莞、杭州、苏州、大连、徐州、唐山、临沂、淄博、无锡、保定、烟台、潍坊、沧州、济宁，共26个城市，占比52%；中部城市有佳木斯、武汉、哈尔滨、长春、合肥、朔州、郑州、太原、长沙、大同、阜阳、大庆，共12个城市，占比24%；西部城市有重庆、自贡、遵义、包头、鄂尔多斯、南宁、曲靖、克拉玛依、西安、呼和浩特、六盘水、铜川，共12个城市，占比24%。将这个比例和之前城市评价的占比比较，可以看到，东、中、西部的城市划分对城市交通发展的评价的影响没有那么明显。根据交通发展评价体系我们可以看到，指标中的交通基础设施和交通运行的指标，对于交通大省和交通发展较好的城市来说，都是加分项。例如，在表格的50个城市之中，河北省共入围5个城市，占比10%，山东省共入围7个城市，占比14%。

最后，根据指标体系，对于如何促进城市交通发展我国可以从以下两个方面入手。在城市交通基础设施的建设方面，要努力增加道路面积，提高道路网密度，大力发展公共交通，提高每万人拥有公交车的数量，促进和规范出租车的发展，增加邮政局的数量，提升通信水平。在交通运行方面，制定政策促进客运量和货运量的增加，促进铁路公路枢纽的健康发展。

第三节 耦合协调指数

由于1994～2013年共20年、近300个地级市耦合协调指数的数据量巨大，我们仅以2013年的数据来进行分析。2013年城市发展和交通发展评价耦合协调指数的最后得分和排名如表7-5所示。

表7-5 2013年城市发展和交通发展评价耦合协调指数的最后得分和排名

排名	城市	得分	排名	城市	得分
1	北京市	2.544	26	太原市	1.626
2	上海市	2.455	27	唐山市	1.620
3	重庆市	2.310	28	石家庄市	1.613
4	广州市	2.270	29	南宁市	1.596
5	天津市	2.148	30	福州市	1.577
6	深圳市	2.110	31	拉萨市	1.573
7	成都市	1.987	32	贵阳市	1.562
8	武汉市	1.982	33	乌鲁木齐市	1.559
9	南京市	1.874	34	徐州市	1.556
10	西安市	1.862	35	无锡市	1.553
11	杭州市	1.823	36	淄博市	1.552
12	沈阳市	1.815	37	包头市	1.542
13	东莞市	1.764	38	厦门市	1.538
14	青岛市	1.737	39	烟台市	1.521
15	郑州市	1.731	40	邯郸市	1.507
16	大连市	1.721	41	南昌市	1.504
17	昆明市	1.718	42	临沂市	1.504
18	苏州市	1.706	43	潍坊市	1.503
19	哈尔滨市	1.702	44	常州市	1.489
20	济南市	1.681	45	鄂尔多斯市	1.488
21	合肥市	1.668	46	洛阳市	1.481
22	宁波市	1.661	47	南通市	1.477
23	长沙市	1.658	48	呼和浩特市	1.476
24	长春市	1.639	49	珠海市	1.476
25	佛山市	1.638	50	兰州市	1.471

资料来源：作者根据模型计算而得。

根据2013年城市发展和交通发展耦合协调指数的最后得分和排名结果，我们可以看到，北京、上海、重庆、广州、天津、深圳位居榜首，耦合协调指数得分均在2分以上；得分在1.5~2分的城市有37个，占比12.76%；得分在1~1.5分的城市有247个，占比85.17%。

表7-6是关于1994~2013年城市耦合协调指数排名前15的城市列表，我们可以看到，北京、上海、广州、天津、南京等城市发展相对较好，也说明在我国目前的发展情况中，城市经济和交通发展相对较好的城市，耦合协调指数也相对较高，也就是说城市交通发展适应性相对较好。这是一个比较好的现象，说明我国现在虽然存在一定程度的城市病，但是在政府的积极改善之下，城市交通发展适应性还是不错的。

表7-6　1994~2013年城市耦合协调指数排名前15的城市

排名	1994年	1995年	1996年	1997年	1998年	1999年	2000年	2001年	2002年	2003年
1	北京市	北京市	上海市	上海市	上海市	上海市	北京市	北京市	北京市	北京市
2	上海市	上海市	广州市	广州市	北京市	北京市	广州市	广州市	上海市	广州市
3	大连市	广州市	北京市	天津市	天津市	成都市	成都市	南京市	广州市	南京市
4	南京市	天津市	重庆市	北京市	广州市	沈阳市	南京市	沈阳市	深圳市	杭州市
5	重庆市	武汉市	沈阳市	沈阳市	沈阳市	天津市	沈阳市	杭州市	重庆市	沈阳市
6	深圳市	邯郸市	成都市	武汉市	重庆市	南京市	杭州市	天津市	东莞市	珠海市
7	西安市	重庆市	武汉市	大连市	济南市	大连市	哈尔滨市	济南市	天津市	天津市
8	广州市	南京市	深圳市	重庆市	昆明市	广州市	武汉市	武汉市	南京市	济南市
9	沈阳市	深圳市	西安市	西安市	武汉市	深圳市	石家庄市	珠海市	杭州市	武汉市
10	杭州市	大连市	大连市	南京市	南京市	青岛市	济南市	成都市	武汉市	成都市
11	武汉市	西安市	长沙市	济南市	成都市	杭州市	郑州市	郑州市	成都市	哈尔滨市
12	天津市	沈阳市	天津市	成都市	哈尔滨市	武汉市	长沙市	石家庄市	沈阳市	郑州市
13	济南市	成都市	东莞市	长春市	深圳市	淄博市	西安市	哈尔滨市	大连市	长沙市
14	哈尔滨市	唐山市	贵阳市	太原市	长春市	宁波市	天津市	长沙市	佛山市	长春市
15	大同市	东莞市	南京市	青岛市	济南市	济南市	长春市	西安市	青岛市	西安市
排名	2004年	2005年	2006年	2007年	2008年	2009年	2010年	2011年	2012年	2013年
1	上海市	北京市	上海市	东莞市	上海市	北京市	上海市	深圳市	深圳市	北京市
2	北京市	上海市	北京市	北京市	北京市	上海市	北京市	上海市	上海市	上海市
3	广州市	广州市	广州市	广州市	重庆市	重庆市	重庆市	广州市	广州市	广州市
4	深圳市	天津市	深圳市	上海市	天津市	天津市	广州市	天津市	天津市	天津市

续表

排名	2004年	2005年	2006年	2007年	2008年	2009年	2010年	2011年	2012年	2013年
5	天津市	重庆市	天津市	商丘市	广州市	广州市	天津市	成都市	成都市	深圳市
6	重庆市	武汉市	重庆市	天津市	成都市	深圳市	武汉市	重庆市	重庆市	成都市
7	武汉市	深圳市	成都市	武汉市	武汉市	南京市	成都市	武威市	武威市	武汉市
8	南京市	成都市	武汉市	杭州市	深圳市	武汉市	深圳市	武汉市	武汉市	南京市
9	成都市	杭州市	沈阳市	沈阳市	沈阳市	济南市	杭州市	南京市	南京市	沈阳市
10	沈阳市	南京市	青岛市	成都市	南京市	成都市	西安市	昆明市	昆明市	青岛市
11	杭州市	沈阳市	南京市	西安市	沈阳市	沈阳市	沈阳市	济南市	济南市	东莞市
12	济南市	东莞市	杭州市	贺州市	青岛市	济南市	杭州市	青岛市	青岛市	西安市
13	大连市	济南市	大连市	广州市	哈尔滨市	东莞市	济南市	鄂尔多斯市	鄂尔多斯市	杭州市
14	西安市	西安市	东莞市	深圳市	大连市	西安市	昆明市	沈阳市	沈阳市	苏州市
15	青岛市	大连市	济南市	哈尔滨市	杭州市	郑州市	青岛市	哈尔滨市	哈尔滨市	大连市

第四节 综合分析

一 总体分析

由于基础数据从1994年延展至2013年，因此通过对20年以来城市耦合指数和耦合协调指数的计算，我们可以得到每个城市的年度变化情况。由此我们计算出了全国城市评价、交通评价和耦合协调指数的年度平均值（见表7-7）和趋势线（见图7-1）。

表7-7 全国城市评价、交通评价和耦合协调指数年度平均值

单位：分

项目\年份	1994	1995	1996	1997	1998	1999
城市评价	3.912	1.868	2.044	1.963	0.983	2.012
交通评价	2.568	1.918	0.884	0.988	0.996	1.051
耦合协调指数	1.681	1.350	0.996	1.057	0.945	1.078

项目\年份	2000	2001	2002	2003	2004	2005
城市评价	0.941	0.958	1.029	0.970	0.994	0.943
交通评价	1.004	1.004	0.936	1.006	0.987	0.999
耦合协调指数	0.939	0.956	0.938	0.944	0.947	0.947

续表

项目\年份	2006	2007	2008	2009	2010
城市评价	2.028	1.012	2.054	2.034	2.016
交通评价	0.928	2.368	0.991	2.072	1.921
耦合协调指数	1.030	0.927	1.059	1.413	1.381

项目\年份	2011	2012	2013
城市评价	1.204	1.203	2.086
交通评价	0.983	0.982	1.038
耦合协调指数	0.779	0.879	1.079

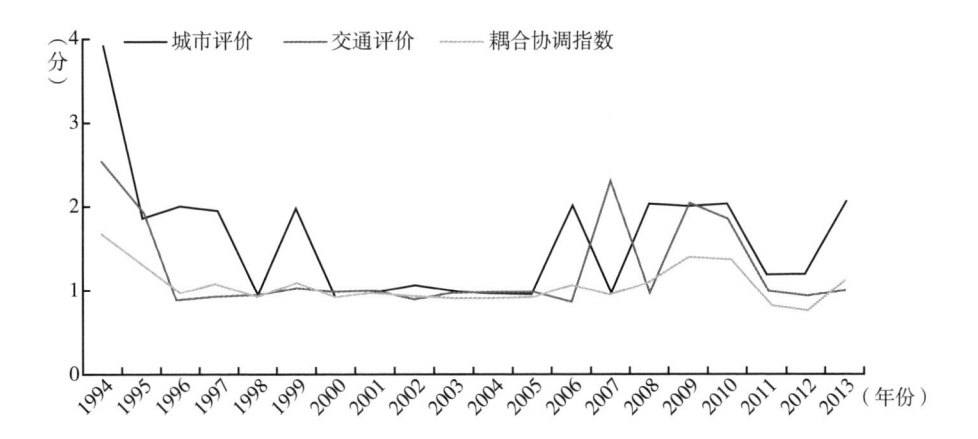

图7-1 全国城市评价、交通评价和耦合协调指数年度平均值趋势线

由表7-7及图7-1,我们可以看到,全国城市评价、交通评价和耦合协调指数平均值自1994年以来发展比较平缓,相对于耦合协调指数来说,城市评价得分和交通评价得分变化幅度相对比较大,但是仍然比较平缓。本书在之前已经论述过,主成分分析法并不适用于年度数据,因此利用主成分分析法得到的城市评分和交通评分变化并不激烈,在此基础上计算出的耦合协调指数更是平稳。

二 对比分析

1. 中心城市指数

截至2013年,全国近300个地级市中,有近20个中心城市,包括国家中心城市和区域中心城市。国家中心城市指的是华北地区的北京、天津,华东地区的上海,华南地区的重庆。区域中心城市包括东北地区的沈阳、华东地区的南京、华中地区的武汉、华南地区的深圳、西南地区的成都、西北地区的西安。1994~2013年国家中心城市和地区中心城市耦合协调指数的排名如表7-8所示。

表7-8 1994~2013年国家中心城市和地区中心城市耦合协调指数的排名

城市\年份	1994	1995	1996	1997	1998	1999	2000	2001	2002	2003
北京	1	1	3	4	2	2	1	1	1	1
天津	12	4	12	3	3	5	14	6	7	7
上海	2	2	1	1	1	1	43	38	2	10
重庆	5	7	4	8	6	21	76	32	5	65
沈阳	9	9	13	5	5	5	4	5	4	5
南京	4	8	15	10	10	6	4	3	8	3
武汉	11	5	7	6	9	12	8	8	10	9
深圳	6	9	8	19	13	9	39	39	4	7
西安	7	11	9	9	15	18	13	15	16	15
广州	8	3	2	2	4	8	2	2	3	2

城市\年份	2004	2005	2006	2007	2008	2009	2010	2011	2012	2013
北京	2	1	2	2	2	1	2	26	26	1
天津	5	4	5	6	4	4	5	4	4	4
上海	1	2	1	4	1	2	1	2	2	2
重庆	6	5	6	3	3	3	3	7	7	10
沈阳	10	11	9	9	11	11	11	14	14	9
南京	8	10	11	18	10	7	9	9	9	8
武汉	7	6	8	7	7	8	6	8	8	7
深圳	4	7	4	15	8	6	8	1	1	5
西安	14	14	17	11	16	14	10	17	17	12
广州	3	3	3	13	5	5	4	3	3	3

根据国家中心城市和地区中心城市1994~2013年耦合协调指数的排名,我们可以做出1994~2013年城市耦合协调指数的排名趋势图(见图7-2)。北京市的排名一直名列前五名,但在2011年和2012年排名第26位;天津市的排名比较稳定,大部分年份排名前6名,1994年、1996年和2000年排名相对靠后,但是也排在第12位和14位。上海市排

名变化比较大，除2000年、2001年和2003年外，其余年份排名大都在前5位，甚至前3位。重庆市的排名除1999年、2000年、2001年、2003年相对靠后外，其余年份均排名前10位。这说明，国家中心城市的发展还是起着带头作用的。不属于国家中心城市但是排名一直很靠前的还有广州市，除了1994年、1999年、2007年，其一直排名前5位，最次也排名前13位，这说明广州市有着非常良好的城市交通适应性。

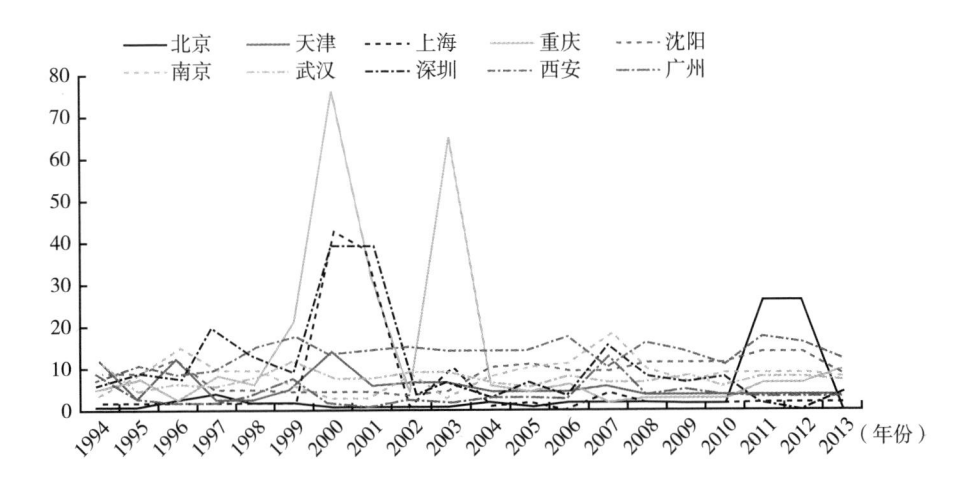

图7-2 1994~2013年城市耦合协调指数的排名趋势

在区域中心城市中，表现比较好的城市是深圳、沈阳、南京、武汉。深圳在1994~2013年的排名中，除有5年排名在13~39，其他时间均排在前10名。沈阳的排名比较稳定，位于9~14名的情况居多，个别年份位居前5名。南京的排名比较稳定，位于3~13名的情况居多，个别年份位居15名之后。武汉市比较稳定，一般位于7~12名。西安的排名位于11~18名，比较稳定。

2. 东中西部城市指数

由于基础数据从1994年延展至2013年，因此通过对1994~2013年城市耦合协调指数的计算，我们可以得到每个城市的年度变化情况。由此我们计算出了东部城市评价、交通评价和耦合协调指数的年度平均值（见表7-9）和趋势线（见图7-3）。

表7-9 东部城市评价、交通评价和耦合协调指数年度平均值

单位：分

项目\年份	1994	1995	1996	1997	1998	1999	2000	2001	2002	2003
城市评价	4.015	1.920	2.080	1.981	0.994	2.041	0.965	0.985	1.070	1.018
交通评价	2.604	1.928	0.861	0.988	0.990	1.045	1.021	1.025	0.951	1.030
耦合协调指数	1.696	1.363	0.996	1.055	0.946	1.082	0.949	0.964	0.955	0.961
项目\年份	2004	2005	2006	2007	2008	2009	2010	2011	2012	2013
城市评价	1.052	0.988	2.092	1.046	2.091	2.079	2.052	2.091	1.646	2.128
交通评价	1.033	1.020	0.971	2.591	1.029	2.108	1.968	1.029	1.002	1.074
耦合协调指数	0.972	0.963	1.055	0.948	1.083	1.426	1.395	1.083	0.782	1.109

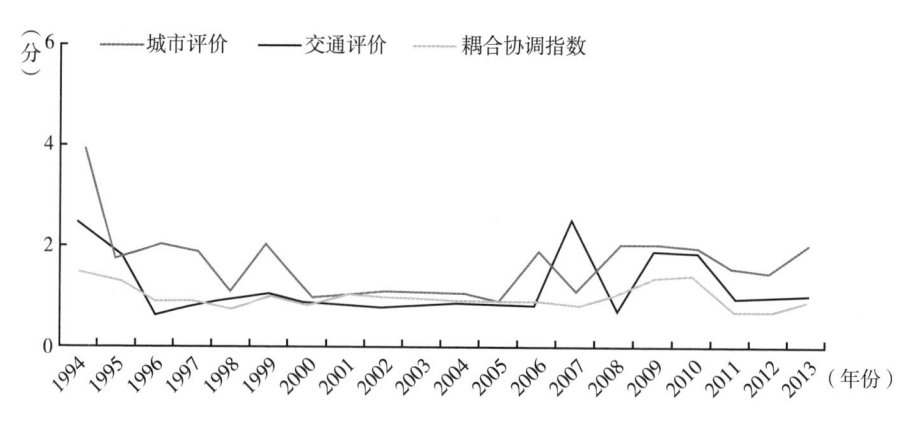

图7-3 东部城市评价、交通评价和耦合协调指数年度平均值趋势

由表7-9及图7-3，我们可以看到，东部城市的平均值自1994年以来发展比较平缓，得分均在0~4分。相对于耦合协调指数来说，城市评价得分和交通评价得分变化幅度相对比较大，但是仍然比较平缓。在之前已经论述过，主成分分析法并不适用于年度数据，因此利用主成分分析法得到的城市评价得分和交通评价得分变化并不激烈，在此基础上计算出的耦合协调指数更是平稳。

由于基础数据从1994年延展至2013年，因此通过对1994~2013年城市耦合协调指数的计算，我们可以得到每个城市的年度变化情况。由此我们计算出了西部城市评价、交通评价和耦合协调指数的年度平均值（见表7-10）和趋势线（见图7-4）。

表7-10 西部城市评价、交通评价和耦合协调指数年度平均值

单位：分

项目\年份	1994	1995	1996	1997	1998	1999	2000	2001	2002	2003
城市评价	3.613	1.696	1.913	1.890	0.939	1.908	0.847	0.861	0.876	0.783
交通评价	2.412	1.859	0.918	0.962	0.981	1.018	0.940	0.927	0.821	0.910
耦合协调指数	1.639	1.306	0.985	1.056	0.941	1.056	0.906	0.930	0.870	0.884
项目\年份	2004	2005	2006	2007	2008	2009	2010	2011	2012	2013
城市评价	0.785	0.782	1.799	0.877	1.903	1.868	1.872	1.871	1.903	1.912
交通评价	0.814	0.910	0.781	1.784	0.883	1.928	1.787	0.895	0.883	0.914
耦合协调指数	0.854	0.891	0.948	0.860	0.989	1.365	1.333	0.762	0.989	0.983

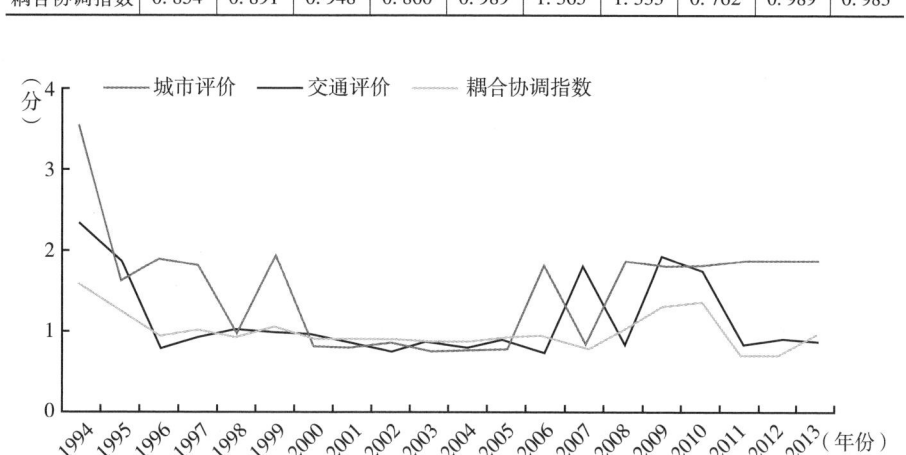

图7-4 西部城市评价、交通评价和耦合协调指数年度平均值趋势

由表7-10及图7-4，我们可以看到，西部城市的平均水平自1994年以来发展比较平缓，得分均在0~4分。相对于耦合协调指数来说，城市评价得分和交通评价得分变化幅度相对比较大，但是仍然比较平缓。在之前已经论述过，主成分分析法并不适用于年度数据，因此利用主成分分析法得到的城市评价得分和交通评价得分变化并不激烈，在此基础上计算出的耦合协调指数更是平稳。

由于基础数据从1994年延展至2013年，因此通过对1994~2013年城市耦合协调指数的计算，我们可以得到每个城市的年度变化情况。由此我们计算出了中部城市评价、交通评价和耦合协调指数的年度平均值（见表7-11）和趋势线（见图7-5）。

表7-11 中部城市评价、交通评价和耦合协调指数年度平均值

单位：分

项目\年份	1994	1995	1996	1997	1998	1999	2000	2001	2002	2003
城市评价	3.725	1.755	1.893	1.852	0.948	1.900	0.875	0.841	0.874	0.843
交通评价	2.419	1.855	0.767	0.923	0.922	0.915	0.940	0.937	0.784	0.944
耦合协调指数	1.630	1.319	0.950	1.032	0.920	1.043	0.926	0.925	0.888	0.922
项目\年份	2004	2005	2006	2007	2008	2009	2010	2011	2012	2013
城市评价	0.846	0.815	1.870	0.874	1.910	1.884	1.868	1.402	1.910	1.942
交通评价	0.914	0.910	0.808	2.221	0.885	1.959	1.844	0.886	0.885	0.981
耦合协调指数	0.910	0.905	0.991	0.897	1.024	1.376	1.349	0.738	1.024	1.067

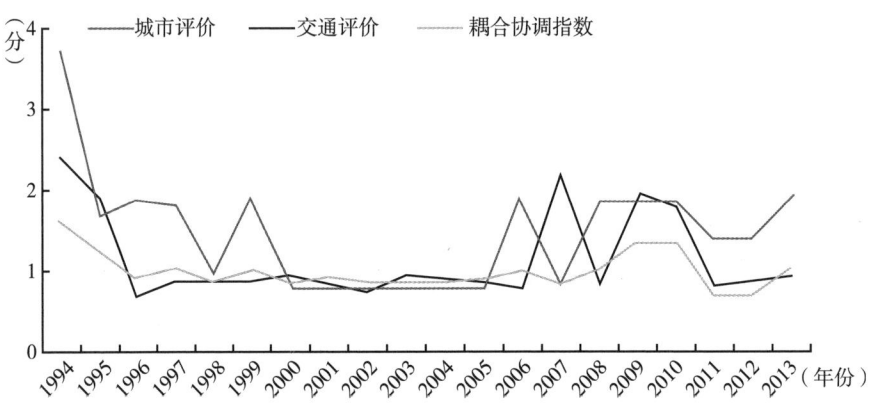

图7-5 中部城市评价、交通评价和耦合协调指数年度平均值趋势

由表7-11及图7-5，我们可以看到，中部城市的平均水平自1994年以来发展比较平缓，得分均在0~4分。相对于耦合协调指数来说，城市评价得分和交通评价得分变化幅度相对比较大，但是仍然比较平缓。在之前已经论述过，主成分分析法并不适用于年度数据，因此利用主成分分析法得到的城市评分和交通评分变化并不激烈，在此基础上计算出的耦合协调指数更是平稳。

表7-12计算出了东、中、西部城市1994~2013年的城市评价、交通评价和耦合协调指数的平均值。可以看到，在城市评价得分、交通评价得分、耦合协调指数得分中，东部城市得分普遍高于中部城市和西部城市。东、中、西部城市的耦合协调指数得分普遍处于中上水平，说明不论东、中、西部，都需要提高城市交通发展的适应性。

第七章 城市交通发展指数评价

表7-12 1994~2013年东、中、西部城市评价、交通评价和耦合协调指数平均值比较

单位：分

项目＼地区	东部	西部	中部
城市评价	2.594	2.228	2.416
交通评价	1.312	1.167	1.185
耦合协调指数	1.074	1.016	1.027

资料来源：作者根据模型计算而得。

三 具体分析

1. 北京指数

由于基础数据从1994年延展至2013年，因此通过对1994~2013年城市耦合协调指数的计算，我们可以得到每个城市的年度变化情况。

在之前已经论述过，主成分分析法并不适用于年度数据，但是将耦合协调指数进行比较可以看到，城市发展过程中城市交通适应性的变化和发展。

我们以1994~2013年北京市耦合协调指数为例进行分析（见表7-13、图7-6）。

表7-13 1994~2013年北京市耦合协调指数

单位：分

项目＼年份	1994	1995	1996	1997	1998	1999	2000	2001	2002	2003
耦合协调指数得分	2.948	2.463	2.073	1.968	1.790	2.243	3.135	3.285	2.498	2.789
耦合协调指数排名	3	2	2	4	1	1	3	5	1	3

项目＼年份	2004	2005	2006	2007	2008	2009	2010	2011	2012	2013
耦合协调指数得分	2.406	2.283	2.524	2.598	2.466	2.935	2.549	1.110	1.107	2.348
耦合协调指数排名	3	2	5	3	1	3	2	24	23	1

资料来源：作者根据模型计算而得。

随着时间的推进，我们可以看到，虽然耦合协调指数波动比较大，但是耦合协调指数的趋势线呈逐渐向下的趋势。也就是说，1994年之前或许北京的城市交通适应性并不良好，但是在朝着一个良好的方向发展。

2. 个别城市指数

由1994~2013年城市耦合协调指数的排名我们可以看到，有一些城市排名相对靠后（见表7-14）。

图 7-6 1994～2013 年北京市耦合协调指数趋势

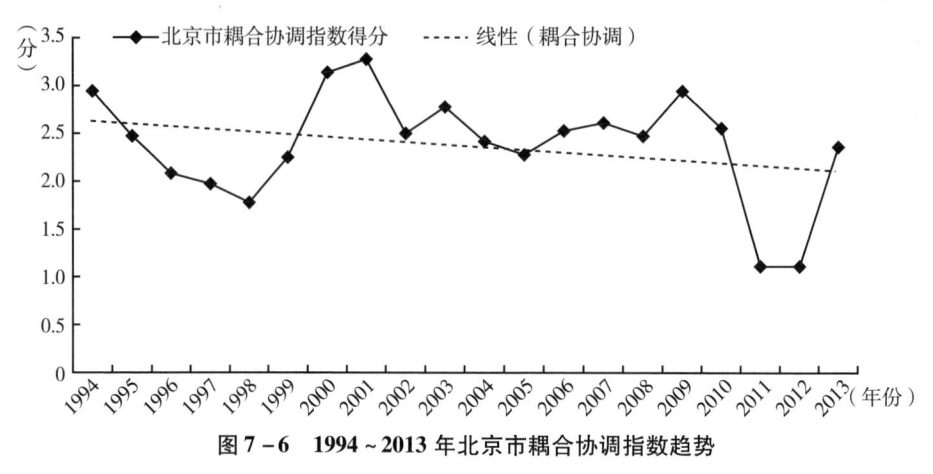

资料来源：作者根据模型计算而得。

表 7-14 1994～2013 年耦合协调指数排名靠后城市

排名\年份	1994	1995	1996	1997	1998	1999	2000	2001	2002	2003
278	滁州市	沧州市	赣州市	德州市	鹤壁市	宿迁市	铜川市	上饶市	嘉峪关	昭通市
279	汉中市	张掖市	鹤壁市	东营市	衡水市	韶关市	汕尾市	池州市	武威市	上饶市
280	吉安市	榆林市	上饶市	安阳市	白城市	玉溪市	鹰潭市	延安市	钦州市	松原市
281	云浮市	延安市	吉安市	潮州市	揭阳市	金昌市	石嘴山市	呼伦贝市	贺州市	临沧市
282	六安市	思茅市	北海市	三亚市	汉中市	梅州市	乌海市	昭通市	商洛市	平凉市
283	滨州市	张家界市	白银市	嘉峪关市	遂宁市	黑河市	防城港市	资阳市	平凉市	崇左市
284	广元市	酒泉市	固原市	汉中市	钦州市	曲靖市	七台河市	达州市	保山市	酒泉市
285	阜阳市	咸宁市	黑河市	黑河市	聊城市	吴忠市	克拉玛依市	武威市	铜川市	延安市
286	娄底市	黑河市	嘉峪关市	黄山市	黑河市	铜川市	金昌市	安康市	固原市	乌兰察布
287	巢湖市	中卫市	中卫市	延安市	黄山市	榆林市	嘉峪关市	鄂尔多斯市	金昌市	丽江市

排名\年份	2004	2005	2006	2007	2008	2009	2010	2011	2012	2013
278	中卫市	安顺市	雅安市	保山市	张家界	保山市	白山市	新余市	新余市	贺州市
279	武威市	巴彦淖市	抚州市	眉山市	安顺市	张掖市	贺州市	潮州市	潮州市	昭通市
280	庆阳市	商洛市	防城港市	安顺市	张掖市	河池市	张家界市	辽源市	辽源市	乌兰察布
281	贺州市	吴忠市	咸宁市	忻州市	钦州市	庆阳市	白城市	鹤壁市	鹤壁市	汕尾市
282	商洛市	吕梁市	广安市	亳州市	金昌市	丽江市	金昌市	广安市	广安市	西宁市
283	张掖市	中卫市	钦州市	莆田市	广安市	广安市	张掖市	陇南市	陇南市	昆明市
284	定西市	忻州市	陇南市	自贡市	咸宁市	鹰潭市	昭通市	嘉峪关市	嘉峪关市	银川市
285	保山市	平凉市	昭通市	汕尾市	揭阳市	平凉市	平凉市	阳江市	阳江市	兰州市
286	固原市	定西市	揭阳市	常德市	宁德市	雅安市	定西市	克拉玛依市	克拉玛依市	拉萨市
287	陇南市	陇南市	商洛市	揭阳市	定西市	定西市	巢湖市	定西市	定西市	陇南市

资料来源：作者根据模型计算而得。

1994~2013年耦合协调指数排名靠后的城市主要有陇南、定西、克拉玛依、广安、商洛、庆阳、中卫、乌兰察布等。这些城市普遍位于西部地区和中部地区。因此对于西部地区和中部地区的中心城市,如西安和成都来说,不仅要加强自身的发展,也要起到带头作用,促进周边地区的共同发展。当然这些城市也要积极地发展自身经济和交通,并且在发展过程中,促进城市交通适应性的发展。

第五节 城市交通耦合协调指数空间刻画

为了形象地表达城市发展指数、城市交通发展指数、城市交通耦合协调指数,我们采取了GIS图形方式对相关发展水平进行刻画。总体上来讲,得分越高代表发展指数或耦合协调指数越好。

一 城市发展指数

中国城市发展指数如图7-7、图7-8、图7-9、图7-10所示。

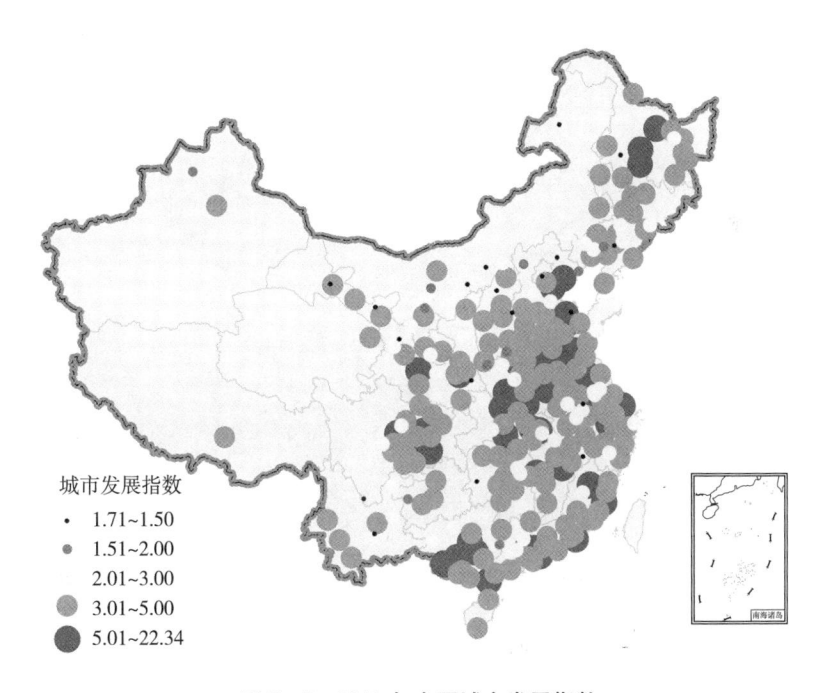

图7-7 2010年中国城市发展指数

城市发展指数
· 1.49~1.50
· 1.51~2.00
  2.01~3.00
  3.01~5.00
  5.01~8.12

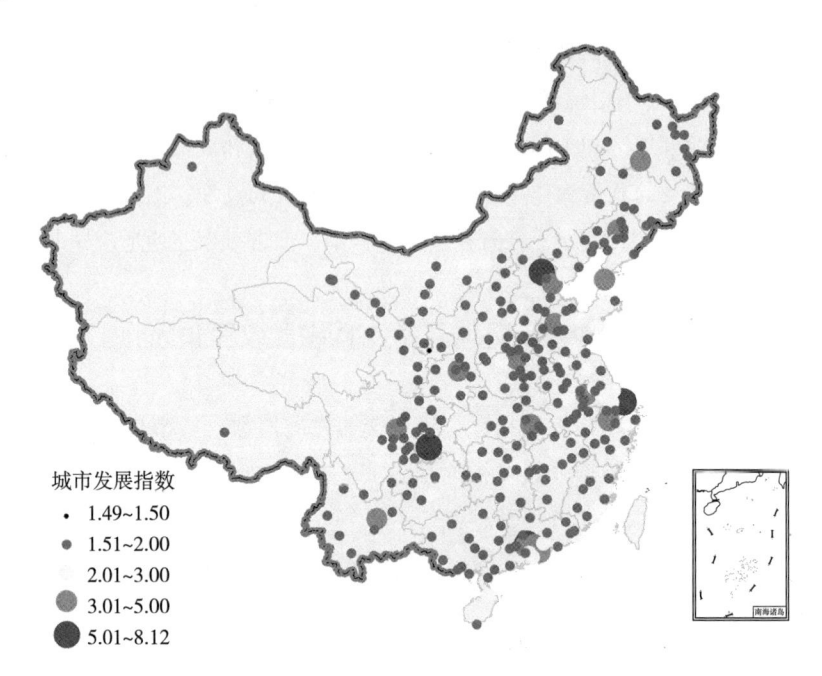

图 7-8　2011 年中国城市发展指数

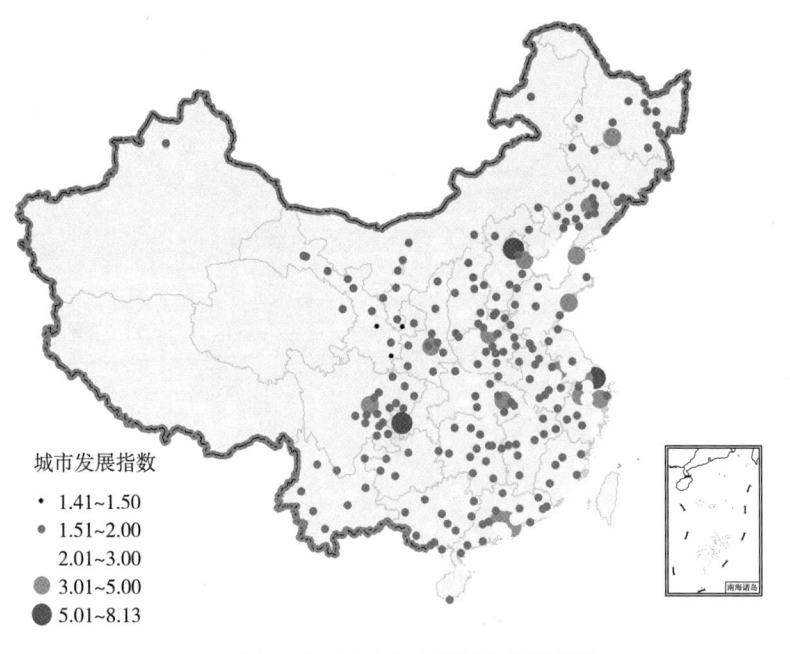

城市发展指数
· 1.41~1.50
· 1.51~2.00
  2.01~3.00
  3.01~5.00
  5.01~8.13

图 7-9　2012 年中国城市发展指数

第七章 城市交通发展指数评价

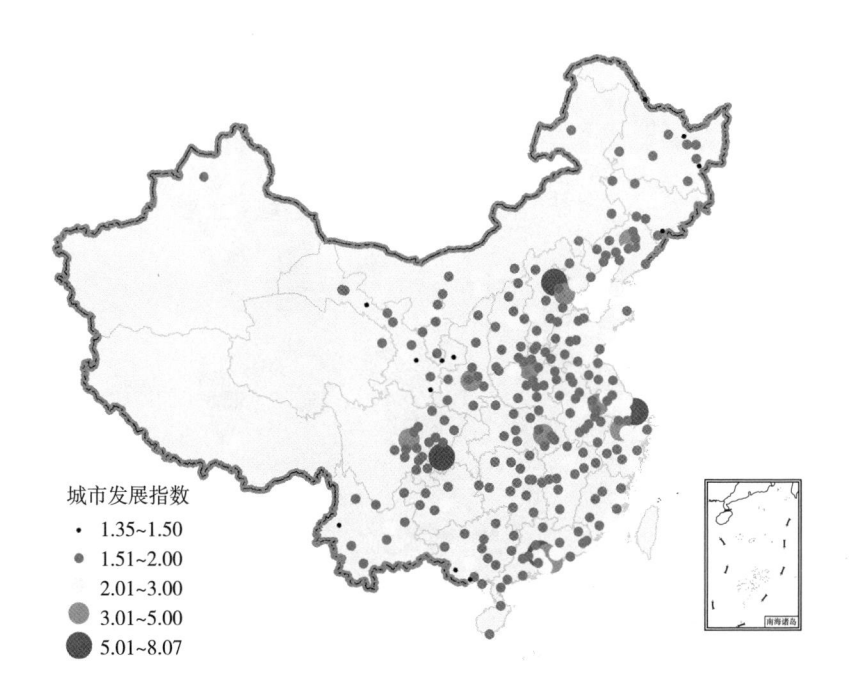

城市发展指数
· 1.35~2.00
· 1.51~2.00
· 2.01~3.00
● 3.01~5.00
● 5.01~8.07

图 7-10 2013 年中国城市发展指数

可以看出，我国城市发展指数较好的城市主要有北京、上海、广州、深圳和重庆等大城市。

二 城市交通发展指数

中国城市交通发展指数如图 7-11、图 7-12、图 7-13、图 7-14 所示。

可以看出，我国城市交通发展指数较好的城市主要有北京、上海、广州、深圳等大城市。

三 城市交通发展耦合协调指数

中国城市交通发展耦合协调指数如图 7-15、图 7-16、图 7-17、图 7-18 所示。

可以看出，我国城市交通发展耦合协调指数较好的城市主要集中在我国的北、上、广、深等大城市，且为数不多。

城市交通发展指数
  · 1.56~2.00
  · 2.01~2.50
  · 2.51~3.00
  ● 3.01~4.00
  ● 4.01~7.19

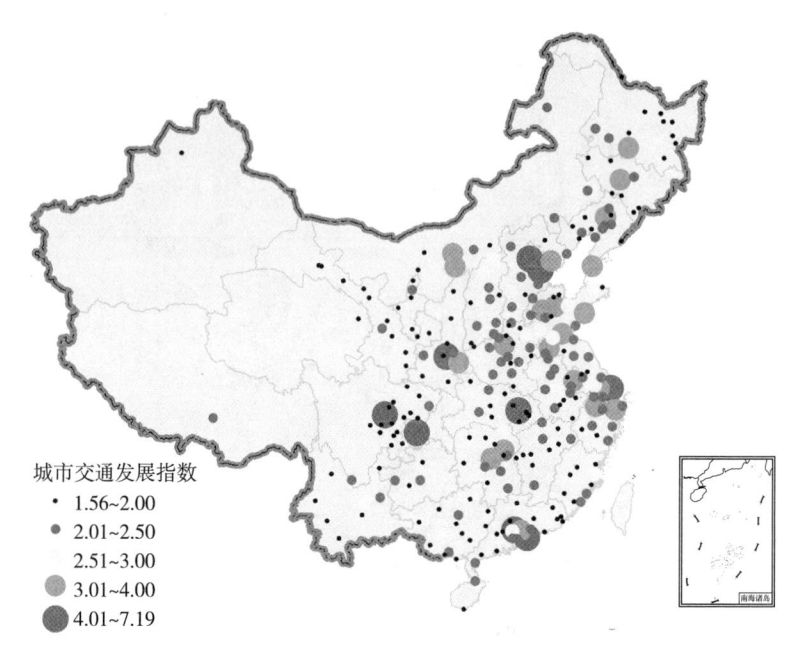

图 7-11　2010 年中国城市交通发展指数

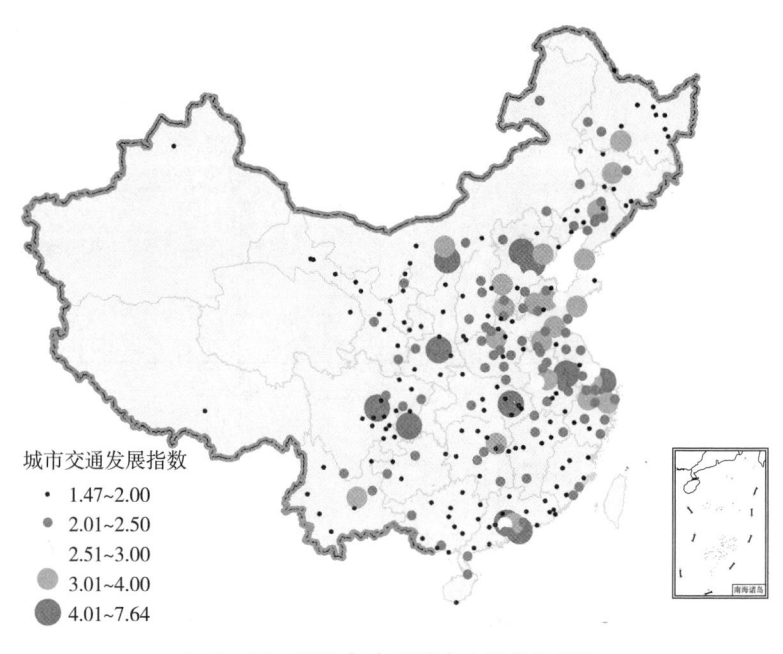

城市交通发展指数
  · 1.47~2.00
  · 2.01~2.50
  · 2.51~3.00
  ● 3.01~4.00
  ● 4.01~7.64

图 7-12　2011 年中国城市交通发展指数

第七章 城市交通发展指数评价

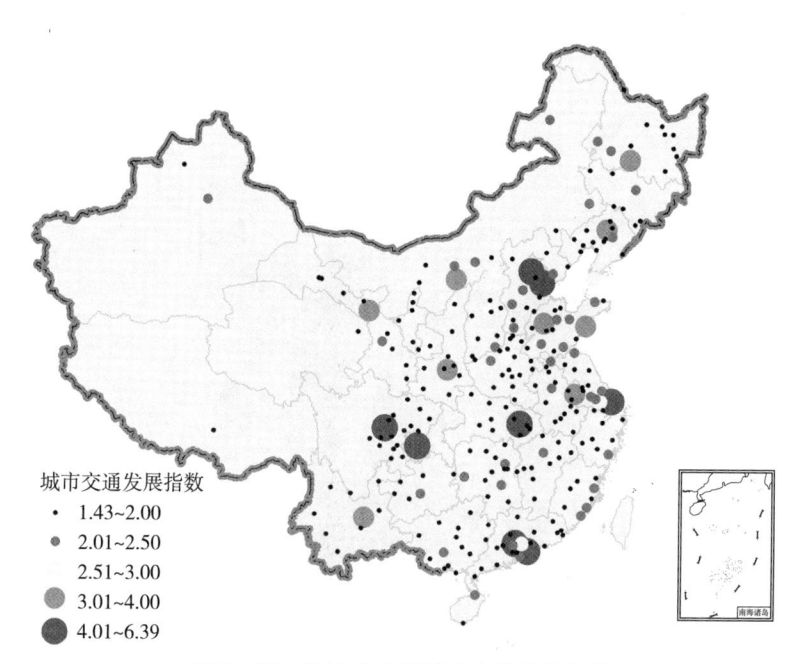

城市交通发展指数
· 1.43~2.00
· 2.01~2.50
· 2.51~3.00
· 3.01~4.00
· 4.01~6.39

图7-13 2012年中国城市交通发展指数

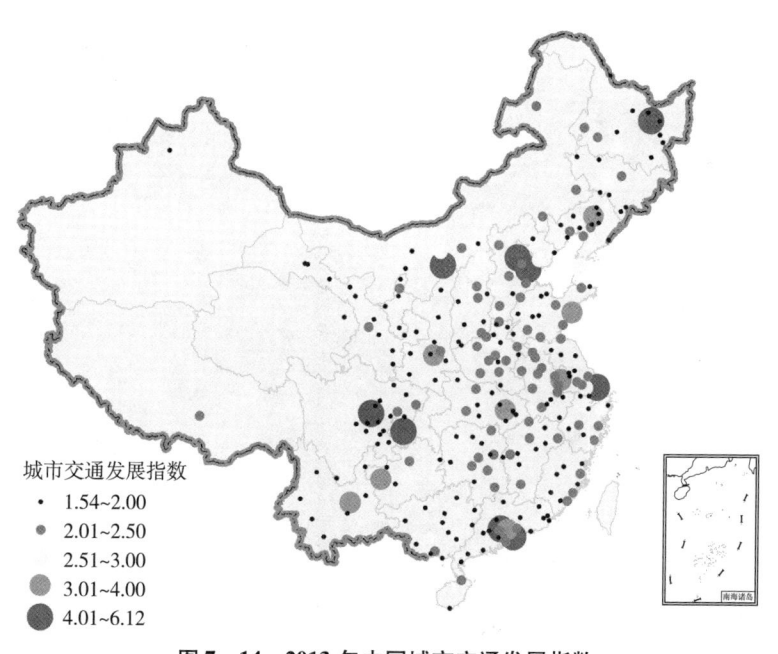

城市交通发展指数
· 1.54~2.00
· 2.01~2.50
· 2.51~3.00
· 3.01~4.00
· 4.01~6.12

图7-14 2013年中国城市交通发展指数

151

中国城市交通服务质量指数报告（2016）

耦合协调指数
· 1.01~1.30
· 1.31~1.40
  1.41~1.60
  1.61~1.80
  1.81~2.99

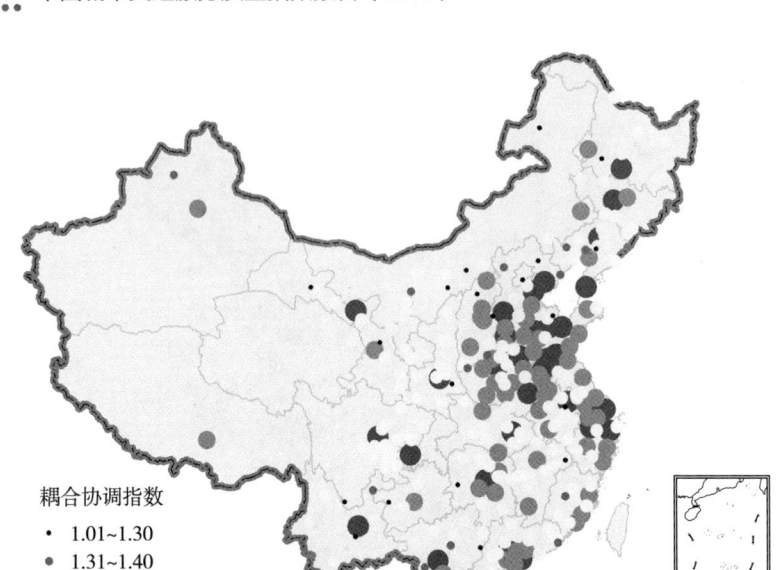

图 7-15　2010 年中国城市交通发展耦合协调指数

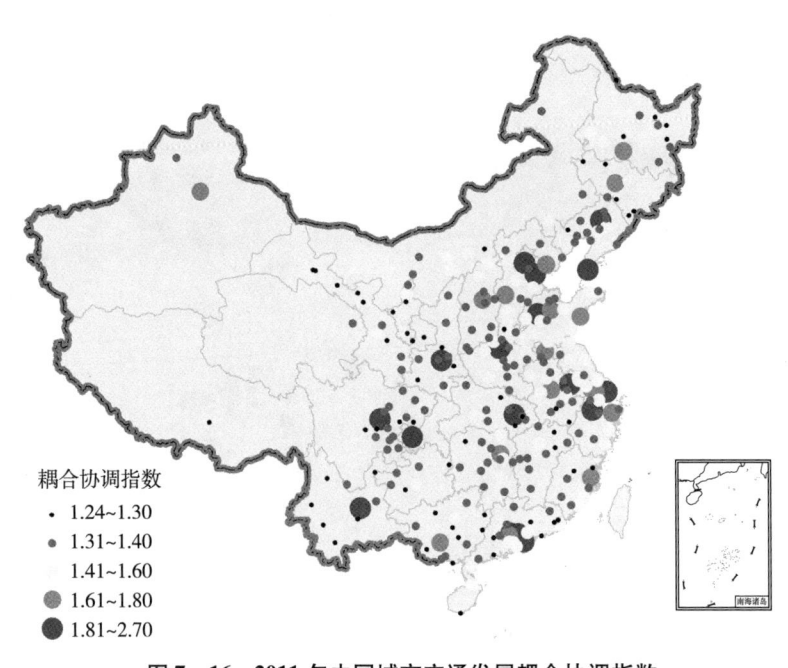

耦合协调指数
· 1.24~1.30
· 1.31~1.40
  1.41~1.60
  1.61~1.80
  1.81~2.70

图 7-16　2011 年中国城市交通发展耦合协调指数

第七章　城市交通发展指数评价

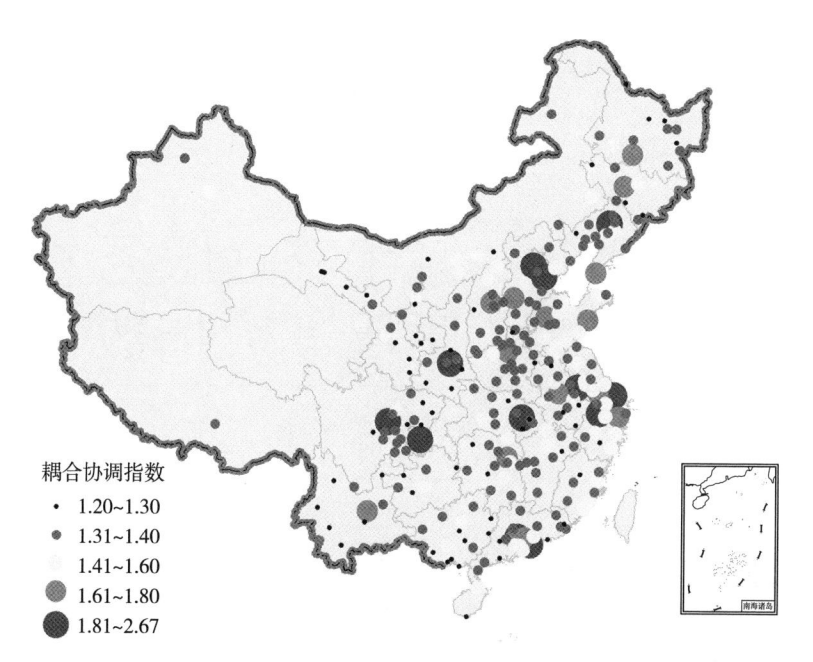

耦合协调指数
· 1.20~1.30
· 1.31~1.40
○ 1.41~1.60
● 1.61~1.80
● 1.81~2.67

图 7-17　2012 年中国城市交通发展耦合协调指数

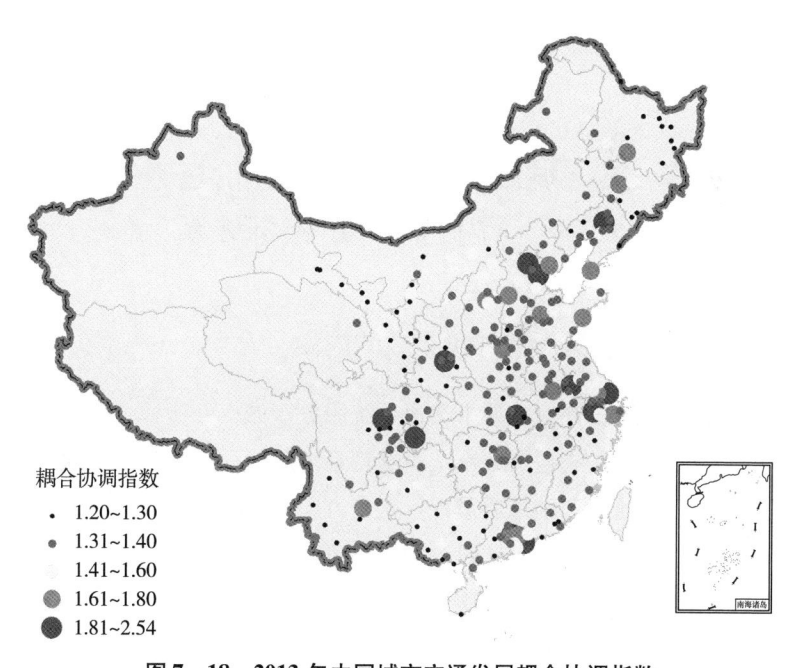

耦合协调指数
· 1.20~1.30
· 1.31~1.40
○ 1.41~1.60
● 1.61~1.80
● 1.81~2.54

图 7-18　2013 年中国城市交通发展耦合协调指数

第二部分 城市交通服务质量评价指数

第八章
基于大数据的城市交通服务质量评价指数

第一节 城市交通服务质量评价指数的内涵与评价指标体系

一 城市交通服务质量评价指数的内涵

城市交通服务质量评价是城市交通系统服务于城市经济社会发展的过程评价与效果评价的统称，它包括城市交通物理系统质量评价、城市交通运作过程质量评价和城市交通服务结果质量评价三个方面。应该说，城市交通服务质量评价不仅包括功能质量与技术质量评价，还更多地涉及城市交通各利益相关方（政府、承运人、市民、设备设施运营商等）的感情质量评价、关系质量评价、沟通质量评价和环境质量评价等。

按照北京交通大学具有运输经济特色的国家重点学科——产业经济学科的

第八章 基于大数据的城市交通服务质量评价指数

研究成果,一个城市交通系统由线网及设施层、运营及服务层、企业及组织层、政策及体制层构成(见图8-1)。城市交通系统的静态供给和动态运行、城市交通各利益相关方的主观感受和客观评价、城市交通发展政策的民意体验和实施效果,均会通过中国城市交通服务质量各项评价指标(包括安全性、舒适性、便利性、合意性、环保性、效率性和创新性以及其细化评价指标)得到反映。

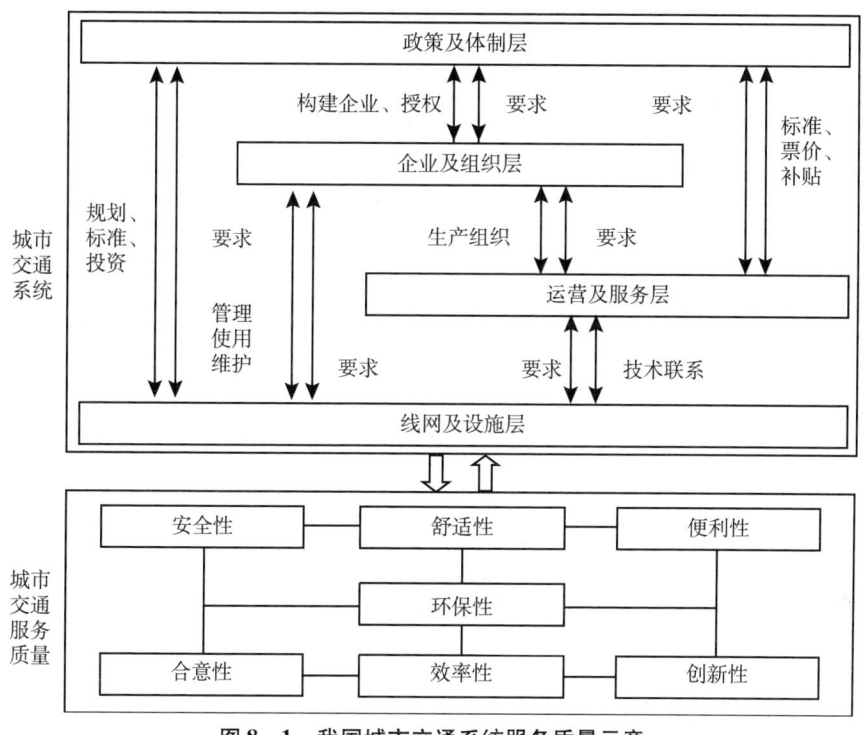

图 8-1 我国城市交通系统服务质量示意

资料来源:根据北京交通大学荣朝和教授研究成果①整理。

二 城市交通服务质量评价指数的评价指标体系

中国城市交通服务质量评价指数的各项评价指标如表8-1所示。

---

① 荣朝和:《关于运输经济研究基础性分析框架的思考》,《北京交通大学学报》(社会科学版),2009年第2期,第1~9页。

表8-1 我国城市交通服务质量评价指数的评价指标体系

一级指标	二级指标	三级指标	四级指标	交通大数据采集评价									
				正向事件					负向事件				
				频次	负向性质				频次	正向性质			
					极其差	很差	较差	一般		极其良好	良好	较良好	一般
中国城市交通服务质量评价指数（Transportation Operational Service Quality Evaluation Index of Chinese Cities，简称TOSQEIC）	安全性(1)	交通规则遵守度指标(1-1)	行人交通规则遵守度指标(1-1-1)	n	-7	-5	-3	-1	m	7	5	3	1
			乘客交通规则违章指标(1-1-2)	n	-7	-5	-3	-1	m	7	5	3	1
			车辆交通规则违章指标(1-1-3)	n	-7	-5	-3	-1	m	7	5	3	1
			公共交通司乘人员违章指标(1-1-4)	n	-7	-5	-3	-1	m	7	5	3	1
		交通设施安全性指标(1-2)	安全护栏指标(1-2-1)	n	-7	-5	-3	-1	m	7	5	3	1
			人行横道指标(1-2-2)	n	-7	-5	-3	-1	m	7	5	3	1
		交通事故指标(1-3)	道路事故指标(1-3-1)	n	-7	-5	-3	-1	m	7	5	3	1
			轨道交通事故指标(1-3-2)	n	-7	-5	-3	-1	m	7	5	3	1
		交通犯罪指标(1-4)	夜间交通犯罪指标(1-4-1)	n	-7	-5	-3	-1	m	7	5	3	1
			白天交通犯罪指标(1-4-2)	n	-7	-5	-3	-1	m	7	5	3	1

第八章 基于大数据的城市交通服务质量评价指数

续表

一级指标	二级指标	三级指标	四级指标	交通大数据采集评价								
				正向事件				负向事件				
				频次	负向性质			频次	正向性质			
				n	极其差	很差	较差	一般	m	极其良好	良好	较良好	一般
中国城市交通服务质量评价指数（Transportation Operational Service Quality Evaluation Index of Chinese Cities, 简称 TOSQEIC）	舒适性(2)	交通拥堵指标(2-1)	公交拥堵指标(2-1-1)	n	-7	-5	-3	-1	m	7	5	3	1
			地铁拥堵指标(2-1-2)	n	-7	-5	-3	-1	m	7	5	3	1
			私家车拥堵指标(2-1-3)	n	-7	-5	-3	-1	m	7	5	3	1
		交通设施建设指标(2-2)	—	n	-7	-5	-3	-1	m	7	5	3	1
		交通设施维护指标(2-3)	—	n	-7	-5	-3	-1	m	7	5	3	1
		交通移动设施指标（外观内饰等）(2-4)	—	n	-7	-5	-3	-1	m	7	5	3	1
		乘客交通出行体验指标(2-5)	—	n	-7	-5	-3	-1	m	7	5	3	1
	便利性(3)	地铁公交出租搭乘站指标(3-1)	—	n	-7	-5	-3	-1	m	7	5	3	1

续表

一级指标	二级指标	三级指标	四级指标	交通大数据采集评价									
				正向事件					负向事件				
				频次	负向性质				频次	正向性质			
					极其差	很差	较差	一般		极其良好	良好	较良好	一般
中国城市交通服务质量评价指数（Transportation Operational Service Quality Evaluation Index of Chinese Cities, 简称 TOSQEIC）	便利性(3)	加油或公交卡充值点指标（3-2）	—	n	-7	-5	-3	-1	m	7	5	3	1
		交通信息获取指标（3-3）	—	n	-7	-5	-3	-1	m	7	5	3	1
		驾驶培训便利指标（3-4）	—	n	-7	-5	-3	-1	m	7	5	3	1
		机场便利指标（3-5）	—	n	-7	-5	-3	-1	m	7	5	3	1
	合意性(4)	交警服务指标（4-1）	—	n	-7	-5	-3	-1	m	7	5	3	1
		事故应急处理指标（4-2）	—	n	-7	-5	-3	-1	m	7	5	3	1
		司乘人员服务指标（4-3）	—	n	-7	-5	-3	-1	m	7	5	3	1
		车辆正点指标（4-4）	—	n	-7	-5	-3	-1	m	7	5	3	1

第八章 基于大数据的城市交通服务质量评价指数

续表

<table>
<tr><th rowspan="3">一级指标</th><th rowspan="3">二级指标</th><th rowspan="3">三级指标</th><th rowspan="3">四级指标</th><th colspan="10">交通大数据采集评价</th></tr>
<tr><th colspan="5">正向事件</th><th colspan="5">负向事件</th></tr>
<tr><th>频次</th><th colspan="4">负向性质</th><th>频次</th><th colspan="4">正向性质</th></tr>
<tr><th></th><th></th><th></th><th></th><th></th><th>极其差</th><th>很差</th><th>较差</th><th>一般</th><th></th><th>极其良好</th><th>良好</th><th>较良好</th><th>一般</th></tr>
<tr><td rowspan="10">中国城市交通服务质量评价指数（Transportation Operational Service Quality Evaluation Index of Chinese Cities，简称 TOSQEIC）</td><td rowspan="2">合意性（4）</td><td rowspan="2">停车设施指标（4-5）</td><td>私人停车设施指标（4-5-1）</td><td>n</td><td>-7</td><td>-5</td><td>-3</td><td>-1</td><td>m</td><td>7</td><td>5</td><td>3</td><td>1</td></tr>
<tr><td>公共停车设施指标（4-5-2）</td><td>n</td><td>-7</td><td>-5</td><td>-3</td><td>-1</td><td>m</td><td>7</td><td>5</td><td>3</td><td>1</td></tr>
<tr><td rowspan="3">合意性（4）</td><td>投诉指标（4-6）</td><td></td><td>n</td><td>-7</td><td>-5</td><td>-3</td><td>-1</td><td>m</td><td>7</td><td>5</td><td>3</td><td>1</td></tr>
<tr><td rowspan="2">法律诉讼指标（4-7）</td><td>交通主管部门诉讼案件指标（4-7-1）</td><td>n</td><td>-7</td><td>-5</td><td>-3</td><td>-1</td><td>m</td><td>7</td><td>5</td><td>3</td><td>1</td></tr>
<tr><td>公交企业诉讼案例指标（4-7-2）</td><td>n</td><td>-7</td><td>-5</td><td>-3</td><td>-1</td><td>m</td><td>7</td><td>5</td><td>3</td><td>1</td></tr>
<tr><td rowspan="5">环保性（5）</td><td>道路绿化率指标（5-1）</td><td>—</td><td>n</td><td>-7</td><td>-5</td><td>-3</td><td>-1</td><td>m</td><td>7</td><td>5</td><td>3</td><td>1</td></tr>
<tr><td>交通噪声指标（5-2）</td><td>—</td><td>n</td><td>-7</td><td>-5</td><td>-3</td><td>-1</td><td>m</td><td>7</td><td>5</td><td>3</td><td>1</td></tr>
<tr><td>尾气达标率指标（冒黑烟等）（5-3）</td><td>—</td><td>n</td><td>-7</td><td>-5</td><td>-3</td><td>-1</td><td>m</td><td>7</td><td>5</td><td>3</td><td>1</td></tr>
<tr><td>道路违建指标（5-4）</td><td>—</td><td>n</td><td>-7</td><td>-5</td><td>-3</td><td>-1</td><td>m</td><td>7</td><td>5</td><td>3</td><td>1</td></tr>
<tr><td>雾霾天气指标（5-5）</td><td>—</td><td>n</td><td>-7</td><td>-5</td><td>-3</td><td>-1</td><td>m</td><td>7</td><td>5</td><td>3</td><td>1</td></tr>
</table>

续表

一级指标	二级指标	三级指标	四级指标	交通大数据采集评价								
				正向事件（负向性质）						负向事件（正向性质）			
				频次	极其差	很差	较差	一般	频次	极其良好	良好	较良好	一般
中国城市交通服务质量评价指数（Transportation Operational Service Quality Evaluation Index of Chinese Cities，简称 TOSQEIC）	效率性（6）	公共交通占比指标（6-1）	—	n	-7	-5	-3	-1	m	7	5	3	1
		新能源汽车指标（6-2）	—	n	-7	-5	-3	-1	m	7	5	3	1
		交通运行速度指标（6-3）	—	n	-7	-5	-3	-1	m	7	5	3	1
		交通耗时指标（6-4）	—	n	-7	-5	-3	-1	m	7	5	3	1
	创新性（7）	技术创新指标（7-1）	—	n	-7	-5	-3	-1	m	7	5	3	1

资料来源：作者整理。

第八章 基于大数据的城市交通服务质量评价指数

为了结合中国城市交通大数据挖掘，评价我国城市交通服务质量指数，本书构建了三个层次的中国城市交通服务质量评价指标体系。第一个层次，一级指标，即中国城市交通服务质量评价目标。第二个层次，二级指标，即中国城市交通服务质量的7个维度解构指标（课题组构建了包括安全性、舒适性、便利性、合意性、环保性、效率性和创新性在内的评价指标体系，在大数据挖掘基础上形成了包括10个典型样本城市在内的城市交通服务质量评价指数）。第三个层次，三级指标以及四级指标，即中国城市交通服务质量衡量的细分性指标。

第二节 城市交通服务质量评价指数的大数据分析

一 大数据分析基础

1. 大数据分析对象

北京交通大学、中译语通科技（北京）有限公司、中国交通运输协会联合设立的中国交通大数据研究中心，基于大数据分析的技术手段，构建了数据采集的指标体系，设置了指标词库表，训练机器人进行学习和数据采集，针对中国10个典型样本城市进行了全样本数据采集，形成了相应的大数据库。

大数据分析的10个典型样本城市分别是上海市、石家庄市、沈阳市、合肥市、烟台市、淄博市、泉州市、盘锦市、营口市和开封市（见表8-2）。

表8-2 10个典型城市

序号	城市名称	城市区域	城市规模
1	上海市	东部	特大城市
2	石家庄市	东部	省会城市
3	沈阳市	东部	省会城市
4	合肥市	中部	省会城市
5	烟台市	东部	大城市
6	淄博市	东部	大城市
7	泉州市	东部	大城市
8	盘锦市	东部	中小城市
9	营口市	东部	中小城市
10	开封市	中部	中小城市

注：本研究按照城市辖区人口总量将城市划分为三类，分别为大型城市（人口大于100万人）、中型城市（人口大于50万人小于100万人）和小型城市（人口小于50万人）。

161

其中,上海市是我国特大城市,石家庄市、沈阳市和合肥市是省会城市,烟台市、淄博市、泉州市是省域副中心或区域中心,而盘锦市、营口市、开封市是中小城市的样本。本书通过上述10个城市的大数据分析,为进行中国城市交通服务质量指数更大范围内的评价奠定基础。

2. 大数据采集来源

10个典型样本城市的数据来源为与相关城市交通相关的媒体类网站、政府类网站、服务类网站及相关微博账号等,本书在上述网站采集部分数据后,进行数据的标注及指标计算小流量试验。

以石家庄为例的大数据信源包括媒体类信源、政府网站及微博信源、交通服务类信源,如表8-3所示。

表8-3 以石家庄为例的大数据信源

序号	信源类型	信源列表
1	媒体类信源	(1)赛文交通网 http://www.7its.com/ (2)中国交通技术论坛 http://bbs.tranbbs.com/forum.php (3)中国交通报 http://www.zgjtb.com/node_146.htm http://weibo.com/zgjtbs?is_hot=1
2	政府网站及微博信源	(1)石家庄市人民政府官网中,群众意见BBS http://www.sjz.gov.cn/col/1279155904849/index.html (2)石家庄人民政府微博 http://weibo.com/sjzfabu&sudaref=www.baidu.com&retcode=6102&is_hot=1 (3)石家庄交通局 http://2012.moban.siteserver.cn/jtysj/ (4)石家庄交管局(官网、微博) http://www.sjzgajg.com/ http://weibo.com/shijiazhuangjiaojing?is_hot=1 http://t.qq.com/sjz_gajtglj (5)河北高速交警石家庄支队 http://weibo.com/u/3215941041?is_hot=1

续表

序号	信源类型	信源列表
3	交通服务类信源	(1)石家庄公交服务 http://www.sjzgj.com.cn/index.php http://www.sjzbus.com.cn/busbbs/forum.php(公交在线论坛) http://weibo.com/sjzbus?is_hot=1 (2)石家庄出租服务 http://weibo.com/0311taxi?is_all=1 http://t.qq.com/sjztaxiye http://weibo.com/shijiazhuangtaxi?is_hot=1 (3)石家庄机场服务 http://www.hebeiairport.cn/ http://t.qq.com/AirportShijiazhuang http://weibo.com/hebeiairport?is_hot=1 (4)石家庄火车站服务 http://weibo.com/u/2542605523?is_hot=1 http://t.qq.com/since-1903/ (5)交通文艺台 http://t.qq.com/hbjtgb992 http://www.weibo.com/jiaotong946?is_hot=1

大数据信源包括公有信源、准公有信源和私有信源，课题研究立足于公有信源的大数据采集、提取和加工整理，随着研究的不断深入再逐步考虑与准公有信源（国家和城市统计资源等）和私有信源（百度地图、高德地图、滴滴APP等）相结合。

3. 大数据采集数量

课题组采集的10个典型城市大数据采集量如表8-4所示。

表8-4　10个典型城市大数据采集量

序号	城市名称	文档数量	句段划分数据
1	上海市	675	7834
2	石家庄市	16000	23266
3	沈阳市	15519	38680
4	合肥市	6012	143274

续表

序号	城市名称	文档数量	句段划分数据
5	烟台市	4235	12335
6	淄博市	5019	15027
7	泉州市	36373	78421
8	盘锦市	11195	32343
9	营口市	4273	93768
10	开封市	4609	7602

4. 基于规则的城市交通服务质量指数计算

执行流程如下（见图8-2）。

步骤一：文本是以句子为单位输入，对文本进行中文分词。

步骤二：对人工构造的专家词库使用哈工大同义词词林以及 word 2 vec 进行同义词和近义词扩充，继续完善专家词库。

步骤三：构造修饰词库和情感词库，并基于专家知识生成规则模板。

步骤四：利用规则匹配得到文本中词命中规则信息，然后进行情感计算。

步骤五：对文档中的每条句子所得分值加权计算得到该文档的分值。

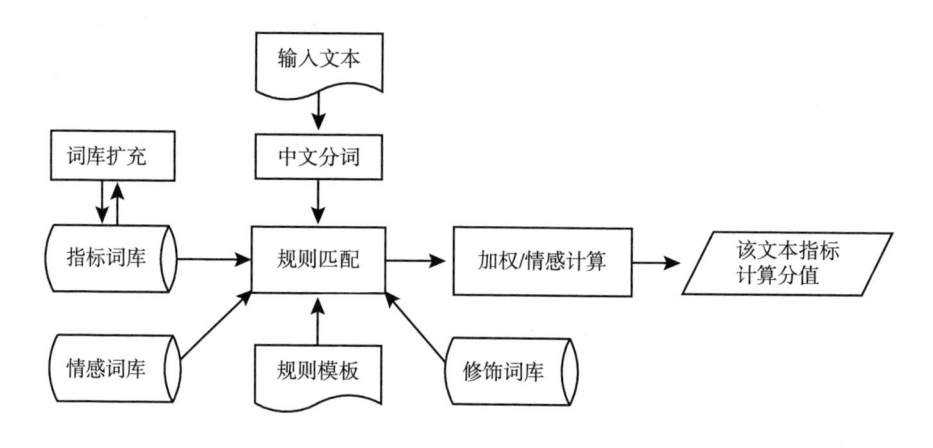

图8-2 基于规则的城市交通服务质量指数计算技术路线

5. 基于语义分析的城市交通服务质量指数计算

基于语义分析的交通满意度指标计算框架设计图如图8-3所示。

第八章 基于大数据的城市交通服务质量评价指数

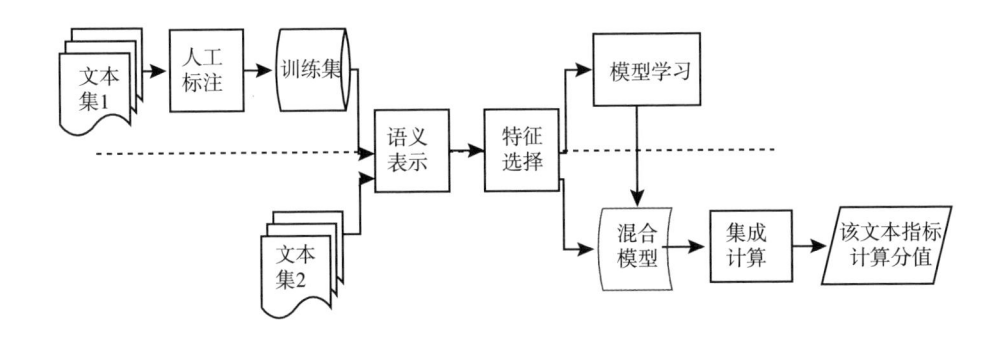

图 8-3 基于语义分析的交通满意度指标计算框架设计图

执行流程如下。

步骤一：选择部分文本进行语料标注，即对每个句子标注情感分值，作为训练数据集；

步骤二：对训练数据集文本进行分词、词性标注、句法分析等语义表示；

步骤三：对语义空间使用卡方检验、信息增益等方式进行特征选择提取；

步骤四：将选择的特征输入模型进行模型训练，为避免单一模型的不足，选用混合模型，训练得到混合模型参数；

步骤五：在测试阶段，对新输入的文本进行语义表示、特征提取等操作，输入训练好的模型输出该文本的分值；

步骤六：对文本中的每条句子所得分值加权计算得到该文档的分值。

二 城市大数据采集

现阶段在试验数据集上采用基于规则的城市交通服务质量计算及基于语义分析的城市交通服务质量计算两种方法，再在两种模型结果基础上综合计算得出各个指标在试验数据集的结果。

基于中国城市交通服务质量评价指数计量的目标，课题组采集了上海市、石家庄市、沈阳市、合肥市、烟台市、淄博市、盘锦市、营口市、开封市和泉州市10个典型城市的交通大数据，分别如表8-5（1）至表8-5（10）所示。

表 8-5（1）　上海市指标计算试验结果

单位：分

指标	指标名称	分值
1-1-1	行人交通规则遵守度指标	-0.31
1-1-2	乘客交通规则违章指标	-3.04
1-1-3	车辆交通规则违章指标	-3.59
1-1-4	公共交通司乘人员违章指标	-4.56
1-2-1	安全护栏指标	-2.89
1-2-2	人行横道指标	-2.66
1-3-1	道路事故指标	-5.6
1-4-1	夜间交通犯罪指标	0.0
1-4-2	白天交通犯罪指标	0.0
2-1-1	公交拥堵指标	-3.84
2-1-2	地铁拥堵指标	-3.83
2-1-3	私家车拥堵指标	-4.0
2-2	交通设施建设指标	0.31
2-3	交通设施维护指标	3.0
2-4	交通移动设施指标	2.56
2-5	乘客交通出行体验指标	-2.0
3-1	地铁公交出租搭乘站指标	2.32
3-2	加油或公交卡充值点指标	-3.0
3-3	交通信息获取指标	0.0
3-4	驾驶培训服务指标	0.0
3-5	机场服务指标	-3.0
4-1	交警服务指标	3.3
4-2	事故应急处理指标	2.88
4-3	司乘人员服务指标	0.0
4-4	车辆正点指标	0.0
4-5-1	私人停车设施指标	0.0
4-5-2	公共停车设施指标	0.0
4-6	投诉指标	-5.2
4-7-1	交通主管部门诉讼案件指标	-5.7
4-7-2	公交企业诉讼案例指标	-6.3
5-1	道路绿化率指标	0.0
5-2	交通噪声指标	-0.13
5-3	尾气达标率指标	-0.47
5-4	道路违建指标	-6.3
5-5	雾霾天气指标	-5.7
6-1	公共交通占比指标	3.0
6-2	新能源汽车指标	0.43
6-3	交通收费指标	-1.0
6-4	交通信息化指标	2.77
7-1	技术创新类指标	4.2

第八章 基于大数据的城市交通服务质量评价指数

表 8-5（2） 石家庄市指标计算试验结果

单位：分

指标	指标名称	分值
1-1-1	行人交通规则遵守度指标	-2.5
1-1-2	乘客交通规则违章指标	1.0
1-1-3	车辆交通规则违章指标	-4.27
1-1-4	公共交通司乘人员违章指标	3.5
1-2-1	安全护栏指标	-2.0
1-2-2	人行横道指标	3.0
1-3-1	道路事故指标	-5.71
1-4-1	夜间交通犯罪指标	0.0
1-4-2	白天交通犯罪指标	-2.83
2-1-1	公交拥堵指标	-3.06
2-1-2	地铁拥堵指标	6.8
2-1-3	私家车拥堵指标	-1.31
2-2	交通设施建设指标	2.93
2-3	交通设施维护指标	1.08
2-4	交通移动设施指标	1.85
2-5	乘客交通出行体验指标	1.23
3-1	地铁公交出租搭乘站指标	-0.03
3-2	加油或公交卡充值点指标	2.0
3-3	交通信息获取指标	3.44
3-4	驾驶培训服务指标	1.0
3-5	机场服务指标	3.8
4-1	交警服务指标	2.67
4-2	事故应急处理指标	3.47
4-3	司乘人员服务指标	5.0
4-4	车辆正点指标	2.5
4-5-1	私人停车设施指标	-5.4
4-5-2	公共停车设施指标	-1.67
4-6	投诉指标	-6.8
4-7-1	交通主管部门诉讼案件指标	-6.9
4-7-2	公交企业诉讼案例指标	0.0
5-1	道路绿化率指标	6.5
5-2	交通噪声指标	-3.0
5-3	尾气达标率指标	-1.72
5-4	道路违建指标	0.0
5-5	雾霾天气指标	-3.0
6-1	公共交通占比指标	5.4
6-2	新能源汽车指标	4.07
6-3	交通收费指标	0.2
6-4	交通信息化指标	3.38
7-1	技术创新类指标	3.0

表 8-5（3） 沈阳市指标计算试验结果

单位：分

指标	指标名称	分值
1-1-1	行人交通规则遵守度指标	-2.49
1-1-2	乘客交通规则违章指标	-3.0
1-1-3	车辆交通规则违章指标	-3.81
1-1-4	公共交通司乘人员违章指标	-5.0
1-2-1	安全护栏指标	-2.9
1-2-2	人行横道指标	-3.1
1-3-1	道路事故指标	-3.02
1-4-1	夜间交通犯罪指标	-6.04
1-4-2	白天交通犯罪指标	-6.35
2-1-1	公交拥堵指标	-3.43
2-1-2	地铁拥堵指标	-3.78
2-1-3	私家车拥堵指标	-3.8
2-2	交通设施建设指标	2.16
2-3	交通设施维护指标	2.89
2-4	交通移动设施指标	2.98
2-5	乘客交通出行体验指标	-0.54
3-1	地铁公交出租搭乘站指标	2.07
3-2	加油或公交卡充值点指标	-3.38
3-3	交通信息获取指标	-3.6
3-4	驾驶培训服务指标	0.0
3-5	机场服务指标	-4.24
4-1	交警服务指标	1.83
4-2	事故应急处理指标	2.91
4-3	司乘人员服务指标	2.9
4-4	车辆正点指标	2.56
4-5-1	私人停车设施指标	-0.73
4-5-2	公共停车设施指标	-0.73
4-6	投诉指标	-7.0
4-7-1	交通主管部门诉讼案件指标	-7.0
4-7-2	公交企业诉讼案例指标	-7.0

第八章　基于大数据的城市交通服务质量评价指数

续表

指标	指标名称	分值
5-1	道路绿化率指标	0.0
5-2	交通噪声指标	-0.11
5-3	尾气达标率指标	-0.72
5-4	道路违建指标	-7.0
5-5	雾霾天气指标	-6.27
6-1	公共交通占比指标	2.59
6-2	新能源汽车指标	1.67
6-3	交通收费指标	-0.46
6-4	交通信息化指标	2.87
7-1	技术创新类指标	2.9

表8-5（4）　合肥市指标计算试验结果

单位：分

指标	指标名称	分值
1-1-1	行人交通规则遵守度指标	-1.96
1-1-2	乘客交通规则违章指标	-3.0
1-1-3	车辆交通规则违章指标	-3.43
1-1-4	公共交通司乘人员违章指标	-5.0
1-2-1	安全护栏指标	-2.6
1-2-2	人行横道指标	-3.5
1-3-1	道路事故指标	-6.25
1-4-1	夜间交通犯罪指标	-4.43
1-4-2	白天交通犯罪指标	-5.14
2-1-1	公交拥堵指标	-3.73
2-1-2	地铁拥堵指标	-4.0
2-1-3	私家车拥堵指标	-3.8
2-2	交通设施建设指标	2.2
2-3	交通设施维护指标	2.93
2-4	交通移动设施指标	2.99
2-5	乘客交通出行体验指标	-0.03
3-1	地铁公交出租搭乘站指标	2.38
3-2	加油或公交卡充值点指标	-2.56
3-3	交通信息获取指标	-3.24

续表

指标	指标名称	分值
3-4	驾驶培训服务指标	0.0
3-5	机场服务指标	-3.34
4-1	交警服务指标	0.33
4-2	事故应急处理指标	3.12
4-3	司乘人员服务指标	3.0
4-4	车辆正点指标	3.45
4-5-1	私人停车设施指标	0.0
4-5-2	公共停车设施指标	0.0
4-6	投诉指标	-7.0
4-7-1	交通主管部门诉讼案件指标	-7.0
4-7-2	公交企业诉讼案例指标	-6.7
5-1	道路绿化率指标	0.0
5-2	交通噪声指标	0.0
5-3	尾气达标率指标	-0.7
5-4	道路违建指标	-6.8
5-5	雾霾天气指标	-5.0
6-1	公共交通占比指标	0.0
6-2	新能源汽车指标	2.59
6-3	交通收费指标	-4.14
6-4	交通信息化指标	2.93
7-1	技术创新类指标	2.6

表8-5（5） 烟台市指标计算试验结果

单位：分

指标	指标名称	分值
1-1-1	行人交通规则遵守度指标	-2.5
1-1-2	乘客交通规则违章指标	-3.01
1-1-3	车辆交通规则违章指标	-3.5
1-1-4	公共交通司乘人员违章指标	-5.0
1-2-1	安全护栏指标	-3.0
1-2-2	人行横道指标	-2.88
1-3-1	道路事故指标	-3.02

第八章 基于大数据的城市交通服务质量评价指数

续表

指标	指标名称	分值
1-4-1	夜间交通犯罪指标	-5.0
1-4-2	白天交通犯罪指标	-5.5
2-1-1	公交拥堵指标	-3.11
2-1-2	地铁拥堵指标	-3.04
2-1-3	私家车拥堵指标	-3.14
2-2	交通设施建设指标	0.2
2-3	交通设施维护指标	2.5
2-4	交通移动设施指标	2.78
2-5	乘客交通出行体验指标	-0.54
3-1	地铁公交出租搭乘站指标	1.76
3-2	加油或公交卡充值点指标	-2.86
3-3	交通信息获取指标	-2.55
3-4	驾驶培训服务指标	0.0
3-5	机场服务指标	-3.14
4-1	交警服务指标	1.6
4-2	事故应急处理指标	2.86
4-3	司乘人员服务指标	2.08
4-4	车辆正点指标	2.27
4-5-1	私人停车设施指标	-2.33
4-5-2	公共停车设施指标	-2.33
4-6	投诉指标	-7.0
4-7-1	交通主管部门诉讼案件指标	-7.0
4-7-2	公交企业诉讼案例指标	-6.9
5-1	道路绿化率指标	-7.0
5-2	交通噪声指标	-0.23
5-3	尾气达标率指标	-0.74
5-4	道路违建指标	-7.0
5-5	雾霾天气指标	-5.0
6-1	公共交通占比指标	2.63
6-2	新能源汽车指标	1.97
6-3	交通收费指标	-1.36
6-4	交通信息化指标	2.7
7-1	技术创新类指标	3.0

表8-5（6） 淄博市指标计算试验结果

单位：分

指标	指标名称	分值
1-1-1	行人交通规则遵守度指标	1.07
1-1-2	乘客交通规则违章指标	-3.0
1-1-3	车辆交通规则违章指标	-3.6
1-1-4	公共交通司乘人员违章指标	-5.0
1-2-1	安全护栏指标	-3.0
1-2-2	人行横道指标	-3.0
1-3-1	道路事故指标	-3.01
1-4-1	夜间交通犯罪指标	-6.22
1-4-2	白天交通犯罪指标	-6.43
2-1-1	公交拥堵指标	-3.37
2-1-2	地铁拥堵指标	-3.35
2-1-3	私家车拥堵指标	-4.2
2-2	交通设施建设指标	-0.68
2-3	交通设施维护指标	2.21
2-4	交通移动设施指标	2.63
2-5	乘客交通出行体验指标	-0.73
3-1	地铁公交出租搭乘站指标	1.59
3-2	加油或公交卡充值点指标	-3.1
3-3	交通信息获取指标	-3.4
3-4	驾驶培训服务指标	0.0
3-5	机场服务指标	-4.37
4-1	交警服务指标	2.31
4-2	事故应急处理指标	2.97
4-3	司乘人员服务指标	2.88
4-4	车辆正点指标	2.45
4-5-1	私人停车设施指标	-0.38
4-5-2	公共停车设施指标	-0.39
4-6	投诉指标	-7.0
4-7-1	交通主管部门诉讼案件指标	-7.0

第八章 基于大数据的城市交通服务质量评价指数

续表

指标	指标名称	分值
4-7-2	公交企业诉讼案例指标	-7.0
5-1	道路绿化率指标	0.0
5-2	交通噪声指标	-0.01
5-3	尾气达标率指标	-0.07
5-4	道路违建指标	-7.0
5-5	雾霾天气指标	-5.5
6-1	公共交通占比指标	2.0
6-2	新能源汽车指标	0.83
6-3	交通收费指标	-0.48
6-4	交通信息化指标	2.67
7-1	技术创新类指标	3.0

表8-5（7） 泉州市指标计算试验结果

单位：分

指标	指标名称	分值
1-1-1	行人交通规则遵守度指标	-0.86
1-1-2	乘客交通规则违章指标	-3.05
1-1-3	车辆交通规则违章指标	-3.51
1-1-4	公共交通司乘人员违章指标	-5.0
1-2-1	安全护栏指标	-3.04
1-2-2	人行横道指标	-3.03
1-3-1	道路事故指标	-3.05
1-4-1	夜间交通犯罪指标	-6.37
1-4-2	白天交通犯罪指标	-6.57
2-1-1	公交拥堵指标	-4.34
2-1-2	地铁拥堵指标	-5.25
2-1-3	私家车拥堵指标	-4.46
2-2	交通设施建设指标	1.57
2-3	交通设施维护指标	2.76
2-4	交通移动设施指标	2.97
2-5	乘客交通出行体验指标	-0.65
3-1	地铁公交出租搭乘站指标	2.19

续表

指标	指标名称	分值
3-2	加油或公交卡充值点指标	-3.26
3-3	交通信息获取指标	-3.71
3-4	驾驶培训服务指标	0.0
3-5	机场服务指标	-4.19
4-1	交警服务指标	1.59
4-2	事故应急处理指标	2.9
4-3	司乘人员服务指标	2.64
4-4	车辆正点指标	2.63
4-5-1	私人停车设施指标	-0.41
4-5-2	公共停车设施指标	-0.41
4-6	投诉指标	-7.0
4-7-1	交通主管部门诉讼案件指标	-7.0
4-7-2	公交企业诉讼案例指标	-7.0
5-1	道路绿化率指标	0.0
5-2	交通噪声指标	-0.18
5-3	尾气达标率指标	-0.59
5-4	道路违建指标	-7.0
5-5	雾霾天气指标	-5.4
6-1	公共交通占比指标	2.14
6-2	新能源汽车指标	1.60
6-3	交通收费指标	-1.95
6-4	交通信息化指标	2.86
7-1	技术创新类指标	3.0

表8-5（8） 盘锦市指标计算试验结果

单位：分

指标	指标名称	分值
1-1-1	行人交通规则遵守度指标	-1.75
1-1-2	乘客交通规则违章指标	-3.0
1-1-3	车辆交通规则违章指标	-3.09
1-1-4	公共交通司乘人员违章指标	-5.0
1-2-1	安全护栏指标	-3.1
1-2-2	人行横道指标	-2.89
1-3-1	道路事故指标	-3.03

第八章　基于大数据的城市交通服务质量评价指数

续表

指标	指标名称	分值
1-4-1	夜间交通犯罪指标	-6.64
1-4-2	白天交通犯罪指标	-6.73
2-1-1	公交拥堵指标	-3.96
2-1-2	地铁拥堵指标	-5.57
2-1-3	私家车拥堵指标	-2.15
2-2	交通设施建设指标	2.37
2-3	交通设施维护指标	2.78
2-4	交通移动设施指标	2.97
2-5	乘客交通出行体验指标	0.65
3-1	地铁公交出租搭乘站指标	2.58
3-2	加油或公交卡充值点指标	-2.78
3-3	交通信息获取指标	-2.77
3-4	驾驶培训服务指标	0.0
3-5	机场服务指标	-3.0
4-1	交警服务指标	1.67
4-2	事故应急处理指标	2.92
4-3	司乘人员服务指标	3.0
4-4	车辆正点指标	3.0
4-5-1	私人停车设施指标	-3.0
4-5-2	公共停车设施指标	-3.0
4-6	投诉指标	-7.0
4-7-1	交通主管部门诉讼案件指标	-7.0
4-7-2	公交企业诉讼案例指标	-7.0
5-1	道路绿化率指标	0.0
5-2	交通噪声指标	-0.38
5-3	尾气达标率指标	-2.1
5-4	道路违建指标	-7.0
5-5	雾霾天气指标	-5.7
6-1	公共交通占比指标	3.0
6-2	新能源汽车指标	2.14
6-3	交通收费指标	-4.13
6-4	交通信息化指标	2.95
7-1	技术创新类指标	3.0

表 8–5（9）　营口市指标计算试验结果

单位：分

指标	指标名称	分值
1-1-1	行人交通规则遵守度指标	-2.32
1-1-2	乘客交通规则违章指标	-3.01
1-1-3	车辆交通规则违章指标	-3.47
1-1-4	公共交通司乘人员违章指标	-4.67
1-2-1	安全护栏指标	-3.28
1-2-2	人行横道指标	-3.0
1-3-1	道路事故指标	-5.92
1-4-1	夜间交通犯罪指标	-6.75
1-4-2	白天交通犯罪指标	-6.81
2-1-1	公交拥堵指标	-3.73
2-1-2	地铁拥堵指标	-4.64
2-1-3	私家车拥堵指标	-4.76
2-2	交通设施建设指标	1.12
2-3	交通设施维护指标	2.52
2-4	交通移动设施指标	2.94
2-5	乘客交通出行体验指标	-0.44
3-1	地铁公交出租搭乘站指标	2.56
3-2	加油或公交卡充值点指标	-3.0
3-3	交通信息获取指标	-2.67
3-4	驾驶培训服务指标	0.0
3-5	机场服务指标	-4.14
4-1	交警服务指标	1.57
4-2	事故应急处理指标	3.0
4-3	司乘人员服务指标	3.0
4-4	车辆正点指标	3.0
4-5-1	私人停车设施指标	-1.0
4-5-2	公共停车设施指标	-1.0
4-6	投诉指标	-7.0

第八章 基于大数据的城市交通服务质量评价指数

续表

指标	指标名称	分值
4-7-1	交通主管部门诉讼案件指标	-7.0
4-7-2	公交企业诉讼案例指标	-6.7
5-1	道路绿化率指标	0.0
5-2	交通噪声指标	0.0
5-3	尾气达标率指标	-0.30
5-4	道路违建指标	-6.5
5-5	雾霾天气指标	-5.6
6-1	公共交通占比指标	3.0
6-2	新能源汽车指标	1.29
6-3	交通收费指标	-1.2
6-4	交通信息化指标	2.90
7-1	技术创新类指标	3.0

表8-5（10） 开封市指标计算试验结果

单位：分

指标	指标名称	分值
1-1-1	行人交通规则遵守度指标	1.08
1-1-2	乘客交通规则违章指标	-3.03
1-1-3	车辆交通规则违章指标	-3.63
1-1-4	公共交通司乘人员违章指标	-5.0
1-2-1	安全护栏指标	-3.0
1-2-2	人行横道指标	-3.3
1-3-1	道路事故指标	-3.04
1-4-1	夜间交通犯罪指标	-7.0
1-4-2	白天交通犯罪指标	-7.0
2-1-1	公交拥堵指标	-3.27
2-1-2	地铁拥堵指标	-3.51
2-1-3	私家车拥堵指标	-3.83
2-2	交通设施建设指标	0.85
2-3	交通设施维护指标	2.72

续表

指标	指标名称	分值
2-4	交通移动设施指标	2.94
2-5	乘客交通出行体验指标	-1.81
3-1	地铁公交出租搭乘站指标	2.16
3-2	加油或公交卡充值点指标	-3.0
3-3	交通信息获取指标	-2.56
3-4	驾驶培训服务指标	0.0
3-5	机场服务指标	-3.0
4-1	交警服务指标	0.5
4-2	事故应急处理指标	2.95
4-3	司乘人员服务指标	3.0
4-4	车辆正点指标	1.18
4-5-1	私人停车设施指标	-4.33
4-5-2	公共停车设施指标	-4.33
4-6	投诉指标	-7.0
4-7-1	交通主管部门诉讼案件指标	-7.0
4-7-2	公交企业诉讼案例指标	-7.0
5-1	道路绿化率指标	0.0
5-2	交通噪声指标	-0.1
5-3	尾气达标率指标	-0.88
5-4	道路违建指标	-7.0
5-5	雾霾天气指标	-6.0
6-1	公共交通占比指标	3.0
6-2	新能源汽车指标	1.25
6-3	交通收费指标	-0.9
6-4	交通信息化指标	2.75
7-1	技术创新类指标	3.0

第九章
城市交通服务质量评价指数分析结果

第一节 城市交通服务质量总体得分情况

从得分及排名上来看，城市交通服务质量指数得分最高的城市是石家庄市，综合得分是53.85分，超过荣枯分水岭（50分），其他城市综合得分均低于荣枯分水岭（50分），合肥市得分最低，综合得分为39.63分，说明城市交通系统服务于城市经济社会发展的质量较低，如表9-1和图9-1所示。

表9-1 中国城市交通服务质量评价指数：10个典型城市的得分

单位：分

城市名称	综合得分	排名	城市名称	综合得分	排名
石家庄市	53.85	1	沈阳市	40.98	6
上海市	43.78	2	盘锦市	40.60	7
合肥市	39.63	3	淄博市	40.32	8
营口市	39.79	4	开封市	39.90	9
泉州市	40.31	5	烟台市	39.65	10

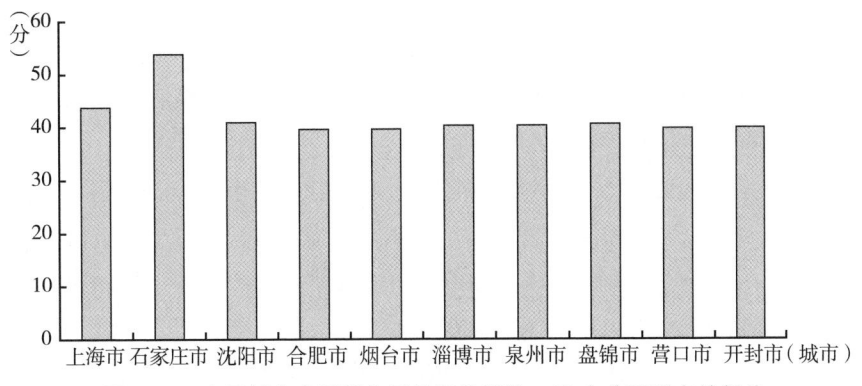

图9-1 中国城市交通服务质量评价指数：10个典型城市的得分

由上可知城市交通服务质量评价指数的总体情况：10个典型城市平均得分为41.88分，除石家庄市外，包括上海市在内的大多城市交通服务质量指数得分均在荣枯分水岭（50分）之下；城市各利益相关方普遍对城市交通系统的安全性、环保性、合意性和便利性的服务质量指数有很高的负面评价，而对舒适性、效率性和创新性的服务质量指数均有正面评价，安全和环保已经成为制约我国城市交通系统服务质量最突出的矛盾和问题，是城市政府制定城市交通政策时亟须考虑的重要决策因素。

第二节 中国城市交通服务质量分项得分情况

一 二级指标分项得分情况

课题组研究的10个典型样本城市的中国城市交通服务质量评价指数的二级指标分项得分如表9-2所示。

城市交通服务质量评价指数是由安全性、舒适性、便利性、合意性、环保性、效率性和创新性7项二级评价指标构成的，此7项二级评价指标一共包括了41个三级和四级评价指标。从表9-2可以看出，城市交通服务质量评价指数分项平均得分指标从低向高排列如下：安全性（-0.7799分）、环保性（-0.3831分）、合意性（-0.2706分）、便利性（-0.1621分）、舒适性（0.0816分）、创新性（0.1535分）和效率性（0.2241分）。

从二级指标分项得分情况可以看出，石家庄由于在安全性（-0.4472分）、环保性（-0.0366分）和合意性（-0.1637分）得分相对其他城市较高，从而使其能够在10个典型城市中排名第1名，而合肥市由于在安全性（-0.9223分）、环保性（-0.3750分）和合意性（-0.2411分）得分相对其他城市较低，从而使其在10个典型城市中排名倒数第1名。

在安全性、舒适性、便利性、合意性、环保性、效率性和创新性7项二级指标中，上海市、石家庄市、沈阳市、合肥市、烟台市、淄博市、泉州市、盘锦市、营口市和开封市的排名不尽相同，下面我们按照得分从高到低的降序，对相关二级指标进行排序，如表9-3所示。

从表9-3中可以看出，每个城市利益相关者强调的二级指标不尽相同，这说明城市在各个发展阶段中的突出矛盾有所差异。

第九章 城市交通服务质量评价指数分析结果

表9-2 典型样本城市中国城市交通服务质量评价指数分项得分

单位：分

二级指标 城市名称	安全性	舒适性	便利性	合意性	环保性	效率性	创新性	合计得分	百分制 综合得分
合肥市	-0.9223	0.1275	-0.2028	-0.2411	-0.3750	0.0323	0.1300	-1.4513	39.63
烟台市	-0.7569	0.0552	-0.2037	-0.3218	-0.5991	0.2277	0.1500	-1.4486	39.65
营口市	-1.0227	0.0518	-0.2175	-0.2570	-0.3720	0.2375	0.1500	-1.4299	39.79
开封市	-0.8342	0.0340	-0.1920	-0.3941	-0.4194	0.2419	0.1500	-1.4138	39.90
泉州市	-0.8180	0.0597	-0.2691	-0.2631	-0.3951	0.1784	0.1500	-1.3572	40.31
淄博市	-0.7867	-0.0080	-0.2784	-0.2511	-0.3774	0.1970	0.1500	-1.3546	40.32
盘锦市	-0.8316	0.1515	-0.1791	-0.3062	-0.4554	0.1550	0.1500	-1.3158	40.60
沈阳市	-0.8178	0.1142	-0.2745	-0.2642	-0.4230	0.2570	0.1450	-1.2633	40.98
上海市	-0.5620	-0.0009	-0.1104	-0.2433	-0.3780	0.2143	0.2100	-0.8703	43.78
石家庄市	-0.4472	0.2306	0.3063	-0.1637	-0.0366	0.4994	0.1500	0.5388	53.85
小 计	-7.7994	0.8156	-1.6212	-2.7056	-3.8310	2.2405	1.5350	-11.3660	418.81
平 均	-0.7799	0.0816	-0.1621	-0.2706	-0.3831	0.2241	0.1535	-1.1366	41.88

注：课题研究采取 -7 至 +7 分的赋值标准。

表 9-3 典型样本城市中国交通服务质量评价指数分项得分排序

单位：分

安全性			舒适性			便利性			合意性		
城市名称	城市得分	城市排名	城市名称	城市得分	城市排名	城市名称	城市得分	城市排名	城市名称	城市得分	城市排名
营口市	-1.0227	10	淄博市	-0.0080	10	淄博市	-0.2784	10	开封市	-0.3941	10
合肥市	-0.9223	9	上海市	-0.0009	9	沈阳市	-0.2745	9	烟台市	-0.3218	9
开封市	-0.8342	8	开封市	0.0340	8	泉州市	-0.2691	8	盘锦市	-0.3062	8
盘锦市	-0.8316	7	营口市	0.0518	7	营口市	-0.2175	7	沈阳市	-0.2642	7
泉州市	-0.8180	6	烟台市	0.0552	6	烟台市	-0.2037	6	泉州市	-0.2631	6
沈阳市	-0.8178	5	泉州市	0.0597	5	合肥市	-0.2028	5	营口市	-0.2570	5
淄博市	-0.7867	4	沈阳市	0.1142	4	开封市	-0.1920	4	淄博市	-0.2511	4
烟台市	-0.7569	3	合肥市	0.1275	3	盘锦市	-0.1791	3	上海市	-0.2433	3
上海市	-0.5620	2	盘锦市	0.1515	2	上海市	-0.1104	2	合肥市	-0.2411	2
石家庄市	-0.4472	1	石家庄市	0.2306	1	石家庄市	0.3063	1	石家庄市	-0.1637	1

环保性			效率性			创新性		
城市名称	城市得分	城市排名	城市名称	城市得分	城市排名	城市名称	城市得分	城市排名
烟台市	-0.5991	10	合肥市	0.0323	10	开封市	0.1300	10
盘锦市	-0.4554	9	沈阳市	0.1550	9	烟台市	0.1450	9
沈阳市	-0.4230	8	盘锦市	0.1784	8	盘锦市	0.1500	8
开封市	-0.4194	7	泉州市	0.1970	7	沈阳市	0.1500	7
泉州市	-0.3951	6	淄博市	0.2143	6	泉州市	0.1500	6
上海市	-0.3780	5	烟台市	0.2277	5	营口市	0.1500	5
淄博市	-0.3774	4	营口市	0.2375	4	淄博市	0.1500	4
合肥市	-0.3750	3	开封市	0.2419	3	上海市	0.1500	3
营口市	-0.3720	2	石家庄市	0.2570	2	合肥市	0.1500	2
石家庄市	-0.0366	1	上海市	0.4994	1	石家庄市	0.2100	1

注：均按照从第 10 名到第 1 名排序。

二 三级、四级指标分项得分情况

上海市、石家庄市、沈阳市、合肥市、烟台市、淄博市、泉州市、盘锦市、营口市和开封市 10 个典型城市的三级、四级指标得分最低的 5 项指标分别如表 9-4（1）至表 9-4（10）所示。

表 9-4（1） 上海市三级、四级指标得分最低的前 5 项指标

单位：分

序号	指标	指标名称	得分
1	1-3-1	道路事故指标	-0.336
2	5-4	道路违建指标	-0.189
3	5-5	雾霾天气指标	-0.171
4	4-6	投诉指标	-0.156
5	4-7-2	公交企业诉讼案例指标	-0.0945

表 9-4（2） 石家庄市三级、四级指标得分最低的前 5 项指标

单位：分

序号	指标	指标名称	得分
1	1-3-1	道路事故指标	-0.3426
2	4-6	投诉指标	-0.204
3	4-7-1	交通主管部门诉讼案件指标	-0.1035
4	1-4-2	白天交通犯罪指标	-0.10188
5	5-2	交通噪声指标	-0.09

表 9-4（3） 沈阳市三级、四级指标得分最低的前 5 项指标

单位：分

序号	指标	指标名称	得分
1	1-4-2	白天交通犯罪指标	-0.2286
2	4-6	投诉指标	-0.21
3	5-4	道路违建指标	-0.21
4	5-5	雾霾天气指标	-0.1881
5	1-3-1	道路事故指标	-0.1812

表 9 – 4（4）　合肥市三级、四级指标得分最低的前 5 项指标

单位：分

序号	指标	指标名称	得分
1	1 – 3 – 1	道路事故指标	– 0.375
2	4 – 6	投诉指标	– 0.21
3	5 – 4	道路违建指标	– 0.204
4	1 – 4 – 2	白天交通犯罪指标	– 0.18504
5	6 – 3	交通收费指标	– 0.15525

表 9 – 4（5）　烟台市三级、四级指标得分最低的前 5 项指标

单位：分

序号	指标	指标名称	得分
1	4 – 6	投诉指标	– 0.21
2	5 – 1	道路绿化率指标	– 0.21
3	5 – 4	道路违建指标	– 0.21
4	1 – 4 – 2	白天交通犯罪指标	– 0.198
5	1 – 3 – 1	道路事故指标	– 0.1812

表 9 – 4（6）　淄博市三级、四级指标得分最低的前 5 项指标

单位：分

序号	指标	指标名称	得分
1	1 – 4 – 2	白天交通犯罪指标	– 0.23148
2	4 – 6	投诉指标	– 0.21
3	5 – 4	道路违建指标	– 0.21
4	1 – 3 – 1	道路事故指标	– 0.1806
5	5 – 5	雾霾天气指标	– 0.165

表 9 – 4（7）　泉州市三级、四级指标得分最低的前 5 项指标

单位：分

序号	指标	指标名称	得分
1	1 – 4 – 2	白天交通犯罪指标	– 0.23652
2	4 – 6	投诉指标	– 0.21
3	5 – 4	道路违建指标	– 0.21
4	1 – 3 – 1	道路事故指标	– 0.183
5	5 – 5	雾霾天气指标	– 0.162

第九章　城市交通服务质量评价指数分析结果

表9-4（8）　盘锦市三级、四级指标得分最低的前5项指标

单位：分

序号	指标	指标名称	得分
1	1-4-2	白天交通犯罪指标	-0.24228
2	4-6	投诉指标	-0.21
3	5-4	道路违建指标	-0.21
4	1-3-1	道路事故指标	-0.1818
5	5-5	雾霾天气指标	-0.171

表9-4（9）　营口市三级、四级指标得分最低的前5项指标

单位：分

序号	指标	指标名称	得分
1	1-3-1	道路事故指标	-0.3552
2	1-4-2	白天交通犯罪指标	-0.24516
3	4-6	投诉指标	-0.21
4	5-4	道路违建指标	-0.195
5	5-5	雾霾天气指标	-0.168

表9-4（10）　开封庄市三级、四级指标得分最低的前5项指标

单位：分

序号	指标	指标名称	得分
1	1-4-2	白天交通犯罪指标	-0.252
2	4-6	投诉指标	-0.21
3	5-4	道路违建指标	-0.21
4	1-3-1	道路事故指标	-0.1824
5	5-5	雾霾天气指标	-0.18

从上述表9-4（1）至表9-4（10）可以看出，白天交通犯罪指标、道路事故指标、投诉指标、雾霾天气指标等，是影响10个典型样本城市的城市交通服务质量评价指数的重要指标，说明安全性和环保性已经成为当今中国城市中最被关注的服务质量指标，其重要性甚至超过了合意性、舒适性、便利性、效率性和创新性等指标，其已经成为政府交通发展政策中的重中之重。

第三节　主要结论与研究展望

一　主要结论

城市交通系统是服务于城市经济社会发展的重要基础设施，而基于大数据分析的城市交通服务质量评价指数是判断城市交通系统适应性的重要指征。课题组构建了由安全性、舒适性、便利性、合意性、环保性、效率性和创新性在内的7项二级评价指标体系，基于10个典型样本城市的大数据研究结果表明，大多城市交通服务质量评价指数处于荣枯分水岭（50分）之下，这说明我国绝大部分城市的交通服务质量可能仍然不能满足城市经济社会发展的需要，不能构建出与城市社会经济发展相适应的高效、畅通、有序、高品质的城市交通系统，这是阻碍我国城市人口聚集和经济社会发展的重要因素。

对中国城市交通服务质量评价指数的总体和分项得分进行分析后可知，我国城市各利益相关方普遍对城市交通系统的安全性、环保性、合意性和便利性的服务质量指数有很高的负面评价，而对舒适性、效率性和创新性的服务质量指数均有正面评价，与此同时，安全性和环保性已经成为制约我国城市交通系统服务质量最突出的矛盾和问题。城市政府在制定城市交通需求侧管理政策和供给侧管理政策时，在考虑基础设施建设，移动设备选型，车辆限行、拥堵收费等政策时，需要密切关注城市交通大数据分析结果的政策含义。

二　研究展望

北京交通大学、中译语通科技（北京）有限公司、中国交通运输协会签订了中国城市交通研究与大数据分析的战略协议：三方于2016年4月29日建立合作关系；5月11日布置团队分工，确认采集组、建模组、训练模型组任务和工作量；5月26日确认石家庄为首个试点城市；5月29日开始配置网站和采集数据；6月3日开始第二批数据深度采集；6月5日清洗数据和查重；6月12日，确立样本模型及词汇库；6月25日系统软件自动扩充词汇库几轮失败后决定放弃词汇检索；6月26日开始进入数据源标注建模；7月10日第一批数据源标注不成功导致无法训练模型；7月15日开始重新标注数据源；7月29日第二批数据源标注审核通过96.7%；8月6日开始进入批量标注阶段；8月11日全部数据源标注通过95.44%；8月12日开始导入模型；8月12日凌晨石家庄市出结果；8月15日之后开始采集其他30个城市的数据，最后挑选出9个试点城市。这次信源数据采集历时3个月，进行了中国城市交通服务质量评价指数的指标体系构建与大数据结果分析。

立足于北京交通大学和中国交通运输协会的城市交通研究的理论和实证经验，依托于中译语通科技（北京）有限公司的大数据处理，特别是多种语言翻译处理的核能竞争能力，课题组未来除了要针对中国全部地级以上城市进行中国城市交通服务质量评价指数的大数据分析，还要逐步开展针对"一带一路"国家，乃至全世界重点城市的城市交通服务质量评价指数进行大数据分析，从而提高中国在国际交通运输经济领域的影响力和话"语权，打造中国交通领域的重要智库。

附录 2003～2013年中国城市交通基础数据

附表1 2003年中国城市交通基础数据

城市	基础建设				交通运行					
	年底实有铺装道路面积(万平方米)	每万人拥有公共汽电车(辆)	年底实有出租汽车(辆)	年底邮电局(所)	客运总量(万人)	铁路客运量(万人)	公路客运量(万人)	货运总量(万吨)	铁路货运量(万吨)	公路货运量(万吨)
北京市	245093	7.12	792389	22964	1591365	99621	1465538	1492435	230796	1104618
天津市	9240	17.3	65984	812	30520	4352	24940	30671	2265	28361
石家庄市	10026	6.2	35682	400	62954	4258	58685	71238	12204	58363
唐山市	1747	7.23	6553	91	11843	1088	10745	10008	1396	8610
秦皇岛市	1651	5.88	3261	66	4614	552	4062	13630	4078	9552
邯郸市	1102	8.95	3567	56	4501	367	4132	5442	1329	3459
邢台市	1157	7.5	4611	50	9795	362	9433	9706	2328	7378
保定市	586	6.77	3148	13	4307	189	4118	3805	663	3142
张家口市	1120	5.99	2831	24	6218	527	5691	5716	323	5393
承德市	728	6.65	3604	19	2967	298	2669	5730	988	4742
沧州市	341	7.71	1899	28	3033	358	2675	3181	536	2645
廊坊市	602	4.2	3008	12	7839	139	7700	6354	339	6000
衡水市	507	1.99	1700	29	4487	157	4330	4960	137	4823
太原市	5588	4.06	25864	514	35423	2862	32457	104538	36704	67830
大同市	1972	5.06	8292	148	2975	824	2048	15248	5186	10058
阳泉市	992	2.92	5182	65	2272	601	1671	14543	8211	6332
长治市	364	5.99	1965	40	2901	89	2812	9153	2730	6423
晋城市	319	4.62	1800	55	3327	125	3201	8516	2517	5999

附录 2003～2013年中国城市交通基础数据

续表

城市	基础建设				交通运行					
	年底实有铺装道路面积(万平方米)	每万人拥有公共汽电车(辆)	年底实有出租汽车(辆)	年底邮电局(所)	客运总量(万人)	铁路客运量(万人)	公路客运量(万人)	货运总量(万吨)	铁路货运量(万吨)	公路货运量(万吨)
朔州市	407	7.81	1475	35	5853	205	5648	11795	4018	7777
晋中市	274	2.08	1100	23	1553	142	1411	12814	7202	5612
运城市	368	4.13	1500	24	2941	320	2621	8454	1690	6764
忻州市	260	3.98	1830	58	3324	123	3201	3122	412	2710
临汾市	162	2.04	650	26	3029	272	2757	5866	634	5232
吕梁市	379	2.6	1800	30	5810	131	5679	11363	3595	7768
呼和浩特市	4178	3.81	25071	357	25636	2529	22949	55869	14279	41589
包头市	979	5.5	3960	70	3508	385	2985	4155	302	3852
乌海市	1209	4.34	6293	76	9297	256	9033	15638	3218	12420
赤峰市	384	9.3	1000	30	267	54	213	6921	4091	2830
通辽市	307	1.17	3046	64	2836	244	2590	7537	817	6720
鄂尔多斯市	296	2.23	2200	29	2700	710	1989	5224	1668	3556
呼伦贝尔市	268	4.92	2200	11	1126	61	1065	5715	1394	4321
巴彦淖尔市	249	4.74	1971	30	2884	567	2308	6320	2527	3793
乌兰察布市	235	1.88	1601	32	2012	112	1900	2258	120	2138
沈阳市	10544	8.11	71161	789	53043	8998	43085	87947	14656	69356
大连市	3271	9.32	17015	163	6612	2570	3819	14636	481	14150
鞍山市	1715	13.79	13524	125	11001	1345	8963	21081	1651	16116
抚顺市	918	9.47	5405	44	5682	446	5236	7358	1166	6192
本溪市	588	9.94	4535	143	2695	706	1989	4093	2367	1726
丹东市	435	5.23	2714	38	2983	1236	1747	6140	2090	4050
锦州市	432	4.86	1915	46	2321	290	2011	2976	355	2412
营口市	505	5.46	3910	28	2946	642	2302	5097	546	4491
阜新市	385	4.58	4500	35	2187	287	1900	4234	863	3300
辽阳市	370	4.85	2760	16	2363	158	2205	4377	1097	3280
盘锦市	612	4.36	2600	42	2918	303	2615	3943	1253	2690
铁岭市	589	6.54	3226	26	1514	56	1458	2882	211	2671

续表

城市	基础建设				交通运行					
	年底实有铺装道路面积(万平方米)	每万人拥有公共汽电车(辆)	年底实有出租汽车(辆)	年底邮电局(所)	客运总量(万人)	铁路客运量(万人)	公路客运量(万人)	货运总量(万吨)	铁路货运量(万吨)	公路货运量(万吨)
朝阳市	218	5.78	1870	21	3079	489	2590	3563	1254	2309
葫芦岛市	199	2.09	3200	15	3074	205	2868	3798	541	3257
长春市	4763	8.32	31829	339	22955	5827	17029	30146	7639	22464
吉林市	2180	11.87	12528	99	6999	2304	4632	10892	2022	8869
四平市	1183	5.75	6100	66	4194	1331	2845	5298	2250	3032
辽源市	249	5.63	2155	26	3135	733	2402	2892	443	2449
通化市	279	7.32	3570	16	1631	66	1565	1691	228	1463
白山市	219	4.97	1500	29	2711	492	2219	4119	1050	3069
松原市	142	5.85	643	28	1541	258	1283	2693	689	2004
白城市	259	7.72	2187	50	1615	71	1525	1334	198	1118
哈尔滨市	8180	7.26	41041	703	26806	7122	19515	37850	12534	24811
齐齐哈尔市	1997	12.75	11397	141	6458	2491	3862	9518	1353	7790
鸡西市	762	3.76	4261	102	4625	1214	3408	4909	986	3923
鹤岗市	320	4.37	2710	61	3327	320	3007	3726	2563	1163
双鸭山市	282	5.46	2155	35	328	57	267	2333	1537	792
大庆市	172	3.27	2000	36	1459	48	1411	2352	1138	1214
伊春市	2433	10.82	5774	96	1282	560	722	3002	1255	1747
佳木斯市	421	2.27	2268	52	431	113	318	527	200	327
七台河市	334	5.23	2500	13	1987	522	1447	2109	512	1505
牡丹江市	358	4.49	1500	32	1315	61	1254	3871	1575	2296
黑河市	807	9.12	3046	76	2789	835	1944	2545	894	1651
绥化市	105	4.9	820	27	541	190	321	1066	240	792
上海市	189	2.17	2610	32	2265	711	1554	1892	281	1611
南京市	24284	6.87	29246	887	116975	5148	111319	80378	5051	54753
无锡市	5941	9.06	9216	175	16790	1119	15348	14805	872	9266
徐州市	4355	8.85	4153	122	15877	784	15077	7097	178	5891

附录 2003~2013年中国城市交通基础数据

续表

城市	基础建设				交通运行					
	年底实有铺装道路面积(万平方米)	每万人拥有公共汽电车(辆)	年底实有出租汽车(辆)	年底邮电局(所)	客运总量(万人)	铁路客运量(万人)	公路客运量(万人)	货运总量(万吨)	铁路货运量(万吨)	公路货运量(万吨)
常州市	1299	6.01	2850	52	7055	755	6292	7215	1543	5052
苏州市	3563	8.45	1442	95	11413	577	10820	5437	254	4040
南通市	2816	5.52	2403	89	24132	1211	22835	7520	166	5389
连云港市	750	4.72	1277	28	8059	0	8050	7293	0	5885
淮安市	751	4.05	1909	49	5428	179	5245	4452	1155	3062
盐城市	812	4.5	570	85	3082	0	3076	3413	78	1790
扬州市	420	4.33	808	26	6114	0	6112	6967	0	2986
镇江市	772	7.45	1846	48	6897	0	6880	5223	0	3977
泰州市	1015	4.68	1254	54	6247	523	5704	4987	805	3856
宿迁市	1038	3.55	740	26	3480	0	3480	4093	0	2029
杭州市	10715	7.34	20831	881	145091	4705	137979	94893	3152	63339
宁波市	2556	8.93	7404	204	21349	1534	19510	16815	438	12118
温州市	1409	9.88	2900	144	24938	438	24320	13797	1158	9070
嘉兴市	945	11.21	3443	69	24108	338	23550	8625	59	6477
湖州市	784	5.61	723	158	11103	390	10710	7344	72	2318
绍兴市	1010	5.43	912	63	7082	97	6985	10978	214	4219
金华市	734	11.87	2051	20	13277	331	12944	8032	138	6766
衢州市	770	4.19	622	60	15607	1290	14287	9811	614	8891
舟山市	433	3.44	321	34	3687	192	3484	5002	330	4668
台州市	366	3.73	998	50	7505	0	5946	3777	0	1339
丽水市	1528	3.37	1090	62	13813	0	13743	7923	0	5193
合肥市	10136	4.58	35049	877	62805	2895	59578	55120	7405	39898
芜湖市	2451	14.11	6500	131	6034	639	5350	4641	641	3470
蚌埠市	608	10.37	3130	18	2469	196	2270	3441	167	2552
淮南市	786	6.32	2254	20	2407	429	1978	2684	182	2070
马鞍山市	724	6.12	2500	48	1893	107	1786	3511	1776	1285
淮北市	560	9.69	2911	58	1363	82	1281	1849	411	1110
铜陵市	556	10.81	1800	41	1989	75	1914	4380	2296	2084
安庆市	332	6.1	1900	17	1271	102	1168	1688	209	1171
黄山市	567	3.52	1720	24	5771	118	5646	3653	213	2403

续表

城市	基础建设				交通运行					
	年底实有铺装道路面积(万平方米)	每万人拥有公共汽电车(辆)	年底实有出租汽车(辆)	年底邮电局(所)	客运总量(万人)	铁路客运量(万人)	公路客运量(万人)	货运总量(万吨)	铁路货运量(万吨)	公路货运量(万吨)
滁州市	204	2.41	321	41	2250	101	2031	1332	18	1298
阜阳市	315	1.93	1260	33	4975	199	4776	4334	111	3988
宿州市	738	2.35	1545	43	4525	425	4100	3059	88	2855
巢湖市	522	1.21	1298	85	6185	149	6036	4746	638	3998
六安市	424	1.41	1750	49	6221	14	6075	4155	95	1980
亳州市	457	1.3	3840	106	6958	0	6933	4965	0	4913
池州市	545	0.66	1000	98	2385	72	2313	1519	57	1322
宣城市	120	0.85	570	29	2592	0	2592	2999	0	1872
福州市	4437	6.43	12950	570	48966	1452	45926	33176	3743	23915
厦门市	1313	9.65	4541	90	9680	473	8946	8250	287	4845
莆田市	1155	12.5	3437	102	4441	262	3326	3055	322	1673
三明市	485	2.47	795	139	5698	0	5597	1640	0	1585
泉州市	138	7.61	340	24	3930	126	3789	4019	996	2969
漳州市	478	4.82	1603	70	8699	28	8581	6164	613	4715
南平市	343	2.83	985	55	5935	155	5697	3856	156	3593
龙岩市	164	3.55	450	33	3882	306	3510	2296	491	1749
宁德市	230	6.36	229	32	2073	88	1984	3068	872	2196
南昌市	4452	5.06	8617	413	38669	3075	35247	27739	3390	22786
景德镇市	1506	7.37	3450	78	5728	1084	4523	4454	353	3926
萍乡市	272	5.53	594	88	1883	166	1714	2171	155	1991
九江市	519	7.05	600	34	3091	129	2962	2326	871	1455
新余市	360	12.62	1478	23	4135	324	3807	1920	483	1304
鹰潭市	449	2.43	231	36	1078	128	932	1601	466	1041
赣州市	140	2.87	271	7	1191	343	832	1447	306	1002
吉安市	322	6.54	539	30	5087	228	4803	3556	93	2868
宜春市	144	2.33	115	47	3742	185	3509	2418	80	2077
抚州市	183	1.5	372	35	4750	135	4614	3576	246	3319
上饶市	298	1.3	329	25	2741	71	2670	1540	63	1443
济南市	24464	6.43	47264	1130	80380	4242	74710	118691	15728	97975
青岛市	3555	7.77	8300	113	5810	1576	4147	14354	6887	7466

附录 2003~2013年中国城市交通基础数据

续表

城市	基础建设				交通运行					
	年底实有铺装道路面积(万平方米)	每万人拥有公共汽电车(辆)	年底实有出租汽车(辆)	年底邮电局(所)	客运总量(万人)	铁路客运量(万人)	公路客运量(万人)	货运总量(万吨)	铁路货运量(万吨)	公路货运量(万吨)
淄博市	2816	14.78	8109	52	14666	574	13132	30553	535	27241
枣庄市	1769	10.22	6010	181	15725	269	15456	6085	1170	4915
东营市	1738	7.11	844	76	4341	148	4193	5607	1149	4352
烟台市	1730	7.69	4000	38	2213	27	2186	4618	71	4494
潍坊市	1765	5.29	2112	212	7737	201	7211	10997	701	9222
济宁市	2016	3.26	2106	53	4038	332	3705	7452	598	6797
泰安市	789	3.48	1499	25	4106	262	3844	14792	1755	12548
威海市	1342	2.15	1290	38	2702	203	2499	5560	1335	4219
日照市	879	7.41	1400	30	3232	108	3077	4289	163	3800
莱芜市	1061	4.84	1356	31	2436	35	2399	2221	456	1676
临沂市	1226	5.67	1664	44	966	4	962	1315	267	1048
德州市	1056	4.1	2700	41	4211	59	4147	3242	143	3099
聊城市	549	5.19	2405	38	1813	223	1590	2137	267	1870
滨州市	1301	2.52	1600	66	2108	68	2040	1198	46	1152
菏泽市	252	2.51	638	26	1680	5	1675	2242	87	2145
郑州市	8866	5.32	44839	461	79431	4766	74521	68129	12795	54670
开封市	1831	10.11	10757	117	10709	1570	9056	7847	2330	5505
洛阳市	549	4.39	2500	24	3464	175	3289	3456	136	3320
平顶山市	623	4.63	5012	44	7630	418	7199	6371	1323	5048
安阳市	371	5.93	2000	37	4022	115	3907	5653	3264	2389
鹤壁市	527	5.42	2525	23	4666	201	4465	3750	538	3212
新乡市	344	6.31	670	16	1041	20	1021	1271	458	813
焦作市	490	5.46	4900	25	3874	283	3591	4633	251	4382
濮阳市	652	5.99	1400	30	2973	105	2868	4668	690	3978
许昌市	291	9.08	1947	22	1696	4	1692	1697	227	1455
漯河市	241	7.61	1699	16	2886	148	2738	2130	315	1815
三门峡市	538	17.23	1070	10	2858	200	2658	1829	176	1647
南阳市	155	4.82	1200	12	6462	211	6251	6162	1509	4653
商丘市	860	1.69	1253	32	6797	163	6600	4952	213	4650
信阳市	598	1.95	3500	14	4215	449	3766	2608	188	2394

193

续表

城市	基础建设				交通运行					
	年底实有铺装道路面积(万平方米)	每万人拥有公共汽电车(辆)	年底实有出租汽车(辆)	年底邮电局(所)	客运总量(万人)	铁路客运量(万人)	公路客运量(万人)	货运总量(万吨)	铁路货运量(万吨)	公路货运量(万吨)
周口市	219	1.26	1906	16	5341	417	4910	3829	411	3175
驻马店市	333	4.88	900	7	4817	41	4776	3370	581	2684
武汉市	10955	6.74	20457	664	60229	4802	54236	48489	11043	31198
黄石市	3247	6.87	12137	310	11882	2612	8936	16610	5824	7786
十堰市	679	11.58	813	15	2899	43	2815	5059	815	3599
宜昌市	576	11.62	782	23	4799	155	4591	1632	98	1489
襄樊市	1003	17.75	354	30	6820	208	6378	4881	219	4205
鄂州市	1108	4.49	1913	91	7238	456	6774	5294	439	4692
荆门市	523	4.19	396	57	1810	18	1769	1106	733	340
孝感市	551	6.11	380	16	3803	65	3734	3537	776	2706
荆州市	494	3.58	520	18	7048	499	6505	4538	1582	2911
黄冈市	741	4.52	1588	35	3882	10	3868	2265	110	1124
咸宁市	602	11.09	662	10	5185	376	4440	1853	197	1040
随州市	315	1.58	380	20	3351	264	3080	799	108	622
长沙市	6141	6.3	18830	1095	92099	5024	85930	58840	5846	49795
株洲市	1980	9.1	6257	187	10609	942	9351	10630	189	9572
湘潭市	589	7.99	1960	48	6170	518	5640	3979	575	3256
衡阳市	513	7.62	907	37	2855	144	2711	3497	614	2644
邵阳市	520	5.56	1394	72	6584	576	5970	5266	565	4483
岳阳市	208	4.64	899	202	10957	117	10720	3599	82	3113
常德市	305	6.25	1256	200	7833	603	7165	3984	822	2826
张家界市	484	6.1	1698	98	10115	96	10009	4719	120	4040
益阳市	185	6.42	753	14	3492	118	3290	998	15	976
郴州市	385	2.46	765	54	4510	39	4375	3013	47	2737
永州市	222	7.96	1101	56	6381	237	5984	6975	645	6295
怀化市	346	4.54	230	54	4724	179	4505	2723	135	2553
娄底市	41	9.99	800	39	9175	1037	7951	2989	1132	1772
广州市	28493	10.74	47447	6504	185978	7735	174288	133572	8653	97811
韶关市	6563	12.76	16923	3440	29751	5285	23839	28859	4852	14693
深圳市	404	3.54	766	23	3557	434	3123	5725	739	4986

附录 2003~2013年中国城市交通基础数据

续表

城市	基础建设				交通运行					
	年底实有铺装道路面积(万平方米)	每万人拥有公共汽电车(辆)	年底实有出租汽车(辆)	年底邮电局(所)	客运总量(万人)	铁路客运量(万人)	公路客运量(万人)	货运总量(万吨)	铁路货运量(万吨)	公路货运量(万吨)
珠海市	7138	114.91	12459	724	10989	1130	8635	6793	316	5433
汕头市	1927	13.18	1852	129	3300	0	2870	4230	0	2033
佛山市	1437	0.91	1825	112	2196	118	1735	1599	117	1198
江门市	1637	2.23	2032	299	12027	0	11949	14303	0	10977
湛江市	1019	2	420	33	8366	0	8181	4307	0	2043
茂名市	598	2.53	800	158	5790	179	5354	5370	1173	3180
肇庆市	244	1.06	701	27	21962	79	21817	10708	696	9900
惠州市	365	6.35	591	150	6771	48	6406	5946	87	4652
梅州市	877	5.79	778	149	4332	196	4136	3506	226	2785
汕尾市	430	2.64	382	16	5968	140	5783	5577	338	5135
河源市	90	1.9	90	13	4647	0	4647	1883	0	1827
阳江市	175	2.16	148	18	2860	0	2741	1935	0	1914
清远市	231	2.05	357	18	5211	0	5199	3610	21	2797
东莞市	555	4.24	230	29	4032	100	3891	2562	69	1991
中山市	3573	4.27	3751	856	32588	0	32566	5877	0	4046
潮州市	487	4.61	1763	223	8516	0	8423	4331	0	3220
揭阳市	200	2.74	510	35	1682	26	1656	1875	19	1592
云浮市	302	1.18	995	17	3039	0	3039	2083	0	2055
南宁市	5776	3.28	10948	410	45845	1448	43329	35735	3772	29023
柳州市	1358	9.91	4167	65	7016	422	6392	5893	393	4991
桂林市	771	7.16	1074	62	4116	352	3654	3956	675	3141
梧州市	500	7.48	2820	38	3980	227	3506	1464	214	1241
北海市	566	3.9	534	17	1957	0	1871	1315	0	978
防城港市	565	3.17	576	17	2698	10	2635	2278	221	1981
钦州市	213	1.56	99	21	2286	11	2272	2201	997	1122
贵港市	449	0.96	200	34	2585	10	2548	975	66	867
玉林市	447	0.6	295	38	2322	44	2238	2543	121	1246
百色市	282	1.1	417	28	4100	158	3942	3361	128	3074
贺州市	91	2.41	200	0	3418	46	3346	1680	118	1491
河池市	223	0.85	184	30	848	0	828	2661	0	2640

续表

城市	基础建设				交通运行					
	年底实有铺装道路面积(万平方米)	每万人拥有公共汽电车(辆)	年底实有出租汽车(辆)	年底邮电局(所)	客运总量(万人)	铁路客运量(万人)	公路客运量(万人)	货运总量(万吨)	铁路货运量(万吨)	公路货运量(万吨)
来宾市	119	3.72	45	20	5410	0	5276	2290	0	2230
崇左市	83	0.32	283	30	2170	128	1962	2805	790	1854
海口市	1354	4.35	2762	139	14603	6	13736	4014	106	2070
三亚市	984	5.09	1773	112	13284	0	12538	3304	58	1429
重庆市	370	2.28	989	27	1319	6	1198	710	48	641
成都市	11014	3.88	21014	1544	167992	4796	159719	72831	13516	56609
自贡市	4602	8.95	8803	502	72793	2601	69623	28798	4977	23724
攀枝花市	646	5.26	1284	54	8054	27	7930	2785	202	2388
泸州市	420	9.3	1369	34	2188	172	1990	3315	1715	1584
德阳市	468	3.35	826	72	8824	0	8654	2076	80	1705
绵阳市	329	2.38	550	34	4370	111	4259	3791	506	3285
广元市	570	5.55	1086	73	5260	225	4989	2404	739	1560
遂宁市	334	1.34	651	53	2528	378	2099	4553	2821	1538
内江市	410	0.88	433	84	3256	160	2948	1340	27	1091
乐山市	260	3.22	650	99	6849	103	6526	3646	250	3212
南充市	595	1.71	786	69	5194	65	4766	3026	435	2540
眉山市	865	1.65	1020	132	10920	155	10395	1771	61	1434
宜宾市	338	1.86	388	55	5211	12	5168	1350	150	1190
广安市	151	3.26	500	34	9647	180	9180	3301	910	2184
达州市	216	0.33	380	39	4635	98	4355	2206	295	1596
雅安市	124	7.43	1064	21	9481	449	8580	3750	182	3310
巴中市	304	1.67	344	14	2313	0	2313	1051	0	1051
资阳市	232	0	624	98	2289	0	1954	1407	117	1184
贵阳市	1132	6.95	5200	263	44190	1223	42720	14218	2989	11132
六盘水市	621	9.37	2444	143	18511	571	17799	5318	1088	4223
遵义市	132	3.23	1350	60	9586	290	9296	5130	1196	3934
安顺市	246	7.5	1031	33	10980	274	10635	2635	338	2235
昆明市	1948	7.4	11860	121	15747	807	14425	26179	2651	23441
曲靖市	1007	15.33	7739	0	5126	656	4081	12338	2076	10252
玉溪市	246	3.21	1589	20	3453	148	3305	5529	443	5086

附录　2003~2013年中国城市交通基础数据

续表

城市	基础建设				交通运行					
	年底实有铺装道路面积(万平方米)	每万人拥有公共汽电车(辆)	年底实有出租汽车(辆)	年底邮电局(所)	客运总量(万人)	铁路客运量(万人)	公路客运量(万人)	货运总量(万吨)	铁路货运量(万吨)	公路货运量(万吨)
保山市	279	1.4	314	17	1065	0	1052	2161	99	2062
昭通市	142	1.34	450	28	782	0	778	1380	0	1380
丽江市	59	0	531	16	3052	4	3045	634	33	530
思茅市	54	4.55	777	13	604	0	543	1011	0	1011
临沧市	83	6.71	260	13	1152	0	1115	1440	0	1434
拉萨市	—	—	—	—	—	—	—	—	—	—
西安市	4054	4.86	20756	586	39466	3022	35914	27196	6827	20247
铜川市	2284	7.32	11028	261	11413	1889	9252	9392	3662	5726
宝鸡市	208	2.43	795	47	644	16	628	1983	1128	855
咸阳市	265	4.69	3500	34	5424	337	5087	2234	380	1854
渭南市	475	3.21	1028	41	4112	120	3992	2314	163	2151
延安市	72	1.37	795	34	3154	484	2670	2159	985	1174
汉中市	95	4.7	406	47	1443	38	1404	1056	256	800
榆林市	185	1.73	1078	25	4257	139	4118	1701	253	1448
安康市	48	3.05	468	30	1779	0	1779	2259	0	2259
商洛市	312	3.25	1280	51	6520	0	6263	3686	0	3568
兰州市	4291	4.3	18011	379	12603	1363	11194	23180	4898	18281
嘉峪关市	1228	10.33	6620	120	2209	474	1695	5581	653	4927
金昌市	188	5.44	511	10	151	50	100	2391	970	1421
白银市	171	2.02	934	7	515	19	496	1136	148	988
天水市	403	2.51	980	34	1202	16	1186	2454	576	1878
武威市	984	1.73	1729	57	1693	492	1201	1611	280	1331
张掖市	209	1.22	2510	52	1190	187	1003	2373	1388	985
平凉市	170	2.91	1187	28	1319	30	1289	679	28	651
酒泉市	295	1.57	1500	22	679	48	631	2260	566	1694
庆阳市	302	2.37	670	19	1410	35	1370	1612	273	1339
定西市	280	4.04	940	10	932	0	932	1642	0	1642
陇南市	—	—	—	—	—	—	—	—	—	—
西宁市	490	11.47	5116	63	2788	178	2595	2037	214	1823
银川市	1568	4.99	9208	247	5006	150	4834	5090	230	4860

续表

城市	基础建设				交通运行					
	年底实有铺装道路面积(万平方米)	每万人拥有公共汽电车(辆)	年底实有出租汽车(辆)	年底邮电局(所)	客运总量(万人)	铁路客运量(万人)	公路客运量(万人)	货运总量(万吨)	铁路货运量(万吨)	公路货运量(万吨)
石嘴山市	749	9.26	4855	199	2146	150	1974	2127	230	1897
吴忠市	444	2.65	1890	6	641	0	641	599	0	599
固原市	160	3.27	980	10	1375	0	1375	1737	0	1737
中卫市	—	—	—	—	—	—	—	—	—	—
乌鲁木齐市	1125	22.89	6849	139	2188	1096	877	12754	4616	8138
克拉玛依市	599	15.16	1749	37	3967	0	3967	924	0	924

附表2 2004年中国城市交通基础数据

城市	基础建设				交通运行					
	年底实有铺装道路面积(万平方米)	每万人拥有公共汽电车(辆)	年底实有出租汽车(辆)	年底邮电局(所)	客运总量(万人)	铁路客运量(万人)	公路客运量(万人)	货运总量(万吨)	铁路货运量(万吨)	公路货运量(万吨)
北京市	11212	19	55463	850	48682	5437	41552	29989	1959	27973
天津市	5897	8	31939	556	4103	1491	2457	37283	6108	19560
石家庄市	1867	7	6700	89	14698	1100	13586	11751	1400	10349
唐山市	1698	6	3906	65	9497	526	8971	13916	3634	10282
秦皇岛市	1130	9	3567	56	6002	457	5544	6643	1334	4233
邯郸市	1659	8	4613	49	11688	440	11248	10505	2381	8124
邢台市	622	7	3148	19	5473	229	5244	3828	693	3135
保定市	1170	6	2831	24	7743	618	7125	6503	305	6198
张家口市	762	7	3650	25	3076	356	2720	6195	1239	4956
承德市	346	9	1883	28	3116	387	2729	3240	534	2706
沧州市	602	4	3008	14	7122	405	6717	8453	580	7829
廊坊市	535	2	1700	35	5168	153	5015	5274	177	5097
衡水市	500	1	1545	12	3936	335	3601	3760	487	3273
太原市	2086	5	8292	120	3508	1018	2322	16678	5303	11372
大同市	998	3	4605	65	2488	834	1654	14813	8000	6813

附录 2003~2013年中国城市交通基础数据

续表

城市	基础建设				交通运行					
	年底实有铺装道路面积(万平方米)	每万人拥有公共汽电车(辆)	年底实有出租汽车(辆)	年底邮电局(所)	客运总量(万人)	铁路客运量(万人)	公路客运量(万人)	货运总量(万吨)	铁路货运量(万吨)	公路货运量(万吨)
阳泉市	372	5	1895	31	3110	85	3025	9687	2966	6721
长治市	325	5	1800	55	3678	128	3545	9663	2813	6850
晋城市	253	8	1475	36	6358	215	6143	13478	4735	8743
朔州市	319	2	943	27	1551	151	1400	14585	8885	5700
晋中市	370	4	902	26	2971	348	2623	8982	1969	7013
运城市	270	4	1300	29	3688	135	3553	3392	446	2946
忻州市	166	2	650	27	3063	243	2820	5897	648	5249
临汾市	241	3	1861	32	5532	177	5355	10184	2206	7978
吕梁市	100	3	350	10	1547	39	1509	5318	1971	3347
呼和浩特市	1055	7	3960	69	4381	482	3690	5543	370	5171
包头市	1568	7	5556	73	11153	327	10812	17892	4163	13729
乌海市	435	10	951	30	436	78	357	9044	5164	3880
赤峰市	364	1	3051	64	3046	445	2600	7830	1007	6823
通辽市	305	2	2000	36	2805	698	2106	5794	2095	3699
鄂尔多斯市	321	5	2200	11	1583	92	1491	14925	5015	9910
呼伦贝尔市	254	7	1971	18	3153	618	2524	6887	3074	3813
巴彦淖尔市	250	2	1540	32	2392	151	2241	2503	168	2335
乌兰察布市	285	3	2800	14	1205	143	1062	2674	145	2529
沈阳市	3525	10	18796	174	8014	2945	4783	15037	822	14210
大连市	1794	14	13530	121	12144	1500	9800	22537	1844	16741
鞍山市	927	11	5375	43	5843	539	5304	7865	1487	6378
抚顺市	638	8	4535	37	2650	628	2022	4373	2483	1890
本溪市	446	6	2594	38	3753	1420	2333	6327	1832	4495
丹东市	432	5	1915	47	2739	315	2400	3218	371	2600
锦州市	696	6	3880	28	3090	657	2431	5236	578	4564
营口市	445	5	4500	36	2623	305	2318	4665	1092	3412
阜新市	398	5	2760	16	2450	165	2285	4450	1153	3297
辽阳市	632	5	2600	45	3721	330	3391	4464	1260	3204
盘锦市	606	7	3226	26	1648	58	1590	4040	223	3817
铁岭市	221	6	1870	22	3681	491	3190	4243	1429	2814

续表

城市	基础建设				交通运行					
	年底实有铺装道路面积(万平方米)	每万人拥有公共汽电车(辆)	年底实有出租汽车(辆)	年底邮电局(所)	客运总量(万人)	铁路客运量(万人)	公路客运量(万人)	货运总量(万吨)	铁路货运量(万吨)	公路货运量(万吨)
朝阳市	272	2	3250	16	3202	217	2985	3954	466	3488
葫芦岛市	335	2	4090	47	759	263	480	1125	781	59
长春市	2231	12	16303	99	7631	2681	4846	11577	2207	9369
吉林市	1183	6	5459	67	4843	1346	3476	6013	2505	3490
四平市	251	6	2155	24	3416	730	2686	3105	500	2605
辽源市	296	6	4090	16	1806	69	1737	1878	234	1644
通化市	219	6	1438	29	2829	528	2301	4395	1145	3250
白山市	149	6	643	33	1743	278	1465	2379	664	1715
松原市	277	9	2177	51	2109	131	1940	1432	230	1181
白城市	252	4	3146	34	1192	591	601	1330	812	511
哈尔滨市	2192	10	11551	136	7318	2584	4602	9940	1329	8210
齐齐哈尔市	802	4	4236	102	4668	1251	3412	4992	1064	3928
鸡西市	320	4	2810	61	3510	415	3095	3483	1972	1511
鹤岗市	287	5	1615	35	402	49	348	3063	1694	1365
双鸭山市	172	4	1700	35	2516	48	2468	2844	1233	1611
大庆市	2423	12	5204	96	1333	565	768	3283	1260	2023
伊春市	434	3	3227	51	427	108	319	494	169	325
佳木斯市	334	5	2500	65	2537	563	1958	2811	778	1952
七台河市	358	5	1550	29	1681	65	1616	4573	1760	2813
牡丹江市	807	9	3046	76	2937	891	2032	2697	950	1747
黑河市	108	5	850	26	556	191	335	981	251	698
绥化市	189	2	2500	32	2621	650	1971	2231	263	1968
上海市	19795	14	48709	615	8968	4076	2465	68710	6814	31554
南京市	6523	10	9098	176	19205	1294	17641	16938	987	9741
无锡市	4583	9	3840	124	17468	956	16468	7431	186	6174
徐州市	1357	6	3073	51	7391	775	6601	7422	1535	5225
常州市	3772	10	1642	95	12679	682	11973	5647	361	4334
苏州市	3230	6	3204	92	26774	1482	25265	9001	168	6941
南通市	844	8	1277	29	8859	34	8815	7859	26	6296
连云港市	875	3	1909	33	6138	217	5912	4826	1247	3328

附录 2003~2013年中国城市交通基础数据

续表

城市	基础建设				交通运行					
	年底实有铺装道路面积(万平方米)	每万人拥有公共汽电车(辆)	年底实有出租汽车(辆)	年底邮电局(所)	客运总量(万人)	铁路客运量(万人)	公路客运量(万人)	货运总量(万吨)	铁路货运量(万吨)	公路货运量(万吨)
淮安市	847	2	903	82	3332	12	3313	3705	53	1953
盐城市	580	2	810	47	6266	9	6255	7187	15	3027
扬州市	982	7	1842	50	7473	43	7413	5518	4	4197
镇江市	1158	6	1256	53	6681	496	6168	5426	794	4283
泰州市	1105	4	740	32	4238	0	4238	5374	0	2032
宿迁市	851	2	850	44	2558	0	2558	1926	15	1561
杭州市	2895	10	8189	206	22833	1908	20372	18895	480	13117
宁波市	1459	10	3500	149	27291	567	26510	15826	1200	9890
温州市	1058	12	3329	67	25154	382	24517	10728	50	8277
嘉兴市	857	7	823	170	13628	472	13150	7919	96	2360
湖州市	913	4	912	63	7381	115	7264	12152	200	4683
绍兴市	823	13	820	20	14343	604	13737	10307	999	8132
金华市	843	4	772	41	15871	1428	14406	11218	333	10649
衢州市	552	5	321	35	3845	222	3615	6857	443	6411
舟山市	408	4	1002	51	8028	0	6260	5430	0	1439
台州市	1737	4	1131	101	14307	0	14214	8849	0	5362
丽水市	235	2	367	19	3570	110	3432	3008	176	2450
合肥市	2583	14	6500	131	6772	702	6010	5767	976	4180
芜湖市	645	11	2530	18	3016	228	2720	5367	168	2559
蚌埠市	639	6	2311	20	2747	485	2262	2816	259	2152
淮南市	791	5	2300	47	2014	215	1799	4467	2593	1288
马鞍山市	712	11	2895	29	1391	93	1298	2044	399	1220
淮北市	600	10	1890	41	2441	85	2356	5424	2844	2580
铜陵市	357	7	1574	17	1458	120	1338	1988	193	1208
安庆市	587	4	1720	24	2760	92	2582	2560	306	1801
黄山市	234	3	347	36	3458	263	3045	2249	21	2221
滁州市	350	2	1300	—	5642	0	5642	4948	0	4653
阜阳市	746	2	1593	43	5692	580	4976	3029	112	2619
宿州市	596	1	1298	39	6645	189	6456	5018	677	4218
巢湖市	128	2	1842	49	5524	14	5373	4306	102	2054

续表

城市	基础建设				交通运行					
	年底实有铺装道路面积(万平方米)	每万人拥有公共汽电车(辆)	年底实有出租汽车(辆)	年底邮电局(所)	客运总量(万人)	铁路客运量(万人)	公路客运量(万人)	货运总量(万吨)	铁路货运量(万吨)	公路货运量(万吨)
六安市	457	1	3840	106	7016	0	6985	5010	0	4950
亳州市	558	1	1042	98	2607	81	2526	1758	77	1515
池州市	127	1	570	30	3275	0	3257	3476	0	1838
宣城市	235	1	820	36	3725	114	3561	2164	278	1741
福州市	1430	10	4696	86	9746	0	9430	9037	0	5014
厦门市	1255	13	3437	102	5182	300	3772	3044	426	1692
莆田市	535	3	632	119	6505	0	6386	1788	0	1667
三明市	246	7	310	23	4877	142	4718	4961	1138	3754
泉州市	576	6	1698	48	11190	1576	9498	7195	805	5313
漳州市	286	3	1023	58	5764	159	5540	3340	182	3037
南平市	169	4	450	31	4273	347	3845	2556	552	1930
龙岩市	242	6	249	31	2429	191	2238	3755	931	2824
宁德市	137	3	570	25	5561	13	5395	950	6	678
南昌市	1521	8	3539	79	4946	1274	3522	4196	365	3624
景德镇市	348	6	595	45	1987	180	1798	2289	174	2090
萍乡市	531	7	600	34	2757	149	2608	3414	1211	2203
九江市	388	14	1478	24	4694	344	4203	2599	587	1347
新余市	581	3	302	37	1228	111	1093	1736	411	1229
鹰潭市	165	6	271	7	1351	383	940	1519	318	1052
赣州市	466	6	596	31	5301	261	4950	3820	118	3092
吉安市	170	2	125	35	4451	223	4227	106	106	0
宜春市	247	2	324	36	5361	284	5074	4808	441	3613
抚州市	332	2	329	25	2912	68	2844	1664	67	1558
上饶市	279	3	448	10	5338	305	4952	2870	283	2489
济南市	3860	9	7600	119	6891	1896	4875	15030	7140	7888
青岛市	3254	15	8144	82	18274	750	16420	35570	2125	29937
淄博市	1838	10	6354	95	16930	339	16591	6568	1351	5217
枣庄市	2089	7	1312	77	5095	159	4936	5311	366	4786
东营市	1740	8	3830	38	2467	30	2436	4876	130	4692
烟台市	1816	5	2112	76	8734	232	8194	12662	630	10541

附录 2003~2013年中国城市交通基础数据

续表

城市	基础建设				交通运行					
	年底实有铺装道路面积(万平方米)	每万人拥有公共汽电车(辆)	年底实有出租汽车(辆)	年底邮电局(所)	客运总量(万人)	铁路客运量(万人)	公路客运量(万人)	货运总量(万吨)	铁路货运量(万吨)	公路货运量(万吨)
潍坊市	2309	3	2589	52	5242	352	4887	7685	662	6866
济宁市	942	4	1499	25	4847	309	4538	17303	3142	12716
泰安市	1421	2	1290	37	3223	249	2974	6091	1347	4737
威海市	1039	8	1511	30	3632	122	3427	5158	262	4275
日照市	1158	5	1356	31	2972	55	2910	2857	642	2080
莱芜市	1297	6	1906	44	1086	6	1080	1366	280	1086
临沂市	2346	8	3376	41	3935	77	3853	4291	185	4106
德州市	660	6	2405	33	1430	256	1174	2555	276	2279
聊城市	2470	4	1650	31	2371	87	2284	1400	64	1336
滨州市	269	3	652	27	1788	3	1785	2334	92	2226
菏泽市	621	1	1231	66	3198	183	3015	2561	100	2409
郑州市	2136	11	10757	118	12195	1907	10175	8668	2577	6076
开封市	564	5	2800	24	3819	284	3535	3373	130	3243
洛阳市	818	5	5369	43	7994	418	7562	6894	1736	5158
平顶山市	410	6	2000	31	4767	93	4674	5271	2685	2586
安阳市	575	6	1956	25	5301	244	5057	4125	556	3569
鹤壁市	385	6	736	16	1094	27	1067	1296	455	841
新乡市	566	5	5000	25	4058	357	3701	5051	231	4820
焦作市	792	8	1400	30	3344	124	3220	4873	803	4070
濮阳市	313	10	1500	20	1909	5	1904	1959	403	1538
许昌市	454	13	1699	14	3062	150	2912	2178	319	1859
漯河市	550	17	1100	9	3330	221	3109	1801	200	1595
三门峡市	157	5	1100	12	5936	214	5722	5119	1612	3507
南阳市	860	2	1253	32	8377	187	8153	6069	249	5692
商丘市	617	2	3500	14	4405	456	3949	2833	353	2452
信阳市	228	1	1830	16	5965	423	5507	4139	430	3361
周口市	378	4	900	7	6020	21	5999	3816	781	2865
驻马店市	290	3	1530	16	7028	259	6769	3811	194	3414
武汉市	3583	7	12137	300	12886	2957	9480	17045	5861	7812
黄石市	765	10	860	15	3259	43	3172	5596	834	4153

续表

城市	基础建设				交通运行					
	年底实有铺装道路面积（万平方米）	每万人拥有公共汽电车(辆)	年底实有出租汽车(辆)	年底邮电局(所)	客运总量（万人）	铁路客运量（万人）	公路客运量（万人）	货运总量（万吨）	铁路货运量（万吨）	公路货运量（万吨）
十堰市	605	10	782	25	5090	169	4850	1322	128	1035
宜昌市	1134	18	416	55	6865	248	6400	4574	265	3706
襄樊市	1205	5	1892	89	7885	479	7399	5461	484	4821
鄂州市	542	4	400	57	1925	19	1883	1171	722	426
荆门市	617	6	325	16	4132	75	4052	4160	923	3143
孝感市	510	4	520	19	7138	519	6588	4894	1690	3063
荆州市	748	4	1588	35	3717	13	3702	2224	133	1132
黄冈市	615	17	712	10	5605	381	4853	2201	215	1359
咸宁市	317	2	380	18	3600	115	3478	914	93	765
随州市	1116	4	560	40	1544	73	1435	917	110	765
长沙市	2385	12	6278	259	11580	1187	10003	11066	196	9831
株洲市	603	8	1961	48	8411	611	7786	6449	632	5587
湘潭市	809	7	1073	29	2996	156	2840	3867	713	2930
衡阳市	650	7	1402	43	6729	579	6110	5713	670	4793
邵阳市	228	4	674	33	11062	135	10850	3641	121	3279
岳阳市	560	6	1360	62	8871	657	8168	5522	904	3249
常德市	522	6	1732	133	12521	101	12410	5530	262	4462
张家界市	186	7	1196	21	4085	143	3796	1015	20	985
益阳市	416	3	849	52	5335	43	5203	3232	42	2828
郴州市	244	6	1000	47	7446	259	6979	8815	575	8199
永州市	394	7	330	54	6031	187	5773	3512	145	3341
怀化市	216	13	785	27	9474	1194	8084	3786	1452	2264
娄底市	397	4	811	31	9687	452	9235	7104	947	6134
广州市	7706	14	16918	6549	34681	6042	27845	35204	6962	17585
韶关市	504	2	886	24	3904	469	3435	6157	797	5360
深圳市	7216	115	10305	660	12278	1448	9891	7954	354	6388
珠海市	2511	13	1882	114	4397	0	3942	4370	0	2100
汕头市	1485	1	2109	76	2592	119	2071	1736	120	1310
佛山市	1710	2	2098	301	13538	0	13438	15718	0	12138
江门市	1084	4	436	59	8304	0	8189	4115	0	2101

附录 2003~2013年中国城市交通基础数据

续表

城市	基础建设				交通运行					
	年底实有铺装道路面积(万平方米)	每万人拥有公共汽电车(辆)	年底实有出租汽车(辆)	年底邮电局(所)	客运总量(万人)	铁路客运量(万人)	公路客运量(万人)	货运总量(万吨)	铁路货运量(万吨)	公路货运量(万吨)
湛江市	692	2	800	78	6574	170	6130	6127	1546	3404
茂名市	245	1	435	28	22006	82	21861	10034	868	9050
肇庆市	405	5	595	62	4270	65	4149	3273	76	2795
惠州市	810	5	778	160	5217	223	4994	4202	284	2988
梅州市	442	3	317	16	6080	147	5928	6036	345	5691
汕尾市	110	2	—	—	4008	0	3963	1170	0	1162
河源市	199	2	195	22	1986	0	1936	923	0	906
阳江市	239	2	357	19	5575	0	5562	3863	74	2899
清远市	538	3	239	29	4567	110	4377	2883	109	2307
东莞市	7824	7	—	—	33280	0	33240	7858	0	6054
中山市	539	5	1034	221	9236	0	9123	4708	0	3639
潮州市	202	3	470	35	1705	24	1681	1903	10	1623
揭阳市	303	1	850	17	3095	0	3095	2167	0	2141
云浮市	58	2	95	45	8463	0	8322	14696	0	13032
南宁市	1604	12	3450	69	8451	476	7757	6789	461	5616
柳州市	966	8	1074	59	4229	307	3827	4316	793	3377
桂林市	510	8	2897	38	5014	237	4436	1582	163	1410
梧州市	219	4	500	17	2124	0	2020	1437	0	1076
北海市	585	3	576	17	2863	6	2795	2506	275	2110
防城港市	220	1	129	21	606	0	606	249	0	175
钦州市	506	1	200	—	1696	10	1669	977	54	868
贵港市	422	1	345	37	1881	56	1826	2770	135	1208
玉林市	315	1	574	18	4440	0	4440	3391	0	3391
百色市	102	3	200	12	3554	0	3525	1452	0	1380
贺州市	415	1	124	30	2201	0	2181	1254	0	1227
河池市	126	4	198	21	6556	0	6464	2248	0	2179
来宾市	105	0	364	30	2148	99	1969	2825	916	1686
崇左市	109	0	56	10	905	79	791	1239	137	984
海口市	989	5	1929	71	14640	0	13703	3474	103	1453
三亚市	370	4	1108	23	1454	4	1284	763	15	725

续表

城市	基础建设				交通运行					
	年底实有铺装道路面积(万平方米)	每万人拥有公共汽电车(辆)	年底实有出租汽车(辆)	年底邮电局(所)	客运总量(万人)	铁路客运量(万人)	公路客运量(万人)	货运总量(万吨)	铁路货运量(万吨)	公路货运量(万吨)
重庆市	4627	6	14553	705	64675	2346	60833	38167	3731	31515
成都市	4780	9	8804	476	31236	3048	27446	18174	5538	12538
自贡市	467	6	1437	52	9323	33	9190	2923	198	2530
攀枝花市	424	9	1437	34	2358	208	2108	3650	1826	1812
泸州市	516	3	1593	73	9743	0	9509	2357	116	1897
德阳市	367	3	550	34	5073	127	4946	3441	516	2925
绵阳市	606	6	1159	72	8732	376	8312	2812	570	2160
广元市	340	1	468	53	2831	402	2378	4744	2957	1676
遂宁市	508	1	440	84	3474	117	3195	1400	148	1011
内江市	278	3	700	97	9146	105	8807	3303	284	2833
乐山市	615	2	787	70	5155	62	4537	3054	478	2498
南充市	917	2	1020	132	12779	141	12294	2198	68	1862
眉山市	350	2	418	58	5449	16	5396	1366	192	1168
宜宾市	151	4	454	33	10570	200	10097	3905	1000	2535
广安市	252	0	384	38	4881	82	4593	1849	77	1441
达州市	125	6	1053	18	9483	449	8581	3754	183	3312
雅安市	157	1	344	14	2541	0	2541	1106	0	1106
巴中市	245	—	326	98	2468	0	2114	1520	138	1274
资阳市	156	1	556	74	4613	65	4404	2248	50	2016
贵阳市	1040	10	2797	139	19273	603	18501	5740	1263	4469
六盘水市	158	4	1350	60	12239	433	11806	7074	2550	4524
遵义市	319	6	1031	33	10955	194	10635	2697	345	2235
安顺市	136	4	520	29	5207	88	5082	1193	367	794
昆明市	1110	16	7911	—	5316	754	4083	11646	2105	9534
曲靖市	257	3	1589	20	4785	151	4634	45592	445	45147
玉溪市	281	2	317	17	1043	2	1032	2205	148	2057
保山市	142	1	450	30	847	0	842	1161	0	1161
昭通市	61	—	531	16	3168	88	3067	651	161	364
丽江市	46	5	777	13	743	0	654	1046	0	1046
思茅市	83	6	260	13	1186	0	1165	1523	0	1521

附录　2003~2013年中国城市交通基础数据

续表

城市	基础建设				交通运行					
	年底实有铺装道路面积(万平方米)	每万人拥有公共汽电车(辆)	年底实有出租汽车(辆)	年底邮电局(所)	客运总量(万人)	铁路客运量(万人)	公路客运量(万人)	货运总量(万吨)	铁路货运量(万吨)	公路货运量(万吨)
临沧市	82	2	200	9	544	0	537	1544	0	1544
拉萨市	—	—	—	—	—	—	—	—	—	—
西安市	2916	8	10463	261	10272	2379	7569	10999	4127	6867
铜川市	342	3	800	48	739	31	708	2231	1327	904
宝鸡市	284	5	3500	41	5013	311	4702	2176	437	1739
咸阳市	491	4	1408	43	4360	140	4220	2416	190	2226
渭南市	303	1	795	34	4143	0	4143	2300	0	2300
延安市	104	7	453	23	1342	59	1280	1389	270	1119
汉中市	185	2	1078	25	3198	161	3034	476	277	199
榆林市	160	3	464	32	1956	50	1898	2419	477	1942
安康市	317	3	980	36	7008	0	6663	4049	0	3806
商洛市	107	1	386	16	1886	0	1886	645	0	645
兰州市	1255	9	6538	126	2416	567	1798	5786	783	5002
嘉峪关市	197	5	528	13	150	63	84	1918	283	1635
金昌市	273	4	934	15	561	25	536	1223	159	1064
白银市	417	3	1449	35	1311	18	1293	2718	746	1972
天水市	985	2	1829	57	1715	493	1222	2028	290	1738
武威市	226	1	2670	52	1213	201	1012	2567	1569	998
张掖市	177	3	1458	28	1442	37	1405	719	36	683
平凉市	336	2	1331	22	742	64	678	2629	891	1738
酒泉市	303	3	710	19	1530	0	1512	1373	0	1373
庆阳市	310	4	1080	10	1032	0	1032	1686	0	1686
定西市	65	1	431	20	1319	14	1305	1485	17	1468
陇南市	38	0	140	23	1069	0	1069	1341	0	1341
西宁市	521	13	5116	63	3178	231	2924	2367	245	2122
银川市	1024	9	4587	117	2275	0	2240	2013	0	2013
石嘴山市	444	2	2040	37	1371	0	1371	1249	0	1249
吴忠市	186	5	1040	10	1789	0	1789	1413	0	1413
固原市	306	2	2692	32	946	0	946	531	0	531
中卫市	105	1	200	14	846	0	846	402	0	402

续表

城市	基础建设				交通运行					
	年底实有铺装道路面积(万平方米)	每万人拥有公共汽电车(辆)	年底实有出租汽车(辆)	年底邮电局(所)	客运总量(万人)	铁路客运量(万人)	公路客运量(万人)	货运总量(万吨)	铁路货运量(万吨)	公路货运量(万吨)
乌鲁木齐市	1248	22	6900	147	3321	1285	1750	12077	5148	6926
克拉玛依市	578	15	1483	37	4012	0	4012	1005	0	1005

附表3 2005年中国城市交通基础数据

城市	基础建设				交通运行					
	年底实有城市道路面积(万平方米)	每万人拥有公共汽电车(辆)	年底实有出租汽车数(辆)	年底邮政局(所)数(处)	客运总量(万人)	铁路客运量(万人)	公路客运量(万人)	货运总量(万吨)	铁路货运量(万吨)	公路货运量(万吨)
北京市	16227	18.76	66000	878	60840	5779	51925	32103	1976	30050
天津市	6669	8.79	31939	679	4679	1550	2961	39485	7241	19850
石家庄市	1932	7.98	6700	85	13908	1088	12797	11942	1396	10546
唐山市	1946	6.24	4304	67	11686	488	11198	14641	3521	10607
秦皇岛市	1157	9.57	3567	46	6302	468	5833	7576	1383	4260
邯郸市	1708	10.25	4574	52	11977	456	11521	10673	2306	8367
邢台市	686	7.57	3148	19	5758	245	5513	3826	672	3154
保定市	1217	5.99	2836	25	7931	592	7339	6888	336	6552
张家口市	800	7.79	3650	19	3171	412	2759	6520	1242	5278
承德市	371	6.76	2026	29	3536	412	3124	3666	558	3108
沧州市	724	6.69	3018	15	8668	2100	6568	11962	3905	7964
廊坊市	552	2.72	1700	32	5304	157	5147	5353	150	5203
衡水市	503	6.68	1440	17	3900	297	3603	3691	78	3613
太原市	2296	5.66	8292	134	3677	1074	2391	17772	6113	11655
大同市	913	3.34	4605	65	2536	572	1964	16484	9617	6867
阳泉市	408	5.36	1895	31	3352	86	3266	10560	3114	7446
长治市	351	4.86	1800	24	4167	87	4070	10622	3223	7364
晋城市	282	6.77	1408	37	4643	232	4411	12906	5075	7831
朔州市	319	2.34	1005	31	1678	148	1530	18499	10199	8300

附录　2003～2013年中国城市交通基础数据

续表

城市	基础建设				交通运行					
	年底实有城市道路面积(万平方米)	每万人拥有公共汽车(辆)	年底实有出租汽车数(辆)	年底邮政局数(处)	客运总量(万人)	铁路客运量(万人)	公路客运量(万人)	货运总量(万吨)	铁路货运量(万吨)	公路货运量(万吨)
晋中市	388	4.13	902	28	3059	450	2609	9795	2818	6977
运城市	270	3.8	1320	28	5132	144	4980	3591	502	3089
忻州市	166	2.01	710	33	3248	248	3000	6283	651	5632
临汾市	269	2.65	1861	44	5249	327	4922	11585	2966	8619
吕梁市	113	3.12	325	10	1952	51	1901	5990	2820	3170
呼和浩特市	1074	7.55	3950	73	4546	530	3764	6540	407	6131
包头市	1628	8.29	5556	92	12317	434	11866	20492	5374	15118
乌海市	467	7.31	1275	34	522	81	440	4554	1877	2677
赤峰市	326	1.58	4366	66	3139	450	2687	8443	1010	7433
通辽市	325	2.01	4256	32	3016	720	2295	6424	2485	3939
鄂尔多斯市	348	5.2	2200	21	2111	110	2001	22998	7198	15800
呼伦贝尔市	265	6.71	1971	18	3771	687	3065	8663	4070	4593
巴彦淖尔市	259	2.05	1540	33	2463	147	2316	2833	213	2620
乌兰察布市	294	3.06	3500	16	1250	170	1080	2758	185	2573
沈阳市	4620	10.93	19104	174	8629	2886	5432	15852	826	15020
大连市	2214	14.68	9639	135	12370	1438	10045	24667	1837	17838
鞍山市	937	10.73	5375	45	6310	857	5453	7651	1586	6065
抚顺市	645	8.63	4549	38	2611	580	2031	4449	2479	1970
本溪市	448	5.9	2594	37	3905	1587	2318	6896	2173	4723
丹东市	567	5.47	1915	49	3021	340	2652	3501	351	2838
锦州市	713	5.78	3879	28	3292	655	2635	5300	562	4611
营口市	552	5.01	4780	35	2927	289	2638	5204	1162	3797
阜新市	419	4.53	2760	14	2510	193	2317	4526	1142	3384
辽阳市	650	5.23	2463	42	3688	317	3371	4934	1608	3326
盘锦市	617	7.14	3226	26	1814	49	1765	4310	233	4077
铁岭市	240	5.67	1870	22	3766	443	3323	5218	1380	3838
朝阳市	274	2.07	3250	18	3359	238	3121	4030	520	3510
葫芦岛市	399	2.38	4122	50	4688	260	4413	3006	728	2217
长春市	3094	1068	15000	206	8197	3110	5000	11813	2212	9600
吉林市	1199	5.63	4920	102	4406	784	3560	5448	1855	3593

续表

城市	基础建设				交通运行					
	年底实有城市道路面积(万平方米)	每万人拥有公共汽车(辆)	年底实有出租汽车数(辆)	年底邮政局(所)数(处)	客运总量(万人)	铁路客运量(万人)	公路客运量(万人)	货运总量(万吨)	铁路货运量(万吨)	公路货运量(万吨)
四平市	292	4.88	2185	24	3615	831	2784	3368	683	2685
辽源市	389	6.23	3540	16	1837	76	1761	1960	271	1689
通化市	221	5.61	1264	30	2898	456	2442	4655	1218	3437
白山市	192	5.65	1477	33	1687	301	1386	2391	686	1705
松原市	326	9.83	2200	57	2133	134	1961	1421	204	1196
白城市	285	4.24	1817	44	1254	610	644	1446	869	569
哈尔滨市	2389	10.76	12256	131	8044	2751	5135	9830	1371	8148
齐齐哈尔市	734	4.81	6751	102	6846	6842	—	5307	968	4339
鸡西市	320	4.28	3109	58	3543	449	3094	5077	2902	2175
鹤岗市	286	5.49	1615	35	355	35	315	3296	1255	2037
双鸭山市	294	3.88	1500	20	2660	54	2606	3721	1467	2254
大庆市	2443	13.56	4916	85	1624	855	769	3458	1447	2011
伊春市	517	2.56	4785	51	628	298	330	630	295	335
佳木斯市	335	5.48	2500	64	2066	552	1493	2505	820	1589
七台河市	366	5.83	1644	29	1772	72	1700	4879	1879	3000
牡丹江市	807	9.38	3046	76	2916	852	2051	3262	1390	1872
黑河市	118	5	932	27	724	70	616	1467	120	1325
绥化市	189	2.14	2680	32	2936	962	1974	2893	1097	1796
上海市	20942	13.94	47794	631	9487	4313	2468	71303	3841	32684
南京市	7427	9.88	9055	176	20188	1367	18592	18073	1056	10530
无锡市	4717	12.93	3840	121	20466	1032	19372	8430	205	7008
徐州市	1434	8.07	2953	139	8341	1119	7202	10038	3035	6114
常州市	3954	9.53	1842	96	15235	715	14505	6032	296	4950
苏州市	4280	7.69	3203	92	32371	1664	30703	10539	146	7762
南通市	1055	9.27	1278	30	9319	88	9220	9751	23	8058
连云港市	959	3.41	1244	36	6827	266	6551	5609	1485	3843
淮安市	998	2.27	903	83	3532	14	3512	3963	58	2118
盐城市	794	2.14	810	48	6558	11	6544	7830	200	3198
扬州市	1825	9.39	1842	52	8144	33	8096	5855	49	4433
镇江市	1562	6.71	1254	53	7223	511	6712	5692	725	4574

附录 2003~2013年中国城市交通基础数据

续表

城市	基础建设				交通运行					
	年底实有城市道路面积(万平方米)	每万人拥有公共汽车(辆)	年底实有出租汽车数(辆)	年底邮政局数(处)	客运总量(万人)	铁路客运量(万人)	公路客运量(万人)	货运总量(万吨)	铁路货运量(万吨)	公路货运量(万吨)
泰州市	857	3.6	740	31	4725	55	4670	5558	5	2123
宿迁市	903	2.13	900	43	2610	2	2608	1915	8	1607
杭州市	4091	11.04	8320	206	24124	2011	21431	19909	525	13539
宁波市	1483	11.42	3750	142	28412	607	27570	17308	1207	10480
温州市	1258	12.19	3329	69	26148	384	25500	15349	33	12942
嘉兴市	925	5.84	823	172	16197	445	15747	9456	69	2596
湖州市	1239	5.07	815	63	7563	—	7555	13811	—	5385
绍兴市	832	12.2	820	16	14604	402	14200	9698	139	8406
金华市	1197	4.87	862	41	14961	65	14858	11503	63	11189
衢州市	573	7.16	401	36	5192	207	4980	7648	501	7142
舟山市	415	3.86	1006	50	8832	—	6914	6717	—	1806
台州市	1895	3.81	1225	46	15675	—	15590	10247	—	5948
丽水市	286	2.46	367	20	3851	117	3706	2885	169	2352
合肥市	2795	13.42	6500	131	7080	733	6274	6134	1128	4364
芜湖市	976	9.95	2530	18	4061	240	3783	4670	170	2846
蚌埠市	744	6.26	2297	24	3019	443	2576	3092	276	2370
淮南市	797	5.59	2300	60	2040	156	1884	4690	2906	1263
马鞍山市	741	11.71	2298	31	1434	104	1330	2561	445	1439
淮北市	546	10.34	1676	9	3017	89	2928	6021	2892	3129
铜陵市	398	7.2	1300	19	1497	117	1380	3079	176	1318
安庆市	685	4.23	1720	27	6125	130	5907	4495	494	2806
黄山市	336	3.26	430	35	3778	141	3487	3001	16	2974
滁州市	383	2.16	1320	33	5286	—	5286	6505	—	6085
阜阳市	754	1.95	1593	42	5416	690	4726	3599	693	2753
宿州市	681	1	1298	39	6829	199	6630	5520	846	4539
巢湖市	523	1.93	1913	49	5773	15	5624	4443	113	2118
六安市	617	1.4	1908	47	7268	9	7227	5225	7	5208
亳州市	570	0.56	1042	98	2683	96	2587	1993	94	1723

续表

城市	基础建设				交通运行					
	年底实有城市道路面积（万平方米）	每万人拥有公共汽车（辆）	年底实有出租汽车数（辆）	年底邮政局数(所)	客运总量（万人）	铁路客运量（万人）	公路客运量（万人）	货运总量（万吨）	铁路货运量（万吨）	公路货运量（万吨）
池州市	138	1.11	600	32	3475	—	3475	3656	—	1904
宣城市	254	1.07	800	41	4509	107	4358	2779	30	2593
福州市	1719	10.08	4575	83	10490	499	9628	10179	355	5059
厦门市	1556	17.03	3646	97	5401	303	3863	3613	439	1940
莆田市	559	2.58	610	102	6756	—	6677	2003	—	1822
三明市	253	8.2	339	23	5004	130	4850	5170	1160	3933
泉州市	619	6.4	1706	54	9911	48	9744	7811	822	5525
漳州市	491	3.34	1055	55	5576	161	5344	3408	165	3121
南平市	182	4.06	450	31	4113	324	3718	2769	528	2141
龙岩市	294	6.42	232	30	2718	107	2610	3991	730	3261
宁德市	137	3.04	620	26	5820	14	5647	1002	7	707
江西省	5399	5.97	8681	375	41161	3447	37271	33555	4134	26740
南昌市	1673	8.46	3569	89	5187	1346	3687	4553	392	3890
景德镇市	349	9.76	595	60	965	113	845	2403	179	2143
萍乡市	542	7.27	600	31	3929	142	3787	3590	1049	2541
九江市	431	13.37	1478	24	4713	335	4255	2536	585	1471
新余市	622	3.23	294	37	1261	112	1126	1897	515	1289
鹰潭市	166	3.79	271	7	1359	377	951	1543	300	1090
赣州市	470	6.23	592	31	5550	300	5247	3370	182	3188
吉安市	230	3.44	110	26	4457	152	4285	3114	7	2501
宜春市	251	2.48	354	34	5300	208	5092	4845	347	3685
抚州市	364	1.99	350	25	3042	69	2973	1754	69	1644
上饶市	301	3.06	468	11	5398	292	5023	3951	509	3298
济南市	4128	9.68	7980	128	7428	1924	5364	15728	7211	8484
青岛市	3547	15.22	8121	82	19028	564	17212	37636	2150	31009
淄博市	1973	5.92	6001	96	18637	276	18361	6792	1437	5355
枣庄市	1680	7.34	1361	78	7206	157	7049	6530	1232	5173
东营市	1764	7.68	3830	39	2616	29	2585	5923	129	5732

附录　2003～2013年中国城市交通基础数据

续表

城市	基础建设				交通运行					
	年底实有城市道路面积(万平方米)	每万人拥有公共汽车(辆)	年底实有出租汽车数(辆)	年底邮政局(所)数(处)	客运总量(万人)	铁路客运量(万人)	公路客运量(万人)	货运总量(万吨)	铁路货运量(万吨)	公路货运量(万吨)
烟台市	2097	7.37	2152	77	9316	248	8759	16199	687	13608
潍坊市	2442	4.17	2143	51	6799	296	6499	8495	592	7732
济宁市	953	4.64	1499	28	5009	337	4672	18737	3394	13489
泰安市	1903	2.4	1290	37	4154	299	3855	7701	1351	6330
威海市	1273	8.01	1511	32	4351	133	4100	6077	209	4985
日照市	1215	5.89	1356	31	3471	65	3400	3900	1350	2350
莱芜市	1436	5.73	1930	44	1244	8	1236	1810	306	1504
临沂市	2458	10.05	2750	46	8935	111	8817	10567	215	10352
德州市	897	6.58	2405	25	4117	259	3858	4009	268	3741
聊城市	2090	3.7	1650	28	2686	105	2581	1683	107	1576
滨州市	318	3.5	649	26	2193	3	2190	3408	64	3322
菏泽市	2649	1.05	1251	66	3817	237	3580	3006	92	2890
郑州市	2528	12.04	10851	128	12543	2044	10253	8770	2536	6207
开封市	595	4.46	2500	25	4459	307	4152	3762	120	3642
洛阳市	1233	5.72	6290	40	8849	531	8296	7223	1726	5497
平顶山市	410	5.54	2000	30	5100	88	5012	5579	2804	2775
安阳市	740	6.05	1692	23	5793	243	5550	4548	623	3925
鹤壁市	414	6.46	669	15	1228	31	1197	1338	441	897
新乡市	602	5.53	5000	28	4824	374	4450	5807	267	5540
焦作市	867	7.45	1400	31	3808	120	3688	5012	747	4265
濮阳市	343	9.89	1500	21	2280	—	2280	1973	284	1677
许昌市	487	15.96	2400	17	3157	162	2995	2146	226	1920
漯河市	700	6.1	1231	10	3578	201	3377	1954	197	1635
三门峡市	158	5.26	1000	11	6224	223	6001	5434	1692	3742
南阳市	853	1.93	1253	32	8561	188	8323	7021	277	6574
商丘市	641	2.45	3860	14	4870	453	4417	2991	373	2581
信阳市	232	1.33	1830	16	6482	428	6017	4276	439	3465
周口市	404	3.95	900	7	6551	23	6528	4717	1366	3037
驻马店市	482	2.64	1530	17	7575	267	7308	4205	249	3696
武汉市	4100	6.82	12137	302	15413	4626	10293	19612	8492	8485

213

续表

城市	基础建设				交通运行					
	年底实有城市道路面积(万平方米)	每万人拥有公共汽车(辆)	年底实有出租汽车数(辆)	年底邮政局数(所/处)	客运总量(万人)	铁路客运量(万人)	公路客运量(万人)	货运总量(万吨)	铁路货运量(万吨)	公路货运量(万吨)
黄石市	775	14.6	800	15	3681	47	3585	5728	836	4351
十堰市	620	10.5	750	25	5660	182	5410	1230	132	925
宜昌市	1134	17.59	416	48	7243	277	6723	5360	300	4372
襄樊市	1218	5.41	1700	73	8280	485	7781	5906	498	5259
鄂州市	564	4.18	400	57	2188	19	2141	1420	833	525
荆门市	627	6.25	500	19	4230	82	4143	4277	996	3207
孝感市	577	3.61	520	19	7211	546	6635	5166	1810	3211
荆州市	748	4.49	1588	35	3795	14	3781	2986	126	1232
黄冈市	620	10	593	12	5091	503	4478	2172	312	720
咸宁市	319	1.59	400	19	3832	117	3708	1051	96	897
随州市	1119	3.66	560	40	1616	75	1509	969	115	827
长沙市	2795	12.02	6279	137	10895	1218	9228	10991	218	9834
株洲市	628	8.25	1960	47	9550	712	8825	7424	518	6510
湘潭市	924	7.36	1150	62	3278	178	3100	4092	795	3082
衡阳市	706	7.09	1402	43	8296	580	7716	6343	690	5429
邵阳市	438	4.54	642	29	12670	216	12379	5661	166	5224
岳阳市	673	6.53	1590	44	8898	552	8307	5388	747	3800
常德市	638	3.2	1147	132	14725	98	14621	6286	229	5255
张家界市	201	9.82	1245	22	4156	136	3853	1118	19	1078
益阳市	432	2.53	860	52	6071	39	5946	3785	38	3305
郴州市	259	7.18	1000	46	8427	250	8022	9363	501	8821
永州市	403	7.79	356	57	6892	193	6632	3969	126	3815
怀化市	222	8.49	820	21	8842	1217	7412	3983	1349	2530
娄底市	408	4.18	850	31	9564	385	9175	7792	1490	6251
广州市	8325	13.17	16889	7644	40524	6356	30782	37753	6379	20601
韶关市	323	2.43	855	24	4335	467	3868	6793	707	5721
深圳市	7277	102.83	10305	647	12884	1536	10212	9796	395	7379
珠海市	2628	13.16	1852	102	5066	—	4626	3331	—	2183
汕头市	2358	0.94	1820	43	2303	117	2039	1935	96	1528
佛山市	1791	4.55	1655	266	14715	143	14471	17603	249	13383

附录 2003~2013年中国城市交通基础数据

续表

城市	基础建设				交通运行					
	年底实有城市道路面积（万平方米）	每万人拥有公共汽车（辆）	年底实有出租汽车数（辆）	年底邮政局（所）数（处）	客运总量（万人）	铁路客运量（万人）	公路客运量（万人）	货运总量（万吨）	铁路货运量（万吨）	公路货运量（万吨）
江门市	1262	3.89	423	31	8349	—	8230	5025	—	2793
湛江市	692	3.11	1139	118	7110	154	6700	11344	1919	8354
茂名市	320	1.24	430	17	22505	77	22358	10633	743	9760
肇庆市	425	5.19	656	52	4615	79	4475	3792	103	3226
惠州市	832	4.63	707	—	5149	—	5149	4786	—	3080
梅州市	458	3.03	350	16	6680	97	6310	6449	386	5950
汕尾市	163	1.89	493	14	4402	—	4359	1399	—	1394
河源市	199	2.38	255	23	2069	—	2015	986	—	977
阳江市	245	2.19	357	19	6121	—	6107	4135	101	3079
清远市	545	3.09	230	31	5366	93	5183	3478	108	2779
东莞市	8961	0.8	5069	—	33551	—	33510	6400	—	4586
中山市	971	5.16	1304	202	10300	—	10186	5985	—	4147
潮州市	204	2.91	510	35	1733	21	1712	2128	18	1759
揭阳市	259	0.84	715	15	3281	—	3281	2280	—	2251
云浮市	58	3.09	98	46	4869	—	4719	5634	78	5191
南宁市	1939	8.45	3811	100	9131	545	8418	7236	432	5728
柳州市	1070	8.55	1275	40	4402	317	3991	4805	857	3792
桂林市	566	7.91	2938	36	5558	253	4947	1684	158	1514
梧州市	221	4.89	500	17	13345	—	13345	316	—	67
北海市	585	3.07	555	17	3030	7	2968	2681	254	2239
防城港市	223	1.33	129	21	2574	19	2555	1503	145	1292
钦州市	516	1.21	200	33	1559	13	1527	992	141	785
贵港市	535	0.76	425	34	1984	59	1925	3258	143	1251
玉林市	370	1.55	574	23	4609	10	4599	4392	15	4377
百色市	176	2.62	346	10	3956	—	3928	5000	—	4819
贺州市	415	0.88	130	30	2313	—	2292	1551	—	1525
河池市	135	3.61	—	20	6738	5	6593	2622	138	2410
来宾市	122	0.55	365	30	2930	120	2714	3531	1049	2188
崇左市	109	0.32	69	10	2657	—	2608	3226	—	3092
海口市	—	—	—	105	14914	33	13925	4909	628	1487

续表

城市	基础建设				交通运行					
	年底实有城市道路面积(万平方米)	每万人拥有公共汽车(辆)	年底实有出租汽车数(辆)	年底邮政局数(所)	客运总量(万人)	铁路客运量(万人)	公路客运量(万人)	货运总量(万吨)	铁路货运量(万吨)	公路货运量(万吨)
三亚市	370	5.98	1067	24	1694	3	1451	814	16	774
重庆市	4963	6.17	14230	687	63424	1224	60588	39198	1921	33378
成都市	5320	9.63	9029	451	38113	7931	29339	26718	13309	13315
自贡市	804	4.7	1408	53	10447	40	10306	3264	207	2877
攀枝花市	451	8.45	1447	44	2815	230	2534	5050	1835	3198
泸州市	547	3.62	1117	85	10417	—	10216	2976	105	2527
德阳市	398	2.92	550	35	5781	118	5663	3684	508	3176
绵阳市	640	6.17	1159	85	8100	249	7809	3018	252	2673
广元市	346	1.35	626	61	3077	482	2544	5436	3548	1760
遂宁市	508	1.02	440	84	3746	110	3454	1581	125	1188
内江市	303	3.3	700	96	9301	119	8945	3464	235	3039
乐山市	660	1.69	725	76	5417	69	4647	3323	621	2601
南充市	931	2.13	1020	128	15335	152	14660	2377	75	2035
眉山市	362	2.13	418	61	5853	15	5791	1466	209	1252
宜宾市	243	4.15	527	35	10522	189	10143	4100	890	2895
广安市	275	0.33	390	40	5371	93	5016	2290	206	1707
达州市	125	6.67	1053	18	10286	478	9353	3967	192	3514
雅安市	185	1.05	344	15	2734	—	2734	1169	—	1169
巴中市	248	—	306	99	2788	—	2502	2148	162	1892
资阳市	172	0.9	556	73	5379	66	5166	2693	52	2437
贵阳市	1314	10.48	2881	127	21066	697	20105	6277	1356	4905
六盘水市	164	4.24	1350	25	13352	350	13002	5777	1897	3880
遵义市	386	6.16	1031	47	12492	188	12126	2988	307	2556
安顺市	132	3.7	576	29	5540	89	5409	1385	408	940
昆明市	1114	17.32	7914	200	8229	826	6907	11225	2196	9021
曲靖市	300	3.61	1589	20	5753	356	5397	7531	1639	5892
玉溪市	297	2.85	317	17	1131	3	1128	2370	185	2185
保山市	206	1.49	450	31	875	—	875	1206	—	1206
昭通市	313	0.7	531	16	3291	143	3144	876	208	536
丽江市	110	5.2	777	13	715	—	604	1068	—	1067

续表

城市	基础建设				交通运行					
	年底实有城市道路面积(万平方米)	每万人拥有公共汽车(辆)	年底实有出租汽车数(辆)	年底邮政局数(所)	客运总量(万人)	铁路客运量(万人)	公路客运量(万人)	货运总量(万吨)	铁路货运量(万吨)	公路货运量(万吨)
思茅市	84	4.76	260	13	1361	—	1349	1643	—	1619
临沧市	93	1.92	205	15	622	—	614	1636	—	1636
拉萨市	—	—	—	—	—	—	—	—	—	—
西安市	3021	8.93	11236	261	11323	2640	8294	15752	4241	11505
铜川市	359	2.64	840	45	776	33	743	2342	1393	949
宝鸡市	700	8.88	5750	41	5572	389	5183	2897	582	2315
咸阳市	724	4.65	1408	45	4717	145	4572	2836	209	2627
渭南市	138	1.41	795	34	4571	—	4571	2789	—	2789
延安市	147	6.91	453	23	1444	64	1376	1520	329	1191
汉中市	186	2.58	1078	24	6750	164	6583	5764	2909	2855
榆林市	160	2.89	464	33	1822	189	1623	2759	1088	1671
安康市	348	2.92	1000	36	4440	—	4091	6629	—	6369
商洛市	182	1.09	396	16	2057	4	2054	775	54	721
兰州市	1805	11.13	5847	127	2546	587	1896	5973	821	5151
嘉峪关市	238	5.17	530	13	157	72	82	2033	346	1687
金昌市	228	3.71	968	15	612	27	585	1319	170	1149
白银市	417	3.05	1492	35	1435	22	1413	3042	767	2275
天水市	991	1.71	1829	57	1544	142	1402	1488	66	1422
武威市	247	1.62	2911	49	1323	225	1098	2874	1804	1070
张掖市	196	2.89	1488	28	1594	38	1556	757	33	724
平凉市	343	2.26	1020	22	793	63	730	2662	850	1812
酒泉市	381	2.58	980	19	1656	—	1636	1443	—	1443
庆阳市	141	3.77	1100	10	1114	—	1114	1770	—	1770
定西市	76	1	366	21	1536	—	1536	1621	—	1621
陇南市	38	0.43	140	19	812	—	812	904	—	904
西宁市	551	15.56	5116	65	3349	223	3099	2494	269	2225
银川市	1117	10.05	4587	99	2680	172	2468	3807	1658	2149
石嘴山市	465	3.22	2040	45	1425	50	1375	1771	370	1401
吴忠市	174	4.83	1042	12	1853	24	1829	1151	237	914
固原市	313	2.09	2694	29	1005	25	981	806	250	556

续表

城市	基础建设				交通运行					
	年底实有城市道路面积(万平方米)	每万人拥有公共汽车(辆)	年底实有出租汽车数(辆)	年底邮政局(所)数(处)	客运总量(万人)	铁路客运量(万人)	公路客运量(万人)	货运总量(万吨)	铁路货运量(万吨)	公路货运量(万吨)
中卫市	237	1.44	519	14	758	39	707	1218	366	841
乌鲁木齐市	1320	21.12	7070	174	3640	1335	1966	13644	5384	8257
克拉玛依市	531	16.44	1510	39	390	—	390	1976	—	1976

附表4 2006年中国城市交通基础数据

城市	基础建设				交通运行					
	年底实有城市道路面积(万平方米)	每万人拥有公共汽车(辆)	年底实有出租汽车数(辆)	年底邮政局(所)数(处)	客运总量(万人)	铁路客运量(万人)	公路客运量(万人)	货运总量(万吨)	铁路货物运量(万吨)	公路货运量(万吨)
北京市	9858	18.18	66646	753	12275.91	6269	2482	32998	1956	30953
天津市	7933	9.51	31940	664	5669.5	1632	3807	42014	8409	20290
石家庄市	2061	10.24	6806	83	14148.09	1088	13027	12142	1396	10745
唐山市	2420	8.69	4586	67	11881	525	11356	15006	3514	10708
秦皇岛市	1168	9.2	4474	43	6590.72	457	6133	7795	1467	4494
邯郸市	1800	8.28	4801	41	12453.1	546	11907	11649	2482	9167
邢台市	836	8.86	3148	22	5935.39	284	5651	4499	1043	3456
保定市	1275	5.79	3036	26	8195.55	621	7575	7738	352	7386
张家口市	790	6.54	3560	19	3240.36	422	2818	6858	1468	5390
承德市	373	7.99	2201	26	3920.25	424	3496	4190	573	3617
沧州市	748	7.51	3018	16	9312	2415	6897	14147	4490	9497
廊坊市	659	2.84	1700	31	5480.75	165	5316	5517	166	5351
衡水市	591	8.91	1319	18	4072.4	317	3755	3542	90	3452
太原市	2357	7.93	8292	147	3703.35	1198	2221	18717	6063	12650
大同市	918	3.19	4600	65	2712.43	682	2030	16675	9938	6737
阳泉市	448	6.46	1542	31	3460	89	3371	11009	3326	7683
长治市	358	5.65	1800	29	4523.47	220	4293	12935	5777	7158
晋城市	274	7.16	1413	39	6337.28	317	6020	13057	5134	7923

附录 2003~2013年中国城市交通基础数据

续表

城市	基础建设				交通运行					
	年底实有城市道路面积（万平方米）	每万人拥有公共汽车（辆）	年底实有出租汽车数（辆）	年底邮政局（所）数（处）	客运总量（万人）	铁路客运量（万人）	公路客运量（万人）	货运总量（万吨）	铁路货物运量（万吨）	公路货运量（万吨）
朔州市	354	3.21	1238	25	1738	158	1580	21143	12693	8450
晋中市	421	4.68	902	30	3429.13	435	2994	11047	3877	7170
运城市	310	4.24	1545	32	5361.8	207	5140	4379	1278	3101
忻州市	166	2.15	713	33	3394.11	264	3130	6510	866	5644
临汾市	314	3.05	1861	32	5813.61	347	5467	11774	3674	8100
吕梁市	209	2.14	365	10	2209.95	41	2169	5693	1784	3909
呼和浩特市	1306	9.9	3966	71	4621.96	650	3821	7663	557	7104
包头市	1755	7.96	5826	100	13925.25	486	13422	23627	6088	17539
乌海市	467	7.31	953	34	717.16	219	495	5436	2127	3309
赤峰市	382	3.17	3674	67	3093.66	340	2750	8900	1150	7750
通辽市	325	1.99	4256	32	3007.04	594	2410	8024	2628	5396
鄂尔多斯市	400	5.9	2200	22	2191.04	89	2102	29605	8275	21330
呼伦贝尔市	267	7.92	2000	19	4178.02	719	3436	9716	4878	4838
巴彦淖尔市	334	2.07	936	33	2728.32	150	2578	3287	216	3071
乌兰察布市	320	3.02	2800	16	1766	189	1577	4001	196	3805
沈阳市	4323	11.18	19318	174	9598.11	3096	6152	17552	846	16700
大连市	2791	15.2	9643	138	12874.51	1494	10391	27526	2029	19002
鞍山市	1289	10.85	5375	41	6062.99	485	5578	7932	1728	6204
抚顺市	663	8.79	4563	38	2795.61	555	2241	5760	2422	3338
本溪市	512	5.82	2594	38	4109.94	1561	2549	7483	2661	4822
丹东市	605	5.42	1915	49	3276.8	417	2828	3957	392	3047
锦州市	741	6.09	3884	30	3332.04	681	2648	5561	620	4812
营口市	563	5.97	4900	35	3362.4	306	3056	6349	1026	5042
阜新市	421	4.38	2766	14	2554.2	195	2359	4841	1352	3489
辽阳市	768	5.3	2605	42	3569.27	310	3259	4740	1371	3369
盘锦市	651	7.17	3226	30	1782.35	60	1722	4023	212	3811
铁岭市	347	5.69	2112	22	3948.7	439	3510	5967	1307	4660
朝阳市	283	3.08	3350	19	3522.5	228	3295	4341	744	3597
葫芦岛市	441	3.52	4122	48	5022.51	312	4698	3345	673	2585
长春市	3086	10.87	15089	126	6937	1577	5248	10594	651	9942

续表

城市	基础建设				交通运行					
	年底实有城市道路面积(万平方米)	每万人拥有公共汽车数(辆)	年底实有出租汽车数(辆)	年底邮政局(所)数(处)	客运总量(万人)	铁路客运量(万人)	公路客运量(万人)	货运总量(万吨)	铁路货物运量(万吨)	公路货运量(万吨)
吉林市	1200	4.83	4429	60	4553	797	3688	5706	1769	3928
四平市	302	5.23	2760	25	3458	528	2930	3283	487	2796
辽源市	476	8.98	2960	13	1914	55	1859	2118	301	1817
通化市	223	5.79	1380	32	2984	417	2567	4766	1141	3625
白山市	253	4.05	1431	33	1626	212	1414	2237	556	1681
松原市	428	8.67	2200	60	2613	243	2354	1800	341	1448
白城市	230	4.49	1774	36	1050.35	347	703	969	298	656
哈尔滨市	2665	9.87	12706	130	8981.14	3068	5733	10641	1303	8994
齐齐哈尔市	836	6.54	4169	73	4651.43	1476	3169	6606	1042	5564
鸡西市	320	5.26	3110	58	3779.94	352	3428	5550	2953	2597
鹤岗市	294	5.77	1774	35	581.51	91	485	2746	1867	875
双鸭山市	298	5.9	1500	20	2888.27	91	2797	4552	1373	3178
大庆市	2516	14.73	4085	99	1426.95	640	787	3241	1173	2067
伊春市	599	2.57	3159	55	670.18	329	341	701	355	346
佳木斯市	337	5.47	3750	64	2894.69	641	2238	3075	581	2424
七台河市	388	7.11	1678	23	1448.34	88	1360	4162	1722	2440
牡丹江市	872	9.65	2705	79	2945.98	856	2075	3536	1352	2183
黑河市	181	5.06	932	26	964.73	256	693	2424	577	1825
绥化市	190	2.15	2880	32	2626.2	643	1983	2365	369	1996
上海市	21490	13.31	48022	649	10205	4458	2784	75184	3790	33799
南京市	7392	9.77	9262	176	22053.86	1497	19930	18392	1096	11249
无锡市	4906	12.17	3840	120	22431.6	1069	21315	10330	216	8845
徐州市	1604	9.41	3357	108	8688.01	946	7712	10135	1635	7494
常州市	2158	7.23	1842	97	16718.6	741	15958	6855	298	5692
苏州市	4982	8.93	3203	94	36891.52	1706	35182	11222	147	8891
南通市	1282	8.78	1277	31	10092.32	103	9978	9448	34	7594
连云港市	2238	10.34	2160	36	7339.69	265	7059	5985	1393	4286
淮安市	1229	2.13	903	83	3877.05	49	3822	4367	180	2335
盐城市	842	1.91	810	47	6934.93	72	6858	8114	19	3393
扬州市	1025	6.35	1842	52	8703.06	93	8595	6407	25	4902

附录 2003~2013年中国城市交通基础数据

续表

城市	基础建设				交通运行					
	年底实有城市道路面积(万平方米)	每万人拥有公共汽车(辆)	年底实有出租汽车数(辆)	年底邮政局(所)数(处)	客运总量(万人)	铁路客运量(万人)	公路客运量(万人)	货运总量(万吨)	铁路货物运量(万吨)	公路货运量(万吨)
镇江市	1385	7.14	1254	53	7965.3	524	7441	5507	134	4951
泰州市	1107	3.7	706	28	4893.97	39	4855	5844	26	2221
宿迁市	998	2.75	801	43	2818.47	6	2812	2060	6	1749
杭州市	4216	11.79	8398	195	25809.52	2124	22961	20925	569	14588
宁波市	1974	12.3	5001	141	29146.39	745	28120	20305	1228	11725
温州市	1403	12.07	3329	67	27109.27	382	26500	16044	65	13500
嘉兴市	724	8.07	823	15	16878.1	501	16344	10084	64	2977
湖州市	1211	5.61	873	63	8476.64	84	8384	15591	222	6068
绍兴市	1101	12.24	820	17	15448.9	456	14989	10275	156	9014
金华市	1278	7.3	862	41	18325.2	970	17309	13267	311	12701
衢州市	674	6.63	401	33	6975.62	195	6773	8743	588	8151
舟山市	352	4.15	1389	50	10374	—	8202	8306	—	2090
台州市	1825	2.38	1335	47	17303.58	—	17181	12153	—	6651
丽水市	306	2.46	408	19	4375.6	190	4158	3063	226	2457
合肥市	3094	12.47	6500	131	7813.15	932	6785	6776	1063	4838
芜湖市	1405	7.34	2530	39	4516	286	4230	11764	175	3283
蚌埠市	948	7.45	2291	25	3622.4	510	3112	4233	296	2886
淮南市	858	5.24	2300	51	2139.4	198	1941	5138	3116	1282
马鞍山市	774	7.12	2298	27	1453	118	1335	2968	495	1981
淮北市	733	9.07	1626	41	3507.89	100	3408	6472	2846	3626
铜陵市	423	7.69	1369	19	1503.59	124	1380	3206	169	1339
安庆市	614	3.84	1780	26	6155.61	157	5973	5905	465	3335
黄山市	342	3.32	430	39	4150.85	139	3863	3466	11	3421
滁州市	433	2.62	1261	37	6148	—	6148	6135	—	5685
阜阳市	749	1.9	1610	48	6033.4	783	5250	4454	1165	3106
宿州市	560	1.17	1298	39	7031	200	6831	6088	952	4993
巢湖市	352	2.14	1054	35	5273.63	38	5091	4508	75	2213
六安市	387	1.4	1908	43	7417.99	37	7348	5762	7	5742
亳州市	621	0.54	1000	98	2840.9	104	2737	2189	101	1939
池州市	243	1.68	600	32	3427	—	3427	3926	—	2005

续表

城市	基础建设				交通运行					
	年底实有城市道路面积(万平方米)	每万人拥有公共汽车(辆)	年底实有出租汽车数(辆)	年底邮政局(所)数(处)	客运总量(万人)	铁路客运量(万人)	公路客运量(万人)	货运总量(万吨)	铁路货物运量(万吨)	公路货运量(万吨)
宣城市	191	1.09	733	36	5263.49	115	5099	3028	30	2890
福州市	1807	10.25	3745	82	11841.64	527	10816	11554	299	6121
厦门市	1639	16.06	3646	96	5804.08	348	4082	4550	521	2178
莆田市	597	2.52	626	102	7102.86	—	7012	2264	—	2032
三明市	158	7.61	339	23	5097.85	136	4935	5207	1080	4070
泉州市	669	6.32	1701	58	10329.23	58	10154	8891	919	5884
漳州市	563	3.58	909	16	5956	104	5780	3527	109	3275
南平市	182	4.14	1080	29	4957.35	545	4346	3218	574	2511
龙岩市	318	5.15	408	31	3632.42	412	3220	5004	1308	3696
宁德市	206	3.04	447	26	6479.65	17	6300	1250	12	928
南昌市	1708	10.07	3569	89	5160.75	1278	3725	4793	412	3989
景德镇市	361	9.6	595	60	1008.95	122	876	711	196	454
萍乡市	566	7.49	600	31	4024.33	138	3886	2704	798	1906
九江市	480	13.23	1478	24	5012.15	465	4423	3006	622	1916
新余市	654	3.7	500	37	1340	113	1204	2179	618	1470
鹰潭市	172	3.68	271	9	1427.66	388	1008	1651	309	1177
赣州市	542	6.08	592	32	6567.38	1021	5467	4815	526	3539
吉安市	266	3.67	170	26	4572.59	184	4364	3763	17	2955
宜春市	301	2.46	345	40	5360.5	213	5148	5056	406	3756
抚州市	409	1.98	350	25	3227.03	69	3158	1862	70	1747
上饶市	342	2.97	511	13	5613.03	311	5216	5194	473	4550
济南市	4301	11.04	8100	137	7990.8	2248	5541	16199	7413	8784
青岛市	5218	15.38	8146	86	24400.23	689	22332	39294	2461	32047
淄博市	2804	6.14	6337	93	22338.68	349	21990	6946	1082	5864
枣庄市	1023	5.68	980	79	7872.47	176	7696	6702	1261	5268
东营市	1655	7.65	3041	44	2950.48	39	2908	6338	138	6134
烟台市	2077	8.42	2152	80	9801.73	308	9142	16645	752	13744
潍坊市	2579	5.16	2194	53	7298.13	369	6924	10331	1131	9016
济宁市	1480	6.21	1499	28	7249.22	393	6856	19343	2461	13996
泰安市	1912	3.65	1292	37	4851.45	243	4608	7108	975	6083

附录 2003～2013年中国城市交通基础数据

续表

城市	基础建设				交通运行					
	年底实有城市道路面积(万平方米)	每万人拥有公共汽车(辆)	年底实有出租汽车数(辆)	年底邮政局(所)数(处)	客运总量(万人)	铁路客运量(万人)	公路客运量(万人)	货运总量(万吨)	铁路货物运量(万吨)	公路货运量(万吨)
威海市	1637	9.26	1401	33	4885.98	180	4586	6578	107	5535
日照市	1250	5.95	1044	32	5531.42	73	5445	5049	1829	2950
莱芜市	1359	5.71	1932	46	2177.94	10	2168	2455	339	2116
临沂市	2267	9.98	2750	45	9665.91	140	9510	11143	239	10904
德州市	996	11.06	2405	25	5734.7	290	5445	4847	279	4568
聊城市	1312	4.53	1690	31	3292.53	128	3165	2041	150	1891
滨州市	540	5.14	664	27	3032.47	3	3029	4526	63	4432
菏泽市	2714	1	1251	66	4911.67	298	4614	3604	89	3419
郑州市	2772	12.68	10865	126	13667	2232	11134	9808	2890	6906
开封市	672	4.97	2336	27	5360.49	339	5021	4437	108	4329
洛阳市	1390	5.96	4164	40	9626.58	599	9000	6986	1021	5950
平顶山市	450	6.06	2000	28	5591.3	96	5495	5986	2788	3198
安阳市	805	6.03	1584	20	6274.59	257	6018	5070	686	4384
鹤壁市	454	6.49	681	13	1367.04	38	1329	1464	406	1058
新乡市	895	6.59	5000	28	5229.97	394	4836	6211	228	5983
焦作市	944	7.01	1395	30	4122	121	4001	5795	1184	4611
濮阳市	350	8.51	2000	22	2549	—	2543	2127	301	1826
许昌市	512	12.5	2212	17	3401.02	162	3239	2493	212	2281
漯河市	713	5.69	1231	9	3850	201	3649	2190	218	1768
三门峡市	186	5.23	621	8	6919	245	6674	6024	1862	4162
南阳市	778	2.09	1193	25	9421.35	192	9176	7724	287	7269
商丘市	691	2.38	3889	13	5322.69	520	4803	3136	326	2763
信阳市	535	1.4	1843	14	7397.38	432	6926	4859	448	4012
周口市	530	3.39	900	8	7101.6	32	7070	5200	1531	3280
驻马店市	741	3	1500	16	8467.01	278	8189	4943	344	4319
武汉市	4328	11.94	12137	190	16193.7	4849	10771	20818	8990	8972
黄石市	799	13.96	818	17	3838.8	57	3687	6026	607	4858
十堰市	641	11.3	800	29	3744.8	203	3467	1451	148	1123
宜昌市	1134	10.14	1283	48	7545.26	306	6939	5406	424	4142
襄樊市	1275	5.62	1700	73	8672.01	492	8163	6453	486	5697

223

续表

城市	基础建设				交通运行					
	年底实有城市道路面积(万平方米)	每万人拥有公共汽车(辆)	年底实有出租汽车数(辆)	年底邮政局(所)数(处)	客运总量(万人)	铁路客运量(万人)	公路客运量(万人)	货运总量(万吨)	铁路货物运量(万吨)	公路货运量(万吨)
鄂州市	575	4.23	400	57	1967.33	20	1921	1425	913	428
荆门市	628	6.13	500	19	4398.41	85	4308	4441	1025	3348
孝感市	516	3.96	687	23	6875.93	558	6287	5437	1948	3342
荆州市	755	4.64	1588	35	3951.9	14	3938	2690	125	1105
黄冈市	630	9.96	564	12	5684	621	4928	2322	385	780
咸宁市	321	1.56	456	19	4067.29	123	3905	1263	115	1096
随州市	1119	4.51	930	40	1677.2	79	1567	1040	150	864
长沙市	3002	12.68	6280	286	11863.94	1244	10022	12778	532	10905
株洲市	828	8.74	1961	27	10966.46	731	10222	8932	503	7665
湘潭市	952	7.35	1150	30	3581.37	248	3334	5824	1815	3622
衡阳市	792	6.98	1403	41	8840.37	720	8120	6125	716	5167
邵阳市	798	5.57	636	22	11026.78	243	10738	5282	329	4679
岳阳市	673	6.01	1600	37	8714	757	7917	7458	1083	4875
常德市	738	2.76	1126	63	14777.57	93	14673	7179	248	6110
张家界市	218	10.5	850	20	4279.73	130	4122	1150	15	1109
益阳市	464	2.53	860	41	6774.59	48	6655	4483	44	3530
郴州市	303	7.23	1100	32	9491.76	253	9098	10260	475	9746
永州市	468	7.76	356	50	7435.32	205	7140	4245	128	4036
怀化市	226	14.26	820	20	7098.46	651	6317	3532	772	2592
娄底市	425	5.74	850	31	9613.99	352	9252	9522	2998	6445
广州市	8663	13.8	17058	2961	43777	6804	33021	42320	6713	24801
韶关市	603	2.51	790	24	2984	490	2494	4128	699	2990
深圳市	12597	99.03	10305	621	13957.13	1679	10962	11311	302	7918
珠海市	3482	12.6	1873	88	5470.91	—	5020	2829	—	1514
汕头市	2388	1.19	1586	71	2439.73	119	2158	2123	100	1697
佛山市	1882	5.07	2294	259	16315	155	16064	19967	249	15289
江门市	1567	3.96	382	59	8088	—	7932	5295	—	3484
湛江市	628	3.1	1234	31	6922.2	160	6533	7410	2130	4283
茂名市	357	1.22	430	23	5496	119	5316	5106	650	4321
肇庆市	601	5.11	770	28	5063	97	4905	4206	100	3583

附录 2003~2013年中国城市交通基础数据

续表

城市	基础建设				交通运行					
	年底实有城市道路面积(万平方米)	每万人拥有公共汽车(辆)	年底实有出租汽车数(辆)	年底邮政局(所)数(处)	客运总量(万人)	铁路客运量(万人)	公路客运量(万人)	货运总量(万吨)	铁路货物运量(万吨)	公路货运量(万吨)
惠州市	853	5.07	707	—	5721	456	5265	5615	228	3416
梅州市	458	4.84	317	16	3925	107	3781	4189	395	3708
汕尾市	188	1.77	584	13	4784	—	4740	1570	—	1562
河源市	210	9.92	345	30	2286	—	2228	1070	—	1063
阳江市	253	2.07	357	19	1750	—	1750	1044	111	892
清远市	589	3.45	212	33	5571	88	5364	3863	163	3093
东莞市	7459	6.54	4761	545	35182	—	35143	5481	—	4930
中山市	1041	5.08	1052	168	10275	—	10155	6177	—	4180
潮州市	206	2.98	535	50	778	—	768	1756	—	1276
揭阳市	268	0.83	728	9	3369.1	45	3324	1971	151	1793
云浮市	62	2.27	96	56	2635	—	2605	3504	—	3099
南宁市	2122	8.57	3444	103	9664.97	607	8839	7871	505	6071
柳州市	1209	8.78	1384	53	4739.12	399	4243	5323	952	4170
桂林市	576	7.87	2965	36	6697.67	308	5870	1768	153	1607
梧州市	221	5.93	694	49	3192.92	—	3071	2151	—	1573
北海市	772	3.37	720	16	3225.22	23	3140	2905	287	2375
防城港市	233	1.38	99	22	2655.97	22	2634	3383	1926	1371
钦州市	467	1.48	200	32	1939.13	11	1913	1290	193	1003
贵港市	594	0.73	473	34	2041.57	—	2042	3660	—	1377
玉林市	574	1.76	598	22	5134.1	132	5002	5216	125	5091
百色市	176	2.59	500	16	4776.66	—	4750	6074	—	5846
贺州市	255	1.01	158	31	61310.61	—	61290	46154	—	46122
河池市	139	3.78	194	21	7273.2	5	7143	3188	142	2975
来宾市	132	0.86	491	31	4576.1	193	4294	6411	790	5254
崇左市	184	0.82	92	10	2366	—	2317	3275	—	3113
海口市	1178	4.87	1963	110	15835.9	70	14478	7176	1378	1542
三亚市	274	5.84	1032	23	1920.8	—	1596	914	—	896
重庆市	6779	5.23	16594	807	61228.48	1388	58179	42807	2000	36254
成都市	4775	8.33	9016	455	41069.96	8837	31305	28143	14007	14074
自贡市	537	4.87	1548	54	11687.77	59	11530	3574	213	3180

续表

城市	基础建设				交通运行					
	年底实有城市道路面积(万平方米)	每万人拥有公共汽车(辆)	年底实有出租汽车数(辆)	年底邮政局(所)数(处)	客运总量(万人)	铁路客运量(万人)	公路客运量(万人)	货运总量(万吨)	铁路货物运量(万吨)	公路货运量(万吨)
攀枝花市	456	7.6	1454	35	3276.22	252	2970	5593	1964	3614
泸州市	595	4.08	1117	80	10394.29	—	10185	3124	88	2637
德阳市	386	3.07	550	27	5958.8	163	5796	3941	481	3460
绵阳市	907	6.32	1077	64	8476.26	286	8146	3264	252	2971
广元市	315	1.34	460	68	3096	480	2544	5760	3848	1760
遂宁市	496	1.38	434	84	3916.4	101	3640	1996	115	1625
内江市	260	3.57	700	95	9899.84	139	9520	3886	192	3501
乐山市	596	2.18	810	74	5098.03	72	4233	3282	677	2526
南充市	937	2.23	1020	126	16772.48	199	15983	2678	77	2277
眉山市	368	2.72	418	58	6470.75	20	6387	1691	247	1443
宜宾市	205	4.67	527	35	11144.62	227	10739	5496	1068	4020
广安市	334	0.32	327	39	5625.03	104	5249	2402	210	1802
达州市	126	4.33	1063	18	10866	475	9967	4327	198	3924
雅安市	192	1.03	344	16	2883	—	2883	1252	—	1252
巴中市	260	0.61	324	97	3694	—	3352	3359	189	3048
资阳市	212	1.09	556	72	5724.03	67	5516	3138	56	2901
贵阳市	1141	7.5	3017	127	22061.72	820	20897	6635	1467	5142
六盘水市	164	3.98	1445	25	15120.78	444	14677	6992	1882	5110
遵义市	386	6.08	1040	67	14739.4	289	14244	4018	343	3280
安顺市	148	3.84	636	28	5790.73	96	5614	1514	464	1035
昆明市	1897	17.62	7742	198	9227	961	7372	12146	2370	9717
曲靖市	318	4.52	1589	20	5469.08	233	5236	11679	999	10680
玉溪市	297	2.83	317	17	1096.29	3	1093	2494	195	2299
保山市	206	1.53	450	31	958.99	—	948	1346	—	1346
昭通市	110	0.69	531	16	3495.8	320	3132	1263	282	872
丽江市	190	9.11	777	13	767	—	613	964	—	963
思茅市	122	4.59	260	13	1494.1	—	1464	1713	—	1707
临沧市	107	2.04	300	15	643.82	—	632	1734	—	1734
拉萨市	—	—	—	—	—	—	—	—	—	—
西安市	3219	10.15	11177	234	11245	2066	8682	11832	573	11254

附录 2003~2013年中国城市交通基础数据

续表

城市	基础建设				交通运行					
	年底实有城市道路面积(万平方米)	每万人拥有公共汽车(辆)	年底实有出租汽车数(辆)	年底邮政局(所)数(处)	客运总量(万人)	铁路客运量(万人)	公路客运量(万人)	货运总量(万吨)	铁路货物运量(万吨)	公路货运量(万吨)
铜川市	325	2.19	904	38	859	39	820	2129	1068	1061
宝鸡市	939	8.85	3800	42	6964.75	485	6480	3105	632	2473
咸阳市	725	4.43	1303	42	4827	—	4827	2784	—	2784
渭南市	755	1.63	795	35	5211	—	5211	3079	—	3079
延安市	155	6.52	453	23	1697.37	77	1615	1643	307	1336
汉中市	186	2.97	592	24	3345.53	180	3161	4288	3178	1110
榆林市	160	2.81	464	30	1879.39	201	1676	2981	1610	1371
安康市	93	0.77	2598	29	10615	—	10156	6257	—	5906
商洛市	185	1.03	317	17	2290.59	5	2286	864	68	796
兰州市	2214	9.98	6358	122	2732.05	636	1996	6262	901	5360
嘉峪关市	268	5.05	563	11	2266.71	78	2186	2161	466	1695
金昌市	355	5.11	830	15	623.6	29	595	1356	177	1179
白银市	447	3.09	1832	35	1520.05	22	1498	2994	797	2197
天水市	3266	1.7	1829	32	1628.9	81	1548	1649	57	1592
武威市	251	1.58	2950	49	1750.45	228	1522	3226	1940	1286
张掖市	206	2.68	1189	28	1684	—	1684	763	—	763
平凉市	350	3.06	1250	22	848	60	788	2906	980	1926
酒泉市	334	3.46	866	19	1755.17	—	1741	1512	—	1512
庆阳市	144	3.71	878	10	1181.2	—	1180	1872	—	1872
定西市	88	0.96	429	21	7485	—	7485	1132	—	1132
陇南市	39	0.43	130	19	865	—	865	955	—	955
西宁市	580	16.67	5116	82	3475.5	246	3192	2669	333	2336
银川市	1177	11.07	4587	91	2721.99	195	2475	3902	1732	2170
石嘴山市	534	2.02	2040	47	1407.3	52	1355	1893	390	1503
吴忠市	312	4.47	1042	10	1626.7	26	1601	1257	240	1017
固原市	345	2.1	2694	26	1124.1	82	1042	771	90	681
中卫市	297	3.38	620	14	763.87	47	705	1210	367	832
乌鲁木齐市	1468	22.02	7151	172	3945	1388	2193	14182	5648	8531
克拉玛依市	631	13.92	1505	40	451	—	451	1665	—	1665

附表5 2007年中国城市交通基础数据

城市	基础建设				交通运行					
	人均城市道路面积(平方米)	每万人拥有公共汽车(辆)	年底实有出租汽车数(辆)	年底邮政局(所)数(处)	客运总量(万人)	铁路旅客运量(万人)	公路客运量(万人)	货运总量(万吨)	铁路货物运量(万吨)	公路货运量(万吨)
北京市	7.72	18.56	66646	765	20978.2	7644.2	9570.5	20515.43	1733	18689
天津市	11.58	9.93	31940	854	8752.4	1907	6579	54260	12161	27000
石家庄市	12.96	11.04	6795	76	10050.4	1158	8788	12512.53	1436	11075
唐山市	8.56	8.05	4613	72	9719	591	9128	21862	2899	18340
秦皇岛市	16.76	10.85	4474	55	7030.1	638	6384	7573.02	1680	4864
邯郸市	14.25	11.99	4843	35	13563.1	713	12843	17403.04	2482	14921
邢台市	18.69	15.97	3148	19	6402	329	6073	8472	789	7683
保定市	12.87	6.66	3036	23	11034	749	10285	8772	424	8348
张家口市	12.23	7.33	3612	26	3153	443	2710	5384	1602	3782
承德市	9.49	9.7	2350	26	4686	474	4212	4545	433	4112
沧州市	15.71	10.93	3018	25	10791	3597	7194	15373	5055	10111
廊坊市	9.43	4.41	1827	26	5635.6	157.6	5478	7162	204	6958
衡水市	19.34	14.17	1324	17	2305	346	1959	3372	705	2667
太原市	8.28	6.71	8292	152	4394.3	1533	2430	20962.4	6171	14786
大同市	8.07	4	4625	59	2967.8	769	2187	18279.08	11412	6867
阳泉市	6.73	7.7	1411	32	3418.2	151.2	3267	11914	3785	8129
长治市	6.1	7.4	1800	29	4791	119	4646	11225.11	3288	7937
晋城市	7.7	7.49	1453	35	6653.2	346.2	6307	14150	5543	8607
朔州市	6.93	2.23	1134	25	2124	324	1800	16986	8440	8546
晋中市	10.03	8.61	902	31	3592.4	534.4	3058	12522	4409	8113
运城市	4.02	5.48	1780	28	5718.1	265.2	5422.6	4690.08	1188	3502
忻州市	3.17	2.14	713	27	3652.3	477.4	3174.9	8575	2643	5932
临汾市	5.73	4.37	1862	30	6623.9	477.8	6146	11366	2526	8840
吕梁市	9	2.85	450	10	2678.2	76.2	2602	8797	3651	5146
呼和浩特市	12.55	12.93	4666	67	5295.2	595	4488	9577.33	632	8944
包头市	14.12	9.04	5883	72	20776.5	586	20153	38841.15	8481	30360
乌海市	10.5	7.98	919	37	793.9	263.7	526.4	7532.02	2418	5114
赤峰市	5.46	5.1	3507	50	3305.3	351	2950	9348.02	1198	8150
通辽市	7.32	2.33	4586	35	3299.1	638.8	2656.8	13838.02	4513	9325

附录 2003~2013年中国城市交通基础数据

续表

城市	基础建设				交通运行					
	人均城市道路面积（平方米）	每万人拥有公共汽车（辆）	年底实有出租汽车数（辆）	年底邮政局（所）数	客运总量（万人）	铁路旅客运量（万人）	公路客运量（万人）	货运总量（万吨）	铁路货物运量（万吨）	公路货运量（万吨）
鄂尔多斯市	60.29	20.74	2200	22	4196.3	89.6	4076	18301.11	14366	3935
呼伦贝尔市	10.41	8.87	2112	20	5693.8	769.6	4890	11988.38	5296	6692
巴彦淖尔市	8.32	2.01	936	33	2961.3	152.3	2809	3233	204	3029
乌兰察布市	12.49	3.61	2800	16	2101	201	1900	5176	297	4879
沈阳市	8.93	10.2	17334	137	11040.1	3581.1	7081.7	20731.7	466	20260
大连市	13.13	16.01	9673	132	17695.5	1903.4	14851	33956.18	2339	23404
鞍山市	9.07	9.09	5375	42	6868.7	655.7	6213	9035	2144	6891
抚顺市	5.08	9.5	4684	41	3345.9	479.9	2866	6861	2309	4552
本溪市	5.72	6.8	2644	44	5020.9	2147.9	2873	8647	2898	5749
丹东市	8.91	6.1	1932	51	4056.1	445.1	3574	4549.04	350	3901
锦州市	9.04	5.74	3905	31	4048	754.2	3289.2	7392.07	674	6623
营口市	7.7	7.59	4900	34	4083.7	397.7	3686	10130	1788	7861
阜新市	5.56	4.34	3044	14	1342.3	178.3	1164	2707	1429	1278
辽阳市	11.2	5.58	2560	43	4138.5	331.5	3807	7257	1544	5713
盘锦市	12	6.66	3242	30	2120.4	100.4	2020	5415	223	5180
铁岭市	17.11	10.74	2123	27	4724.8	568.8	4156	7248	1405	5843
朝阳市	5.27	3.6	3040	20	3911.5	274.7	3635	4794	700	4094
葫芦岛市	4.76	5.03	4163	50	5627.6	431.6	5178	3902	618	3110
长春市	12.1	12.5	16708	127	8080.8	2034.7	5890	11778.32	716	11061
吉林市	6.89	4.94	4652	74	5193.5	865.7	4250	6820	1826	4985
四平市	5.16	5.42	2850	21	4377.7	679.7	3698	4108	569	3539
辽源市	10.08	6.89	1510	18	2169.5	59.5	2110	2511	394	2117
通化市	5.1	6.05	1348	28	3337	398	2939	5393	1390	4003
白山市	5.65	6.39	1453	45	2015.6	178.6	1837	2819	512	2307
松原市	8.57	8.41	2177	44	4428.5	279.5	4127	3082	364	2590
白城市	4.64	4.68	1774	25	1234.2	406.2	827	1304	435	843
哈尔滨市	5.95	10.2	13425	495	10240.2	3494	6497	11714.77	1707	9665
齐齐哈尔市	6	7.21	3159	74	5031.3	1629	3393	8490.05	1465	7025
鸡西市	3.62	7.98	2959	57	3971	406	3565	5792	3192	2600
鹤岗市	4.53	5.96	1774	33	617.9	113	499	2502	1601	896

229

续表

城市	基础建设				交通运行					
	人均城市道路面积(平方米)	每万人拥有公共汽车(辆)	年底实有出租汽车数(辆)	年底邮政局(所)数	客运总量(万人)	铁路旅客运量(万人)	公路客运量(万人)	货运总量(万吨)	铁路货物运量(万吨)	公路货运量(万吨)
双鸭山市	6.19	6.51	1100	73	3866	99	3767	3831	1407	2423
大庆市	19.82	15.99	5591	103	1552	725	827	3586	1096	2490
伊春市	9.19	2.74	2865	59	760	357	403	734	341	393
佳木斯市	4.34	6.35	5198	89	3251.6	643	2583.1	3383.02	708	2610
七台河市	7.33	7.35	1000	23	1502	90	1412	4519	2008	2511
牡丹江市	10.98	8.4	2705	85	3228.1	947	2265	3940.2	1432	2508
黑河市	9.44	4.95	1023	25	1732.6	674	1038.2	3077.03	749	2306
绥化市	11.82	2.81	2500	34	2826.2	724	2102.2	2568	445	2123
上海市	6.62	12.54	48059	661	10927	5339	2934	84347	985	42729
南京市	16.27	10.7	10151	159	49579.1	2033	46658	24251.76	964	13784
无锡市	21.98	13.09	4040	96	24248	1118	23046	11475	209	9930
徐州市	10.06	9.71	3594	78	21787.4	1218.3	20529	15754.26	2264	11508
常州市	11.54	7.92	2142	92	21961.2	818.2	21109	11319.54	258	9982
苏州市	23.49	11.72	3203	86	47279.3	1893.3	45386	12758	128	10863
南通市	13.4	7.92	1277	32	12853.1	267	12570	13033.27	110	10825
连云港市	18.78	6.29	2154	34	14931.9	230	14681	11493.2	1700	8514
淮安市	5.28	3.1	903	82	4955.8	88.8	4859	5528	268	2981
盐城市	7.27	2.4	910	48	9332.1	146	9176	10818.06	32	4877
扬州市	10.81	6.78	1842	53	10563.7	148.7	10400	8057	21	6209
镇江市	15.52	8.83	1254	47	10499.5	407.5	10092	7329	190	6568
泰州市	14.87	3.38	739	34	7035.5	260.5	6775	9352	27	2937
宿迁市	7.32	2.46	713	43	4416	11	4405	3596	19	3061
杭州市	10.04	16.57	9167	186	29084.8	2498.3	25630	22549.6	483	16822
宁波市	9.12	13.8	5001	84	32250.1	1769.8	30130	25720	2171	13550
温州市	11.17	13.05	3329	59	28861.6	433.7	28164	18308.97	309	15175
嘉兴市	10.47	10.26	873	41	17166.7	524.3	16596	10669.68	28.52	3535
湖州市	15.3	6.27	966	62	9259.8	—	9254	16604	—	6792
绍兴市	17.16	12.48	895	16	16843.4	488.5	16285	11481.19	125	10318
金华市	14.53	8.16	862	38	21341.8	1088.3	20196	16131.74	298	15610
衢州市	8.51	7.09	401	33	7531.7	216.3	7305	9840.01	592	9241

附录 2003~2013年中国城市交通基础数据

续表

城市	基础建设				交通运行					
	人均城市道路面积(平方米)	每万人拥有公共汽车(辆)	年底实有出租汽车数(辆)	年底邮政局(所)数	客运总量(万人)	铁路旅客运量(万人)	公路客运量(万人)	货运总量(万吨)	铁路货物运量(万吨)	公路货运量(万吨)
舟山市	6.81	6.4	1325	41	10638.6	—	7905	10205.03	—	2406
台州市	13.79	3.31	1361	47	20799.7	—	20621	14400.14	—	8282
丽水市	10.27	4.36	409	23	5368	131	5207	3622	151	3109
合肥市	17.76	12.52	7118	81	14381.9	1361.1	12885	12180.77	1531	10590
芜湖市	15.1	8.45	3045	38	6112	327	5719	15898	418	5136
蚌埠市	11.79	7.02	2291	30	5099.3	579.3	4520	6264	247	4330
淮南市	6.1	5.85	2844	60	2486.4	216.4	2270	6428	4179	1393
马鞍山市	13	8.05	2298	35	1457	119	1338	5710	459	2662
淮北市	7.57	9.2	1626	37	4372.4	162.4	4210	7192	2728	4464
铜陵市	10.8	9.8	1630	19	1464	83	1381	3605	166	1351
安庆市	10.03	3.88	1785	24	6179.8	160	5993	5802.01	441	3714
黄山市	9.87	9.64	393	29	5199.6	127.9	4952	4149.2	7	4137
滁州市	9.52	5.58	1257	29	6754.3	205.3	6549	7667	102	6414
阜阳市	4.92	2.81	1610	49	7428.3	885.1	6543	6828	2321	4054
宿州市	3.98	1.77	1298	40	7535	177	7358	6913	602	6217
巢湖市	5.22	2.84	1620	37	5806	54.6	5617	10067	95	2505
六安市	1.8	1.4	2349	43	21440	2983	18419	19318	1500	17538
亳州市	4.63	1.67	1000	36	3396	112	3284	2681	47	2331
池州市	8.01	2.31	600	30	6414	9	6405	5808	—	3558
宣城市	3.61	1.43	733	31	6634.8	170.6	6409.1	3982	98	3810
福州市	10.64	12.17	3745	72	11483	637	10270	14896.02	346	8160
厦门市	15.55	14.27	4233	96	6412.2	419.8	4356.8	5853.41	642	2625
莆田市	3.22	2.97	723	38	7447.1	—	7327.3	2732	—	2540
三明市	11.28	9.69	339	24	5306.2	146.3	5136.3	6094	1095	4916
泉州市	10.24	8	1961	83	8970.5	157.5	8666	10724.84	1012	6443
漳州市	12.34	4.32	1055	20	6145.2	62.9	5999	4097	107	3796
南平市	3.99	4.56	240	33	3155.4	419.1	2569	2994.37	493	2245
龙岩市	7.48	7.35	514	22	4562.7	604.3	3957	7488.01	1457	6031
宁德市	5.41	4.34	394	20	6100	18.9	5882.6	1707	13	1359
南昌市	7.62	11.29	3673	90	5816.4	1801	3846	5491.01	371	4710

续表

城市	基础建设				交通运行					
	人均城市道路面积(平方米)	每万人拥有公共汽车(辆)	年底实有出租汽车数(辆)	年底邮政局(所)数(处)	客运总量(万人)	铁路旅客运量(万人)	公路客运量(万人)	货运总量(万吨)	铁路货物运量(万吨)	公路货运量(万吨)
景德镇市	13.08	9.61	595	60	1153.7	126.8	1008	743.01	211	512
萍乡市	4.29	5.33	600	44	4568.9	178.9	4390	3754	1161	2593
九江市	14.11	10.16	1537	22	5336.3	526	4723	3810	722	2456
新余市	6.57	4	531	37	1486	186	1277	2526	702	1741
鹰潭市	10.74	5.51	271	9	2233.5	420.7	1774	3100	389	2473
赣州市	8.3	7.4	592	35	6910.4	1061.7	5735	5391.08	634	3970
吉安市	5.66	4.13	397	23	3632.1	193	3412	4578	16	3444
宜春市	3.27	2.37	404	34	5508.6	383.6	5125	5507	747	3681
抚州市	12.52	2.01	372	28	3514.3	84.3	3430	2147	85	2007
上饶市	9.43	9.23	511	13	6443.7	344.4	6027	7582	516	6783
济南市	16.87	12.37	8116	137	15901	2844.8	12785.5	22001.3	8344	13588
青岛市	20.26	17.02	9241	81	22619.7	1278.1	19908.7	42484.21	3225	34172
淄博市	8.56	10.29	5972	89	29164.8	394.8	28770	19345	1235	18110
枣庄市	5.85	5.08	766	79	6466.8	198.8	6265	9644	1305	6907
东营市	20.63	8.37	3306	44	3713.6	46.9	3659	5829.05	118	5596
烟台市	12.54	9.25	2143	78	12965.2	363.8	12143	22674.56	1040	18468
潍坊市	15.02	6	2158	53	16121.5	498.6	15620	16909.42	528	16021
济宁市	15.37	8.98	1499	24	9397.9	448.3	8949.6	22998	2706	16282
泰安市	5.64	5.09	1292	37	4346.1	275.1	4071	7026	963	6011
威海市	26.67	12.86	1425	33	6044.6	245.2	5647.4	8455.9	64	7353
日照市	11.31	6.38	1060	32	5113.3	91.3	4958	8645	4306	3956
莱芜市	10.82	5.5	1600	45	3160.6	7.6	3151	5938	381	5557
临沂市	15.13	10.08	2750	44	11066.1	183	10860	16354.07	1484	14870
德州市	17.83	12.11	2405	28	8042.7	328.7	7714	9120	293	8827
聊城市	16.02	4.75	1416	34	5914.4	149.2	5765.1	3993	272	3721
滨州市	15.25	6.3	320	26	5100.9	6.9	5094	8314	40	8208
菏泽市	19.06	0.99	1256	66	6406.2	331.2	6075	5491	103	5139
郑州市	10.56	15.39	10859	123	24375.1	2624	21395.1	14499.09	3108	11387
开封市	8.89	6.17	2336	24	4552.1	427.2	4124.9	4238	111	4127
洛阳市	9.05	6.93	4226	41	9740.4	694.6	9009.3	9200.08	813	8372

附录 2003~2013年中国城市交通基础数据

续表

城市	基础建设				交通运行					
	人均城市道路面积(平方米)	每万人拥有公共汽车(辆)	年底实有出租汽车数(辆)	年底邮政局(所)数(处)	客运总量(万人)	铁路旅客运量(万人)	公路客运量(万人)	货运总量(万吨)	铁路货物运量(万吨)	公路货运量(万吨)
平顶山市	8.32	9.1	2000	28	6643.7	104.2	6536.3	9986	3463	6501
安阳市	7.88	6.53	1359	20	5645.6	288.6	5357	7235	739	6496
鹤壁市	9.28	6.51	721	9	1790.8	28.1	1762.7	1879	359	1520
新乡市	9.44	7.3	4500	28	5528.8	461	5067.8	5413	229	5184
焦作市	12.31	7.49	1398	30	3858.6	126	3732.6	9445	1407	8038
濮阳市	6	7.2	2000	21	3376.4	—	3376.4	2822	419	2375
许昌市	12.67	13.21	1390	18	5539	185.1	5353.9	9945	205	9740
漯河市	5.13	5.51	1231	11	2896.9	252	2644.9	2510	260	2132
三门峡市	6.42	7.8	574	9	7172	276	6896	6814	2112	4702
南阳市	5.48	2.48	1201	26	11673.9	378.9	11231.2	10656.04	655	9739
商丘市	4.14	2.35	2834	14	9506.5	633.8	8872.7	6113	315	5730
信阳市	4.99	3.13	1873	14	6421.3	577	5776.1	4978	358	3478
周口市	11.01	4.45	928	8	7363.9	49	7300.3	9074	1620	5739
驻马店市	12.37	3.59	1548	18	12209	294.5	11914.5	9339	322	8439
武汉市	11.34	13.18	12137	183	18882.1	6026.5	12082	29143.85	10202	10516
黄石市	14.47	13.42	822	17	4125	122	3892	6655	490	5245
十堰市	13.56	11.9	800	29	4375.5	214.5	4088	1961	300	1417
宜昌市	9.88	10.34	1283	49	8648.8	324.1	8163.4	6981.65	521	4909
襄樊市	6.3	5.81	1700	86	9869.4	568.9	9275	7116.02	647	6277
鄂州市	6.16	4.77	400	38	1925.5	27.5	1881	2042	954	918
荆门市	9.36	5.15	500	20	5318	148	5164	4744	915	3752
孝感市	5.68	4.33	687	22	9039.1	646.4	8356.7	7578	2133	5336
荆州市	6.48	5.81	1588	36	4852.2	21.2	4831	2153	155	1224
黄冈市	18.7	9.76	593	12	7449	719	6638	3159	362	1031
咸宁市	6.18	2.49	456	14	4999.1	141.1	4778	1498	130	1308
随州市	6.9	2.99	550	40	2023.4	95.2	1875	1221	210	1002
长沙市	13.93	13.67	7344	259	13429.9	1383.3	11334	17222.12	228	14651
株洲市	10.73	10.98	1955	19	12936.5	675.5	12261	11579	806	9768
湘潭市	11.81	8.67	1150	30	3457.3	57.3	3400	8528	1613	6100
衡阳市	11.62	9.65	1402	38	11591.8	—	11591.8	7034	—	6503

续表

城市	基础建设				交通运行					
	人均城市道路面积(平方米)	每万人拥有公共汽车数(辆)	年底实有出租汽车数(辆)	年底邮政局(所)数(处)	客运总量(万人)	铁路旅客运量(万人)	公路客运量(万人)	货运总量(万吨)	铁路货物运量(万吨)	公路货运量(万吨)
邵阳市	10.52	5.49	627	26	10489.5	180.5	10289	6660	291	5970
岳阳市	10.59	10.53	1677	34	9493.5	921.1	8559.4	23064.62	1728.94	14717.68
常德市	5.83	3.95	1187	64	13222.8	95.1	13111.9	8217.01	195	7067
张家界市	5.43	3.69	750	15	5298.1	133.1	5057	2018.12	14	1955
益阳市	3.91	2.76	860	41	6325.1	87.1	6159	5431	46	4357
郴州市	5.23	6.41	1100	34	10405.2	293	9989.7	10351	433	9821
永州市	5.14	4.4	540	45	8437.5	411	7929	7572	298	7119
怀化市	7.63	13.39	900	16	7354	635.2	6586.6	5495	845	4418
娄底市	10.68	4.53	850	15	10635.7	431	10192	10339	3321	6921
广州市	—	14.98	18858	—	55384.8	8375	42359	48360.43	7001	33114
韶关市	5.7	2.45	641	43	3218	—	3218	4411	—	3818
深圳市	37.84	48.52	12991	658	15876.4	2229.5	11800	14893.97	401	10604
珠海市	27.58	12.48	1852	78	6281.5	—	5820	3231	—	1735
汕头市	4.91	1.43	1249	58	2590.7	119.4	2287	2316.28	87	1818
佛山市	5.99	7.85	2708	223	18742	122	18531	24418	221	19071
江门市	12.25	5.02	370	52	8136	—	7986	6099	—	4037
湛江市	11.61	5.72	1234	29	7330.3	184	6895	9663.29	2549	5669
茂名市	3.03	1.3	703	22	5967	130	5772	5943	681	4982
肇庆市	14.21	4.81	873	30	6642	144	6445	6515	25	5300
惠州市	11.38	6.11	1136	109	6112.8	521.8	5591	6662	247	4295
梅州市	16.14	7.03	534	18	4341	127	4186	4605	460	4085
汕尾市	4.1	1.91	707	13	5438	—	5391	1900	—	1896
河源市	9.05	10.26	300	14	2542	—	2495	1237	—	1234
阳江市	4.29	2.19	493	24	3537	—	3537	2265	—	2221
清远市	13.1	4.04	206	26	13976.2	88.2	13714	6058	177	4691
东莞市	—	7.65	7045	547	56046	—	56003	5971	—	5282
中山市	8.52	7.42	1368	143	11375	—	11260	6991	—	4898
潮州市	11.22	6.43	923	50	1110	28	1072	1620	20	1114
揭阳市	4.9	1.68	715	9	4511	24	4487	3204	15	2628
云浮市	2.33	2.36	125	10	4024	—	4024	4346	—	3538

附录　2003～2013年中国城市交通基础数据

续表

城市	基础建设				交通运行					
	人均城市道路面积（平方米）	每万人拥有公共汽车（辆）	年底实有出租汽车数（辆）	年底邮政局（所）数	客运总量（万人）	铁路旅客运量（万人）	公路客运量（万人）	货运总量（万吨）	铁路货物运量（万吨）	公路货运量（万吨）
南宁市	9.43	9.73	4332	99	11790.1	852	10692	10618.1	647	8592
柳州市	12.61	9.64	1396	—	5442.9	473.5	4859	6423.16	990	5050
桂林市	7.59	9.92	3020	37	7652.9	421	6646	2389.59	275	2105
梧州市	5.45	5.45	739	19	2443.7	—	2361	2328	—	1672
北海市	10.45	3.12	661	15	4324.4	25.7	4194.8	4545.08	353	3700
防城港市	5.93	1.79	98	23	3749.7	16.8	3732.9	5096	2284	2193
钦州市	2.38	1.75	249	32	5037.1	24	2624.3	2533	369	1496
贵港市	3.33	1.04	421	32	2708.6	—	2626.1	5148	—	1989
玉林市	6.83	1.94	599	19	6097	206.7	5890.3	143773	132	7933
百色市	6.83	2.86	500	16	4516.6	98.6	4390	7807	201	7376
贺州市	2.47	1.2	448	29	2190	—	2132	1126	—	1099
河池市	4.65	4.44	196	21	8234	—	8040	4530	—	4460
来宾市	1.84	1.22	365	31	7779	—	7656.8	8851	—	8202
崇左市	5.28	1.03	152	10	1213.2	—	1138	1732	—	1540
海口市	7.8	6.21	1963	110	20764.5	79.8	19110	7612	573	2368
三亚市	5.55	6.98	1082	20	2409.4	39.3	2072.4	1307.7	—	1291
重庆市	5.44	5.65	12454	774	107191.4	2472.4	102680	63660.41	2086	54589
成都市	10.54	13.38	12732	188	45589.1	10948.2	33714.8	35461.97	14099	21340
自贡市	3.88	5.4	1525	50	14174	60	14013	4306	203	3923
攀枝花市	7.68	8.66	1439	38	4665.9	253.9	4359	8156.3	2217	5923
泸州市	4.68	4.96	1117	54	16776.2	—	16571.8	4806.15	130	4266
德阳市	7.08	3.67	550	24	6339.8	153.8	6186	3769	437	3332
绵阳市	7.77	7.1	1077	69	8154.4	380	7734	3061.52	132	2917
广元市	3.5	1.83	395	68	3854.5	187	3587	3248	378	2706
遂宁市	3.67	1.36	434	52	4399.4	697.8	3480	1605.78	149.78	1163
内江市	2.1	3.99	700	94	12548.4	185.4	12082	5370	185	4946
乐山市	5.69	2.5	812	67	4943.2	80.1	3941.1	3185	680	2399
南充市	4.44	2.78	1020	124	16676.4	—	16116	3320.05	—	2849
眉山市	4.85	2.78	418	65	7187.4	22.4	7098	2353	218	2131
宜宾市	3.89	4.94	632	35	8788.1	240.3	8396	5647.18	1245	3946

续表

城市	基础建设				交通运行					
	人均城市道路面积(平方米)	每万人拥有公共汽车(辆)	年底实有出租汽车数(辆)	年底邮政局(所)数	客运总量(万人)	铁路旅客运量(万人)	公路客运量(万人)	货运总量(万吨)	铁路货物运量(万吨)	公路货运量(万吨)
广安市	1.54	0.32	350	40	5916	90.8	5574	2682	244	2013
达州市	3.65	2.91	1053	18	10074.7	520	9063.4	5725.05	235	5235
雅安市	5.74	1.36	637	16	3199	—	3199	1432	—	1432
巴中市	1.86	0.71	324	94	3940	—	3679	4491	238	4136
资阳市	2.34	1.29	235	68	6564.1	68.1	6374	3639	58	3405
贵阳市	5.27	11.21	3069	124	25475.3	1008	24128	7275.7	1398	5843
六盘水市	8.55	0.77	1130	10	20598	530	20068	8341	2016	6325
遵义市	12.22	6.05	1137	69	13961	308	13425	3853	370	3204
安顺市	3.38	3.02	480	28	6123	85	6038	1415	172	1230
昆明市	8.81	13.31	6230	191	9063	1127	6106	11059.5	2727	8190
曲靖市	5.76	5.98	1589	20	4867	447	4407.5	12363	852	11505
玉溪市	7.82	1.63	317	14	2351.8	—	2351.8	6102	241	5861
保山市	2.68	2.11	450	31	1065	—	1050	1500.02	—	1500
昭通市	2.37	0.89	581	17	4154.1	325	3810	2228.01	296	1827
丽江市	13.05	10.96	777	13	891.4	—	703.2	682.28	—	681
普洱市	3.44	4.55	260	13	1995.4	—	1923	2188	—	2168
临沧市	4.02	1.99	300	15	636.5	—	625	1334	—	1334
拉萨市	23.34	42.06	1160	—	236.9	62.2	92.8	48.03	26	21
西安市	8.51	11.04	11879	238	12146.5	2680	8820	13312.33	605	12702
铜川市	4.63	2.58	965	47	952	52	900	2800	1400	1400
宝鸡市	8.07	5.01	1525	45	7740.4	600.4	7140	3566	799	2767
咸阳市	9.07	4.68	1305	46	5983.8	183.8	5800	3234	279	2955
渭南市	7.1	1.92	795	35	6930	—	6930	3810	—	3810
延安市	3.87	6.63	700	24	1997.3	17	1977	2032	274	1758
汉中市	3.95	2.98	624	170	4230.4	165.2	4064	1873	330	1543
榆林市	7.79	3.13	710	60	2154.8	121	2010	17914.01	15700	2214
安康市	4.65	0.82	2703	31	14598.6	—	14044	8815	—	8429
商洛市	2.93	1.14	317	14	2020.4	—	2020.4	1199	—	1199
兰州市	11.32	10.06	5074	108	3150.4	777.2	2253.2	7207.01	1319	5887
嘉峪关市	16.51	4.95	602	16	2776.3	122	2647.9	2517.01	545	1972

附录 2003~2013年中国城市交通基础数据

续表

城市	基础建设				交通运行					
	人均城市道路面积(平方米)	每万人拥有公共汽车(辆)	年底实有出租汽车数(辆)	年底邮政局(所)数(处)	客运总量(万人)	铁路旅客运量(万人)	公路客运量(万人)	货运总量(万吨)	铁路货物运量(万吨)	公路货运量(万吨)
金昌市	18.03	5.23	650	15	744.9	32.9	712	680	214	466
白银市	10.53	4.15	3182	34	1689.3	22.3	1667	3635	1120	2515
天水市	4.72	1.76	1850	60	1857.3	219.3	1638	1665	53	1612
武威市	3.63	1.63	2890	81	1949.4	217.4	1732	3248	1785	1463
张掖市	4.49	3.89	1241	28	2016.7	65.7	1951	941	75	866
平凉市	8.1	2.8	1106	22	1032.2	101.2	931	3371	1122	2249
酒泉市	10.63	6.84	800	27	1869.4	—	1856	1645.01	—	1645
庆阳市	6.37	7.97	1200	10	1282.7	—	1280	2119	—	2119
定西市	2.34	1.14	440	22	1913.8	35.8	1878	1985	40	1945
陇南市	0.79	0.4	258	24	867	—	867	982	—	982
西宁市	7.05	15.44	5116	55	3483.8	311	3127	2641.62	383	2258
银川市	14.52	11.75	5006	96	3066.5	213	2775	4286.44	1858	2428
石嘴山市	20.24	3.92	2267	62	1881.4	53.4	1828	4740	410	4330
吴忠市	8.97	7.47	1046	10	1860.6	35.6	1825	1311	101	1210
固原市	8.81	2.53	2694	24	2086.8	87.8	1999	2526	98	2428
中卫市	8.63	8.66	820	7	964.8	64.3	873	1542	482	991
乌鲁木齐市	8.19	17.57	7930	212	3393	646	2411	10891.29	2199	8687
克拉玛依市	18.93	10.77	1525	31	463.5	—	461	1687.02	—	1687

附表6 2008年中国城市交通基础数据

城市	基础建设				交通运行					
	年底实有城市道路面积(万平方米)	每万人拥有公共汽车(辆)	年底实有出租汽车数(辆)	年底邮政局(所)数(处)	客运总量(万人)	铁路旅客运量(万人)	公路客运量(万人)	货运总量(万吨)	铁路货物运量(万吨)	公路货运量(万吨)
北京市	8941	18.56	66646	765	20978.2	7644.2	9570.5	20515.43	1733	18689
天津市	9196	9.93	31940	854	8752.4	1907	6579	54260	12161	27000
石家庄市	3119	11.04	6795	76	10050.4	1158	8788	12512.53	1436	11075

续表

城市	基础建设				交通运行					
	年底实有城市道路面积(万平方米)	每万人拥有公共汽车(辆)	年底实有出租汽车数(辆)	年底邮政局(所)数(处)	客运总量(万人)	铁路旅客运量(万人)	公路客运量(万人)	货运总量(万吨)	铁路货物运量(万吨)	公路货运量(万吨)
唐山市	2614	8.05	4613	72	9719	591	9128	21862	2899	18340
秦皇岛市	1371	10.85	4474	55	7030.1	638	6384	7573.02	1680	4864
邯郸市	2090	11.99	4843	35	13563.1	713	12843	17403.04	2482	14921
邢台市	1093	15.97	3148	19	6402	329	6073	8472	789	7683
保定市	1358	6.66	3036	23	11034	749	10285	8772	424	8348
张家口市	1090	7.33	3612	26	3153	443	2710	5384	1602	3782
承德市	497	9.7	2350	26	4686	474	4212	4545	433	4112
沧州市	818	10.93	3018	25	10791	3597	7194	15373	5055	10111
廊坊市	755	4.41	1827	26	5635.6	157.6	5478	7162	204	6958
衡水市	595	14.17	1324	17	2305	346	1959	3372	705	2667
太原市	2328	6.71	8292	152	4394.3	1533	2430	20962.4	6171	14786
大同市	1237	4	4625	59	2967.8	769	2187	18279.08	11412	6867
阳泉市	458	7.7	1411	32	3418.2	151.2	3267	11914	3785	8129
长治市	424	7.4	1800	29	4791	119	4646	11225.11	3288	7937
晋城市	283	7.49	1453	35	6653.2	346.2	6307	14150	5543	8607
朔州市	438	2.23	1134	25	2124	324	1800	16986	8440	8546
晋中市	585	8.61	902	31	3592.4	534.4	3058	12522	4409	8113
运城市	264	5.48	1780	28	5718.1	265.2	5422.6	4690.08	1188	3502
忻州市	166	2.14	713	27	3652.3	477.4	3174.9	8575	2643	5932
临汾市	471	4.37	1862	30	6623.9	477.8	6146	11366	2526	8840
吕梁市	243	2.85	450	10	2678.2	76.2	2602	8797	3651	5146
呼和浩特市	1465	12.93	4666	67	5295.2	595	4488	9577.33	632	8944
包头市	1983	9.04	5883	72	20776.5	586	20153	38841.15	8481	30360
乌海市	507	7.98	919	37	793.9	263.7	526.4	7532.02	2418	5114
赤峰市	657	5.1	3507	50	3305.3	351	2950	9348.02	1198	8150
通辽市	602	2.33	4586	35	3299.1	638.8	2656.8	13838.02	4513	9325
鄂尔多斯市	1497	20.74	2200	22	4196.3	89.6	4076	18301.11	14366	3935
呼伦贝尔市	277	8.87	2112	20	5693.8	769.6	4890	11988.38	5296	6692
巴彦淖尔市	464	2.01	936	33	2961.3	152.3	2809	3233	204	3029
乌兰察布市	377	3.61	2800	16	2101	201	1900	5176	297	4879

附录 2003~2013年中国城市交通基础数据

续表

城市	基础建设				交通运行					
	年底实有城市道路面积(万平方米)	每万人拥有公共汽车(辆)	年底实有出租汽车数(辆)	年底邮政局(所)数(处)	客运总量(万人)	铁路旅客运量(万人)	公路客运量(万人)	货运总量(万吨)	铁路货物运量(万吨)	公路货运量(万吨)
沈阳市	4544	10.2	17334	137	11040.1	3581.1	7081.7	20731.7	466	20260
大连市	3916	16.01	9673	132	17695.5	1903.4	14851	33956.18	2339	23404
鞍山市	1336	9.09	5375	42	6868.7	655.7	6213	9035	2144	6891
抚顺市	709	9.5	4684	41	3345.9	479.9	2866	6861	2309	4552
本溪市	548	6.8	2644	44	5020.9	2147.9	2873	8647	2898	5749
丹东市	685	6.1	1932	51	4056.1	445.1	3574	4549.04	350	3901
锦州市	839	5.74	3905	31	4048	754.2	3289.2	7392.07	674	6623
营口市	680	7.59	4900	34	4083.7	397.7	3686	10130	1788	7861
阜新市	433	4.34	3044	14	1342.3	178.3	1164	2707	1429	1278
辽阳市	813	5.58	2560	43	4138.5	331.5	3807	7257	1544	5713
盘锦市	721	6.66	3242	30	2120.4	100.4	2020	5415	223	5180
铁岭市	763	10.74	2123	27	4724.8	568.8	4156	7248	1405	5843
朝阳市	312	3.6	3040	20	3911.5	274.7	3635	4794	700	4094
葫芦岛市	468	5.03	4163	50	5627.6	431.6	5178	3902	618	3110
长春市	3996	12.5	16708	127	8080.8	2034.7	5890	11778.32	716	11061
吉林市	1275	4.94	4652	74	5193.5	865.7	4250	6820	1826	4985
四平市	314	5.42	2850	21	4377.7	679.7	3698	4108	569	3539
辽源市	481	6.89	1510	18	2169.5	59.5	2110	2511	394	2117
通化市	231	6.05	1348	28	3337	398	2939	5393	1390	4003
白山市	335	6.39	1453	45	2015.6	178.6	1837	2819	512	2307
松原市	465	8.41	2177	44	4428.5	279.5	4127	3082	364	2590
白城市	236	4.68	1774	25	1234.2	406.2	827	1304	435	843
哈尔滨市	2826	10.2	13425	495	10240.2	3494	6497	11714.77	1707	9665
齐齐哈尔市	855	7.21	3159	74	5031.3	1629	3393	8490.05	1465	7025
鸡西市	320	7.98	2959	57	3971	406	3565	5792	3192	2600
鹤岗市	308	5.96	1774	33	617.9	113	499	2502	1601	896
双鸭山市	310	6.51	1100	73	3866	99	3767	3831	1407	2423
大庆市	2591	15.99	5591	103	1552	725	827	3586	1096	2490
伊春市	745	2.74	2865	59	760	357	403	734	341	393
佳木斯市	358	6.35	5198	89	3251.6	643	2583.1	3383.02	708	2610

续表

城市	基础建设				交通运行					
	年底实有城市道路面积(万平方米)	每万人拥有公共汽车(辆)	年底实有出租汽车数(辆)	年底邮政局(所)数(处)	客运总量(万人)	铁路旅客运量(万人)	公路客运量(万人)	货运总量(万吨)	铁路货物运量(万吨)	公路货运量(万吨)
七台河市	392	7.35	1000	23	1502	90	1412	4519	2008	2511
牡丹江市	872	8.4	2705	85	3228.1	947	2265	3940.2	1432	2508
黑河市	181	4.95	1023	25	1732.6	674	1038.2	3077.03	749	2306
绥化市	1060	2.81	2500	34	2826.2	724	2102.2	2568	445	2123
上海市	8744	12.54	48059	661	10927	5339	2934	84347	985	42729
南京市	8805	10.7	10151	159	49579.1	2033	46658	24251.76	964	13784
无锡市	5219	13.09	4040	96	24248	1118	23046	11475	209	9930
徐州市	1855	9.71	3594	78	21787.4	1218.3	20529	15754.26	2264	11508
常州市	2606	7.92	2142	92	21961.2	818.2	21109	11319.54	258	9982
苏州市	5596	11.72	3203	86	47279.3	1893.3	45386	12758	128	10863
南通市	1173	7.92	1277	32	12853.1	267	12570	13033.27	110	10825
连云港市	1519	6.29	2154	34	14931.9	230	14681	11493.2	1700	8514
淮安市	1467	3.1	903	82	4955.8	88.8	4859	5528	268	2981
盐城市	1176	2.4	910	48	9332.1	146	9176	10818.06	32	4877
扬州市	1317	6.78	1842	53	10563.7	148.7	10400	8057	21	6209
镇江市	1596	8.83	1254	47	10499.5	407.5	10092	7329	190	6568
泰州市	1199	3.38	739	34	7035.5	260.5	6775	9352	27	2937
宿迁市	1157	2.46	713	43	4416	11	4405	3596	19	3061
杭州市	4258	16.57	9167	186	29084.4	2498.3	25630	22549.6	483	16822
宁波市	2008	13.8	5001	84	32250.1	1769.8	30130	25720	2171	13550
温州市	1607	13.05	3329	59	28861.6	433.7	28164	18308.97	309	15175
嘉兴市	864	10.26	873	41	17166.7	524.3	16596	10669.68	28.52	3535
湖州市	1660	6.27	966	62	9259.8	—	9254	16604	—	6792
绍兴市	1114	12.48	895	16	16843.4	488.5	16285	11481.19	125	10318
金华市	1342	8.16	862	38	21341.8	1088.3	20196	16131.74	298	15610
衢州市	696	7.09	401	33	7531.7	216.3	7305	9840.01	592	9241
舟山市	474	6.4	1325	41	10638.6	—	7905	10205.03	—	2406
台州市	2107	3.31	1361	47	20799.7	—	20621	14400.14	—	8282
丽水市	393	4.36	409	23	5368	131	5207	3622	151	3109
合肥市	3613	12.52	7118	81	14381.9	1361.1	12885	12180.77	1531	10590

附录 2003~2013年中国城市交通基础数据

续表

城市	基础建设				交通运行					
	年底实有城市道路面积(万平方米)	每万人拥有公共汽车(辆)	年底实有出租汽车数(辆)	年底邮政局(所)数	客运总量(万人)	铁路旅客运量(万人)	公路客运量(万人)	货运总量(万吨)	铁路货物运量(万吨)	公路货运量(万吨)
芜湖市	1594	8.45	3045	38	6112	327	5719	15898	418	5136
蚌埠市	1091	7.02	2291	30	5099.3	579.3	4520	6264	247	4330
淮南市	1017	5.85	2844	60	2486.4	216.4	2270	6428	4179	1393
马鞍山市	820	8.05	2298	35	1457	119	1338	5710	459	2662
淮北市	820	9.2	1626	37	4372.4	162.4	4210	7192	2728	4464
铜陵市	476	9.8	1630	19	1464	83	1381	3605	166	1351
安庆市	745	3.88	1785	24	6179.8	160	5993	5802.01	441	3714
黄山市	429	9.64	393	29	5199.6	127.9	4952	4149.2	7	4137
滁州市	503	5.58	1257	29	6754.3	205.3	6549	7667	102	6414
阜阳市	989	2.81	1610	49	7428.3	885.1	6543	6828	2321	4054
宿州市	719	1.77	1298	40	7535	177	7358	6913	602	6217
巢湖市	458	2.84	1620	37	5806	54.6	5617	10067	95	2505
六安市	332	1.4	2349	43	21440	2983	18419	19318	1500	17538
亳州市	720	1.67	1000	36	3396	112	3284	2681	47	2331
池州市	524	2.31	600	30	6414	9	6405	5808	—	3558
宣城市	307	1.43	733	31	6634.8	170.6	6409.1	3982	98	3810
福州市	1986	12.17	3745	72	11483	637	10270	14896.02	346	8160
厦门市	2700	14.27	4233	96	6412.2	419.8	4356.8	5853.41	642	2625
莆田市	679	2.97	723	38	7447.1	—	7327.3	2732	—	2540
三明市	320	9.69	339	24	5306.2	146.3	5136.3	6094	1095	4916
泉州市	1052	8	1961	83	8970.2	157.5	8666	10724.84	1012	6443
漳州市	674	4.32	1055	20	6145.2	62.9	5999	4097	107	3796
南平市	196	4.56	240	33	3155.4	419.1	2569	2994.37	493	2245
龙岩市	356	7.35	514	22	4562.7	604.3	3957	7488.01	1457	6031
宁德市	237	4.34	394	20	6100	18.9	5882.6	1707	13	1359
南昌市	1701	11.29	3673	90	5816.4	1801	3846	5491.01	371	4710
景德镇市	596	9.61	595	60	1153.7	126.8	1008	743.01	211	512
萍乡市	363	5.33	600	44	4568.9	178.9	4390	3754	1161	2593
九江市	853	10.16	1537	22	5336.3	526	4723	3810	722	2456
新余市	599	4	531	37	1486	186	1277	2526	702	1741

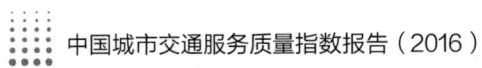

续表

城市	基础建设				交通运行					
	年底实有城市道路面积(万平方米)	每万人拥有公共汽车(辆)	年底实有出租汽车数(辆)	年底邮政局(所)数(处)	客运总量(万人)	铁路旅客运量(万人)	公路客运量(万人)	货运总量(万吨)	铁路货物运量(万吨)	公路货运量(万吨)
鹰潭市	220	5.51	271	9	2233.5	420.7	1774	3100	389	2473
赣州市	529	7.4	592	35	6910.4	1061.7	5735	5391.08	634	3970
吉安市	302	4.13	397	23	3632.1	193	3412	4578	16	3444
宜春市	338	2.37	404	34	5508.6	383.6	5125	5507	747	3681
抚州市	1338	2.01	372	28	3514.3	84.3	3430	2147	85	2007
上饶市	368	9.23	511	13	6443.7	344.4	6027	7582	516	6783
济南市	5910	12.37	8116	137	15901	2844.8	12785.5	22001.3	8344	13588
青岛市	5596	17.02	9241	81	22619.7	1278.1	19908.7	42484.21	3225	34172
淄博市	2380	10.29	5972	89	29164.8	394.8	28770	19345	1235	18110
枣庄市	1272	5.08	766	79	6466.8	198.8	6265	9644	1305	6907
东营市	1715	8.37	3306	44	3713.6	46.9	3659	5829.05	118	5596
烟台市	2250	9.25	2143	78	12965.2	363.8	12143	22674.56	1040	18468
潍坊市	2585	6	2158	53	16121.5	498.6	15620	16909.42	528	16021
济宁市	1688	8.98	1499	24	9397.9	448.3	8949.6	22998	2706	16282
泰安市	902	5.09	1292	37	4346.1	275.1	4071	7026	963	6011
威海市	1705	12.86	1425	33	6044.6	245.2	5647.4	8455.9	64	7353
日照市	1385	6.38	1060	32	5113.3	91.3	4958	8645	4306	3956
莱芜市	1363	5.5	1600	45	3160.6	7.6	3151	5938	381	5557
临沂市	2991	10.08	2750	44	11066.1	183	10860	16354.07	1484	14870
德州市	1060	12.11	2405	28	8042.7	328.7	7714	9120	293	8827
聊城市	1673	4.75	1416	34	5914.4	149.2	5765.1	3993	272	3721
滨州市	963	6.3	320	26	5100.9	6.9	5094	8314	40	8208
菏泽市	2802	0.99	1256	66	6406.2	331.2	6075	5491	103	5139
郑州市	2922	15.39	10859	123	24375.1	2624	21395.1	14499.09	3108	11387
开封市	754	6.17	2336	24	4552.1	427.2	4124.9	4238	111	4127
洛阳市	1433	6.93	4226	41	9740.4	694.6	9009.3	9200.08	813	8372
平顶山市	838	9.1	2000	28	6643.7	104.2	6536.3	9986	3463	6501
安阳市	841	6.53	1359	20	5645.6	288.6	5357	7235	739	6496
鹤壁市	517	6.51	721	9	1790.8	28.1	1762.7	1879	359	1520
新乡市	950	7.3	4500	28	5528.8	461	5067.8	5413	229	5184

附录 2003~2013年中国城市交通基础数据

续表

城市	基础建设				交通运行					
	年底实有城市道路面积(万平方米)	每万人拥有公共汽车(辆)	年底实有出租汽车数(辆)	年底邮政局(所)数(处)	客运总量(万人)	铁路旅客运量(万人)	公路客运量(万人)	货运总量(万吨)	铁路货物运量(万吨)	公路货运量(万吨)
焦作市	1020	7.49	1398	30	3858.6	126	3732.6	9445	1407	8038
濮阳市	396	7.2	2000	21	3376.4	—	3376.4	2822	419	2375
许昌市	517	13.21	1390	18	5539	185.1	5353.9	9945	205	9740
漯河市	704	5.51	1231	11	2896.9	252	2644.9	2510	260	2132
三门峡市	186	7.8	574	9	7172	276	6896	6814	2112	4702
南阳市	999	2.48	1201	26	11673.9	378.9	11231.2	10656.04	655	9739
商丘市	705	2.35	2834	14	9506.5	633.8	8872.7	6113	315	5730
信阳市	717	3.13	1873	14	6421.3	577	5776.1	4978	358	3478
周口市	571	4.45	928	8	7363.9	49	7300.3	9074	1620	5739
驻马店市	793	3.59	1548	18	12209	294.5	11914.5	9339	322	8439
武汉市	5809	13.18	12137	183	18882.1	6026.5	12082	29143.85	10202	10516
黄石市	922	13.42	822	17	4125	122	3892	6655	490	5245
十堰市	710	11.9	800	29	4375.5	214.5	4088	1961	300	1417
宜昌市	1229	10.34	1283	49	8648.8	324.1	8163.4	6981.65	521	4909
襄樊市	1383	5.81	1700	86	9869.4	568.9	9275	7116.02	647	6277
鄂州市	658	4.77	400	38	1925.5	27.5	1881	2042	954	918
荆门市	628	5.15	500	20	5318	148	5164	4744	915	3752
孝感市	533	4.33	687	22	9039.1	646.4	8356.7	7578	2133	5336
荆州市	755	5.81	1588	36	4852.2	21.2	4831	2153	155	1224
黄冈市	686	9.76	593	12	7449	719	6638	3159	362	1031
咸宁市	368	2.49	456	14	4999.1	141.1	4778	1498	130	1308
随州市	1121	2.99	550	40	2023.4	95.2	1875	1221	210	1002
长沙市	3320	13.67	7344	259	13429.9	1383.3	11334	17222.12	228	14651
株洲市	855	10.98	1955	19	12936.5	675.5	12261	11579	806	9768
湘潭市	1037	8.67	1150	30	3457.3	57.3	3400	8528	1613	6100
衡阳市	1197	9.65	1402	38	11591.8	—	11591.8	7034	—	6503
邵阳市	700	5.49	627	26	10489.5	180.5	10289	6660	291	5970
岳阳市	861	10.53	1677	34	9493.5	921.1	8559.4	23064.62	1728.94	14717.68
常德市	818	3.95	1187	64	13222.8	95.1	13111.9	8217.01	195	7067
张家界市	274	3.69	750	15	5298.1	133.1	5057	2018.12	14	1955

续表

城市	基础建设				交通运行					
	年底实有城市道路面积(万平方米)	每万人拥有公共汽车数(辆)	年底实有出租汽车数(辆)	年底邮政局(所)数(处)	客运总量(万人)	铁路旅客运量(万人)	公路客运量(万人)	货运总量(万吨)	铁路货物运量(万吨)	公路货运量(万吨)
益阳市	515	2.76	860	41	6325.1	87.1	6159	5431	46	4357
郴州市	347	6.41	1100	34	10405.2	293	9989.7	10351	433	9821
永州市	560	4.4	540	45	8437.5	411	7929	7572	298	7119
怀化市	269	13.39	900	16	7354	635.2	6586.6	5495	845	4418
娄底市	476	4.53	850	15	10635.7	431	10192	10339	3321	6921
广州市	—	14.98	18858	—	55384.8	8375	42359	48360.43	7001	33114
韶关市	521	2.45	641	43	3218	—	3218	4411	—	3818
深圳市	8630	48.52	12991	658	15876.4	2229.5	11800	14893.97	401	10604
珠海市	2744	12.48	1852	78	6281.5	—	5820	3231	—	1735
汕头市	2452	1.43	1249	58	2590.7	119.4	2287	2316.28	87	1818
佛山市	2182	7.85	2708	223	18742	122	18531	24418	221	19071
江门市	1673	5.02	370	52	8136	—	7986	6099	—	4037
湛江市	1430	5.72	1234	29	7330.3	184	6895	9663.29	2549	5669
茂名市	391	1.3	703	22	5967	130	5772	5943	681	4982
肇庆市	750	4.81	873	30	6642	144	6445	6515	25	5300
惠州市	1433	6.11	1136	109	6112.8	521.8	5591	6662	247	4295
梅州市	505	7.03	534	18	4341	127	4186	4605	460	4085
汕尾市	212	1.91	707	13	5438	—	5391	1900	—	1896
河源市	269	10.26	300	14	2542	—	2495	1237	—	1234
阳江市	284	2.19	493	24	3537	—	3537	2265	—	2221
清远市	729	4.04	206	26	13976.2	88.2	13714	6058	177	4691
东莞市	—	7.65	7045	547	56046	—	56003	5971	—	5282
中山市	1247	7.42	1368	143	11375	—	11260	6991	—	4898
潮州市	391	6.43	923	50	1110	28	1072	1620	20	1114
揭阳市	338	1.68	715	9	4511	24	4487	3204	15	2628
云浮市	68	2.36	125	10	4024	—	4024	4346	—	3538
南宁市	2489	9.73	4332	99	11790.1	852	10692	10618.1	647	8592
柳州市	1297	9.64	1396	—	5442.9	473.5	4859	6423.16	990	5050
桂林市	576	9.92	3020	37	7652.9	421	6646	2389.59	275	2105
梧州市	271	5.45	739	19	2443.7	—	2361	2328	—	1672

附录 2003~2013年中国城市交通基础数据

续表

城市	基础建设				交通运行					
	年底实有城市道路面积(万平方米)	每万人拥有公共汽车(辆)	年底实有出租汽车数(辆)	年底邮政局(所)数(处)	客运总量(万人)	铁路旅客运量(万人)	公路客运量(万人)	货运总量(万吨)	铁路货物运量(万吨)	公路货运量(万吨)
北海市	620	3.12	661	15	4324.4	25.7	4194.8	4545.08	353	3700
防城港市	301	1.79	98	23	3749.7	16.8	3732.9	5096	2284	2193
钦州市	308	1.75	249	32	5037.1	24	2624.3	2533	369	1496
贵港市	613	1.04	421	32	2708.6	—	2626.1	5148	—	1989
玉林市	655	1.94	599	19	6097	206.7	5890.3	143773	132	7933
百色市	234	2.86	500	16	4516.6	98.6	4390	7807	201	7376
贺州市	262	1.2	448	29	2190	—	2132	1126	—	1099
河池市	152	4.44	196	21	8234	—	8040	4530	—	4460
来宾市	191	1.22	365	31	7779	—	7656.8	8851	—	8202
崇左市	185	1.03	152	10	1213.2	—	1138	1732	—	1540
海口市	1215	6.21	1963	110	20764.5	79.8	19110	7612	573	2368
三亚市	303	6.98	1082	20	2409.4	39.3	2072.4	1307.7	—	1291
重庆市	8353	5.65	12454	774	107191.9	2472.4	102680	63660.41	2086	54589
成都市	5379	13.38	12732	188	45589.1	10948.2	33714.8	35461.97	14099	21340
自贡市	581	5.4	1525	50	14174	60	14013	4306	203	3923
攀枝花市	531	8.66	1439	38	4665.9	253.9	4359	8156.3	2217	5923
泸州市	677	4.96	1117	54	16776.2	—	16571.8	4806.15	130	4266
德阳市	465	3.67	550	24	6339.8	153.8	6186	3769	437	3332
绵阳市	936	7.1	1077	69	8154.4	380	7734	3061.52	132	2917
广元市	324	1.83	395	68	3854.5	187	3587	3248	378	2706
遂宁市	549	1.36	434	52	4399.4	697.8	3480	1605.78	149.78	1163
内江市	297	3.99	700	94	12548.4	185.4	12082	5370	185	4946
乐山市	656	2.5	812	67	4943.2	80.1	3941.1	3185	680	2399
南充市	854	2.78	1020	124	16676.4	—	16116	3320.05	—	2849
眉山市	412	2.78	418	65	7187.4	22.4	7098	2353	218	2131
宜宾市	310	4.94	632	35	8788.1	240.3	8396	5647.18	1245	3946
广安市	194	0.32	350	40	5916	90.8	5574	2682	244	2013
达州市	152	2.91	1053	18	10074.7	520	9063.4	5725.05	235	5235
雅安市	202	1.36	637	16	3199	—	3199	1432	—	1432
巴中市	265	0.71	324	94	3940	—	3679	4491	238	4136

续表

城市	基础建设				交通运行					
	年底实有城市道路面积(万平方米)	每万人拥有公共汽车数(辆)	年底实有出租汽车数(辆)	年底邮政局(所)数(处)	客运总量(万人)	铁路旅客运量(万人)	公路客运量(万人)	货运总量(万吨)	铁路货物运量(万吨)	公路货运量(万吨)
资阳市	252	1.29	235	68	6564.1	68.1	6374	3639	58	3405
贵阳市	1141	11.21	3069	124	25475.3	1008	24128	7275.7	1398	5843
六盘水市	429	0.77	1130	10	20598	530	20068	8341	2016	6325
遵义市	1029	6.05	1137	69	13961	308	13425	3853	370	3204
安顺市	285	3.02	480	28	6123	85	6038	1415	172	1230
昆明市	2127	13.31	6230	191	9063	1127	6106	11059.5	2727	8190
曲靖市	397	5.98	1589	20	4867	447	4407.5	12363	852	11505
玉溪市	326	1.63	317	14	2351.8	—	2351.8	6102	241	5861
保山市	236	2.11	450	31	1065	—	1050	1500.02	—	1500
昭通市	191	0.89	581	17	4154.1	325	3810	2228.01	296	1827
丽江市	200	10.96	777	13	891.4	—	703.2	682.28	—	681
普洱市	74	4.55	260	13	1995.4	—	1923	2188	—	2168
临沧市	117	1.99	300	15	636.5	—	625	1334	—	1334
拉萨市	435	42.06	1160	—	236.9	62.2	92.8	48.03	26	21
西安市	4722	11.04	11879	238	12146.5	2680	8820	13312.33	605	12702
铜川市	352	2.58	965	47	952	52	900	2800	1400	1400
宝鸡市	1123	5.01	1525	45	7740.4	600.4	7140	3566	799	2767
咸阳市	808	4.68	1305	46	5983.8	183.8	5800	3234	279	2955
渭南市	680	1.92	795	35	6930	—	6930	3810	—	3810
延安市	171	6.63	700	24	1997.3	17	1977	2032	274	1758
汉中市	215	2.98	624	170	4230.4	165.2	4064	1873	330	1543
榆林市	388	3.13	710	60	2154.8	121	2010	17914.01	15700	2214
安康市	460	0.82	2703	31	14598.6	—	14044	8815	—	8429
商洛市	160	1.14	317	14	2020.4	—	2020.4	1199	—	1199
兰州市	2378	10.06	5074	108	3150.4	777.2	2253.2	7207.01	1319	5887
嘉峪关市	307	4.95	602	16	2776.3	122	2647.9	2517.01	545	1972
金昌市	386	5.23	650	15	744.9	32.9	712	680	214	466
白银市	520	4.15	3182	34	1689.3	22.3	1667	3635	1120	2515
天水市	591	1.76	1850	60	1857.3	219.3	1638	1665	53	1612
武威市	374	1.63	2890	81	1949.4	217.4	1732	3248	1785	1463

续表

城市	基础建设				交通运行					
	年底实有城市道路面积(万平方米)	每万人拥有公共汽车(辆)	年底实有出租汽车数(辆)	年底邮政局(所)数(处)	客运总量(万人)	铁路旅客运量(万人)	公路客运量(万人)	货运总量(万吨)	铁路货物运量(万吨)	公路货运量(万吨)
张掖市	232	3.89	1241	28	2016.7	65.7	1951	941	75	866
平凉市	402	2.8	1106	22	1032.2	101.2	931	3371	1122	2249
酒泉市	387	6.84	800	27	1869.4	—	1856	1645.01	—	1645
庆阳市	220	7.97	1200	10	1282.7	—	1280	2119	—	2119
定西市	109	1.14	440	22	1913.8	35.8	1878	1985	40	1945
陇南市	43	0.4	258	24	867	—	867	982	—	982
西宁市	791	15.44	5116	55	3483.8	311	3127	2641.62	383	2258
银川市	1290	11.75	5006	96	3066.5	213	2775	4286.44	1858	2428
石嘴山市	914	3.92	2267	62	1881.4	53.4	1828	4740	410	4330
吴忠市	335	7.47	1046	10	1860.6	35.6	1825	1311	101	1210
固原市	383	2.53	2694	24	2086.8	87.8	1999	2526	98	2428
中卫市	337	8.66	820	7	964.8	64.3	873	1542	482	991
乌鲁木齐市	1858	17.57	7930	212	3393	646	2411	10891.29	2199	8687
克拉玛依市	731	10.77	1525	31	463.5	—	461	1687.02	—	1687

附表7 2009年中国城市交通基础数据

城市	基础建设				交通运行					
	年底实有城市道路面积(万平方米)	每万人拥有公共汽车(辆)	年底实有出租汽车数(辆)	年底邮政局(所)数(处)	客运总量(万人)	铁路旅客运量(万人)	公路客运量(万人)	货运总量(万吨)	铁路货物运量(万吨)	公路货运量(万吨)
北京市	9179	18.49	66646	736	2964639.1	177150.77	2728718.8	2737801.6	338658.44	2084830
天津市	8357	9.84	31940	693	25299	2384	22566	42744	11284	19800
石家庄市	3813	17.05	9201	73	80014.99	9286.96	70579	125554.92	17187	106530
唐山市	2726	6.27	4642	71	10503.2	635.2	9868	25187	2584	22008
秦皇岛市	1424	12.44	4292	38	2526.8	706	1812	6007.02	1555	3608
邯郸市	2411	16.15	6769	35	9755.21	701	9046	19135.04	2469	16666
邢台市	1214	29.86	3772	22	6483.98	346.98	6137	8544	735	7809
保定市	1416	19.97	5965	23	12762	824	11938	11711	508	11203

续表

城市	基础建设				交通运行					
	年底实有城市道路面积(万平方米)	每万人拥有公共汽车(辆)	年底实有出租汽车数(辆)	年底邮政局(所)数(处)	客运总量(万人)	铁路旅客运量(万人)	公路客运量(万人)	货运总量(万吨)	铁路货物运量(万吨)	公路货运量(万吨)
张家口市	1173	10.32	5030	24	2974.1	400.1	2574	5199	1483	3716
承德市	505	11.25	5791	26	4773.4	493.4	4280	4796	517	4279
沧州市	883	20.83	6965	18	12764	3597	9167	18445	5055	12993
廊坊市	789	5.81	5327	23	5122	130	4992	7951	200	7751
衡水市	630	29	1993	16	2323.28	353.28	1970	3429	681	2748
太原市	2357	6.59	8292	148	39555.21	5766.81	33220.8	118478.82	54555	63898
大同市	1484	6.3	4625	22	3630.35	878	2741	16483.11	9963	6520
阳泉市	545	8.57	1560	37	2593.3	165.3	2428	6780	3940	2840
长治市	470	7.98	1800	19	3474.87	155.27	3282	8826.15	3589	5217
晋城市	379	8.1	1453	34	2813.13	328.13	2485	8119	5316	2803
朔州市	487	3.04	1728	24	3275	375	2900	21185	12520	8665
晋中市	592	8.53	902	38	3449	545	2904	9436	4018	5418
运城市	267	6.04	1800	28	5108.13	308	4750	5839.12	1300	4537
忻州市	166	2.12	713	27	4075.93	549.15	3526.78	9618	3387	6231
临汾市	475	4	1862	23	4626.68	508.66	4118.02	10620	2202	8418
吕梁市	243	2.81	450	15	1881.6	70.3	1806	8013	3364	4649
呼和浩特市	1520	16.99	5267	50	20978.63	3679.01	16953	109794.79	42336.64	67428
包头市	2075	9.25	5884	77	1941.3	621	1267	22493.11	8787	13706
乌海市	528	7.91	953	37	572.65	279.1	282	6807.25	2630.64	4148
赤峰市	744	3.68	3773	100	4145.52	383	3746	9554.02	1279	8275
通辽市	658	2.75	2749	23	2895.45	696.5	2194	8428.04	3750	4678
鄂尔多斯市	1572	9.05	1810	16	2084.81	89.51	1948	37059.18	18455	18604
呼伦贝尔市	288	7.43	2114	20	2870.7	789.8	2013	10097.7	5998	4099
巴彦淖尔市	714	2.07	936	33	2145	—	2145	2860	—	2860
乌兰察布市	379	3.85	2800	16	2178.1	203.1	1975	4312	299	4013
沈阳市	5261	9.92	17357	138	96294.37	13295.99	81585.25	132284.56	18226	104371
大连市	4085	15.6	9773	137	17463.42	2063.05	14460	27611.06	2669	16538
鞍山市	1207	10.15	5375	35	5837.7	735.7	5102	13627	1979	11648
抚顺市	774	8.42	4121	34	2883.41	179.41	2704	5724	1013	4711
本溪市	615	7.33	2644	44	4741.21	2495.21	2246	7360	2857	4503
丹东市	743	5.95	1932	51	4976.44	496.44	4439	5912.05	457	5049

附录 2003~2013年中国城市交通基础数据

续表

城市	基础建设				交通运行					
	年底实有城市道路面积(万平方米)	每万人拥有公共汽车(辆)	年底实有出租汽车数(辆)	年底邮政局(所)数(处)	客运总量(万人)	铁路旅客运量(万人)	公路客运量(万人)	货运总量(万吨)	铁路货物运量(万吨)	公路货运量(万吨)
锦州市	908	7.31	4911	34	4285.7	817.67	3462.25	7695.05	608	6998
营口市	713	7.57	4854	36	4897.84	425.84	4472	11083	2260	8242
阜新市	453	5.05	2458	14	1204.52	201.52	1003	4181	1415	2766
辽阳市	674	5.79	2560	43	4463.17	381.17	4082	7905	1671	6234
盘锦市	899	6.52	3232	31	3068.5	117.5	2951	5761	194	5555
铁岭市	806	8.06	2123	20	5216.03	671.03	4545	8330	1359	6971
朝阳市	364	3.31	1971	22	3704.2	248.01	3454	3702	681	3021
葫芦岛市	388	6.07	4135	48	5884.44	481.44	5349	8229	632	7407
长春市	4497	12.2	15401	106	50565.42	5270.58	44958	31238.66	6322	24644
吉林市	1290	5.08	4997	68	11059.46	868.46	10100	6489	2087	4392
四平市	314	4.97	2722	21	4708.65	737.65	3971	4425	536	3889
辽源市	490	7.57	1840	15	1366.47	79.47	1287	1419	464	955
通化市	245	6.17	1287	27	7833.72	386.72	7447	2818	1410	1408
白山市	352	5.34	1472	44	4753.44	194.44	4559	1877	447	1430
松原市	485	9.05	2116	40	6286.36	324.36	5937	2950	252	2650
白城市	236	4.4	1749	26	2319.01	410.71	1907	1568	431	1109
哈尔滨市	2931	10.55	13636	122	61775.52	9318.16	52012.62	51624.24	14390	36549
齐齐哈尔市	855	7.23	3159	74	6263	1629	4622	8188.05	1593	6595
鸡西市	539	8.01	3103	56	4167.56	466	3700	5007	2381	2626
鹤岗市	312	6.04	1773	34	452.79	109.03	340	3447	1624	1820
双鸭山市	311	7.25	1100	81	4072	117	3955	4479	1618	2860
大庆市	2602	15.85	5456	101	20223.66	1027	19185	4308.29	1309	2773
伊春市	683	2.9	2831	59	1217.03	374	842	1357	324	1033
佳木斯市	374	6.42	6316	89	3093.8	471	2591	3251.05	284	2897
七台河市	392	7.19	1000	23	1486.1	74.1	1412	4338	1827	2511
牡丹江市	872	8.51	2619	54	3988.3	872.29	3090	4102.08	1163	2939
黑河市	152	3.7	1043	16	1302.24	143.31	1131.52	1164.01	98	1054
绥化市	2160	3.01	2612	34	2905.53	473.43	2432.1	2633	277	2356
上海市	9281	12.22	49111	631	15720.6	5161.07	2995	76821.06	941	37745
南京市	9314	11.14	10364	151	197967.69	9014.31	186852.8	154430.14	6519	107440
无锡市	5379	12.53	4040	94	18087.97	1119.32	16309	10797.64	192	9813

续表

城市	基础建设				交通运行					
	年底实有城市道路面积(万平方米)	每万人拥有公共汽车数(辆)	年底实有出租汽车数(辆)	年底邮政局(所)数(处)	客运总量(万人)	铁路旅客运量(万人)	公路客运量(万人)	货运总量(万吨)	铁路货物运量(万吨)	公路货运量(万吨)
徐州市	1956	10.57	3625	48	17082.68	1262.53	15769	15624.33	2191	11300
常州市	2809	11.03	2142	118	11289.72	840.15	10349	11147.53	232	9781
苏州市	5746	12.31	3203	86	41278.17	1939.87	39263.8	11487	118	10820
南通市	1451	3.59	1277	80	14099.03	253	13824	15916.29	80	12336
连云港市	1586	6.34	1611	33	12315.11	228	12040	10554.22	1680	7670
淮安市	1651	3.03	913	80	6675.7	105	6560	7889	226	4842
盐城市	1255	2.41	1010	48	10943.17	183	10744	11904.12	47	5093
扬州市	1460	8.3	1838	89	6507.43	144.43	6330	8022	21	5069
镇江市	1715	9.57	1254	43	7813.25	562.25	7251	9613	208	8740
泰州市	1314	3.06	739	31	7647.16	263.16	7384	9826	28	3148
宿迁市	1212	2.48	780	43	8155.6	21.6	8134	5635	46	3845
杭州市	4485	18.8	9305	173	216567.86	7151.71	204137.22	144839	4211.3	87905.91
宁波市	2291	14.63	3551	126	33790.15	1700	31545	29027.87	2377	15594
温州市	1745	13.32	3329	54	34018.43	450.13	33259.9	10481.42	232	7325
嘉兴市	903	11.08	873	40	11675.16	575.19	11056	10782.71	25.71	3394
湖州市	1800	6.02	815	53	9752.2	—	9735.4	16353	—	6332
绍兴市	1135	12.87	895	16	17561.07	473.07	17025	8666	138	7612
金华市	1357	8.38	796	36	29012.11	1083.32	27865	7278.34	244.59	6821
衢州市	735	7.17	401	19	10973.66	210.27	10747	6657.02	637	6013
舟山市	485	9.29	1098	35	11241.22	—	8437.42	10942.95	—	2873.91
台州市	2278	3.23	1389	46	22658.09	39.85	22398	15383.2	—	8859
丽水市	398	4.29	409	22	5769.53	125.5	5614.5	6894	130	6546
合肥市	3945	12.76	7995	65	145000.52	8626.71	135984	198265.43	16500	157991
芜湖市	2084	13.3	3024	38	8390.6	390.6	8000	13715	410	7636
蚌埠市	1132	7.58	2291	28	9887.8	567.8	9320	12539	215	8878
淮南市	1041	5.35	3275	66	4518.9	206.9	4312	9440	4846	3932
马鞍山市	871	7.48	2298	29	2290.9	225.5	2042	12030	1744	9012
淮北市	844	9.2	1626	37	5737.3	173.3	5564	7333	2945	4388
铜陵市	476	6.03	1584	18	7651.63	68.63	7583	6227	181	6046
安庆市	885	4.31	1782	23	5984.02	170	5787	18099.01	450	16556
黄山市	451	6.71	467	38	2111.57	137.9	1851	4780.1	4	4771

附录 2003~2013年中国城市交通基础数据

续表

城市	基础建设				交通运行					
	年底实有城市道路面积(万平方米)	每万人拥有公共汽车(辆)	年底实有出租汽车数(辆)	年底邮政局(所)数(处)	客运总量(万人)	铁路旅客运量(万人)	公路客运量(万人)	货运总量(万吨)	铁路货物运量(万吨)	公路货运量(万吨)
滁州市	647	5.02	1257	30	7049.6	216.6	6833	8640	111	7412
阜阳市	1062	3	3305	45	17699.77	915	16783	22306.01	2600	17600
宿州市	783	2.49	2278	41	5855	5855	—	13434	—	13332
巢湖市	549	2.69	1259	37	10035.3	59.3	9963	7812	104	5943
六安市	373	1.6	1849	41	22882	3132	19736	21054	1650	18580
亳州市	1022	1.63	1000	36	4925	70	4855	9812	28	9172
池州市	546	2.25	600	29	4253.7	52.7	4201	6456	12	4200
宣城市	529	1.66	733	25	8405.23	139.23	8255	9790	124	6868
福州市	2111	14.17	3745	71	77946.87	2015.14	72635.58	59536.66	3289	40790
厦门市	2977	17.63	4263	89	11597.46	366.04	9426.79	8370.66	621	5018
莆田市	779	3.09	622	44	9960.39	—	9818.99	2238	—	1998
三明市	330	10.33	339	17	3661.18	138.13	3491.91	6927	926	6000
泉州市	1120	7.7	1970	61	14051.8	58.7	13818.89	9370.19	471	5473
漳州市	756	4.27	982	19	5480.52	59.52	5332	4475	107	3658
南平市	236	4.49	241	32	3641.88	432.39	3039	2933.35	376	2300
龙岩市	375	7.63	381	22	4674.67	259.32	4368	7740.01	444	7296
宁德市	275	4.72	394	21	6860.07	32.04	6590	2056	17	1416
南昌市	1596	11.71	3703	94	70979.94	5220.99	65223.45	88869.11	7261	75804
景德镇市	668	9.57	595	60	2357.28	128	2205	1625.03	219	1386
萍乡市	372	3.58	600	52	5336.82	187.82	5149	6769	1011	5758
九江市	944	5.78	1487	22	9803.3	558	9184	8861	781	7331
新余市	740	4.18	531	46	2020	206	1784	7323	660	6581
鹰潭市	204	8.19	271	10	5066.52	400.52	4626	3552	437	2865
赣州市	583	7.48	592	34	10182.62	1155.6	8928	13882.15	688	12517
吉安市	365	4.51	376	23	3925.09	435.61	3460	7585.02	320	5997
宜春市	380	2.23	404	35	6040	169	5871	12593	2157	8595
抚州市	884	2.24	329	28	3623.32	98.32	3525	7531	102	7342
上饶市	432	5.83	511	13	13951.68	395.68	13483	11605	451	10812
济南市	6461	12.55	8986	129	237709.64	8327.39	226160.92	295722.92	27492.3	252951
青岛市	5763	15.57	9316	68	22622.38	1425.1	19611.7	24408.19	3772	16297
淄博市	2433	7.77	6079	95	37622.34	370.08	37251	26883.2	1018.2	25865

续表

城市	基础建设				交通运行					
	年底实有城市道路面积(万平方米)	每万人拥有公共汽车(辆)	年底实有出租汽车数(辆)	年底邮政局(所)数(处)	客运总量(万人)	铁路旅客运量(万人)	公路客运量(万人)	货运总量(万吨)	铁路货物运量(万吨)	公路货运量(万吨)
枣庄市	1538	3.47	774	76	7055.28	233.21	6801.7	24331	1254	22286
东营市	1819	7.73	3244	42	3916.46	45.23	3860.4	6502.07	488	5898
烟台市	2744	9.25	2143	75	31243.34	339.5	30333	17388.7	1450	12639
潍坊市	2526	5.47	2158	50	20974.04	559.02	20404.3	19802.65	491	18732
济宁市	1757	8.39	1260	22	8719.16	484.75	8140.79	24598	2042	18360
泰安市	987	4.11	1292	37	4983.22	301.99	4673.03	10896	916	9895
威海市	1778	13.7	1526	26	15235.41	246.06	14585	3870.3	45	2869
日照市	1495	3.36	1066	32	4134.3	101.3	3953	14588	4523	9559
莱芜市	1364	2.7	1600	44	2791.01	8.22	2774	6072	357	5715
临沂市	3251	9.99	2750	44	24660.35	219.18	24346.8	26830.12	1350	25480
德州市	1101	11.74	2405	26	9756.16	357.96	9398.2	13482.1	275.1	13207
聊城市	1700	4.72	1416	33	8072.61	167.61	7905	13126	214	12912
滨州市	1048	5.46	714	25	6147.71	6.71	6141	14491	45	14370
菏泽市	2820	1.93	1317	66	15125.07	389.07	14736	27455	224	27040
郑州市	3052	15.53	10718	125	142721.37	8122.76	133967.01	168720.18	15554	148741
开封市	876	7.07	2214	23	5610.92	473.92	5119	5361	201	5160
洛阳市	1487	7.32	4260	30	11921.64	755.44	11127	11709.12	873	10805
平顶山市	842	6.71	2050	26	7322.21	113.09	7201.12	13722	3438	10265
安阳市	862	6.1	1359	19	7037.6	688.6	6349	14697	181	14516
鹤壁市	577	5.58	721	8	5676.17	23.17	5653	4685	400	4285
新乡市	977	8.96	1530	25	5546.32	425.79	5120.53	6835	241	6594
焦作市	1026	7.94	1398	22	3944.92	124	3820.92	11521	1599	9922
濮阳市	405	5.45	1745	17	3573	3573	—	3360	549	2771
许昌市	533	11.59	1388	17	5428.9	190.9	5238	12519	148	12371
漯河市	716	5.99	1100	10	3353	290	3063	3531	264	3106
三门峡市	188	8.32	540	8	3573.7	292.7	3281	4052	1257	2795
南阳市	1033	2.37	1405	25	13074.78	404.38	12601	13366.06	587	12520
商丘市	719	4.68	2842	13	11340.9	688.9	10652	14296	233	13979
信阳市	765	1.65	1903	13	9052.71	559.27	8424.44	6778	389	5163
周口市	579	3.72	928	7	8076	50	7994	11122	1867	7425
驻马店市	835	3.66	1548	17	12098.6	322.6	11776	14208	335	13111

附录 2003~2013年中国城市交通基础数据

续表

城市	基础建设				交通运行					
	年底实有城市道路面积(万平方米)	每万人拥有公共汽车(辆)	年底实有出租汽车数(辆)	年底邮政局(所)数(处)	客运总量(万人)	铁路旅客运量(万人)	公路客运量(万人)	货运总量(万吨)	铁路货物运量(万吨)	公路货运量(万吨)
武汉市	6802	14.06	12137	194	91061.75	9642.87	80042.21	90660.9	16922	59517
黄石市	1158	11.57	822	18	4041	146	3895	6397	523	5019
十堰市	733	13.43	677	26	4645.6	237.6	4357	3236	289	2691
宜昌市	1301	7.67	1704	45	9071.45	302.7	8565	9389.77	534	7155
襄樊市	1306	5.79	1700	68	9867.57	591.97	9250	8405.04	694	7311
鄂州市	701	4.89	400	38	1615.22	28.22	1557	2387	1023	1196
荆门市	613	5.37	500	18	5346.8	219.3	5111	7017	947	6019
孝感市	540	4.19	687	22	9948.47	674.26	9224.21	8102	2216	5756
荆州市	755	6.27	1588	38	7846.8	19.8	7827	3922	125	2993
黄冈市	693	10	593	12	7805	732	6972	3305	370	1055
咸宁市	383	2.48	456	20	4989.12	154.12	4750	2072	142	1864
随州市	287	7.51	550	24	4148.9	96.9	4002	2019	220	1779
长沙市	3489	14.75	6280	246	146775.34	15345.47	129697.1	148623.88	14646	117395
株洲市	1119	9.63	1955	18	10765.61	692.61	10073	11769	419	10772
湘潭市	1103	10.81	1600	23	3779.37	123.47	3653.9	5908	667	4321
衡阳市	1340	9.01	1398	38	15163.21	850	14313.21	14366	1006	12714
邵阳市	746	5.01	629	21	10893.5	153.4	10692	12219	289	11450
岳阳市	968	10.54	1651	41	9597.11	928.59	8654.52	26080	1801	16664
常德市	816	3.66	1126	62	11388.82	184.56	11168.02	8118.01	308	6676
张家界市	291	4.29	765	15	4990.96	131.5	4675	1210.16	14	1072
益阳市	615	2.86	860	42	8036.45	91.45	7882.36	7051	48	5712
郴州市	431	11.21	1678	25	7393.99	348	6824.31	14265	436	13639
永州市	570	4.28	540	46	7531.96	471.37	6878	6573	329	5731
怀化市	276	12.28	800	16	7709.17	792	6903	3564	861	2599
娄底市	497	5.37	1021	15	18220.75	9100	9111.75	16581	8310	7961
广州市	9502	13.42	19345	106	433252.6	12065.91	411840.85	177822.55	12381	128611
韶关市	586	4.37	745	40	9389.38	528.38	8861	6313	830	3806
深圳市	8864	—	13411	736	146281.01	2238	141790	22367.39	480	17621
珠海市	3338	12.6	1852	76	16944.47	—	16492	6683.03	—	4892
汕头市	2479	1.54	1143	69	2612.8	116.2	2302	2865.49	82	2184
佛山市	2295	8.97	2622	207	21202.75	161.6	20972	17989	340	13162

续表

城市	基础建设				交通运行					
	年底实有城市道路面积（万平方米）	每万人拥有公共汽车数（辆）	年底实有出租汽车数（辆）	年底邮政局（所）数（处）	客运总量（万人）	铁路旅客运量（万人）	公路客运量（万人）	货运总量（万吨）	铁路货物运量（万吨）	公路货运量（万吨）
江门市	1865	4.75	484	42	17607	—	17440	6691	—	4060
湛江市	1558	4.54	1234	28	12234	175.4	11363	8089.36	2578	4080
茂名市	435	1.44	285	28	6523	125	6371	4280	620	3440
肇庆市	788	5.68	883	31	6043	—	6043	2647	—	1986
惠州市	1492	8.23	1229	104	12162	502	11657	8645	232	4061
梅州市	640	6.99	534	18	4357.01	130	4200	4658	500	4100
汕尾市	232	—	—	—	5014	—	5014	860	—	860
河源市	288	3.62	626	15	3025	—	2987	2025	—	2017
阳江市	298	1.66	493	21	3735	—	3735	1538	116	1292
清远市	604	7.61	391	21	13421.47	87.62	13231.85	6242	71	5043
东莞市	—	7.87	6811	546	73324	—	73291	8733	—	6944
中山市	1286	7.49	1284	163	12103	—	12005	9182	—	7150
潮州市	391	6.46	785	50	1697	27	1663	2386	19	1879
揭阳市	351	1.81	715	8	4237.52	21.52	4216	1746	155	1567
云浮市	62	2.19	196	11	4286	—	4286	2085	—	1484
南宁市	1735	10.02	4940	93	69573.26	2796.25	65818.28	92220.87	6464	76017
柳州市	1410	—	1982	—	2753.53	539.91	2192	7012.17	993	5626
桂林市	634	10.58	1930	39	14204.54	396.54	13360	3829.78	146	3677
梧州市	279	6.01	743	24	2636.67	13.97	2618	2521	—	1727
北海市	685	3.06	555	8	2856.54	31	2699	3420.11	360	2466
防城港市	386	2.35	98	23	2073.54	24.7	2039.18	8599	2790	5086
钦州市	667	1.74	200	23	3674	27	3635	12189	431	11002
贵港市	581	1.08	366	30	6103.61	109.61	5989	5300	134	1294
玉林市	688	2.03	599	18	5821.53	252.53	5569	10250	123	9954
百色市	308	3.05	535	22	5173.71	106.45	4990	9058	328	8490
贺州市	297	1.47	460	39	3374.3	—	3373	1097	—	1076
河池市	156	4.14	266	22	6096.41	76.41	5999	7062	166	6830
来宾市	201	1.78	365	—	3251.02	133.92	3117.1	3431	116	2995
崇左市	185	1.01	152	11	2578.43	140.38	2437	2929	213	2522
海口市	1215	6.52	1591	110	26327.44	131.13	24000	9687	625	4634
三亚市	349	7.36	1082	24	2792.38	43.93	2425	1548	—	1531

附录 2003～2013年中国城市交通基础数据

续表

城市	基础建设				交通运行				
	年底实有城市道路面积(万平方米)	每万人拥有公共汽车(辆)	年底实有出租汽车数(辆)	年底邮政局(所)数(处)	客运总量(万人)	铁路旅客运量(万人)	公路客运量(万人)	货运总量(万吨)	铁路货物运量(万吨)	公路货运量(万吨)
重庆市	8953	4.16	15516	738	114597.91	2602.9	110150	67891.12	2182	58532
成都市	6289	14.5	13979	204	238051.82	14028.92	219752.1	129375.59	21311	104116.4
自贡市	630	5.23	1347	51	7900.94	74.94	7728	3649	177	3243
攀枝花市	561	9.54	1475	34	5172.51	218.7	4906	10144.24	2416	7713
泸州市	740	4.94	1503	56	17975.89	—	17824.1	5785.99	136	5195.4
德阳市	500	4.1	550	25	7190.41	141.41	7049	6842	298	6544
绵阳市	974	8.02	1077	65	8682.19	396.1	8231	3662.54	106	3555
广元市	350	2.1	560	57	4543.9	174.25	4304	4566	254	4059
遂宁市	597	1.37	434	53	4302	276	3617	2911	67	2322
内江市	301	3.98	700	94	14850.37	185.37	14410	6594	185	6152
乐山市	659	1.99	933	63	6307.6	113.6	5954	7204	1135	5942
南充市	875	2.79	965	121	11227.6	354.23	10231	4694.01	279	3891
眉山市	434	2.84	418	63	6718.02	40.02	6601	3420	165	3251
宜宾市	233	5.46	1052	34	10034.12	240	9633	5653.2	1245	4006
广安市	271	0.32	359	38	9350.33	125.33	9056	3989	278	3271
达州市	154	3.03	978	25	8898.85	560.35	7918	7969.11	277	7404
雅安市	202	1.36	637	14	2500	—	2500	2644	—	2644
巴中市	269	0.65	324	94	4098	—	3919	3941	117	3635
资阳市	270	1.37	269	65	5969.82	67.82	5796	3938	56	3659
贵阳市	1163	11.57	3605	126	70589.54	1920.64	67681	25091	4038.2	20678
六盘水市	320	6.93	1229	10	20897	548	20349	8404	2006	6398
遵义市	385	5.97	1137	74	16395.14	290.14	15845	5753	446	4985
安顺市	243	3.06	463	28	6584	104	6480	1872	208	1650
昆明市	2492	21.12	7780	196	24586.16	1982	21477.84	34164.62	3362	30662.65
曲靖市	670	7.44	1589	23	4360	415	3945	8049	882	7167
玉溪市	326	3.04	317	11	2676.48	—	2676.48	4314	236	4078
保山市	236	2.23	450	31	1463.62	—	1450	1350.01	—	1350
昭通市	205	1.3	581	17	2048.65	168	1879	2308	198	2110
丽江市	120	9.92	776	13	1714.86	—	1485.36	728.82	—	728.65
普洱市	95	4.64	249	9	2315.1	—	2233	2183.02	—	2163
临沧市	119	1.76	300	15	661.45	—	650	1460	—	1460

续表

城市	基础建设				交通运行					
	年底实有城市道路面积(万平方米)	每万人拥有公共汽车数(辆)	年底实有出租汽车数(辆)	年底邮政局(所)数(处)	客运总量(万人)	铁路旅客运量(万人)	公路客运量(万人)	货运总量(万吨)	铁路货物运量(万吨)	公路货运量(万吨)
拉萨市	292	6.14	1160	—	206.48	74	0.68	409.36	23	385
西安市	5057	12.53	11879	205	81838.91	3044.88	76599	69698.89	1159	68099
铜川市	409	2.85	913	33	1257	—	1257	2235	—	2235
宝鸡市	1139	5.33	1771	65	7294	—	7294	5875	—	5875
咸阳市	1075	5.08	1305	40	9612.78	183.78	9429	4714	279	4435
渭南市	666	2.17	795	35	8654	—	8654	7427	—	7427
延安市	172	3.88	700	23	5993.63	—	5985	3733	—	3733
汉中市	267	3.08	607	17	6466.65	216.51	6249	3517	266	3251
榆林市	437	3.85	710	24	5401.77	59.59	5279	5893.03	—	5893
安康市	463	0.81	411	31	6543.6	—	5951	4972	—	4544
商洛市	173	1.28	320	14	1230	—	1230	720	—	720
兰州市	1822	10.06	7551	108	32833.64	1509.74	31143.72	29899.06	4695	25203
嘉峪关市	314	4.41	612	16	2384.97	130.54	2245.47	2479.01	541	1938
金昌市	322	5.11	529	9	320.57	36.19	284.38	1109	235	874
白银市	538	4.83	3166	26	1771.46	21.46	1750	4023	1332	2691
天水市	592	2.34	1400	60	2118.93	240.68	1877	1809	46	1763
武威市	376	1.66	2902	80	1851	—	1851	1573	—	1573
张掖市	262	3.41	1266	28	2233.05	71.1	2161.95	1031	82	949
平凉市	398	2.72	957	22	3670.95	104.95	3566	3237	1244	1993
酒泉市	421	6.53	810	25	1801.3	—	1786	1673.02	—	1673
庆阳市	285	8.69	1200	11	8117.06	—	8115	3035	—	3035
定西市	148	1.13	440	21	4306.11	34.43	4271.68	1612	39	1573
陇南市	64	0.4	270	23	889	—	889	986	—	986
西宁市	554	15	5116	59	4621.24	333.4	4221.66	2575.62	367	2208
银川市	1594	14.45	5006	84	13286.69	197.67	12034	24024.54	706	23263
石嘴山市	14	13.25	2698	34	1936	—	1936	4629	—	4629
吴忠市	363	8.27	1046	10	3304.2	42.2	3262	5145	102	5043
固原市	359	2.77	3259	24	2206.2	89.2	2117	2705	109	2596
中卫市	348	8.84	1120	6	2331.05	66.27	2221	2112	495	1562
乌鲁木齐市	1922	16.66	7942	191	4066.19	672.9	3057	16246.25	2074	14168
克拉玛依市	740	12.2	1525	39	539.29	—	536	2180	—	2180

附表8 2010年中国城市交通基础数据

城市	基础建设				交通运行					
	年底实有城市道路面积(万平方米)	每万人拥有公共汽车(辆)	年底实有出租汽车数(辆)	年底邮政局(所)数(处)	客运总量(万人)	铁路旅客运量(万人)	公路客运量(万人)	货运总量(万吨)	铁路货物运量(万吨)	公路货运量(万吨)
北京市	9164	17.92	66646	—	145773	9755	129918	24788	1380	23276
天津市	10492	9.42	31940	762	25331	2801	22053	43428	7286	23426
石家庄市	4212	19.24	9932	865	13938	1100	12436	24273	1400	22870
唐山市	3011	6.29	4941	228	13645	691	12939	37081	2749	33005
秦皇岛市	1841	10.65	4327	164	2920	595	2308	6819	1339	4534
邯郸市	3184	12.02	6998	87	16666	1131	15519	29266	2718	26548
邢台市	1435	14.52	4143	221	8449	387	8062	12752	990	11762
保定市	1930	9.7	6441	139	15677	997	14680	18967	669	18298
张家口市	1296	6.85	5333	228	4305	416	3889	8872	3716	5156
承德市	698	11.72	5880	155	5198	391	4807	7121	724	6397
沧州市	939	11.67	7180	146	10111	197	9914	26003	329	24487
廊坊市	871	6.39	6744	249	4720	181	4539	9440	284	9156
衡水市	678	5.96	2307	152	3561	797	2764	5366	899	4467
太原市	2752	9.44	8719	136	5194	2551	2055	13543	4715	8824
大同市	1896	5.18	4954	172	3376	593	2762	19269	12091	7178
阳泉市	591	11.06	1659	140	2811	230	2581	7786	4143	3643
长治市	513	9.27	1801	70	3678	152	3476	9705	4108	5597
晋城市	500	9.77	1453	101	2751	105	2646	10425	6965	3460
朔州市	624	2.76	1012	92	3507	433	3074	20475	18540	1935
晋中市	616	6.58	902	55	3841	569	3272	11367	4166	7201
运城市	350	5.04	1805	128	5605	321	5210	7021	1321	5700
忻州市	242	2.1	713	196	2039	596	1443	11347	5759	5588
临汾市	505	2.69	1862	175	5121	641	4480	13019	2577	10442
吕梁市	283	3.05	450	140	2126	256	1865	10030	4398	5632
呼和浩特市	1651	13.66	5568	88	2466	700	1766	10100	111	9989
包头市	2332	9.69	5890	115	2121	600	1453	32390	10915	21475
乌海市	744	7.24	953	106	591	265	304	9733	2999	6734
赤峰市	830	3.65	3773	37	5427	388	5008	10441	1771	8670
通辽市	906	3.39	2849	284	6083	3471	2595	10906	5772	5134

续表

城市	基础建设				交通运行					
	年底实有城市道路面积（万平方米）	每万人拥有公共汽车数（辆）	年底实有出租汽车数（辆）	年底邮政局（所）数（处）	客运总量（万人）	铁路旅客运量（万人）	公路客运量（万人）	货运总量（万吨）	铁路货物运量（万吨）	公路货运量（万吨）
鄂尔多斯市	1794	16.81	2460	119	2493	58	2305	52685	22340	30344
呼伦贝尔市	301	10.06	2131	164	3620	846	2680	13699	8024	5674
巴彦淖尔市	780	1.96	1237	179	2233	—	2233	3431	—	3431
乌兰察布市	397	3.86	2800	143	1856	287	1569	5800	347	5453
沈阳市	6223	9.9	17353	172	31625	3542	27734	19405	504	18897
大连市	4072	17.13	10242	209	13724	2191	10667	34943	2983	21795
鞍山市	1340	10.74	5375	231	6696	731	5965	21016	1475	19541
抚顺市	1313	8.54	4121	100	3383	150	3233	9461	1051	8410
本溪市	791	7.25	3879	81	4530	1672	2858	9833	3079	6754
丹东市	1024	7.01	1932	78	5563	492	5027	7423	363	6497
锦州市	979	9.79	4962	95	5012	868	4133	13973	543	13300
营口市	718	7.73	4836	99	4766	478	4288	14893	2293	11901
阜新市	494	4.78	2558	71	1261	194	1067	5169	1465	3704
辽阳市	1087	7.44	3579	65	4872	259	4613	10904	1654	9250
盘锦市	1072	7.05	3238	98	3899	128	3771	9138	351	8769
铁岭市	831	7.81	2183	78	6280	552	5728	11772	1311	10461
朝阳市	443	3.71	1971	118	4076	239	3835	4621	800	3821
葫芦岛市	504	4.13	2877	162	3649	502	3094	9507	742	8673
长春市	5913	12.26	16967	108	13631	2613	10749	13328	640	12500
吉林市	1300	6.67	5158	208	11732	1031	1060S	9181	2389	6792
四平市	521	3.86	2905	138	5418	659	4730	5945	505	5440
辽源市	648	7.27	1071	103	1595	59	1535	1694	396	1298
通化市	297	8.37	1387	48	8302	372	7898	3469	1367	2102
白山市	360	5.41	1401	109	5026	166	4845	2182	516	1666
松原市	514	8.61	2177	60	8561	340	8201	4967	325	4592
白城市	261	8.84	1815	93	2467	417	2048	1839	450	1357
哈尔滨市	4114	11.44	15435	90	14837	3994	10433	11431	1975	9034
齐齐哈尔市	877	7.3	3159	352	7492	1690	5787	10874	2309	8565
鸡西市	553	10.61	4658	236	4661	416	4236	5838	2632	3206
鹤岗市	380	7.1	1773	172	535	133	398	3369	1437	1930

附录 2003~2013年中国城市交通基础数据

续表

城市	基础建设				交通运行					
	年底实有城市道路面积(万平方米)	每万人拥有公共汽车(辆)	年底实有出租汽车数(辆)	年底邮政局(所)数(处)	客运总量(万人)	铁路旅客运量(万人)	公路客运量(万人)	货运总量(万吨)	铁路货物运量(万吨)	公路货运量(万吨)
双鸭山市	343	8.3	1100	64	702	51	651	3803	962	2841
大庆市	3183	17.71	7913	107	2590	689	1860	4971	1159	3660
伊春市	778	3.52	4608	161	1353	387	961	1650	465	1185
佳木斯市	511	4.09	2559	84	3455	512	2904	3324	315	2899
七台河市	457	7.04	1000	205	1364	67	1297	3434	1962	1472
牡丹江市	962	8.19	2619	41	4440	936	3472	4528	1030	3498
黑河市	156	5.01	957	153	1431	354	1048	1596	590	982
绥化市	2295	2.58	2344	120	3930	887	3042	3282	281	3001
上海市	9942	12.28	50438	228	17755	6198	3477	93135	888	42685
南京市	10458	11.44	10195	564	43042	2649	39080	35755	1820	19820
无锡市	5831	12.87	4040	188	23045	1293	21154	14132	148	12887
徐州市	2604	6.76	3707	170	23238	1879	21275	25281	5582	16829
常州市	3230	11.35	2542	241	15845	981	14733	15644	195	13936
苏州市	6089	14.94	4003	156	66338	2275	63969	15694	93	14798
南通市	3011	5.36	1464	255	19851	221	19605	24214	115	18181
连云港市	1675	6.24	1611	316	14761	267	14419	18753	5852	11279
淮安市	2386	3.13	1113	136	11459	96	11324	11197	12	7073
盐城市	1599	2.44	1010	179	13434	186	13225	16068	117	7342
扬州市	2083	5.18	1838	242	8330	136	8152	11133	21	6881
镇江市	1912	10.53	1253	197	11382	688	10694	12334	339	11177
泰州市	1661	8.04	739	120	9186	227	8959	14682	23	4177
宿迁市	1313	3.54	770	180	10161	36	10125	7115	27	5122
杭州市	4900	17.13	10048	152	34778	2962	30305	28831	331	21755
宁波市	2858	16.72	3851	264	28745	2187	25960	32020	2960	15280
温州市	2274	12.75	3719	279	34719	634	33765	12263	582	7907
嘉兴市	1056	12.07	925	151	12160	677	11411	16869	33	8378
湖州市	1949	6.07	815	147	9996	—	9962	20103	—	7129
绍兴市	1283	10.53	917	78	17907	492	17328	9021	122	7694
金华市	1418	6.34	796	118	30695	1207	29405	12585	191	12308
衢州市	799	7.85	491	227	11511	210	11282	8561	445	8111

续表

城市	基础建设				交通运行					
	年底实有城市道路面积(万平方米)	每万人拥有公共汽车数(辆)	年底实有出租汽车数(辆)	年底邮政局(所)数(处)	客运总量(万人)	铁路旅客运量(万人)	公路客运量(万人)	货运总量(万吨)	铁路货物运量(万吨)	公路货运量(万吨)
舟山市	639	9.08	774	64	15594	—	13299	17885	—	4415
台州市	2562	3.18	1468	53	30610	381	29973	19685	3	11220
丽水市	418	7.51	409	135	5876	111	5722	4702	105	4417
合肥市	4664	16.13	8395	190	29157	2008	26891	29287	183	26504
芜湖市	2927	9.68	3522	177	12201	466	11735	21747	124	11244
蚌埠市	1294	10.27	2491	237	14342	834	13508	19120	234	14007
淮南市	1072	4.53	3308	83	6503	235	6268	12911	5651	6016
马鞍山市	1051	8.83	2298	76	3036	210	2826	14803	1733	11528
淮北市	981	7.29	1626	71	7472	438	7034	10517	4906	5611
铜陵市	476	8.45	1584	46	9221	50	9171	9500	148	8856
安庆市	974	4.83	1782	30	7498	135	7347	22609	412	20896
黄山市	633	6.06	525	180	2643	147	2341	5844	10	5827
滁州市	1055	13.3	2692	81	10352	—	10352	12126	—	11405
阜阳市	1289	2.98	1788	151	23176	863	22295	27749	134	24420
宿州市	1021	1.42	1367	166	6624	278	6346	17910	23	17830
六安市	1037	1.85	1850	135	25845	205	25627	29703	85	24718
亳州市	1072	0.61	1000	174	6827	181	6646	13752	120	12788
池州市	702	3.36	598	82	5729	50	5679	9786	4	6645
宣城市	727	2.01	733	70	10919	209	10705	15447	234	12343
福州市	2169	16.42	5245	112	19858	1524	17543	16033	362	9600
厦门市	3328	20.35	4825	227	13883	1013	10487	11932	830	6943
莆田市	784	1.18	670	88	9976	136	9653	3006	—	2658
三明市	332	10.42	339	59	3838	112	3699	8656	981	7671
泉州市	1694	10.13	1662	171	14346	535	13604	14148	1032	7334
漳州市	794	4.48	1028	205	5492	61	5334	5468	93	4074
南平市	237	4.18	284	138	3567	473	2921	3639	290	3054
龙岩市	407	6.36	381	189	3554	146	3354	9198	329	8869
宁德市	292	3.28	455	137	7222	355	6587	2437	—	1860
南昌市	2602	14.15	4345	126	10396	1420	8767	8844	513	7645
景德镇市	761	9.51	595	155	1894	134	1725	2014	241	1756

附录 2003~2013年中国城市交通基础数据

续表

城市	基础建设				交通运行					
	年底实有城市道路面积(万平方米)	每万人拥有公共汽车(辆)	年底实有出租汽车数(辆)	年底邮政局(所)数(处)	客运总量(万人)	铁路旅客运量(万人)	公路客运量(万人)	货运总量(万吨)	铁路货物运量(万吨)	公路货运量(万吨)
萍乡市	640	4.33	600	150	6185	231	5954	9230	1099	8131
九江市	1360	8.36	1586	61	11328	673	10608	10681	1110	8431
新余市	952	4.38	531	193	2043	229	1773	10289	692	9515
鹰潭市	300	6.98	271	61	5286	485	4758	5408	396	4632
赣州市	667	7.79	692	52	9551	1266	8114	17896	819	15866
吉安市	620	3.76	389	355	4112	480	3586	63279	592	7094
宜春市	663	2.64	404	228	7726	187	7539	13308	64	10856
抚州市	963	2.21	329	185	4554	99	4455	9920	106	9714
上饶市	759	6.36	511	182	15753	459	15218	15643	414	14733
济南市	6361	11.94	8357	214	15257	3627	11165	25595	10825	14574
青岛市	6605	19.56	9683	211	24582	1693	21560	29184	5697	19208
淄博市	3381	10.07	6491	215	40857	518	40339	26644	1307	25337
枣庄市	1916	4.76	824	137	7648	—	7631	23453	—	22488
东营市	1906	9.96	3264	99	4231	35	4176	7383	602	6629
烟台市	3335	11	2169	83	33875	409	32753	20866	2362	14451
潍坊市	3251	6.33	4601	270	22921	739	22168	23702	614	21941
济宁市	2761	10.09	1560	266	9982	517	9345	25940	2140	21058
泰安市	1542	5.89	1292	223	5371	—	5346	10692	—	10588
威海市	1812	12.9	1527	138	16265	287	15400	5409	60	3988
日照市	1285	4.11	968	104	4486	104	4284	18501	6851	10992
莱芜市	1369	3.87	1600	76	3603	—	3603	6231	—	6231
临沂市	3890	6.29	2750	44	22798	259	22365	32994	1784	31210
德州市	1109	12.12	2405	253	11166	313	10853	15945	238	15707
聊城市	1801	4.31	1416	233	8726	—	8726	14747	—	14747
滨州市	1289	15.32	714	171	6249	4	6245	12863	82	12709
菏泽市	1553	2.48	1315	126	16170	379	15791	28191	388	27595
郑州市	3362	9.95	10607	176	33759	3092	30233	24369	3477	20888
开封市	1198	8.36	3066	267	7984	490	7494	7716	234	7482
洛阳市	1792	8.69	4267	112	16839	769	16019	17163	831	16276
平顶山市	995	6.18	2080	185	9735	114	9621	17368	2694	14674

续表

城市	基础建设				交通运行					
	年底实有城市道路面积(万平方米)	每万人拥有公共汽车数(辆)	年底实有出租汽车数(辆)	年底邮政局(所)数(处)	客运总量(万人)	铁路旅客运量(万人)	公路客运量(万人)	货运总量(万吨)	铁路货物运量(万吨)	公路货运量(万吨)
安阳市	954	6.65	1359	124	8690	340	8350	20261	84	20177
鹤壁市	664	5.25	670	117	6909	24	6885	6240	359	5881
新乡市	1037	11.57	1363	24	6778	438	6340	9687	187	9500
焦作市	1162	7.24	1398	150	4500	103	4397	18096	1878	16218
濮阳市	566	5.31	1745	114	5039	—	5039	4646	779	3867
许昌市	554	11.35	1388	97	6501	181	6320	18899	111	18788
漯河市	761	5.6	1100	114	4377	327	4050	4787	242	4280
三门峡市	289	8.14	456	59	4814	339	4475	5340	1407	3933
南阳市	1140	2.41	1500	79	20674	578	20029	18990	758	17615
商丘市	724	6.19	2845	270	14537	788	13749	21278	252	20931
信阳市	817	1.72	1903	202	12599	788	11741	9814	834	7086
周口市	655	4	928	225	11023	41	10908	15456	2530	10825
驻马店市	955	3.25	1548	185	16247	364	15882	19800	494	17986
武汉市	7726	14.49	14780	191	25743	8512	16317	41804	10059	22442
黄石市	1254	12.32	927	264	4294	184	4110	6951	464	5576
十堰市	772	16.03	800	61	6016	256	5732	4544	183	4166
宜昌市	1468	8.19	1884	140	11786	432	11095	12377	642	9696
襄樊市	1498	3.71	1700	140	12454	675	11743	12344	827	10839
鄂州市	916	3.22	400	166	1984	68	1864	2220	512	1438
荆门市	680	7.3	800	37	6864	211	6644	9339	801	8482
孝感市	596	5.06	779	82	8171	813	7358	4999	2433	2383
荆州市	924	10.51	2930	135	8663	—	8663	6099	170	4064
黄冈市	773	4.46	593	166	11269	620	10649	4785	547	2586
咸宁市	485	3.79	656	141	5762	184	5492	2724	169	2483
随州市	344	6.74	761	86	5000	152	4822	2443	143	2274
长沙市	4258	12.3	6420	52	35524	1816	33102	25495	172	21788
株洲市	1714	15.09	1955	717	14688	953	13735	16341	923	14760
湘潭市	1190	11.62	1721	110	4946	115	4828	8193	530	6232
衡阳市	3018	9.2	1400	23	20786	1081	19705	19051	1463	16801
邵阳市	852	4.8	780	183	12631	165	12419	15930	319	15091

附录 2003~2013年中国城市交通基础数据

续表

城市	基础建设				交通运行					
	年底实有城市道路面积(万平方米)	每万人拥有公共汽车(辆)	年底实有出租汽车数(辆)	年底邮政局(所)数(处)	客运总量(万人)	铁路旅客运量(万人)	公路客运量(万人)	货运总量(万吨)	铁路货物运量(万吨)	公路货运量(万吨)
岳阳市	1071	8.74	1770	217	11473	1129	10337	28740	2139	17890
常德市	1042	3.99	1126	132	13372	218	13110	10499	298	7787
张家界市	371	3.77	725	185	6983	189	6517	1754	23	1586
益阳市	807	3.93	860	62	10179	97	10017	9078	54	7482
郴州市	759	8.38	2046	115	7820	475	7131	19922	479	19195
永州市	619	4.83	540	133	8798	604	7987	8322	391	7283
怀化市	370	10.43	800	177	10389	956	8954	4825	945	3733
娄底市	598	6.6	1326	202	10470	484	9962	14475	4184	9934
广州市	10050	17.5	19002	81	67756	10500	51107	64132	6441	45448
韶关市	620	5.53	1063	193	12530	652	11878	7813	757	5239
深圳市	9080	110.52	14735	140	168445	2524	163065	28901	414	21685
珠海市	3390	14.34	1852	808	22652	—	22044	6888	—	5839
汕头市	2493	2.29	1544	69	3280	118	2925	3638	60	2770
佛山市	3194	13.31	3365	70	35078	183	34789	23952	456	19699
江门市	1961	6.73	570	192	19052	—	18870	8180	—	5246
湛江市	1610	4.46	1234	119	14121	180	12880	11603	2756	5688
茂名市	507	2.31	315	137	7565	138	7389	5871	670	4849
肇庆市	1013	5.87	770	123	7322	—	7320	3360	—	2518
惠州市	1770	10.89	1651	132	13600	592	12996	14477	253	6041
梅州市	750	6.88	534	166	5207	144	5033	5164	418	4674
汕尾市	250	2.15	360	162	9524	—	9524	1596	—	1596
河源市	392	7.64	495	49	3878	—	3854	2698	—	2689
阳江市	543	2.14	543	111	4282	—	4282	3191	211	2753
清远市	579	5.61	370	56	11241	180	10930	8132	94	6613
东莞市	—	7.67	7671	177	80337	—	80306	10165	—	8210
中山市	1796	14.25	1386	627	21083	—	20943	11439	—	9211
潮州市	411	6.4	875	110	2749	32	2705	2990	20	2280
揭阳市	418	3.09	712	53	20695	—	5380	2280	—	2254
云浮市	90	3.3	125	84	5398	—	5398	2707	—	2028
南宁市	3296	9.81	5070	86	11170	1088	9748	24326	610	21363

续表

城市	基础建设				交通运行					
	年底实有城市道路面积(万平方米)	每万人拥有公共汽车(辆)	年底实有出租汽车数(辆)	年底邮政局(所)数(处)	客运总量(万人)	铁路旅客运量(万人)	公路客运量(万人)	货运总量(万吨)	铁路货物运量(万吨)	公路货运量(万吨)
柳州市	1587	9.05	1751	189	3405	625	2734	9376	958	7750
桂林市	754	11.63	1930	122	17847	460	16864	6518	144	6315
梧州市	604	5.85	500	192	3624	72	3549	4079	53	2531
北海市	773	4	555	72	3665	34	3433	5004	176	3989
防城港市	565	3.12	138	33	2389	24	2353	12079	3284	7678
钦州市	828	2.82	356	36	4188	—	4173	19321	—	18069
贵港市	731	1.16	365	70	6579	122	6452	8778	187	1914
玉林市	850	2.06	599	75	6878	290	6588	13203	102	12926
百色市	369	—	—	107	6952	70	6880	13946	84	13600
贺州市	281	1.15	395	165	3660	45	3614	1245	64	1145
河池市	183	4.85	300	69	7657	108	7539	9512	196	9268
来宾市	250	3.51	370	175	3959	158	3801	4548	91	3866
崇左市	186	0.79	152	77	2700	143	2556	3820	235	3338
海口市	2213	8.67	2352	83	34890	1066	31532	9307	696	3119
三亚市	387	9.79	1232	65	4313	298	3523	2020	6	1996
重庆市	10870	4.42	11457	33	141204	2933	136142	96778	2191	82818
成都市	6715	13.19	15903	1678	99070	9300	88283	34368	773	33570
自贡市	910	5.09	1096	425	9097	72	8940	4747	218	4280
攀枝花市	611	9.38	1473	170	5885	210	5644	13495	2841	10638
泸州市	928	5.76	1503	47	10643	—	10385	6366	307	4803
德阳市	603	4.73	850	232	10726	120	10606	8895	921	7974
绵阳市	1484	9.02	1477	164	9562	410	9058	5843	118	5722
广元市	394	2.95	600	418	9987	190	9714	6350	272	5120
遂宁市	683	1.46	464	249	5587	205	5173	3517	133	2899
内江市	317	4.83	700	128	17887	195	17409	9761	199	9310
乐山市	739	2.44	817	216	8338	85	7983	9930	1529	8121
南充市	1100	3.08	966	201	11780	494	10655	5838	271	4725
眉山市	518	3.11	868	485	6749	29	6324	5070	735	4335
宜宾市	424	5.04	1005	244	15789	247	15355	6528	945	5117
广安市	301	0.6	359	264	5162	116	4911	2714	71	2215

附录　2003~2013年中国城市交通基础数据

续表

城市	基础建设				交通运行					
	年底实有城市道路面积(万平方米)	每万人拥有公共汽车数(辆)	年底实有出租汽车数(辆)	年底邮政局(所)数(处)	客运总量(万人)	铁路旅客运量(万人)	公路客运量(万人)	货运总量(万吨)	铁路货物运量(万吨)	公路货运量(万吨)
达州市	185	5.14	1063	133	10690	824	9367	13888	669	12673
雅安市	221	1.73	221	417	2384	—	2384	4064	—	4064
巴中市	108	1.08	324	74	5869	—	5670	2849	96	2505
资阳市	410	1.78	235	300	6468	68	6278	5341	58	4937
贵阳市	1348	10.29	4401	361	38287	1299	36091	13886	1645	12219
六盘水市	320	7.74	1230	175	28137	586	27551	11440	2321	9119
遵义市	385	5.82	1137	48	21080	334	20472	7541	364	6744
安顺市	292	3.15	594	282	8528	190	8220	2361	190	2169
毕节市	214	0.7	450	79	7370	117	7116	3527	67	3352
铜仁市	—	1.91	436	122	6274	—	5710	1454	—	1329
昆明市	3263	17.02	7727	135	14855	4027	8516	25338	11749	13443
曲靖市	766	7.87	1589	301	5455	844	4612	10971	2525	8446
玉溪市	493	2.53	317	148	3413	—	3413	5755	335	5420
保山市	300	2.37	450	75	1779	—	1712	1735	—	1735
昭通市	356	1.92	580	89	2418	132	2280	3219	163	2756
丽江市	198	13.08	776	139	2169	120	1830	967	—	965
普洱市	196	4.34	249	59	2906	—	2809	2821	—	2800
临沧市	154	1.71	300	126	779	—	767	1357	—	1357
拉萨市	366	—	1160	102	663	96	410	441	48	392
西安市	5502	13.46	13839	44	34335	2861	29358	39239	823	38399
铜川市	459	3.08	965	277	1616	—	1616	3013	—	3013
宝鸡市	1278	4.64	3074	39	9606	—	9606	7725	—	7725
咸阳市	898	6.94	2718	148	12766	—	12766	6178	—	6178
渭南市	1159	3.79	795	166	12229	—	12229	10596	—	10596
延安市	190	6.1	700	235	7801	168	7622	6789	1875	4914
汉中市	258	3.49	689	135	9118	200	8918	5204	343	4861
榆林市	463	3.91	1001	152	7342	—	7251	7924	—	7924
安康市	470	1.01	526	178	7899	—	7617	6272	—	6106
商洛市	184	1.3	319	112	3667	—	3667	552	—	552
兰州市	2168	10.34	6738	86	4389	1042	2966	8882	1215	7664

续表

城市	基础建设				交通运行					
	年底实有城市道路面积(万平方米)	每万人拥有公共汽车(辆)	年底实有出租汽车数(辆)	年底邮政局(所)数(处)	客运总量(万人)	铁路旅客运量(万人)	公路客运量(万人)	货运总量(万吨)	铁路货物运量(万吨)	公路货运量(万吨)
嘉峪关市	346	4.52	637	145	3083	215	2846	3463	710	2753
金昌市	431	8.66	510	16	948	41	907	2069	287	1782
白银市	581	5.28	1880	17	4814	24	4790	7601	1591	6010
天水市	597	2.47	1055	78	7289	256	7032	2494	56	2438
武威市	322	2.84	1131	136	3934	38	3896	5449	243	5206
张掖市	334	3.58	1266	92	2733	86	2647	1387	97	1290
平凉市	398	3.92	666	88	3407	99	3309	3638	1271	2367
酒泉市	431	6.91	815	115	6527	—	6502	2140	—	2140
庆阳市	305	9.57	1300	77	3372	—	3372	3324	—	3324
定西市	187	1.53	527	124	2607	42	2566	2597	46	2551
陇南市	74	0.5	300	106	30319	—	30319	21879	—	21879
西宁市	805	14.32	5516	124	5050	397	4559	3083	485	2597
银川市	1652	15.57	5006	184	3413	328	2926	11800	326	11473
石嘴山市	673	4.33	2268	116	2339	14	2325	7014	1240	5774
吴忠市	425	9.4	1046	45	3936	26	3910	6376	86	6290
固原市	398	3.03	2750	40	2587	48	2536	3267	72	3195
中卫市	366	5.34	1128	89	2715	—	2665	2006	—	1948
乌鲁木齐市	2156	15.32	9963	41	4435	956	2915	16540	2062	14472
克拉玛依市	847	11.77	1528	180	169	—	164	2570	—	2565

附表9　2011年中国城市交通基础数据

城市	基础建设				交通运行					
	年底实有城市道路面积(万平方米)	每万人拥有公共汽车(辆)	年底实有出租汽车数(辆)	年底邮政局(所)数(处)	客运总量(万人)	铁路旅客运量(万人)	公路客运量(万人)	货运总量(万吨)	铁路货物运量(万吨)	公路货运量(万吨)
北京市	9236	18.06	66646	765	149037	10315	132733	26291	1232	24925
天津市	11611	10.28	31706	888	28462	2970	24483	46475	7909	28228

附录 2003~2013年中国城市交通基础数据

续表

城市	基础建设				交通运行					
	年底实有城市道路面积(万平方米)	每万人拥有公共汽车(辆)	年底实有出租汽车数(辆)	年底邮政局(所)数(处)	客运总量(万人)	铁路旅客量(万人)	公路客运量(万人)	货运总量(万吨)	铁路货物运量(万吨)	公路货运量(万吨)
石家庄市	4285	16.99	6873	187	15378	1100	13793	28755	1400	27351
唐山市	3040	5.52	4154	164	14500	713	13770	41649	2785	37625
秦皇岛市	1876	9.62	3607	87	2838	716	2110	7170	1125	4928
邯郸市	3259	14.98	4860	154	18171	721	17433	34384	2483	31901
邢台市	1530	14.86	2873	137	9375	403	8972	14333	1005	13328
保定市	1980	11.98	3036	228	16460	1097	15363	22685	736	21949
张家口市	1323	9.69	3951	140	4860	399	4461	9310	3415	5895
承德市	712	10.79	2459	110	5421	371	5050	8150	675	7475
沧州市	939	10.57	2066	185	9841	174	9667	30803	414	29164
廊坊市	884	6.83	2030	114	3620	164	3456	11175	284	10891
衡水市	678	7.19	1324	110	3934	791	3143	6038	1015	5023
太原市	2904	10.75	8719	154	5357	2535	2141	14225	4584	9637
大同市	2007	5.52	4970	142	3390	531	2831	19537	11696	7841
阳泉市	603	10.65	2017	67	3019	234	2785	7991	4056	3935
长治市	557	9.59	1801	98	3677	139	3478	10938	4488	6450
晋城市	529	15.64	1897	105	2821	91	2730	11110	7200	3910
朔州市	645	3.03	1123	55	3601	450	3151	23858	21850	2008
晋中市	769	6.77	1180	139	3912	578	3334	12703	4273	8430
运城市	433	5.09	1805	196	5641	358	5211	7293	1451	5842
忻州市	435	2.03	713	175	2307	657	1650	12361	6006	6355
临汾市	510	3.75	1862	140	5208	638	4570	14097	2611	11486
吕梁市	291	3.37	450	88	1960	68	1888	10701	4444	6256
呼和浩特市	1949	18.53	5564	115	2927	692	1691	14733	1940	12790
包头市	2422	9.24	5827	107	2085	587	1417	36275	9324	26951
乌海市	755	7.06	953	37	514	168	314	10544	2070	8474
赤峰市	1314	3.6	3783	286	5506	401	5066	13640	1750	11890
通辽市	959	4.57	2949	125	6374	3509	2831	10960	5800	5160
鄂尔多斯市	2021	15.05	2501	164	2658	55	2423	58565	23306	35258
呼伦贝尔市	479	7.47	2131	198	4217	846	3243	15928	8834	7093
巴彦淖尔市	780	1.98	1237	145	1914	—	1914	3515	—	3515

续表

城市	基础建设				交通运行					
	年底实有城市道路面积(万平方米)	每万人拥有公共汽车数(辆)	年底实有出租汽车数(辆)	年底邮政局(所)数(处)	客运总量(万人)	铁路旅客量(万人)	公路客运量(万人)	货运总量(万吨)	铁路货物运量(万吨)	公路货运量(万吨)
乌兰察布市	52	5.01	3496	172	2071	302	1769	6508	387	6121
沈阳市	6647	10.02	17844	211	32869	3348	29121	21719	456	21259
大连市	4098	16.62	10592	233	14395	2201	11246	38913	2569	25093
鞍山市	1353	10.77	5375	100	7075	710	6365	24391	1294	23097
抚顺市	1337	8.86	4121	82	3473	192	3281	10269	1018	9251
本溪市	1016	8.07	4004	69	4802	1801	3001	11077	2969	8108
丹东市	1051	7.56	1932	95	5992	479	5468	8302	383	7466
锦州市	1010	10.59	3882	99	5226	871	4355	16218	568	15495
营口市	731	8.16	4836	70	4827	497	4330	16182	2119	13341
阜新市	497	5.96	2558	65	1313	204	1109	5434	1196	4238
辽阳市	1247	5.63	3584	64	5059	275	4784	13973	1786	12187
盘锦市	923	7.64	3187	77	4227	142	4085	10952	390	10544
铁岭市	833	7.84	2183	117	6593	489	6104	11303	1127	10176
朝阳市	384	4.03	1971	162	4317	265	4052	5110	889	4221
葫芦岛市	459	6.48	4363	108	3929	527	3349	10574	658	9879
长春市	6457	12.6	16967	197	14447	2647	11488	16227	592	15477
吉林市	1318	6.47	5258	138	12565	1115	11340	10580	2249	8331
四平市	547	3.88	3057	104	5837	666	5145	6901	441	6460
辽源市	501	8.01	1049	47	1713	59	1653	1794	320	1474
通化市	395	8.06	1387	109	8786	357	8405	3489	1032	2457
白山市	404	5.17	1401	60	5438	165	5254	2397	513	1884
松原市	542	9.22	2177	93	9022	341	8649	5801	328	5379
白城市	266	4.57	1815	87	2544	402	2140	2008	434	1493
哈尔滨市	4624	11.53	15519	352	15618	3946	11210	11764	1824	9606
齐齐哈尔市	877	7.38	3159	243	7748	1593	6136	11789	2390	9399
鸡西市	577	10.63	4658	116	4925	457	4455	5881	2306	3575
鹤岗市	413	7.46	1773	69	526	110	412	3080	1143	1935
双鸭山市	3568	6.23	1100	108	3174	96	3078	3140	1065	2075
大庆市	3195	20.81	7831	161	2642	660	1935	5014	1091	3795
伊春市	796	3.66	5397	84	1401	384	1010	1718	449	1269

续表

城市	基础建设				交通运行					
	年底实有城市道路面积(万平方米)	每万人拥有公共汽车(辆)	年底实有出租汽车数(辆)	年底邮政局(所)数(处)	客运总量(万人)	铁路旅客量(万人)	公路客运量(万人)	货运总量(万吨)	铁路货物运量(万吨)	公路货运量(万吨)
佳木斯市	531	5	2559	205	3981	707	3121	4150	735	3139
七台河市	485	7.06	1000	28	1298	56	1242	3004	1636	1368
牡丹江市	962	8.22	2819	182	4482	899	3544	3753	303	3450
黑河市	156	5.02	950	120	1277	284	960	1485	435	1024
绥化市	2300	2.39	2344	222	4093	792	3301	3849	260	3589
上海市	9717	12.29	50683	541	17402	6758	3748	94190	825	42911
南京市	11424	11.28	10795	183	46992	3066	42519	38941	1806	22020
无锡市	5936	13.04	4040	154	24854	1424	22931	15519	136	14189
徐州市	3239	6.62	3710	241	23265	—	23168	21821	—	18697
常州市	3451	11.24	2542	150	17257	1100	16030	17154	190	15344
苏州市	7698	13.34	5048	246	71626	2628	68895	17419	94	16441
南通市	3364	6.08	1472	315	21620	231	21350	26815	94	20199
连云港市	1711	7.67	1611	136	15956	250	15630	18340	4298	12305
淮安市	2632	3.13	1113	178	12479	152	12275	11860	169	7287
盐城市	1641	2.54	1010	232	14647	373	14243	17501	131	8150
扬州市	2217	5.88	2461	197	8934	—	8879	12244	—	7645
镇江市	1971	9.74	1323	108	12444	798	11646	13599	292	12418
泰州市	1733	7.39	824	180	9935	286	9649	16086	20	4641
宿迁市	1535	3.79	770	146	10945	40	10905	7685	43	5497
杭州市	5284	16.73	10344	274	35819	3112	31126	30088	322	23243
宁波市	2786	17.89	4101	280	29997	2237	27110	33286	2594	16570
温州市	2463	15.33	3770	153	34501	607	33549	11916	647	8022
嘉兴市	1121	12.28	973	150	12343	822	11469	16876	29	8432
湖州市	1992	5.85	825	75	9476	—	9431	19467	—	7081
绍兴市	1305	11.59	941	149	18000	488	17414	9547	120	8204
金华市	1505	6.98	976	216	31250	1196	29931	12913	147	12691
衢州市	812	2.68	491	64	11727	216	11485	8736	368	8364
舟山市	778	9.14	733	53	16155	—	13884	19985	—	4697
台州市	2599	3.73	1505	121	30874	426	30210	21245	8	11744
丽水市	423	6.11	409	180	5874	96	5732	4660	99	4496

续表

城市	基础建设				交通运行					
	年底实有城市道路面积(万平方米)	每万人拥有公共汽车(辆)	年底实有出租汽车数(辆)	年底邮政局(所)数(处)	客运总量(万人)	铁路旅客量(万人)	公路客运量(万人)	货运总量(万吨)	铁路货物运量(万吨)	公路货运量(万吨)
合肥市	4854	16.67	10546	194	34418	2246	31858	33720	153	31525
芜湖市	2974	9.74	3522	124	15115	456	14659	23598	121	14086
蚌埠市	1434	12.23	2484	83	16415	687	15728	22322	136	16775
淮南市	1287	5.23	3056	76	7473	250	7223	14552	5654	7098
马鞍山市	1161	7.62	2298	71	7133	193	6940	19542	1659	14868
淮北市	1017	7.27	1630	45	8545	455	8090	11446	4816	6630
铜陵市	501	10.34	1584	31	10641	48	10521	10928	141	10244
安庆市	1002	5.43	1782	180	8541	47	8471	26134	444	24426
黄山市	669	6.21	525	90	3001	143	2720	6957	7	6939
滁州市	1335	6.06	1257	149	11915	—	11915	14379	—	13537
阜阳市	1392	2.82	1788	169	26785	902	25862	32835	169	28766
宿州市	1156	1.63	1460	130	7024	293	6731	21650	25	21566
六安市	1121	1.99	1850	177	29912	189	29701	35056	85	29046
亳州市	1243	0.6	1001	82	8067	176	7891	16318	184	15219
池州市	736	3.84	599	74	6690	45	6645	8685	6	7892
宣城市	823	2.54	999	115	12132	216	11912	15540	267	11134
福州市	2563	18.13	5610	231	19279	—	18395	17213	—	10677
厦门市	3780	20.39	4960	91	14544	1165	10824	13642	998	8083
莆田市	829	1.29	867	59	10435	225	10006	3721	—	3334
三明市	332	10.94	339	175	3947	103	3811	9490	890	8596
泉州市	2455	10.12	1617	214	14208	568	13411	16283	1038	8472
潭州市	817	4.85	1002	136	5545	104	5340	6101	71	4490
南平市	237	4.63	237	192	3533	478	2888	4123	277	3534
龙岩市	437	10.32	480	130	3693	245	3387	9984	328	9656
宁德市	302	4.02	477	133	8058	865	6894	2678	—	2042
南昌市	3536	16.88	4753	151	10624	1401	9003	9525	297	8510
景德镇市	766	8.6	595	150	1951	135	1773	2241	246	1980
萍乡市	663	4.22	700	62	7040	221	6819	10691	860	9831
九江市	1432	6.43	1514	205	11968	776	11147	12353	1315	9818
新余市	1067	4.77	531	61	2075	223	1816	11634	631	10921

附录 2003~2013年中国城市交通基础数据

续表

城市	基础建设				交通运行					
	年底实有城市道路面积(万平方米)	每万人拥有公共汽车(辆)	年底实有出租汽车数(辆)	年底邮政局(所)数(处)	客运总量(万人)	铁路旅客量(万人)	公路客运量(万人)	货运总量(万吨)	铁路货物运量(万吨)	公路货运量(万吨)
鹰潭市	300	6.84	271	50	5747	499	5204	6576	380	5808
赣州市	675	7.72	792	343	10645	1302	9153	19849	1278	17266
吉安市	716	4.22	393	228	4454	545	3860	9531	388	7945
宜春市	733	3.09	404	185	8663	399	8264	15714	565	12898
抚州市	1001	2.33	329	182	4601	102	4499	11942	109	11754
上饶市	885	5.58	510	208	16569	478	16012	17912	383	16893
济南市	7251	13.37	9020	203	17488	3824	13084	26208	10104	15922
青岛市	7528	14.83	9693	270	26184	1881	22724	29246	6126	21312
淄博市	3673	8.34	6083	137	42540	511	42029	27112	896	26216
枣庄市	2351	5.04	834	100	7567	—	7567	23675	—	22695
东营市	2022	10.39	3404	83	4426	22	4333	7600	548	6888
烟台市	3405	11.16	2169	270	35897	442	34656	21941	1821	16260
潍坊市	3337	6.41	4601	268	23745	750	22981	25212	720	23226
济宁市	3484	9.77	1560	223	10665	465	10030	26497	1587	22000
泰安市	1566	6.45	1292	136	6175	—	6087	11653	—	11553
威海市	1826	12.9	1541	104	17474	291	16586	8388	58	6899
日照市	1321	4.23	968	76	4665	110	4450	19739	6916	12100
莱芜市	1369	7.6	1600	44	3899	—	3899	6438	—	6438
临沂市	3776	6.65	2750	253	23825	287	23415	35216	1750	33466
德州市	1360	12.06	2405	233	11937	277	11660	17582	204	17378
聊城市	1889	5.54	1416	171	9213	157	9056	15192	129	15063
滨州市	1353	19.15	714	126	6434	4	6430	14339	624	13619
菏泽市	1264	2.92	1315	178	16200	388	15812	28253	395	27649
郑州市	3564	9.45	10607	267	35660	3353	31876	26600	3030	23566
开封市	1258	8.33	2636	112	8446	502	7944	8841	241	8600
洛阳市	2041	7.77	4267	184	18355	876	17401	19788	889	18847
平顶山市	999	5.39	2080	124	10515	117	10398	18937	2299	16638
安阳市	964	6.4	1359	117	9330	351	8979	22652	65	22587
鹤壁市	313	5.48	670	24	7458	28	7430	7077	328	6749
新乡市	1070	10.48	1738	150	7296	446	6850	11067	153	10914

续表

城市	基础建设				交通运行					
	年底实有城市道路面积（万平方米）	每万人拥有公共汽车数（辆）	年底实有出租汽车数（辆）	年底邮政局（所）数（处）	客运总量（万人）	铁路旅客量（万人）	公路客运量（万人）	货运总量（万吨）	铁路货物运量（万吨）	公路货运量（万吨）
焦作市	1189	6.24	1398	114	4774	106	4668	20036	989	19047
濮阳市	596	5.25	1745	97	5794	—	5333	5478	754	4451
许昌市	596	13.57	1385	109	7021	200	6821	21543	92	21451
漯河市	788	5.72	1100	59	4678	347	4331	5428	259	4906
三门峡市	289	8.53	400	79	5180	339	4841	5948	1407	4541
南阳市	1897	2.31	1860	267	22633	632	21928	21835	871	20260
商丘市	888	6.45	2847	202	15312	808	14504	24322	234	23953
信阳市	828	1.62	1846	225	13076	807	12204	10840	880	8086
周口市	658	4.3	928	185	11877	50	11781	17329	2720	12468
驻马店市	1020	4.81	1548	195	17590	379	17206	22948	486	20550
武汉市	9027	14.38	16597	267	27493	9765	16794	43892	9177	24354
黄石市	1374	9.91	1550	63	4718	202	4516	8079	526	6433
十堰市	848	16.44	830	140	7312	273	7013	5504	204	5128
宜昌市	1638	8.4	1704	148	13964	565	13114	15669	1616	11833
襄阳市	1388	4.46	1700	166	14694	674	13963	14504	708	13003
鄂州市	1039	3.4	400	37	2148	—	2087	2117	—	1718
荆门市	739	6.91	800	85	7416	281	7127	11392	731	10604
孝感市	701	3.3	900	131	9077	850	8227	5752	2600	2894
荆州市	865	6.45	1588	166	9360	—	9360	6975	140	4635
黄冈市	776	3.71	593	141	12935	636	12299	5605	552	3098
咸宁市	491	4.82	656	87	6306	202	6057	3321	186	3044
随州市	415	9.3	759	52	5560	168	5371	2909	157	2729
长沙市	2967	12.67	6420	263	36441	1954	33848	25970	157	23139
株洲市	1413	14.12	2827	105	16049	925	15121	18129	896	16358
湘潭市	1218	9.49	1400	88	4988	13	4972	9875	1319	6985
衡阳市	2103	8.88	1400	180	24026	1189	22837	21655	1286	19418
邵阳市	885	4.79	780	192	14026	141	13842	18827	537	17771
岳阳市	1084	8.41	1770	142	12586	1131	11441	19921	2144	11702
常德市	1289	4.51	1146	184	14294	236	14016	11661	325	8793
张家界市	432	3.75	725	72	7303	192	6825	2083	13	1917

附录 2003~2013年中国城市交通基础数据

续表

城市	基础建设				交通运行					
	年底实有城市道路面积(万平方米)	每万人拥有公共汽车(辆)	年底实有出租汽车数(辆)	年底邮政局(所)数(处)	客运总量(万人)	铁路旅客量(万人)	公路客运量(万人)	货运总量(万吨)	铁路货物运量(万吨)	公路货运量(万吨)
益阳市	830	3.92	977	126	11288	103	11113	10098	57	8255
郴州市	850	9.14	1710	133	8416	551	7642	23906	510	23142
永州市	644	5.25	500	185	9232	557	8480	10004	366	8775
怀化市	406	11.91	800	211	104902	914	9617	5452	819	4470
娄底市	598	3.87	850	76	10972	512	10439	16702	4068	12347
广州市	10140	18.01	19943	189	76069	10703	58875	75175	6029	52697
韶关市	835	5.68	740	143	16124	673	15451	10334	596	6298
深圳市	10629	103.77	15300	798	185011	2479	179369	30359	401	23639
珠海市	3007	17.58	1852	69	26762	—	26126	7582	—	6418
汕头市	2497	2.52	1373	69	3770	110	3406	4154	75	3154
佛山市	3517	14.43	3344	269	43119	166	42850	25199	462	20967
江门市	2196	7.11	569	121	19578	—	19379	8996	—	5760
湛江市	2514	4.42	1234	138	14952	188	13690	12778	3248	6487
茂名市	531	2.26	411	137	8327	152	8131	6817	660	5804
肇庆市	1014	7.14	860	132	7731	160	7569	3750	69	2783
惠州市	2010	11.28	1663	158	16597	571	16013	17344	233	7862
梅州市	757	10.88	330	157	5952	139	5788	5996	387	5539
汕尾市	252	2.99	360	47	11883	—	11883	1765	—	1765
河源市	421	8.9	495	110	4653	—	4629	3296	—	3286
阳江市	612	2.42	440	56	4346	22	4307	4402	229	3579
清远市	735	6.39	370	175	12862	171	12543	9375	137	7551
东莞市	—	8.85	7691	497	79739	—	79707	11191	—	8421
中山市	755	14.74	1384	99	28207	—	28044	17261	—	14770
潮州市	419	6.45	875	53	3414	25	3377	3576	35	2848
揭阳市	485	4.39	1059	89	6076	—	5886	2561	—	2530
云浮市	92	3.3	135	80	6458	—	6458	3106	—	2346
南宁市	3334	10.14	5670	196	12042	1053	10624	29785	616	26182
柳州市	1593	9	1861	130	3784	604	3121	10826	822	9290
桂林市	780	9.96	1930	204	18462	491	17416	8522	240	8239
梧州市	594	5.76	745	77	3910	66	3839	4778	21	3064

续表

城市	基础建设				交通运行					
	年底实有城市道路面积(万平方米)	每万人拥有公共汽车数(辆)	年底实有出租汽车数(辆)	年底邮政局(所)数(处)	客运总量(万人)	铁路旅客量(万人)	公路客运量(万人)	货运总量(万吨)	铁路货物运量(万吨)	公路货运量(万吨)
北海市	802	4.03	555	36	3992	39	3736	5663	422	4386
防城港市	588	5	138	37	2540	15	2508	13621	3167	9170
钦州市	909	2.92	580	73	4503	56	4429	23381	112	21456
贵港市	752	1.15	365	78	6934	125	6805	10941	186	2374
玉林市	925	2.17	599	114	7555	275	7280	15119	75	14865
百色市	427	3.11	1348	175	7776	118	7656	16406	500	15616
贺州市	285	1.09	380	73	4205	46	4158	1364	33	1278
河池市	167	4.57	300	188	8241	125	8103	10847	170	10639
来宾市	498	1.66	370	83	4318	134	4184	5202	88	4387
崇左市	186	1.28	143	94	2730	139	2590	4718	203	4168
海口市	2439	10.05	2711	63	40116	1189	36394	10413	754	3655
三亚市	394	9.89	1234	33	5119	313	4274	3619	3	3599
三沙市	5	—	—	1	—	—	—	—	—	—
重庆市	11936	—	—	1635	157798	3040	152249	110136	2241	95009
成都市	7441	17.85	14009	462	106874	14271	90980	39542	765	38777
自贡市	1091	5.22	1096	175	9878	59	9737	5283	209	4831
攀枝花市	717	8.9	1477	47	6134	205	5898	14284	2818	11449
泸州市	1150	4.81	1539	232	13499	—	13232	7418	273	5484
德阳市	653	5.05	850	181	12197	134	12063	9876	1018	8858
绵阳市	1501	9.63	1447	424	10161	458	9609	6437	107	6328
广元市	451	3.77	597	258	14136	190	13858	6746	295	5461
遂宁市	855	1.39	530	128	5848	219	5398	3371	18	3065
内江市	334	4.63	700	223	10966	208	10448	5979	223	5479
乐山市	785	2.97	846	219	8894	86	8537	11483	1637	9488
南充市	1330	3.5	1207	517	13166	588	11929	6363	261	5156
眉山市	518	2.16	418	244	7192	—	6770	4838	—	4838
宜宾市	674	5	1011	265	17219	105	16944	7078	953	5643
广安市	326	0.6	359	134	10546	119	10270	5040	95	4428
达州市	198	5.07	1063	426	11472	934	9808	15322	519	14268
雅安市	285	1.6	236	77	2522	—	2522	4551	—	4551

附录 2003~2013年中国城市交通基础数据

续表

城市	基础建设				交通运行					
	年底实有城市道路面积（万平方米）	每万人拥有公共汽车（辆）	年底实有出租汽车数（辆）	年底邮政局（所）数（处）	客运总量（万人）	铁路旅客量（万人）	公路客运量（万人）	货运总量（万吨）	铁路货物运量（万吨）	公路货运量（万吨）
巴中市	82	1.52	362	297	6858	240	6417	3471	324	2869
资阳市	463	1.99	235	352	7494	49	7322	6425	62	5933
贵阳市	1348	10.24	6511	171	46490	1284	44299	16635	1548	15074
六盘水市	340	9.73	1213	118	32658	616	32042	16608	1371	15237
遵义市	385	6.94	1637	292	26924	300	26343	9638	382	8724
安顺市	323	2.83	602	85	6600	192	6286	2752	176	2574
毕节市	266	0.63	450	130	8265	60	8079	5113	146	4964
铜仁市	126	2.71	496	144	10126	—	9524	2126	—	1998
昆明市	3916	17.17	7975	301	15918	4059	9341	26193	11749	14418
曲靖市	794	7.92	1589	162	6616	585	6031	11982	1198	10784
玉溪市	654	2.93	317	78	3688	—	3688	6659	379	6280
保山市	324	2.36	450	90	2023	—	1947	1996	—	1996
昭通市	376	2.25	581	149	2911	363	2546	3708	358	3090
丽江市	199	13.25	776	69	2327	126	1913	1345	213	1131
普洱市	192	5.88	249	125	3294	—	3206	3404	—	3396
临沧市	183	1.7	300	80	884	—	870	1580	—	1580
拉萨市	366	—	1160	207	860	94	583	477	83	392
西安市	6333	13.43	14139	279	36154	2919	30893	44924	825	44082
铜川市	460	3.64	965	42	1667	—	1667	3590	—	3590
宝鸡市	1292	5.24	3169	149	9999	—	9999	8933	—	8933
咸阳市	910	6.33	2742	144	13356	—	13356	7192	—	7192
渭南市	1321	3.11	900	235	13802	—	13787	12418	—	12337
延安市	195	7.4	700	135	8210	226	7969	7496	1796	5700
汉中市	276	3.71	870	152	9479	185	9294	5977	340	5637
榆林市	488	4.75	1001	178	7640	—	7533	9613	—	9613
安康市	490	1	544	112	8214	—	7924	6992	—	6820
商洛市	179	1.5	319	86	3815	—	3815	639	—	639
兰州市	2162	13.05	6745	147	4831	999	3374	9728	1060	8664
嘉峪关市	373	5.36	703	12	4266	186	4053	4576	749	3827
金昌市	440	6.63	510	17	1044	43	998	1937	310	1627

续表

城市	基础建设				交通运行					
	年底实有城市道路面积(万平方米)	每万人拥有公共汽车(辆)	年底实有出租汽车数(辆)	年底邮政局(所)数(处)	客运总量(万人)	铁路旅客量(万人)	公路客运量(万人)	货运总量(万吨)	铁路货物运量(万吨)	公路货运量(万吨)
白银市	592	6.12	1880	86	4929	29	4900	7901	1831	6070
天水市	597	2.79	1369	133	6081	251	5829	2245	57	2188
武威市	276	3.01	1152	92	286597	40	286557	554458	255	554203
张掖市	395	3.59	1225	88	3205	97	3105	1880	100	1780
平凉市	557	4.42	666	116	3606	99	3507	4375	1085	3290
酒泉市	434	7.1	820	77	6957	—	6925	2458	—	2458
庆阳市	305	9.4	1300	123	3483	—	3483	3363	—	3363
定西市	214	1.76	445	106	4952	43	4909	3327	49	3278
陇南市	74	0.5	300	124	4462	—	4462	6053	—	6053
西宁市	823	20.35	5516	196	5233	404	4701	3278	576	2702
银川市	1809	16.11	5278	115	3734	328	3201	13520	542	12976
石嘴山市	737	4.12	2268	43	2471	16	2453	7940	1444	6496
吴忠市	463	9.51	1046	39	4270	23	4247	7167	90	7077
固原市	328	2.36	2585	89	2589	50	2536	3272	77	3195
中卫市	536	10.39	1802	46	2866	—	2820	2143	—	2096
乌鲁木齐市	2225	15.54	10046	181	4910	1033	3194	18218	2070	16142
克拉玛依市	869	12.51	1526	37	653	4	645	2946	78	2868

附表10 2012年中国城市交通基础数据

城市	基础建设				交通运行					
	年底实有城市道路面积(万平方米)	每万人拥有公共汽车(辆)	年底实有出租汽车数(辆)	年底邮政局(所)数(处)	客运总量(万人)	铁路旅客量(万人)	公路客运量(万人)	货运总量(万吨)	铁路货物运量(万吨)	公路货运量(万吨)
北京市	9236	18.06	66646	765	149037	10315	132333	26291	1232	24925
天津市	11611	10.28	31706	888	28462	2970	24483	46475	7909	28228
石家庄市	4285	16.99	6873	187	15378	1100	13793	28755	1400	27351

续表

城市	基础建设				交通运行					
	年底实有城市道路面积(万平方米)	每万人拥有公共汽车(辆)	年底实有出租汽车数(辆)	年底邮政局(所)数(处)	客运总量(万人)	铁路旅客量(万人)	公路客运量(万人)	货运总量(万吨)	铁路货物运量(万吨)	公路货运量(万吨)
唐山市	3040	5.52	4154	164	14500	713	13770	41649	2785	37625
秦皇岛市	1876	9.62	3607	87	2838	716	2110	7170	1125	4928
邯郸市	3259	14.98	4860	154	18171	721	17433	34384	2483	31901
邢台市	1530	14.86	2873	137	9375	403	8972	14333	1005	13328
保定市	1980	11.98	3036	228	16460	1097	15363	22685	736	21949
张家口市	1323	9.69	3951	140	4860	399	4461	9310	3415	5895
承德市	712	10.79	2459	110	5421	371	5050	8150	675	7475
沧州市	939	10.57	2066	185	9841	174	9667	30803	414	29164
廊坊市	884	6.83	2030	114	3620	164	3456	11175	284	10891
衡水市	678	7.19	1324	110	3934	791	3143	6038	1015	5023
太原市	2904	10.75	8719	154	5357	2535	2141	14225	4584	9637
大同市	2007	5.52	4970	142	3390	531	2831	19537	11696	7841
阳泉市	603	10.65	2017	67	3019	234	2785	7991	4056	3935
长治市	557	9.59	1801	98	3677	139	3478	10938	4488	6450
晋城市	529	15.64	1897	105	2821	91	2730	11110	7200	3910
朔州市	645	3.03	1123	55	3601	450	3151	23858	21850	2008
晋中市	769	6.77	1180	139	3912	578	3334	12703	4273	8430
运城市	433	5.09	1805	196	5641	358	5211	7293	1451	5842
忻州市	435	2.03	713	175	2307	657	1650	12361	6006	6355
临汾市	510	3.75	1862	140	5208	638	4570	14097	2611	11486
吕梁市	291	3.37	450	88	1960	68	1888	10701	4444	6256
呼和浩特市	1949	18.53	5564	115	2927	692	1691	14733	1940	12790
包头市	2422	9.24	5827	107	2085	587	1417	36275	9324	26951
乌海市	755	7.06	953	37	514	168	314	10544	2070	8474
赤峰市	1314	3.6	3783	286	5506	401	5066	13640	1750	11890
通辽市	959	4.57	2949	125	6374	3509	2831	10960	5800	5160
鄂尔多斯市	2021	15.05	2501	164	2658	55	2423	58565	23306	35258
呼伦贝尔市	479	7.47	2131	198	4217	846	3243	15928	8834	7093
巴彦淖尔市	780	1.98	1237	145	1914	—	1914	3515	—	3515
乌兰察布市	52	5.01	3496	172	2071	302	1769	6508	387	6121

续表

城市	基础建设				交通运行					
	年底实有城市道路面积(万平方米)	每万人拥有公共汽车数(辆)	年底实有出租汽车数(辆)	年底邮政局(所)数(处)	客运总量(万人)	铁路旅客量(万人)	公路客运量(万人)	货运总量(万吨)	铁路货物运量(万吨)	公路货运量(万吨)
沈阳市	6647	10.02	17844	211	32869	3348	29121	21719	456	21259
大连市	4098	16.62	10592	233	14395	2201	11246	38913	2569	25093
鞍山市	1353	10.77	5375	100	7075	710	6365	24391	1294	23097
抚顺市	1337	8.86	4121	82	3473	192	3281	10269	1018	9251
本溪市	1016	8.07	4004	69	4802	1801	3001	11077	2969	8108
丹东市	1051	7.56	1932	95	5992	479	5468	8302	383	7466
锦州市	1010	10.59	3882	99	5226	871	4355	16218	568	15495
营口市	731	8.16	4836	70	4827	497	4330	16182	2119	13341
阜新市	497	5.96	2558	65	1313	204	1109	5434	1196	4238
辽阳市	1247	5.63	3584	64	5059	275	4784	13973	1786	12187
盘锦市	923	7.64	3187	77	4227	142	4085	10952	390	10544
铁岭市	833	7.84	2183	117	6593	489	6104	11303	1127	10176
朝阳市	384	4.03	1971	162	4317	265	4052	5110	889	4221
葫芦岛市	459	6.48	4363	108	3929	527	3349	10574	658	9879
长春市	6457	12.6	16967	197	14447	2647	11488	16227	592	15477
吉林市	1318	6.47	5258	138	12565	1115	11340	10580	2249	8331
四平市	547	3.88	3057	104	5837	666	5145	6901	441	6460
辽源市	501	8.01	1049	47	1713	59	1653	1794	320	1474
通化市	395	8.06	1387	109	8786	357	8405	3489	1032	2457
白山市	404	5.17	1401	60	5438	165	5254	2397	513	1884
松原市	542	9.22	2177	93	9022	341	8649	5801	328	5379
白城市	266	4.57	1815	87	2544	402	2140	2008	434	1493
哈尔滨市	4624	11.53	15519	352	15618	3946	11210	11764	1824	9606
齐齐哈尔市	877	7.38	3159	243	7748	1593	6136	11789	2390	9399
鸡西市	577	10.63	4658	116	4925	457	4455	5881	2306	3575
鹤岗市	413	7.46	1773	69	526	110	412	3080	1143	1935
双鸭山市	3568	6.23	1100	108	3174	96	3078	3140	1065	2075
大庆市	3195	20.81	7831	161	2642	660	1935	5014	1091	3795
伊春市	796	3.66	5397	84	1401	384	1010	1718	449	1269
佳木斯市	531	5	2559	205	3981	707	3121	4150	735	3139

附录 2003~2013年中国城市交通基础数据

续表

城市	基础建设				交通运行					
	年底实有城市道路面积(万平方米)	每万人拥有公共汽车(辆)	年底实有出租汽车数(辆)	年底邮政局(所)数(处)	客运总量(万人)	铁路旅客量(万人)	公路客运量(万人)	货运总量(万吨)	铁路货物运量(万吨)	公路货运量(万吨)
七台河市	485	7.06	1000	28	1298	56	1242	3004	1636	1368
牡丹江市	962	8.22	2819	182	4482	899	3544	3753	303	3450
黑河市	156	5.02	950	120	1277	284	960	1485	435	1024
绥化市	2300	2.39	2344	222	4093	792	3301	3849	260	3589
上海市	9717	12.29	50683	541	17402	6758	3748	94190	825	42911
南京市	11424	11.28	10795	183	46992	3066	42519	38941	1806	22020
无锡市	5936	13.04	4040	154	24854	1424	22931	15519	136	14189
徐州市	3239	6.62	3710	241	23265	—	23168	21821	—	18697
常州市	3451	11.24	2542	150	17257	1100	16030	17154	190	15344
苏州市	7698	13.34	5048	246	71626	2628	68895	17419	94	16441
南通市	3364	6.08	1472	315	21620	231	21350	26815	94	20199
连云港市	1711	7.67	1611	136	15956	250	15630	18340	4298	12305
淮安市	2632	3.13	1113	178	12479	152	12275	11860	169	7287
盐城市	1641	2.54	1010	232	14647	373	14243	17501	131	8150
扬州市	2217	5.88	2461	197	8934	—	8879	12244	—	7645
镇江市	1971	9.74	1323	108	12444	798	11646	13599	292	12418
泰州市	1733	7.39	824	180	9935	286	9649	16086	20	4641
宿迁市	1535	3.79	770	146	10945	40	10905	7685	43	5497
杭州市	5284	16.73	10344	274	35819	3112	31126	30088	322	23243
宁波市	2786	17.89	4101	280	29997	2237	27110	33286	2594	16570
温州市	2463	15.33	3770	153	34501	607	33549	11916	647	8022
嘉兴市	1121	12.28	973	150	12343	822	11469	16876	29	8432
湖州市	1992	5.85	825	75	9476	—	9431	19467	—	7081
绍兴市	1305	11.59	941	149	18000	488	17414	9547	120	8204
金华市	1505	6.98	976	216	31250	1196	29931	12913	147	12691
衢州市	812	2.68	491	64	11727	216	11485	8736	368	8364
舟山市	778	9.14	733	53	16155	—	13884	19985	—	4697
台州市	2599	3.73	1505	121	30874	426	30210	21245	8	11744
丽水市	423	6.11	409	180	5874	96	5732	4660	99	4496
合肥市	4854	16.67	10546	194	34418	2246	31858	33720	153	31525

续表

城市	基础建设				交通运行					
	年底实有城市道路面积(万平方米)	每万人拥有公共汽车(辆)	年底实有出租汽车数(辆)	年底邮政局(所)数(处)	客运总量(万人)	铁路旅客量(万人)	公路客运量(万人)	货运总量(万吨)	铁路货物运量(万吨)	公路货运量(万吨)
芜湖市	2974	9.74	3522	124	15115	456	14659	23598	121	14086
蚌埠市	1434	12.23	2484	83	16415	687	15728	22322	136	16775
淮南市	1287	5.23	3056	76	7473	250	7223	14552	5654	7098
马鞍山市	1161	7.62	2298	71	7133	193	6940	19542	1659	14868
淮北市	1017	7.27	1630	45	8545	455	8090	11446	4816	6630
铜陵市	501	10.34	1584	31	10641	48	10521	10928	141	10244
安庆市	1002	5.43	1782	180	8541	47	8471	26134	444	24426
黄山市	669	6.21	525	90	3001	143	2720	6957	7	6939
滁州市	1335	6.06	1257	149	11915	—	11915	14379	—	13537
阜阳市	1392	2.82	1788	169	26785	902	25862	32835	169	28766
宿州市	1156	1.63	1460	130	7024	293	6731	21650	25	21566
六安市	1121	1.99	1850	177	29912	189	29701	35056	85	29046
亳州市	1243	0.6	1001	82	8067	176	7891	16318	184	15219
池州市	736	3.84	599	74	6690	45	6645	8685	6	7892
宣城市	823	2.54	999	115	12132	216	11912	15540	267	11134
福州市	2563	18.13	5610	231	19279	—	18395	17213	—	10677
厦门市	3780	20.39	4960	91	14544	1165	10824	13642	998	8083
莆田市	829	1.29	867	59	10435	225	10006	3721		3334
三明市	332	10.94	339	175	3947	103	3811	9490	890	8596
泉州市	2455	10.12	1617	214	14208	568	13411	16283	1038	8472
潭州市	817	4.85	1002	136	5545	104	5340	6101	71	4490
南平市	237	4.63	237	192	3533	478	2888	4123	277	3534
龙岩市	437	10.32	480	130	3693	245	3387	9984	328	9656
宁德市	302	4.02	477	133	8058	865	6894	2678	—	2042
南昌市	3536	16.88	4753	151	10624	1401	9003	9525	297	8510
景德镇市	766	8.6	595	150	1951	135	1773	2241	246	1980
萍乡市	663	4.22	700	62	7040	221	6819	10691	860	9831
九江市	1432	6.43	1514	205	11968	776	11147	12353	1315	9818
新余市	1067	4.77	531	61	2075	223	1816	11634	631	10921
鹰潭市	300	6.84	271	50	5747	499	5204	6576	380	5808

附录 2003~2013年中国城市交通基础数据

续表

城市	基础建设				交通运行					
	年底实有城市道路面积(万平方米)	每万人拥有公共汽车(辆)	年底实有出租汽车数(辆)	年底邮政局(所)数(处)	客运总量(万人)	铁路旅客量(万人)	公路客运量(万人)	货运总量(万吨)	铁路货物运量(万吨)	公路货运量(万吨)
赣州市	675	7.72	792	343	10645	1302	9153	19849	1278	17266
吉安市	716	4.22	393	228	4454	545	3860	9531	388	7945
宜春市	733	3.09	404	185	8663	399	8264	15714	565	12898
抚州市	1001	2.33	329	182	4601	102	4499	11942	109	11754
上饶市	885	5.58	510	208	16569	478	16012	17912	383	16893
济南市	7251	13.37	9020	203	17488	3824	13084	26208	10104	15922
青岛市	7528	14.83	9693	270	26184	1881	22724	29246	6126	21312
淄博市	3673	8.34	6083	137	42540	511	42029	27112	896	26216
枣庄市	2351	5.04	834	100	7567	—	7567	23675	—	22695
东营市	2022	10.39	3404	83	4426	22	4333	7600	548	6888
烟台市	3405	11.16	2169	270	35897	442	34656	21941	1821	16260
潍坊市	3337	6.41	4601	268	23745	750	22981	25212	720	23226
济宁市	3484	9.77	1560	223	10665	465	10030	26497	1587	22000
泰安市	1566	6.45	1292	136	6175	—	6087	11653	—	11553
威海市	1826	12.9	1541	104	17474	291	16586	8388	58	6899
日照市	1321	4.23	968	76	4665	110	4450	19739	6916	12100
莱芜市	1369	7.6	1600	44	3899	—	3899	6438	—	6438
临沂市	3776	6.65	2750	253	23825	287	23415	35216	1750	33466
德州市	1360	12.06	2405	233	11937	277	11660	17582	204	17378
聊城市	1889	5.54	1416	171	9213	157	9056	15192	129	15063
滨州市	1353	19.15	714	126	6434	4	6430	14339	624	13619
菏泽市	1264	2.92	1315	178	16200	388	15812	28253	395	27649
郑州市	3564	9.45	10607	267	35660	3353	31876	26600	3030	23566
开封市	1258	8.33	2636	112	8446	502	7944	8841	241	8600
洛阳市	2041	7.77	4267	184	18355	876	17401	19788	889	18847
平顶山市	999	5.39	2080	124	10515	117	10398	18937	2299	16638
安阳市	964	6.4	1359	117	9330	351	8979	22652	65	22587
鹤壁市	313	5.48	670	24	7458	28	7430	7077	328	6749
新乡市	1070	10.48	1738	150	7296	446	6850	11067	153	10914
焦作市	1189	6.24	1398	114	4774	106	4668	20036	989	19047

续表

城市	基础建设				交通运行					
	年底实有城市道路面积(万平方米)	每万人拥有公共汽车(辆)	年底实有出租汽车数(辆)	年底邮政局(所)数(处)	客运总量(万人)	铁路旅客量(万人)	公路客运量(万人)	货运总量(万吨)	铁路货物运量(万吨)	公路货运量(万吨)
濮阳市	596	5.25	1745	97	5794	—	5333	5478	754	4451
许昌市	596	13.57	1385	109	7021	200	6821	21543	92	21451
漯河市	788	5.72	1100	59	4678	347	4331	5428	259	4906
三门峡市	289	8.53	400	79	5180	339	4841	5948	1407	4541
南阳市	1897	2.31	1860	267	22633	632	21928	21835	871	20260
商丘市	888	6.45	2847	202	15312	808	14504	24322	234	23953
信阳市	828	1.62	1846	225	13076	807	12204	10840	880	8086
周口市	658	4.3	928	185	11877	50	11781	17329	2720	12468
驻马店市	1020	4.81	1548	195	17590	379	17206	22948	486	20550
武汉市	9027	14.38	16597	267	27493	9765	16794	43892	9177	24354
黄石市	1374	9.91	1550	63	4718	202	4516	8079	526	6433
十堰市	848	16.44	830	140	7312	273	7013	5504	204	5128
宜昌市	1638	8.4	1704	148	13964	565	13114	15669	1616	11833
襄阳市	1388	4.46	1700	166	14694	674	13963	14504	708	13003
鄂州市	1039	3.4	400	37	2148	—	2087	2117	—	1718
荆门市	739	6.91	800	85	7416	281	7127	11392	731	10604
孝感市	701	3.3	900	131	9077	850	8227	5752	2600	2894
荆州市	865	6.45	1588	166	9360	—	9360	6975	140	4635
黄冈市	776	3.71	593	141	12935	636	12299	5605	552	3098
咸宁市	491	4.82	656	87	6306	202	6057	3321	186	3044
随州市	415	9.3	759	52	5560	168	5371	2909	157	2729
长沙市	2967	12.67	6420	263	36441	1954	33848	25970	157	23139
株洲市	1413	14.12	2827	105	16049	925	15121	18129	896	16358
湘潭市	1218	9.49	1400	88	4988	13	4972	9875	1319	6985
衡阳市	2103	8.88	1400	180	24026	1189	22837	21655	1286	19418
邵阳市	885	4.79	780	192	14026	141	13842	18827	537	17771
岳阳市	1084	8.41	1770	142	12586	1131	11441	19921	2144	11702
常德市	1289	4.51	1146	184	14294	236	14016	11661	325	8793
张家界市	432	3.75	725	72	7303	192	6825	2083	13	1917
益阳市	830	3.92	977	126	11288	103	11113	10098	57	8255

附录 2003~2013年中国城市交通基础数据

续表

城市	基础建设				交通运行					
	年底实有城市道路面积(万平方米)	每万人拥有公共汽车(辆)	年底实有出租汽车数(辆)	年底邮政局(所)数(处)	客运总量(万人)	铁路旅客量(万人)	公路客运量(万人)	货运总量(万吨)	铁路货物运量(万吨)	公路货运量(万吨)
郴州市	850	9.14	1710	133	8416	551	7642	23906	510	23142
永州市	644	5.25	500	185	9232	557	8480	10004	366	8775
怀化市	406	11.91	800	211	104902	914	9617	5452	819	4470
娄底市	598	3.87	850	76	10972	512	10439	16702	4068	12347
广州市	10140	18.01	19943	189	76069	10703	58875	75175	6029	52697
韶关市	835	5.68	740	143	16124	673	15451	10334	596	6298
深圳市	10629	103.77	15300	798	185011	2479	179369	30359	401	23639
珠海市	3007	17.58	1852	69	26762	—	26126	7582	—	6418
汕头市	2497	2.52	1373	69	3770	110	3406	4154	75	3154
佛山市	3517	14.43	3344	269	43119	166	42850	25199	462	20967
江门市	2196	7.11	569	121	19578	—	19379	8996	—	5760
湛江市	2514	4.42	1234	138	14952	188	13690	12778	3248	6487
茂名市	531	2.26	411	137	8327	152	8131	6817	660	5804
肇庆市	1014	7.14	860	132	7731	160	7569	3750	69	2783
惠州市	2010	11.28	1663	158	16597	571	16013	17344	233	7862
梅州市	757	10.88	330	157	5952	139	5788	5996	387	5539
汕尾市	252	2.99	360	47	11883	—	11883	1765	—	1765
河源市	421	8.9	495	110	4653	—	4629	3296	—	3286
阳江市	612	2.42	440	56	4346	22	4307	4402	229	3579
清远市	735	6.39	370	175	12862	171	12543	9375	137	7551
东莞市	—	8.85	7691	497	79739	—	79707	11191	—	8421
中山市	755	14.74	1384	99	28207	—	28044	17261	—	14770
潮州市	419	6.45	875	53	3414	25	3377	3576	35	2848
揭阳市	485	4.39	1059	89	6076	—	5886	2561	—	2530
云浮市	92	3.3	135	80	6458	—	6458	3106	—	2346
南宁市	3334	10.14	5670	196	12042	1053	10624	29785	616	26182
柳州市	1593	9	1861	130	3784	604	3121	10826	822	9290
桂林市	780	9.96	1930	204	18462	491	17416	8522	240	8239
梧州市	594	5.76	745	77	3910	66	3839	4778	21	3064
北海市	802	4.03	555	36	3992	39	3736	5663	422	4386

续表

城市	基础建设				交通运行					
	年底实有城市道路面积(万平方米)	每万人拥有公共汽车数(辆)	年底实有出租汽车数(辆)	年底邮政局(所)数(处)	客运总量(万人)	铁路旅客量(万人)	公路客运量(万人)	货运总量(万吨)	铁路货物运量(万吨)	公路货运量(万吨)
防城港市	588	5	138	37	2540	15	2508	13621	3167	9170
钦州市	909	2.92	580	73	4503	56	4429	23381	112	21456
贵港市	752	1.15	365	78	6934	125	6805	10941	186	2374
玉林市	925	2.17	599	114	7555	275	7280	15119	75	14865
百色市	427	3.11	1348	175	7776	118	7656	16406	500	15616
贺州市	285	1.09	380	73	4205	46	4158	1364	33	1278
河池市	167	4.57	300	188	8241	125	8103	10847	170	10639
来宾市	498	1.66	370	83	4318	134	4184	5202	88	4387
崇左市	186	1.28	143	94	2730	139	2590	4718	203	4168
海口市	2439	10.05	2711	63	40116	1189	36394	10413	754	3655
三亚市	394	9.89	1234	33	5119	313	4274	3619	3	3599
三沙市	5	—	—	1	—	—	—	—	—	—
重庆市	11936	—	—	1635	157798	3040	152249	110136	2241	95009
成都市	7441	17.85	14009	462	106874	14271	90980	39542	765	38777
自贡市	1091	5.22	1096	175	9878	59	9737	5283	209	4831
攀枝花市	717	8.9	1477	47	6134	205	5898	14284	2818	11449
泸州市	1150	4.81	1539	232	13499	—	13232	7418	273	5484
德阳市	653	5.05	850	181	12197	134	12063	9876	1018	8858
绵阳市	1501	9.63	1447	424	10161	458	9609	6437	107	6328
广元市	451	3.77	597	258	14136	190	13858	6746	295	5461
遂宁市	855	1.39	530	128	5848	219	5398	3371	18	3065
内江市	334	4.63	700	223	10966	208	10448	5979	223	5479
乐山市	785	2.97	846	219	8894	86	8537	11483	1637	9488
南充市	1330	3.5	1207	517	13166	588	11929	6363	261	5156
眉山市	518	2.16	418	244	7192	—	6770	4838	—	4838
宜宾市	674	5	1011	265	17219	105	16944	7078	953	5643
广安市	326	0.6	359	134	10546	119	10270	5040	95	4428
达州市	198	5.07	1063	426	11472	934	9808	15322	519	14268
雅安市	285	1.6	236	77	2522	—	2522	4551	—	4551
巴中市	82	1.52	362	297	6858	240	6417	3471	324	2869

附录 2003~2013年中国城市交通基础数据

续表

城市	基础建设				交通运行					
	年底实有城市道路面积（万平方米）	每万人拥有公共汽车（辆）	年底实有出租汽车数（辆）	年底邮政局（所）数（处）	客运总量（万人）	铁路旅客量（万人）	公路客运量（万人）	货运总量（万吨）	铁路货物运量（万吨）	公路货运量（万吨）
资阳市	463	1.99	235	352	7494	49	7322	6425	62	5933
贵阳市	1348	10.24	6511	171	46490	1284	44299	16635	1548	15074
六盘水市	340	9.73	1213	118	32658	616	32042	16608	1371	15237
遵义市	385	6.94	1637	292	26924	300	26343	9638	382	8724
安顺市	323	2.83	602	85	6600	192	6286	2752	176	2574
毕节市	266	0.63	450	130	8265	60	8079	5113	146	4964
铜仁市	126	2.71	496	144	10126	—	9524	2126	—	1998
昆明市	3916	17.17	7975	301	15918	4059	9341	26193	11749	14418
曲靖市	794	7.92	1589	162	6616	585	6031	11982	1198	10784
玉溪市	654	2.93	317	78	3688	—	3688	6659	379	6280
保山市	324	2.36	450	90	2023	—	1947	1996	—	1996
昭通市	376	2.25	581	149	2911	363	2546	3708	358	3090
丽江市	199	13.25	776	69	2327	126	1913	1345	213	1131
普洱市	192	5.88	249	125	3294	—	3206	3404	—	3396
临沧市	183	1.7	300	80	884	—	870	1580	—	1580
拉萨市	366	—	1160	207	860	94	583	477	83	392
西安市	6333	13.43	14139	279	36154	2919	30893	44924	825	44082
铜川市	460	3.64	965	42	1667	—	1667	3590	—	3590
宝鸡市	1292	5.24	3169	149	9999	—	9999	8933	—	8933
咸阳市	910	6.33	2742	144	13356	—	13356	7192	—	7192
渭南市	1321	3.11	900	235	13802	—	13787	12418	—	12337
延安市	195	7.4	700	135	8210	226	7969	7496	1796	5700
汉中市	276	3.71	870	152	9479	185	9294	5977	340	5637
榆林市	488	4.75	1001	178	7640	—	7533	9613	—	9613
安康市	490	1	544	112	8214	—	7924	6992	—	6820
商洛市	179	1.5	319	86	3815	—	3815	639	—	639
兰州市	2162	13.05	6745	147	4831	999	3374	9728	1060	8664
嘉峪关市	373	5.36	703	12	4266	186	4053	4576	749	3827
金昌市	440	6.63	510	17	1044	43	998	1937	310	1627
白银市	592	6.12	1880	86	4929	29	4900	7901	1831	6070

续表

城市	基础建设				交通运行					
	年底实有城市道路面积(万平方米)	每万人拥有公共汽车(辆)	年底实有出租汽车数(辆)	年底邮政局(所)数(处)	客运总量(万人)	铁路旅客量(万人)	公路客运量(万人)	货运总量(万吨)	铁路货物运量(万吨)	公路货运量(万吨)
天水市	597	2.79	1369	133	6081	251	5829	2245	57	2188
武威市	276	3.01	1152	92	286597	40	286557	554458	255	554203
张掖市	395	3.59	1225	88	3205	97	3105	1880	100	1780
平凉市	557	4.42	666	116	3606	99	3507	4375	1085	3290
酒泉市	434	7.1	820	77	6957	—	6925	2458	—	2458
庆阳市	305	9.4	1300	123	3483	—	3483	3363	—	3363
定西市	214	1.76	445	106	4952	43	4909	3327	49	3278
陇南市	74	0.5	300	124	4462	—	4462	6053	—	6053
青海省	823	20.35	5516	196	5233	404	4701	3278	576	2702
西宁市	823	20.35	5516	196	5233	404	4701	3278	576	2702
银川市	1809	16.11	5278	115	3734	328	3201	13520	542	12976
石嘴山市	737	4.12	2268	43	2471	16	2453	7940	1444	6496
吴忠市	463	9.51	1046	39	4270	23	4247	7167	90	7077
固原市	328	2.36	2585	89	2589	50	2536	3272	77	3195
中卫市	536	10.39	1802	46	2866	—	2820	2143	—	2096
乌鲁木齐市	2225	15.54	10046	181	4910	1033	3194	18218	2070	16142
克拉玛依市	869	12.51	1526	37	653	4	645	2946	78	2868

附表11 2013年中国城市交通基础数据

城市	基础建设				交通运行					
	年底实有城市道路面积(万平方米)	每万人拥有公共汽车(辆)	年底实有出租汽车数(辆)	年底邮政局(所)数(处)	客运总量(万人)	铁路旅客量(万人)	公路客运量(万人)	货运总量(万吨)	铁路货物运量(万吨)	公路货运量(万吨)
北京市	9611	18.95	67046	918	71057	11588	52481	25865	1078	24651
天津市	12440	11.77	31940	850	29519	3352	24980	50322	8446	31985
石家庄市	4560	18.04	6710	205	13573	1100	12206	35893	1400	34490
唐山市	3050	8.01	6610	158	14035	823	13194	47879	3745	43043

附录　2003~2013年中国城市交通基础数据

续表

城市	基础建设				交通运行					
	年底实有城市道路面积(万平方米)	每万人拥有公共汽车(辆)	年底实有出租汽车数(辆)	年底邮政局(所)数(处)	客运总量(万人)	铁路旅客运量(万人)	公路客运量(万人)	货运总量(万吨)	铁路货物运量(万吨)	公路货运量(万吨)
秦皇岛市	1900	10.61	4344	90	2883	816	2051	7835	1361	5225
邯郸市	3157	20.8	7185	154	19241	846	18372	36956	2391	34565
邢台市	1367	16.71	2863	137	8555	429	8126	15425	1105	14320
保定市	2437	22.34	6543	201	15203	1207	13996	26879	810	26069
张家口市	1347	16.3	5474	140	5235	439	4794	9780	3178	6602
承德市	874	14.22	5892	112	5935	368	5567	9154	787	8367
沧州市	942	27.08	7503	185	10241	351	9890	35406	471	33672
廊坊市	884	8.42	8252	114	3333	206	3127	12821	754	12067
衡水市	687	28.15	2412	110	3418	830	2588	7045	1145	5900
太原市	3570	9.91	8719	140	5530	2523	2227	15342	4239	11099
大同市	2026	6.04	4970	120	3572	569	2967	20274	11979	8295
阳泉市	611	11.38	2236	70	3316	247	3069	8413	4076	4337
长治市	381	9.55	1801	98	3666	113	3487	11731	4340	7391
晋城市	549	13.77	1453	106	2143	76	2067	12262	7400	4862
朔州市	525	3.48	994	61	3689	474	3215	23093	20984	2109
晋中市	1010	6.7	1327	133	4049	633	3416	13397	4245	9152
运城市	601	13.16	1805	170	5868	413	5355	8969	1521	7448
忻州市	507	2.02	713	175	2580	683	1897	13249	6344	6905
临汾市	528	3.9	1862	141	5351	665	4686	14638	2694	11944
吕梁市	294	3.41	433	112	1945	58	1880	10956	4652	6302
呼和浩特市	2169	29.25	5564	107	3230	990	1625	17971	2990	14978
包头市	2504	8.16	5827	96	2046	778	1182	32434	9485	22949
乌海市	762	7.11	953	37	547	177	323	12170	2082	10088
赤峰市	1676	4.6	3251	289	5130	556	4508	12052	2254	9798
通辽市	906	4.46	2949	125	3746	792	2897	10754	4939	5815
鄂尔多斯市	2914	18.04	2517	125	2758	48	2537	66609	26402	40206
呼伦贝尔市	716	10.41	2432	177	4853	835	3859	17097	8584	8512
巴彦淖尔市	943	1.86	1237	129	1766	140	1607	3367	175	3192
乌兰察布市	864	8.3	2177	167	2231	235	1996	6966	62	6904
沈阳市	7777	10.5	19021	209	24484	3816	20254	21491	530	20957

续表

城市	基础建设				交通运行					
	年底实有城市道路面积（万平方米）	每万人拥有公共汽车（辆）	年底实有出租汽车数（辆）	年底邮政局（所）数（处）	客运总量（万人）	铁路旅客运量（万人）	公路客运量（万人）	货运总量（万吨）	铁路货物运量（万吨）	公路货运量（万吨）
大连市	4362	16.72	10693	235	13293	2299	10058	40557	2393	26276
鞍山市	1427	10.89	5375	102	8422	790	7632	19990	1339	18651
抚顺市	1386	8.59	4121	81	3067	196	2871	9719	1135	8584
本溪市	1024	7.64	2724	69	4416	1745	2671	10442	2976	7466
丹东市	1051	7.97	1932	94	5648	448	5157	7723	539	6652
锦州市	1075	5.56	4293	99	6818	968	5850	16615	555	15904
营口市	720	8.96	4997	70	4405	603	3802	18250	2228	15278
阜新市	503	5.83	2771	65	1727	235	1492	5707	1256	4451
辽阳市	1331	6.14	3579	58	4405	358	4047	14686	1550	13136
盘锦市	923	7.62	3187	77	3388	165	3223	13083	519	12551
铁岭市	833	8.32	2184	119	5280	506	4774	8564	1412	7152
朝阳市	401	4.01	1971	162	3136	263	2873	5792	998	4794
葫芦岛市	557	6.76	4363	108	4100	580	3464	11643	521	11071
长春市	6760	12.98	16967	202	11867	2822	8648	9574	595	8827
吉林市	1344	6.61	4863	141	5506	1202	4260	8723	2077	6646
四平市	547	4.75	3057	108	2809	736	2055	6072	405	5667
辽源市	525	8.11	1049	51	1241	61	1179	1779	291	1488
通化市	400	8.34	1423	110	9185	357	8812	3729	963	2766
白山市	407	6.38	1397	61	5826	169	5620	2379	265	2114
松原市	759	9.61	2177	94	3149	361	2766	7350	267	7004
白城市	266	5.14	1815	87	2015	422	1591	1503	416	1006
哈尔滨市	4757	12.65	15587	352	13191	4041	8632	11138	1554	9007
齐齐哈尔市	944	7.42	3159	—	7875	1564	6285	11444	1626	9818
鸡西市	642	8.67	2935	116	4958	416	4527	5325	1947	3378
鹤岗市	436	8.75	1915	69	564	118	422	3013	897	2000
双鸭山市	378	6.73	1100	111	3112	95	3017	3283	1097	2186
大庆市	3394	11.77	6699	161	2611	578	1976	8392	4168	4088
伊春市	881	6.5	5312	84	1444	395	1041	1844	482	1362
佳木斯市	541	5.18	2559	205	3915	592	3173	272423	645	271483
七台河市	485	8.77	1547	37	1348	48	1300	2783	1309	1474

续表

城市	基础建设				交通运行					
	年底实有城市道路面积(万平方米)	每万人拥有公共汽车(辆)	年底实有出租汽车数(辆)	年底邮政局(所)数(处)	客运总量(万人)	铁路旅客运量(万人)	公路客运量(万人)	货运总量(万吨)	铁路货物运量(万吨)	公路货运量(万吨)
牡丹江市	981	8.76	2919	188	941	896	—	1278	1278	—
黑河市	167	4.71	981	120	1156	315	808	1692	592	1085
绥化市	2300	2.59	2553	225	4279	850	3429	4175	330	3845
上海市	9932	12.25	50612	544	19118	7972	3720	91352	694	43809
南京市	12761	10.8	11612	181	15615	3602	10493	29099	1702	10912
无锡市	6081	13.44	4040	141	9370	1632	7152	13950	113	11579
徐州市	3750	6.33	3866	235	16797	1872	14814	30960	10708	15455
常州市	3719	11.67	3042	150	8445	1262	6657	11712	170	9620
苏州市	8005	13.5	4303	246	45654	6070	39050	12070	279	10799
南通市	3816	6.63	1472	314	10715	232	9833	17098	88	10137
连云港市	1748	7.94	1611	132	5748	262	5381	13286	4122	7554
淮安市	2810	3.45	1373	174	8531	192	8296	10440	146	5076
盐城市	1679	3.27	1010	229	9527	208	9284	13620	155	4639
扬州市	2329	6.13	2574	191	4967	137	4746	10528	—	5924
镇江市	2114	11.38	1323	109	5340	922	4418	7828	286	6290
泰州市	2199	4.02	800	177	9500	311	8809	16392	21	2265
宿迁市	1724	4.14	769	135	6668	45	6623	5497	39	3458
杭州市	5426	18.3	10904	269	36409	3717	30994	30734	284	23884
宁波市	2869	19.57	4627	280	26354	2834	22850	36145	2905	17790
温州市	2657	14.28	3770	151	32145	675	31075	11421	641	7989
嘉兴市	1189	11.99	973	150	12579	958	11578	17267	41	8843
湖州市	2031	6.16	825	76	8363	—	8325	16628	—	7192
绍兴市	2ʻ01	6.5	1704	153	18160	614	17441	9986	115	8560
金华市	1571	6.13	976	204	30534	1367	29040	12363	130	12108
衢州市	930	2.93	521	61	5536	242	5266	8584	371	8209
舟山市	1042	8.55	802	54	16714	—	14254	21392	—	4958
台州市	2722	5.35	1518	136	30557	547	29776	22279	27	11828
丽水市	423	7.3	409	216	5877	99	5731	4742	118	4498
合肥市	5470	16.01	8925	177	40107	2623	37147	39131	150	36703
芜湖市	3204	9.41	3525	123	17072	481	16591	25461	142	16382

续表

城市	基础建设				交通运行					
	年底实有城市道路面积(万平方米)	每万人拥有公共汽车数(辆)	年底实有出租汽车数(辆)	年底邮政局(所)数(处)	客运总量(万人)	铁路旅客运量(万人)	公路客运量(万人)	货运总量(万吨)	铁路货物运量(万吨)	公路货运量(万吨)
蚌埠市	1607	11.4	2485	83	18733	701	18032	26332	132	19405
淮南市	1469	4.62	3078	66	8680	304	8376	15363	5286	8204
马鞍山市	1206	6.58	2298	71	8465	219	8246	21019	1579	16447
淮北市	1066	4.91	1630	46	9741	506	9235	12491	4766	7725
铜陵市	501	11.57	1584	31	12120	51	11971	12638	122	11869
安庆市	1081	6.81	1782	181	10321	490	9803	30001	256	28229
黄山市	703	6.34	525	90	3432	129	3153	8014	8	7996
滁州市	1510	7.7	1257	156	19841	—	19841	16817	—	15893
阜阳市	1584	3.16	1788	171	30537	970	29531	38424	—	33170
宿州市	1258	1.5	1498	129	7718	509	7209	26654	950	25179
六安市	1207	2.08	1850	172	34702	220	34460	39886	110	33690
亳州市	1349	1.62	1000	140	9422	213	9209	19101	141	17699
池州市	741	4.15	600	72	7503	46	7451	9056	6	8272
宣城市	872	2.54	999	120	13482	218	13260	17906	225	12900
福州市	2591	22.13	6682	232	19524	—	18531	19540	—	12234
厦门市	3570	19.72	4961	90	14812	1383	10726	15739	1099	9393
莆田市	827	1.96	984	60	6686	293	6170	3767	—	3208
三明市	346	11.04	374	175	2956	197	2739	9958	880	9075
泉州市	2236	8.91	1862	218	14387	705	13407	17272	597	9944
漳州市	855	6.98	1002	138	5625	179	5325	6648	49	5142
南平市	251	4.38	241	193	2833	472	2312	3191	248	2816
龙岩市	441	6.91	500	128	2401	402	1946	8064	305	7759
宁德市	332	4.21	556	136	7844	532	6964	3837	—	3054
南昌市	3458	15.39	5153	157	11758	2373	9158	10534	239	9545
景德镇市	805	8.44	595	53	1962	136	1785	2715	249	2277
萍乡市	681	4.5	700	63	7730	250	7480	5259	675	4584
九江市	1499	6.51	1517	215	12452	913	11491	13211	1261	10952
新余市	1083	5.85	636	61	2117	237	1844	13337	523	12731
鹰潭市	300	6.8	271	39	5978	531	5402	7633	392	6794
赣州市	990	7.79	1120	345	10974	1423	9343	29485	840	18629

续表

城市	基础建设				交通运行					
	年底实有城市道路面积(万平方米)	每万人拥有公共汽车(辆)	年底实有出租汽车数(辆)	年底邮政局(所)数(处)	客运总量(万人)	铁路旅客运量(万人)	公路客运量(万人)	货运总量(万吨)	铁路货物运量(万吨)	公路货运量(万吨)
吉安市	716	5.09	393	217	4713	621	4039	10525	427	8478
宜春市	774	3.11	504	185	5987	1055	4924	19387	1616	15498
抚州市	1060	2.64	409	182	4418	119	4299	13485	116	13229
上饶市	939	6.29	511	223	17060	512	16485	20066	761	18624
济南市	7452	13.09	8357	215	12739	—	12262	17763	—	17570
青岛市	7859	16.86	9826	217	27429	2056	23588	31318	6266	23720
淄博市	3684	8.62	6084	140	42661	626	42035	27475	1039	26436
枣庄市	2381	5.28	834	100	8340	581	7736	25279	1376	22894
东营市	2267	11.41	3405	84	4521	18	4420	7218	12	7029
烟台市	3244	12.38	2169	270	36733	464	35369	22926	1777	17653
潍坊市	3449	6.16	2298	267	24164	627	23524	26093	123	24601
济宁市	4241	7.67	1561	221	10415	—	10198	27270	—	24000
泰安市	1680	6.87	1292	136	6416	—	6305	12068	—	11964
威海市	1910	13.99	1543	101	17874	321	16922	6398	66	4829
日照市	1792	4.23	1068	77	4815	118	4585	20660	6901	12966
莱芜市	1675	7.81	1600	45	4055	—	4055	6519	—	6519
临沂市	3979	6.08	2750	253	24171	355	23620	37032	1844	35188
德州市	1438	12.04	2405	233	12411	277	12134	18974	201	18773
聊城市	2115	5.57	1416	171	9465	160	9305	15843	132	15711
滨州市	1508	9.47	714	127	6434	—	6434	14285	7	14160
菏泽市	1369	2.71	1315	179	6945	393	6552	13558	403	12945
郑州市	3836	11.11	10608	238	38643	3795	34431	29307	3101	26202
开封市	1326	18.72	3679	118	9041	473	8568	9816	347	9469
洛阳市	2269	8.84	4267	185	19920	978	18878	22142	890	21222
平顶山市	1048	6.82	2080	125	11405	163	11242	21422	2810	18612
安阳市	965	5.29	1359	117	9711	420	9291	25397	37	25360
鹤壁市	722	5.45	670	25	8097	71	8026	7830	310	7520
新乡市	1084	7.86	1738	151	7921	521	7400	12264	87	12177
焦作市	1201	7.01	1398	114	5167	116	5051	22489	997	21492
濮阳市	648	5.26	1745	97	5862	—	5762	6030	772	5017

续表

城市	基础建设				交通运行					
	年底实有城市道路面积(万平方米)	每万人拥有公共汽车(辆)	年底实有出租汽车数(辆)	年底邮政局(所)数(处)	客运总量(万人)	铁路旅客运量(万人)	公路客运量(万人)	货运总量(万吨)	铁路货物运量(万吨)	公路货运量(万吨)
许昌市	606	13.14	1396	108	7651	276	7375	24422	102	24320
漯河市	805	6.79	1100	60	5089	402	4684	6024	272	5509
三门峡市	316	7.95	400	79	5653	419	5234	6411	1311	5100
南阳市	1908	2.41	1860	267	24460	685	23695	24450	978	22744
商丘市	888	6.48	2848	202	17229	915	16314	27514	181	27199
信阳市	411	1.83	1904	215	14621	838	13720	12499	910	8994
周口市	712	4.34	928	186	12810	44	12718	19043	2615	14216
驻马店市	1046	5.83	1548	195	19057	429	18619	25949	515	23016
武汉市	8357	14.82	16597	268	29620	12104	16521	44529	9010	25023
黄石市	1425	13.06	1580	63	5256	225	5031	9273	555	7407
十堰市	911	15.75	810	145	8285	328	7933	6315	245	5883
宜昌市	1767	8.09	1704	138	16887	1619	14968	17355	1330	13683
襄阳市	1731	5.05	2100	179	15914	725	15108	16240	752	14566
鄂州市	1074	5.14	499	37	2639	170	2399	2962	537	1975
荆门市	790	7.41	800	85	8316	300	8008	12809	684	12066
孝感市	718	5.04	900	128	9881	910	8971	6387	2782	3315
荆州市	891	6.82	1588	167	10397	—	10397	7883	142	5239
黄冈市	800	3.71	593	147	13859	900	12959	6148	417	3597
咸宁市	515	4.8	656	79	7088	288	6747	4031	369	3556
随州市	468	6.71	762	60	5980	177	5781	3197	47	3127
长沙市	2996	13.89	6915	254	37922	2088	35143	27862	149	24627
株洲市	1837	12.23	1995	102	17246	1029	16214	20454	998	18485
湘潭市	1360	8.13	1927	89	5024	18	5003	10620	1292	7638
衡阳市	2257	10.59	1400	180	26565	1274	25226	24192	1128	21884
邵阳市	938	6.52	1100	204	14789	134	14601	20877	248	20081
岳阳市	1135	9.46	1785	142	14146	1142	12995	21935	2165	13224
常德市	1401	4.48	1146	213	16532	255	16235	12263	345	9092
张家界市	480	6.22	1030	72	6902	189	6448	2189	19	2014
益阳市	842	5.81	1000	133	11655	133	11442	11266	50	9273
郴州市	850	11.88	1649	140	8542	551	7770	27410	975	26118

附录 2003~2013年中国城市交通基础数据

续表

城市	基础建设				交通运行					
	年底实有城市道路面积(万平方米)	每万人拥有公共汽车(辆)	年底实有出租汽车数(辆)	年底邮政局(所)数(处)	客运总量(万人)	铁路旅客运量(万人)	公路客运量(万人)	货运总量(万吨)	铁路货物运量(万吨)	公路货运量(万吨)
永州市	684	5.49	700	143	39444	661	9280	11087	435	9915
怀化市	436	11.8	800	214	11759	890	10320	5394	273	4950
娄底市	427	4.22	850	75	11481	524	10935	17836	3804	13744
广州市	10241	18.95	21437	244	89269	11703	70815	88289	6137	59142
韶关市	728	3.98	755	132	17870	726	17144	12732	548	8498
深圳市	11496	98.53	15973	797	201722	2595	195597	29617	391	22242
珠海市	4633	17.85	2165	69	29743	963	28071	8568	110	7049
汕头市	2500	2.18	1384	70	4187	122	3794	4711	81	3618
佛山市	—	14.14	3425	263	49349	187	49060	27650	444	23358
江门市	2228	7	569	121	20363	261	19906	9999	—	6487
湛江市	972	4.74	1300	139	15875	163	15042	13770	3180	7799
茂名市	536	2.23	527	130	8840	168	8620	7790	667	6661
肇庆市	1062	8.17	883	128	7771	97	7672	4531	60	3345
惠州市	2116	13.8	1732	164	17301	628	16661	19314	251	9534
梅州市	765	4.13	421	159	6576	149	6402	6739	413	6260
汕尾市	260	4.04	360	50	12636	—	12636	1934	—	1934
河源市	409	6.31	495	115	5575	—	5551	3995	—	3984
阳江市	652	2.49	441	57	4315	—	4309	8320	648	6891
清远市	1403	4.72	520	120	14550	196	14188	10465	102	8452
东莞市	10273	7.49	7691	611	78113	—	78082	12863	—	9162
中山市	1047	15.34	1581	136	34418	515	33727	16719	—	13848
潮州市	433	1.41	862	53	3819	57	3750	3991	47	3162
揭阳市	676	1.34	513	87	6282	66	6216	2939	152	2754
云浮市	95	6.27	125	80	7693	—	7693	4410	—	3449
南宁市	3527	9.69	6520	193	8394	1103	6867	32358	1981	27872
柳州市	1807	9.93	1869	110	3298	570	2675	13783	724	12346
桂林市	880	14.21	2677	183	9993	478	8988	8600	218	8351
梧州市	607	6.62	605	72	4289	70	4214	5599	25	3710
北海市	858	4.53	555	34	2570	9	2356	6698	439	5423
防城港市	628	4.83	138	32	1057	16	1024	8123	3222	3617

续表

城市	基础建设				交通运行					
	年底实有城市道路面积(万平方米)	每万人拥有公共汽车(辆)	年底实有出租汽车数(辆)	年底邮政局(所)数(处)	客运总量(万人)	铁路旅客运量(万人)	公路客运量(万人)	货运总量(万吨)	铁路货物运量(万吨)	公路货运量(万吨)
钦州市	1069	3.53	577	70	4760	31	4710	27803	1454	24185
贵港市	780	0.96	365	75	7275	125	7148	11878	264	2636
玉林市	943	2.2	599	106	3850	313	3537	19920	92	19636
百色市	190	4.07	1285	169	4532	132	4399	9261	545	8434
贺州市	317	1.2	419	69	1375	50	1324	4084	38	3989
河池市	209	5.04	300	159	4261	131	4119	6191	147	6012
来宾市	574	2.36	370	77	2005	121	1884	2372	66	1684
崇左市	190	1.26	140	84	1634	126	1507	4143	164	3957
海口市	1466	9.95	2761	58	45538	1422	41180	12168	964	4122
三亚市	404	10.59	1850	33	5460	355	4531	3695	3	3675
三沙市	5	—	—	1	2	—	—	—	—	—
重庆市	12723	6.76	20431	1684	171388	3251	165445	97404	2337	80695
成都市	7444	18.01	14853	460	124059	28169	94188	43328	764	42537
自贡市	1090	5.5	1096	174	10509	46	10381	5631	314	5075
攀枝花市	762	10.52	1477	47	6488	194	6257	15620	3090	12513
泸州市	1329	6.24	1539	233	14350	—	14147	8394	322	6390
德阳市	671	5.3	850	179	12627	173	12454	9793	853	8940
绵阳市	1530	11.23	1477	419	10402	515	9769	6774	110	6663
广元市	512	3.9	597	256	14161	210	13858	6770	319	5461
遂宁市	1782	1.45	725	128	5784	254	5402	3468	14	3226
内江市	439	4.66	700	213	12759	228	12216	6977	250	6444
乐山市	823	3.77	880	216	8897	76	8573	12460	1522	10645
南充市	1410	3.18	1207	531	13385	681	11997	7102	216	5909
眉山市	535	2.71	418	245	7149	—	7029	6386	—	5186
宜宾市	694	5.31	1011	250	15498	173	15058	7228	763	5939
广安市	398	0.59	385	147	11820	165	11351	5598	142	5002
达州市	223	3.73	1063	426	11632	967	10162	17284	476	16266
雅安市	296	1.78	306	77	2643	—	2643	4947	—	4947
巴中市	142	1.29	398	300	8160	548	7427	3763	350	3117
资阳市	469	2.08	235	354	7676	49	7512	7298	63	6704

附录 2003~2013年中国城市交通基础数据

续表

城市	基础建设				交通运行					
	年底实有城市道路面积(万平方米)	每万人拥有公共汽车(辆)	年底实有出租汽车数(辆)	年底邮政局(所)数(处)	客运总量(万人)	铁路旅客运量(万人)	公路客运量(万人)	货运总量(万吨)	铁路货物运量(万吨)	公路货运量(万吨)
贵阳市	1630	10.03	6463	184	60430	1471	57872	21281	1519	19750
六盘水市	658	8.39	917	115	54708	800	53908	70438	—	70438
遵义市	468	7.05	1673	294	26059	334	25493	14229	631	12954
安顺市	418	3.36	768	86	8409	220	8027	3418	119	3297
毕节市	325	1.26	537	123	8977	217	8619	6250	480	5767
铜仁市	173	2.69	496	118	15754	—	15100	3308	—	3170
昆明市	3916	17.76	7985	301	17387	4493	9803	28173	11931	16176
曲靖市	780	8.06	1589	162	6892	634	6258	13147	958	12189
玉溪市	662	2.35	550	76	3746	9	3737	7467	575	6892
保山市	356	2.34	450	91	2034	—	1954	2255	—	2255
昭通市	383	2.54	581	141	2700	106	2586	3878	152	3511
丽江市	179	13.82	776	70	2848	130	2318	1526	218	1307
普洱市	216	4.57	249	125	3453	—	3338	3520	—	3511
临沧市	189	1.87	300	80	947	—	927	1812	—	1812
拉萨市	13284	10.57	11604	44	1125	102	793	689	71	618
西安市	7017	14	12115	279	38289	3071	32614	50119	858	49243
铜川市	460	3.96	1025	42	1750	—	1750	4016	—	4016
宝鸡市	1294	5.76	3233	155	10458	—	10458	9946	—	9946
咸阳市	1165	6.29	2993	140	14069	—	14069	8052	—	8052
渭南市	1438	3.22	900	235	13403	—	13388	13871	—	13801
延安市	216	8.84	850	136	8685	296	8371	8246	1864	6382
汉中市	281	4	870	158	9946	189	9757	6629	317	6312
榆林市	570	5.05	1001	166	8481	460	7901	13353	2613	10740
安康市	517	1	533	124	8548	—	8250	7502	—	7329
商洛市	185	1.86	319	88	3991	—	3991	823	—	823
兰州	2910	10.91	7152	146	4837	1042	3180	10531	974	9531

续表

城市	基础建设				交通运行					
	年底实有城市道路面积(万平方米)	每万人拥有公共汽车数(辆)	年底实有出租汽车数(辆)	年底邮政局(所)数(处)	客运总量(万人)	铁路旅客运量(万人)	公路客运量(万人)	货运总量(万吨)	铁路货物运量(万吨)	公路货运量(万吨)
嘉峪关市	385	5.99	717	13	5477	182	5260	5158	50	5108
金昌市	460	6.62	510	18	1183	46	1131	2697	335	2362
白银市	626	6.07	2050	86	7208	28	7180	13381	1478	11903
天水市	597	2.94	2147	134	6503	278	6223	3152	46	3106
武威市	322	2.99	1101	83	4864	132	4732	2853	96	2757
张掖市	418	3.6	1225	95	4283	109	4170	3142	59	3083
平凉市	557	4.63	922	118	3314	100	3214	4776	1405	3371
酒泉市	453	7.46	820	83	7687	—	7652	2896	—	2896
庆阳市	309	9.28	879	123	3734	—	3732	4601	—	4601
定西市	229	1.48	491	107	4918	114	4804	4379	303	4076
陇南市	74	0.86	675	120	4042	—	4042	2443	—	2443
西宁市	886	15.21	5516	222	5402	430	4816	3273	491	2781
海东市	77	1.98	337	28	4471	—	4471	3299	—	3299
银川市	1837	18.79	5364	97	4041	386	3451	15277	489	14787
石嘴山市	737	3.69	1739	43	2687I	10	2677	8665	1406	7259
吴忠市	499	9.32	1046	46	4531	23	4508	7992	86	7906
固原市	386	3.36	2585	90	2990	61	2926	4153	84	4069
中卫市	542	10.83	1847	43	2929	—	2860	2188	—	2144
乌鲁木齐市	2914	16.16	12188	181	5427	1119	3481	20135	2275	17853
克拉玛依市	955	13.53	1526	34	707	5	696	3241	94	3147

参考文献

[1] 陈莎、殷广涛、叶敏：《TOD 内涵分析及实施框架》，《城市交通》2008年第 6 期。

[2] 欧国立、李振华：《城市公共交通建设资金来源及结构研究》，《城市公共交通》2001 年第 1 期。

[3] 高翠琳、宋宜璇：《城市交通理论研究综述》，《城市》2012 年第 8 期。

[4] 陈宽民：《城市交通系统理论分析与应用》，长安大学硕士学位论文，2003。

[5] 王春才：《城市交通与城市空间演化相互作用机制研究》，北京交通大学硕士学位论文，2007。

[6] 郭卉：《城市综合交通运输体系经济适应性研究》，北京交通大学硕士学位论文，2009。

[7] 刘卫华、欧国立：《分工的演进与交通运输发展》，《北京交通大学学报》（社会科学版）2010 年第 4 期。

[8] 欧国立：《关于构建城市交通政策综合体系的理性思考》，《上海城市管理职业技术学院学报》2007 年第 3 期。

[9] 张国强、王庆云、张宁：《中国交通运输发展理论研究综述》，《交通运输系统工程与信息》2007 年第 4 期。

[10] 荣朝和：《关于运输经济研究基础性分析框架的思考》，《北京交通大学学报》（社会科学版）2009 年第 2 期。

[11] 向爱兵、单连龙：《我国城市群客运交通发展理论研究综述》，《综合运输》2009 年第 8 期。

[12] 王京元、郑贤、莫一魁：《轨道交通 TOD 开发密度分区构建及容积率确定——以深圳市轨道交通 3 号线为例》，《城市规划》2011 年第 4 期。

[13] 方创琳：《中国城市群形成发育的新格局及新趋向》，《地理科学》2011

年第 9 期。

［14］张敏、欧国立：《城市公共交通补贴问题分析》，《城市公共交通》2001 年第 3 期。

［15］贾腾、欧国立：《城市轨道交通补贴依据与方法》，《中国城市经济》2010 年第 11 期。

［16］赵源、欧国立：《城市轨道交通不同运营阶段的补贴模式选择》，《物流技术》2012 年第 11 期。

［17］李红昌、荣朝和：《城市轨道交通特性及价格管制模式研究》，《铁道运输经济》2009 年第 31 期。

［18］王晓荣、荣朝和：《城市化与交通运输的互动发展研究》，《经济问题探索》2014 年第 1 期。

［19］董艳华、荣朝和：《对铁路规模经济与范围经济的进一步思考》，《铁道经济研究》2005 年第 2 期。

［20］罗桑、林晓言：《高铁对我国经济影响评价的实证研究》，《经济问题探索》2013 年第 11 期。

［21］谢让志：《关于大都市区理论与区域发展》，《环渤海经济瞭望》2004 年第 7 期。

［22］欧国立：《关于构建城市交通政策综合体系的理性思考》，《上海城市管理》2007 年第 3 期。

［23］高珊、李红昌：《关于精益管理对改善运输企业运营效率的探讨》，《企业物流》2009 年第 6 期。

［24］数据来源：《2015 年国民经济和社会发展统计公报》。

［25］数据来源：http：//www.mot.gov.cn//zhuzhan/zhengcejiedu/zhengcewen jian_JD/2015shenhuagaige/index.html。

［26］数据来源：http：//money.163.com/15/0403/08/AM8VRGB400253B0H.html。

［27］数据来源：http：//www.mot.gov.cn//zhuzhan/zhengcejiedu/zhengcewen jian_JD/2014jiaotongysbzhh/index.html。

［28］数据来源：http：//news.163.com/15/0416/06/ANA96SGA00014JB5.html。

［29］数据来源：http：//www.ndrc.gov.cn/fzgggz/nyjt/zdxm/201501/t201 50116_660431.html。

[30] 数据来源：http：//www.sdpc.gov.cn/zcfb/zcfbtz/201411/t20141113_647821.html。

[31] 数据来源：http：//www.mot.gov.cn//zhuzhan/zhengcejiedu/zhengcewen jian_JD/2014chuzuqichejyfw/index.html。

[32] 数据来源：http：//www.mot.gov.cn/zfxxgk/bnssj/zcfgs/201403/t20140304_1587084.html。

[33] 《北京市2015年国民经济和社会发展统计公报》，http：//www.bjstats.gov.cn/xwgb/tjgb/ndgb/201502/t20150211_288370.htm。

[34] 数据来源：http：//www.sxgajj.gov.cn/2014/mtlj_07/28168.html。

[35] 数据来源：http：//www.its114.com/html/news。

[36] 王灏、李开复、高朋：《轨道交通投融资模式创新策略》，中国铁路与城市轨道交通电气化技术发展论坛，2008。

[37] 郭忠林、毛新平：《证券投资学》，电子工业出版社，2010。

[38] 中国人民银行、国家发展和改革委员会：《境内金融机构赴香港发行人民币债券管理暂行办法》，《新法规月刊》2007年第3期。

[39] 王灏：《利用债券市场存进城市轨道交通融资创新》，《都市快轨交通》2004年第6期。

[40] 马建春：《市政债券市场发展与基础设施融资体系建设》，经济科学出版社，2007。

[41] 中国银行间市场交易商协会课题组：《我国市政债券发展问题研究（上）》，《金融发展评论》2010年第4期。

[42] 牛洪波：《中国市政债券问题研究》，中央民族大学硕士学位论文，2007。

[43] 财政部预算司：《美国市政债券新动向与新发展》，《经济研究参考》2008年第62期。

[44] 师鉴：《我国城市基础设施市政债券融资问题研究》，东北财经大学硕士学位论文，2005。

[45] 张粤：《城市轨道交通PPP模式研究及对广州的启示》，西北大学硕士论文，2008。

[46] 王灏：《BT方式在基础设施项目中的应用研究》，《宏观经济研究》2005

年第10期。

[47] 曾庆云:《北京地铁奥运支线运用BT投融资模式的创新研究》,北京交通大学硕士学位论文,2007。

[48] 王灏:《城市轨道交通投融资模式研究》,中国建筑工业出版社,2010。

[49] 来庆泉:《轨道交通PPP投融资条件与基本框架》,《现代城市轨道交通》2006年第2期。

[50] 郑晓莉、陈峰:《公私合作模式在城市轨道交通中的应用》,《城市轨道交通研究》2010年第7期。

[51] 梁豪燕:《城市轨道交通投融资模式研究——以北京地铁4号线为例》,北京交通大学硕士论文,2007。

[52] 汪灏:《伦敦地铁PPP模式仲裁机制研究》,《中国投资》2005年第4期。

[53] 吴美红:《城市基础设施融资引入PPP模式研究》,河海大学硕士学位论文,2007。

[54] 任杰强:《PPP项目阶段审查制度及其评价指标》,武汉理工大学硕士学位论文,2008。

[55] 沙骥:《PPP模式在我国基础设施建设中的应用研究》,东南大学硕士学位论文,2004。

[56] 杨省世:《关于保险资金投资交通基础设施的思考》,《公路交通科技》2008第12期。

[57] 高华、尹贻林:《城市轨道交通项目负债融资的理论及方式研究》,《城市轨道交通研究》2006年第4期。

[58] 才凤玲:《发达国家市政债券的发展及启示》,《中国财政》2009第3期。

[59] 宋立、孙天琦:《美国的市政债券及其对中国的启示》,《西安金融》2005年第1期。

[60] 王芳:《我国基础设施资产证券化融资研究》,天津大学硕士学位论文,2007年

[61] 王晓伟:《我国城市基础设施资产证券化融资模式研究》,长安大学硕士学位论文,2008。

[62] 王晓琴:《我国基础设施资产证券化融资模式研究》,北京化工大学硕士

学位论文，2008。

[63] Pigou, Arthur C. , *The Economics of Welfare* (London: Macmillan and Co, 1932), pp. 4 – 13.

[64] Xiuping Li, Tao Yang, "Quan Shi. Applicative Suburban Line Pattern of Urban Rail Transit in China," *Procedia-Social and Behavioral Sciences*, 2013, pp. 2260 – 2266.

[65] James S. Sagner and Robert L. , "Barringer. Toward Criteri a in the Development of Urban Transportation Systems," *Transportation*, 1978, 7 (1), pp. 87 – 96.

[66] E. H. Holmes. , "The State-Of-The-Art in Urban Transportation Planning or how we got here," *Transportation*, 1973, 1 (4), pp. 379 – 401.

[67] Tomoki Noguchi. , "Japan's urban transportation system in the major transport spheres," *Transportation*, 1976, 6 (2), pp. 171 – 189.

[68] Martin Wachs. , "Learning from Los Angeles: transport, urban form, and air quality," *Transportation*, 1993, 20 (4), pp. 329 – 354.

[69] Guo Chun'an, Yao Zhisheng. , "Developments in Rail Transit History and Future of Rail Transportation in Beijing," *China City Planning Review*, 2009, 18 (3), pp. 64 – 71.

后 记

在我国工业化、城市化和运输化快速发展的时代背景下，研究我国城市交通系统服务质量，识别我国城市交通发展过程中存在的数量性、质量性和结构性问题，就城市轨道交通、快速交通走廊、城市土地联合开发等问题进行必要的分析，有效明确我国各大城市交通体系服务于城市经济社会的水平，把握在工业化、运输化、城市化的不同发展阶段中，我国城市交通体系与城市非交通体系的耦合协调水平，甄别出不同城市交通发展水平并通过城市交通发展指数进行评价，对于促进我国城市优化城市交通管理和服务质量具有重要理论和现实意义。

交通大数据为我们采用现代城市交通服务质量评价提供了良好的技术手段和实施路径。通过构建包括安全性、舒适性、便利性、合意性、环保性、效率性和创新性以及其细化评价指标在内的城市交通服务质量评价指标体系，本课题对于识别我国城市交通服务质量的总体水平及制约我国城市交通服务质量改善提供的关键因素，为国家和城市政府制订出合理的交通发展政策和需要关注和改善的重要交通服务质量指标提供了借鉴。

相信随着运输与时空经济理论及技术手段的不断进步，对城市交通服务质量的研究必将进一步深化，也将对政府决策、科学研究和城市居民生活产生重大而积极的影响。

图书在版编目(CIP)数据

中国城市交通服务质量指数报告.2016/李红昌，林晓言著.--北京：社会科学文献出版社，2017.3
ISBN 978-7-5201-0343-5

Ⅰ.①中… Ⅱ.①李… ②林… Ⅲ.①城市交通-服务质量-研究报告-中国-2016 Ⅳ.①F572

中国版本图书馆CIP数据核字（2017）第028778号

中国城市交通服务质量指数报告（2016）

著　　者 / 李红昌　林晓言

出 版 人 / 谢寿光
项目统筹 / 恽　薇
责任编辑 / 王楠楠　刘晓飞

出　　版 / 社会科学文献出版社·经济与管理分社（010）59367226
　　　　　地址：北京市北三环中路甲29号院华龙大厦　邮编：100029
　　　　　网址：www.ssap.com.cn
发　　行 / 市场营销中心（010）59367081　59367018
印　　装 / 三河市东方印刷有限公司

规　　格 / 开　本：787mm×1092mm　1/16
　　　　　印　张：19.75　字　数：328千字
版　　次 / 2017年3月第1版　2017年3月第1次印刷
书　　号 / ISBN 978-7-5201-0343-5
定　　价 / 98.00元

本书如有印装质量问题，请与读者服务中心（010-59367028）联系

▲ 版权所有 翻印必究